U0476622

云大史学经典丛刊

云南史地辑要

方国瑜等◎著
潘先林◎整理

云南大学出版社
YUNNAN UNIVERSITY PRESS
·昆　明·

图书在版编目（CIP）数据

云南史地辑要 / 方国瑜等著 ； 潘先林整理. -- 昆明 ：云南大学出版社，2023
（云大史学经典丛刊）
ISBN 978-7-5482-4868-2

Ⅰ. ①云… Ⅱ. ①方… ②潘… Ⅲ. ①历史地理－云南 Ⅳ. ①K927.4

中国国家版本馆CIP数据核字（2023）第131305号

策划编辑：张丽华
责任编辑：普家华
封面设计：任　徽

云大史学经典丛刊

云南史地辑要

YUNNAN SHIDI JIYAO

方国瑜等◎著　潘先林◎整理

出版发行：云南大学出版社
印　　装：昆明理煜印务有限公司
开　　本：889mm×1194mm 1/16
印　　张：17.375
字　　数：460千
版　　次：2023年9月第1版
印　　次：2023年9月第1次印刷
书　　号：ISBN 978-7-5482-4868-2
定　　价：70.00元

地　　址：昆明市一二一大街182号（云南大学东陆校区英华园内）
邮　　编：650091
发行电话：0871-65033244 65031071
网　　址：http://www.ynup.com
E-mail：market@ynup.com

“学术的生命与精神”：百年来云南大学历史学发展回眸

（代序）

国立云南大学校长熊庆来先生说：“夫大学之重要，不在其存在，而在其学术的生命与精神。”云南大学的史学研究已走过百年峥嵘岁月，从初建、启航、发展、沉淀以至日渐兴盛局面的开创，艰苦卓绝自毋庸多言，唯有“学术的生命与精神”，如同血液般一直灌注其中，培育了云大史学崇尚学术和经世致用兼举并用的优良传统与精神气质。时逢云南大学百年校庆即将到来之际，有必要回顾和总结云大史学发展的百年历程，以期把握方向，认清前路，走向更辉煌的明天。

一、传统奠定：1923—1949 年间的学术启航

1923—1949 年间是云大史学传统的奠定时期。1923 年，云南大学的前身东陆大学创办之初，即设立包括文、史、经学的国学门。1930 年，东陆大学由私立改为省立，其时已设立历史系。1937 年，全面抗战爆发，熊庆来先生受聘为云南大学校长，秉承“以研究高深学术，造就专门人才”的办学宗旨，聘请和邀约国内知名学者和大批内地高校人才来云大任教，并重新组建了文法学院文史系。1938 年，学校更名为国立云南大学。至 1949 年，荟萃了顾颉刚、钱穆、姜亮夫、白寿彝、袁嘉穀、方树梅、吴晗、方国瑜、尚钺、向达、陶云逵、闻宥、王庸、朱杰勤、谢国桢、翁独健、江应樑、张维华、岑家梧、纳忠、陆钦墀、瞿同祖、丁则良、徐嘉瑞、李源澄、杨堃、华岗、陈复光、刘崇鋐、吴乾就、李埏、马曜、缪鸾和、方龄贵、程应镠等一大批史学英才，极大地繁荣了云大的史学研究，奠定了云大雄厚绵长的史学传统。这一时期，云大的史学发展呈现出以下四个特点：

第一，师资力量雄厚，吸纳了诸多英才，兼聘了郑天挺、闻一多、雷海宗、吴宓、姚从吾、邵循正等众多西南联大学者在云大授课，产生了广泛的社会影响力。尤其是 1937—1949 年间，云南大学成为国内史学研究重镇。

第二，形成了一批影响深远的学术经典。例如，顾颉刚的《浪口村随笔》《中华民族是一个》，钱穆的《论清儒》《略论王学流变》《中国思想史六讲》，方国瑜的《麽些民族考》，白寿彝的《咸同滇变见闻录》《中国伊斯兰史存稿》，吴晗的《元明两代之“匠户”》《明代的军兵》，向达的《蛮书校注》，瞿同祖的《中国法律与中国社会》《中国封建社会》，袁嘉穀的《滇绎》，楚图南的《纬书导论》，丁则良的《杯酒释兵权考》，江应樑的《西南边疆民族论丛》《西南社会与“西南学”》，翁独健的《新元史、蒙兀儿史记〈爱薛传〉订误》，朱杰勤的《葡人最初来华时地考》《中国古代海舶杂考》，纳忠的《论中国与西亚各国之关系》，徐嘉瑞的《大理古代文化史》《云南农村戏曲史》，杨堃的《论“中国社会史”问题》，陈复光的《有清一代之中俄关系》，吴乾就的《〈咸同滇变见闻录〉评正》《清初之圈地问题》等重要研究成果，均是在云大期间完成或发表的。

第三，创建史学研究平台和参与重大学术工程。1937 年，方国瑜等人创办西南文化研究室；筹资编印《元代云南史地丛考》《滇西边区考察记》《明清滇人著述书目》《越南古史及其民族文化之研究》《缅甸史纲》《印度美术史》《暹罗史》等“西南文化研究丛书”11 种；创办《西南边疆》杂志，共发行 18 期。《西南边疆》杂志是抗战时期最重要、最权威的有关西南研究的学术刊物。此外，袁嘉穀、方国瑜、方树梅等学者长期参与云南大型学术工程《新纂云南通志》的编纂和审定。

第四，形成了影响深远、延绵至今的史学传统。在民族危机和国难当头的现实感召下，地处边疆的云大学者葆有强烈的经世致用、关怀现实的家国情怀和经世理念，形成了注重西南边疆民族研究、强调实地民族社会调查路径、厚植云南乡土历史研究等学术传统和研究特色。例如，顾颉刚从边疆民族出发，深入审思历史疆域的形成和中华民族的整体性；方国瑜从古史和古文字研究转向西南边疆研究，并参加中英会勘滇缅南段未定界委员会工作，在实地考察基础上完成《滇西边区考察记》；白寿彝致力于云南回族历史文化研究；向达转向《蛮书》研究；等等。与此同时，江应樑、陶云逵等坚持民族调查方法开展民族文献发掘和民族史开拓；以袁嘉穀、方国瑜、方树梅等为代表的一批学者致力于云南乡土知识体系重建；等等。

二、优势凸显：蹉跎中奋进的“新中国三十年”

1950—1978 年间，云南大学经历了全国院系调整、大批师资力量流失、由国立改省属大学等重大变化，加之期间受各种不利因素的严重干扰，研究力量有所萎缩，学术氛围受到影响，整体实力有所下降。尽管如此，这一时期的云南大学史学发展总体上仍保持着蓬勃向上的奋进态势，取得了斐然成绩，呈现出以下特点：

第一，带动全国史学界重大学术命题的讨论热潮。新中国成立后，我国史学界兴起了以“五朵金花”为代表的重大学术命题的讨论热潮。李埏先生先后在《历史研究》上发表《论我国的“封建的土地国有制”》（1956）、《试论殷商奴隶制向西周封建制的过渡问题》（1961）等重要学术论文，提出“土地国有制”这一重要学术概念，成为中国封建土地所有制形式讨论的重要学派和代表人物，带动了全国史学界关于中国土地所有制问题的讨论热潮。此外，马曜、缪鸾和发表长篇论文《从西双版纳看西周》（1963），继承和发扬以民族活态资料印证古史的“民族考古学”路径，密切参与到土地所有制形式问题的讨论之中。以上研究，学术影响巨大，奠定了云大中国经济史研究在全国的领先地位。

第二，凝聚学术话语体系，历史认识和民族理论获得创新发展。这一时期的云大史学研究也在向着深层次的理论探讨和话语体系构建的方向发展。新中国成立后兴起了“中国的历史范围”讨论，其时学界对中国疆域发展的认识分歧较大，方国瑜先生发表《论中国历史发展的整体性》（1963）一文，强调“王朝史不等于中国史”，应将中原与边疆的历史都视为中国历史发展整体中的一个部分，重点阐释边疆民族地区在中国历史发展中的重要地位和作用。这一理论思考获得史学界的普遍赞誉和认同。此外，民族理论研究和话语体系构建获得创新发展，杨堃的《试论云南白族的形成和发展》（1957）、《关于民族和民族共同体的几个问题》（1964），熊锡元的《民族形成问题探讨》（1964）等论文，带动了民族形成问题讨论和“中华民族共同体”相关理论话语凝聚，在全国史学界都具有重大的学术前瞻性。

第三，拓展史学人才培养的新路径。云南大学是在历史教学和人才培养中最早开展历史地图编绘探索的教学单位，并于1953年前后初步编绘了世界上古史、世界中古史和部分中国史常用历史地图六十余幅，为历史教学和学生培养提供了极大便利。这一事迹获得媒体和学界报道和关注，云南大学历史系世界史、中国史教研小组联名发表《我们怎样摸索着绘制历史参考地图》（1953）一文，作为重要教学经验向全国推广。此外，云大史学人才培养延续实地调查的优良传统。1959年前后，历史系学生在云南个旧开展矿业调查，梁从诫先生带领学生在当地边上课、边劳动、边调查，其间历史系师生集体编订《云南矿冶史》《个旧锡矿史》《个旧矿业调查》《个旧矿工歌谣选》等著作，朱惠荣、谢本书、邹启宇等著名学者都曾参与此次考察和著述编纂工作，为他们此后勃兴的学术事业奠定了扎实基础。

第四，积极参与国家重大学术工程。1953年始，方国瑜、江应樑、杨堃等教授受到委托，带领云大众多师生参加少数民族社会历史调查和民族识别工作。1961年始，方国瑜作为周总理亲自关怀的国家重大学术工程——《中国历史地图集》西南部分编绘工作的负责人，与尤中、朱惠荣一起完成这一国家使命，彰显了云大史学的研究实力，培植了云大历史地理学发展的深厚土壤。1965年，方国瑜等学者还启动了《云南史料丛刊》的编撰，惜因各种缘故而中断。

在专业设置与机构上，云南大学历史系先后设立历史学、中国民族史、档案学、图书馆学、人类学、社会工作、世界史专业，形成了以方国瑜、江应樑、杨堃、李埏、尤中等为代表的学科队伍；成立了具有学科特色的西南文化史、中国民族史、云南地方史、中国封建经济史、西南边疆史、南亚东南亚史、西南亚史、西南古籍研究等科研教学机构。其时，云南大学的史学研究逐渐呈现出研究方向上的优势和特色：中国民族史特色日益突出，中国经济史发展迅速，形成了一系列具有全国性影响力的重要成果。而在世界史领域，以纳忠先生为代表的西亚、阿拉伯史研究独树一帜，并形成了纳忠、杨兆钧、张家麟、武希辕、李德家、施子愉、方德昭、邹启宇、赵瑞芳、吴继德、左文华、唐敏、黎家斌、徐康明等人为骨干的世界史学科队伍。除上述已见的成果外，尚有方国瑜的《有关南诏史史料的几个问题》《汉晋时期在云南的汉族移民》《唐宋时期在云南的汉族移民》，李埏的《略论唐代的“钱帛兼行”》，江应樑的《明代云南境内的土官与土司》《凉山彝族社会的历史发展》，尤中的《汉晋时期的“西南夷”》，吴乾就的《关于杜文秀的评价问题》，等等。总言之，这一时期逐渐奠定了中国民族史和中国经济史在云大史学研究中的基石地位。

三、巩固特色：改革开放二十年的机构与学科建设

改革开放后，云大史学研究迎来新的春天，进入一个跨越式发展阶段。在学科建设上，1981年，云南大学的中国民族史获博士学位授权，成为新中国以来首批博士学位授权点。1981年，世界史获得地区国别史的硕士授权。1986年，专门史（经济史）获博士学位授权。同年，中国民族史、中国经济史列为云南省首批省级重点学科。1995年，云南大学历史系被国家教委批准为全国普通高校文科基础学科人才培养与科学研究基地。2000年，以中国民族史为重要支撑的西南边疆少数民族研究中心获批教育部全国普通高校人文社会科学重点研究基地。2000年，获得世界史二级学科博士授权，云南大学成为我国较早获得世界史硕士、博士授权的大学之一。与此同时，相关学术机构纷纷成立。1980年，成立西南边疆民族历史研究所；1984年，成立西南古籍研究所；1999年，成立

西南边疆少数民族研究中心。其间，创办《史学论丛》《西南民族历史研究所集刊》《西南古籍研究》《西南边疆民族研究集刊》等多种学术刊物，在学界产生重要影响。教研团队建设取得较大发展，诸多青年英才成长为史学研究的骨干力量，形成了两大优势学科团队，即以方国瑜、江应樑为学术带头人，以木芹、林超民、徐文德、郑志惠、陆韧、潘先林、秦树才等学者为骨干的中国民族史学科队伍；以李埏为学术带头人，以朱惠荣、董孟雄、林文勋、武建国等学者为骨干的中国经济史学科团队。同时，云南大学世界史学科以亚洲、非洲等发展中国家为基本研究领域，以东南亚史、南亚史、西亚非洲史、亚太国际关系史研究为研究重点，也重视欧美史及西方史学理论的研究，在东南亚史、南亚史、西亚非洲史、亚太国际关系史方面形成了自身的优势和特色，先后建成了以贺圣达、左文华、吕昭义、何平为带头人的南亚东南亚史研究团队，以肖宪为带头人的中东史研究团队，以唐敏、徐康明、许洁明、李杰为带头人的欧美史研究团队，以及以刘鸿武为带头人的非洲史研究团队。

推出了一批重要学术成果：1978 年，在方国瑜先生主持下重启《云南史料丛刊》编撰，虽因各种原因时断时续，最终在林超民教授主持以及徐文德、郑志惠等学者的共同努力下，《云南史料丛刊》共计十三卷，于 1998—2001 年间全部出版。《云南史料丛刊》的问世不仅完成了民族史同仁三十年的心愿，且进一步夯实了云大民族史的研究基础。江应樑、林超民主编的《中国民族史》（民族出版社，1990）共三册，110 万字，是新中国成立以来第一部中国民族史方面的通史著作，获得国家图书奖。此外，尚有一批影响力巨大的学术经典著述问世，例如，方国瑜的《云南史料目录概说》《中国西南历史地理考释》《彝族史稿》，江应樑的《傣族史》，尤中的《中国西南民族史》《中国西南边疆变迁史》《僰古通纪浅述校注》，木芹的《云南志补注》《南诏野史会证》《两汉民族关系史》《中华民族历史整体发展论》等民族史研究力作，以及李埏的《中国封建经济史论集》，李埏和武建国合著的《中国古代土地国有制史》，李埏和林文勋合著的《宋金楮币史系年》，李埏主编的《中国封建经济史研究》，武建国的《均田制研究》等经济史研究成果。

这一时期的云大史学发展呈现出以下特点：首先是相关学术机构的建立和人才培养体系的健全，云南大学获得了更大的发展空间；其次，明确了发展方向和目标，正式确立了中国民族史和中国经济史的传统优势学科地位；再者，学术成果大量涌现，青年人才不断成长，保障了云大史学研究的持续进步。同时，中国近现代史、中国古代史、历史地理学、历史文献学、南亚东南亚史、欧美史、非洲史等研究方向都有较快发展。

四、开拓创新：新时代下加快“三大体系”构建的特色道路

最近 20 年，云南大学的历史学在学科体系建设、学术研究、团队建设、人才培养、社会服务等各方面都取得了长足发展。2003 年，获得历史学一级学科博士学位授权和博士后科研工作流动站。2006 年，自主增设中国社会史、中国边疆学 2 个二级学科博士学位授权点。2007 年，专门史（中国经济史、中国民族史）获准为国家重点学科。同年，获批云南省哲学社会科学研究基地“滇学研究基地”。2011 年，中国史一级学科获博士学位授权。2016 年，中国史入选云南省高峰学科。2019 年，被教育部认定为首批“国家级一流本科专业”建设点。中国史在 2017 年教育部公布的第四轮学科评估中获得 B（排名位于前 20%—30%）。2021 年、2022 年公布的软科学科排名，中国史

连续进入前10%。近5年来，云南大学历史学学科成员获得第七届高等学校科学研究优秀成果奖3项、第五届郭沫若中国历史学奖提名奖1项，获得云南省哲社优秀成果奖56项、云南省高等教育教学成果奖2项、云南省级教学奖3项；主持国家社科基金重大项目7项、一般项目近百项；承担中国历史研究院重大项目1项、委托项目6项，且系《（新编）中国通史·中国民族史卷》主编单位。云大史学已发展成为国内史学领域优势特色明显、教研体系完备、师资力量雄厚、科研成果突出、学术影响甚大的学术重镇。

持续加强平台、团队、师资建设，努力构建完备的学术体系。先后成立了中国经济史研究所、西南环境史研究所、中国历史地理研究所、古地图与丝绸之路研究中心、“数字人文”实验室等学术机构；建成5个省级哲学社会科学创新团队；持续打造西南学工作坊、中国民族史青年学者研习营、“富民社会”理论研习营等学术沙龙品牌。近5年来，引进7位在国内颇具学术影响的知名学者以及10余位研究能力突出的青年才俊，新增东陆骨干教授2人、东陆青年学者2人，国务院学科评议组成员2人，入选国家级人才计划3人，入选云南省级人才计划10余人。目前，云大历史学科团队共有正高级职称32人、副高级职称26人、中级职称18人，博士生导师17人。

推出了一批影响力较大的教研成果：《方国瑜文集》《李埏文集》相继问世；持续推出“中国边疆研究丛书”“云南大学宋史研究丛书”“云南大学中国经济史研究丛书”“云南地方经济史研究丛书”，以及方国瑜的《云南民族史讲义》，尤中的《中国西南民族地区沿革史（先秦至汉晋时期)》，武建国的《汉唐经济社会研究》，林文勋的《唐宋社会变革论纲》《中国经济史研究的理论与方法》《中国古代“富民”阶层研究》，方铁的《西南通史》，吕昭义的《英属印度与中国西南边疆：1774—1911》《英帝国与中国西南边疆：1911—1947》，陆韧的《云南对外交通史》，何平的《从云南到阿萨姆：傣—泰民族历史再考与重构》《东南亚的封建—奴隶制结构与古代东方社会》，李杰的《历史进程与历史理性》《马克思主义史学思想史》，殷永林的《独立以来巴基斯坦经济发展研究：1947—2014》，许洁明的《英国贵族文化史》，张锦鹏的《南宋交通史》，成一农的《当代中国历史地理学研究》，钱金飞的《德意志近代早期政治与社会转型研究》等学术力作。学科成员在《中国社会科学》《历史研究》《中国史研究》《世界历史》《民族研究》《世界民族》《中国边疆史地研究》《史学理论研究》《中共党史研究》等权威刊物上发表学术论文百余篇。同时，诚聘20余位海内外经济史、边疆学知名学者集中打造“中国经济史研究的理论与方法”“中国的边疆与边疆研究”研究生优质课程，以慕课方式推向全国，出版教材，以研促教，教研结合。

进一步巩固基础，凝练特色，发展新兴领域。通过学术合作、构筑平台、团队组建、推出成果等方式，不断巩固提升中国经济史、中国民族史传统优势学科，大力发展西南边疆史与中国边疆学、历史地理学等新的特色方向，取得了极为显明的成效，目前已发展成为云大中国史的四个龙头方向。同时，紧跟时代步伐，加强世界史、考古学建设力度，积极拓展数字人文、环境史、海洋史、国家治理史等新兴领域。其间积极开展话语体系构建的理论探索。林文勋教授的中国古代“富民社会”学说，自21世纪初提出以来，已确立起学术概念与学术框架，初步建构了自成一家的理论体系，成为新时期重新阐释中国古代特色发展道路的重要话语体系之一。以世界史研究为基础形成的一些政府决策咨询报告，获得党和国家最高领导人亲自批示，上升为我国对缅甸、中南半岛国家和南亚国家的重大决策，在全国产生了重大影响。

学术交流频繁，先后承办中国历史文献学会年会、中国灾害史年会暨西南灾荒史国际学术会议、世界史高层论坛、中国边疆学论坛、中国环境史国际学术研讨会、中国民族史年会、教育部历史学教指委中国史学科建设研讨会、地图学史前沿论坛暨“《地图学史》翻译工程”国际研讨会、第二届新时代史学理论论坛等大型学术会议，有力地推动和彰显了云大史学在国内外的学术影响力。

近20年来，云南大学历史学在强化特色基础上不断扩展新领域、新方向，大力推进团队和师资建设，积极开展科研项目申报和研究，持续推出优秀学术成果，扩大学术交流和学术影响，开拓学术推广和公众服务，实现了全方位、全系统的提升和体系完备。如今，云大史学同仁沿着先辈的足迹，在加快构建中国特色历史学学科体系、学术体系、话语体系的道路上砥砺前行，已开拓出一条符合实际、行之有效、彰显特色的发展道路。

编委会

2023年1月

出版说明

为迎接云南大学百年校庆，推动学术交流，纪念史学前辈对云大史学发展做出的突出贡献，表彰其卓越的史学成就，云南大学的史学同仁特意推出了“云大史学经典丛刊”。

本次隆重推出的“云大史学经典丛刊”首批经典著述，包括《滇绎》（袁嘉穀著、王飞虎点校）、《方树梅〈明清滇人著述书目·近代滇人著述书目提要〉点校》（高国强审订，刘仁喜、王晓琳点校）、《云南史地辑要》（方国瑜等著、潘先林整理）、《陈复光〈有清一代之中俄关系〉与〈外交史〉》（刘灵坪整理）、《中国上古史讲义》（顾颉刚著，范俊、黄亨达整理）、《浪口村随笔》（顾颉刚著，范俊、姚禹整理）、《二十世纪五六十年代云大民族史著作二种》（江应樑《明代云南土官土司》以及马曜、缪鸾和《从西双版纳看西周》，王春桥整理）、《云南农村戏曲史》（徐嘉瑞著、娄贵品整理）、《云南大学史学名家论文选辑（1923—1949）》（张轲风选编），共计12种9册。编选过程中，主要以民国经典著述为准，并考虑到《明代云南土官土司》《有清一代之中俄关系》等著述，学界难觅，故优先整理出版。目前较容易见到或已出版多种版本的一些经典著述则不再重复收录。

“云大史学经典丛刊”中的《中国上古史讲义》《浪口村随笔》《云南农村戏曲史》《二十世纪五六十年代云大民族史著作二种》（即《明代云南土官土司》和《从西双版纳看西周》），这5种书尚在（可能在）版权保护期限内，本次是为了云南大学的百年校庆出版这些图书且不售卖，因时间仓促未及联系上权利持有者，请相关人员与本书编委会联系后续事宜，特此说明。

整理说明

《云南史地辑要》，原由云南省立昆华民众教育馆组织编写和出版，凡两册十篇，上册四篇，下册六篇，方国瑜、凌纯声、陈一得、张凤岐、罗常培、张席禔、张印堂、何瑭、杨堃、于乃义撰。

1945年，随着抗日战争的胜利，为了总结抗战以来云南各个学科研究成果和弘扬云南文化，云南省立昆华民众教育馆馆长何少诚倡议编纂《云南史地辑要》，拟定云南沿革、部族、语言、农村、边务、文献、地形、地质、气象、矿产十篇。1946年，云南沿革、云南部族、云南气象、云南边务四篇印出。此后，因人事变迁和经费支绌，后六篇迟迟未能完成付印。1949年夏，王樵继任馆长，以《云南史地辑要》一书有重要价值，乃决心整合文稿，完成全书的撰写和刊印。年底，在王樵和馆员徐健雄、赵怀庆等人的努力下，《云南史地辑要》作为昆华民众教育馆“民众丛书之二”出版，上册包括云南沿革、部族、气象、边务四篇，下册包括云南语言、地质、地形、矿产、农村、文献六篇。

《云南史地辑要》的十位作者来自当时昆明的两大学术系统。一为深谙云南史地的滇籍学者，如方国瑜、陈一得、张凤岐、于乃义、何瑭。除何瑭外，其余四位学者均参与了当时《新纂云南通志》的修纂工作，他们撰写的内容多在其所承担的《新纂云南通志》相关部分内容基础上修改而成。另一群体则为因抗战内迁的著名学者，除杨堃先生入滇较晚，赴滇后在云南大学执教外，其余学者均在中央研究院、西南联大等机构任职。这些学者多有留学背景，在国外接受了系统的学术训练，是当时国内著名的一流学者，在各自的研究领域有着深远的影响，他们撰写的部分多是自己研究较深的领域。他们学养深厚，这在很大程度上保障了《云南史地辑要》的学术价值。

如前所述，《云南史地辑要》各篇多为作者在原有研究成果的基础上修改而成，非为此书而新作、专作，因此该书的部分篇章另有单行本流传。如第二篇凌纯声的《云南部族》几乎与其1936年发表在《地理学报》第3期上的《云南民族的地理分布》一文异名同实。第四篇张凤岐的《云南边务》是在其1937年由上海商务印书馆出版的《云南外交问题》一书的基础上修改而成，部分章节内容几乎一致。第六篇署名罗常培的《云南语言》，则是其学生周定一、陈士林、赵毓英三人在罗常培先生1943年发表的《语言学在云南》一文基础上补充写成。第七篇张印堂的《云南地形》亦与其1943年由云南大学西南文化研究室印行的《滇西经济地理》一书有较大渊源，部分图表就直接来源于该书。第九篇杨堃的《云南农村》，今云南大学历史系地方史研究室藏有抽印本一册。

该书首篇《云南沿革》，由著名历史学家方国瑜先生撰写。该篇以时间为序，以政治、建置、沿革为主线，精准阐述了历代王朝对云南的治理和开发，是研究云南史地和方国瑜先生学术思想的重要资料，为学界所重视。2013年，林超民教授组织有关学者点校整理了《云南沿革》，并附录于方先生著《云南民族史讲义》出版，惠泽学林，为此次的整理工作提供了参考，在此致谢。

《云南史地辑要》一书，内容详实，基本涵盖了云南史地的主要内容，是对20世纪三四十年代云南史地研究的首次学术总结，在云南学术史上具有重要的地位。然而，囿于时代和作者际遇，该书自出版之日起即陷入“湮没”无闻的境地，加之印行年代较早，留存较少，如今已不易觅得。有鉴于此，我们决定将原书合为一册整理出版，以彰前贤，以飨读者。

原书中，第三篇《云南气象》有陈一得绘制的《云南气候雨量区域图》，第八篇《云南矿产》有何瑭绘制的《云南省矿产分布地质约测图》，第十篇《云南文献》有《段氏与三十七部会盟石城碑》《汉建初两器》（即建初八年朱提造作双鱼铜洗）、《禄丰恐龙化石》三图，以上五图均附于各篇篇首，今为便于出版，不能收入，殊觉遗憾。

此次整理，中国边疆学专业博士研究生陈彦军，在云南大学图书馆年四国馆员的指导下，承担了大量具体工作，在此致谢。

由于各种原因，加之我们水平有限，书中肯定还有不少漏误之处，敬请方家批评指正。

凡　例

一、此次整理，以1949年云南省立昆华民众教育馆两册本《云南史地辑要》为底本，同时参考《云南民族的地理分布》《云南外交问题》《滇西经济地理》《云南农村》《云南民族史讲义·云南沿革》等书文，进行校对整理。

二、《云南史地辑要》原书为竖排繁体，现改为横排简体出版。

三、对于底本中的异体字、俗体字，一般改为通行规范汉字。对于部分专有名词，如人名、地名、族名等专名用字，为避免混淆和歧义，则一仍其旧，不做改动。

四、对于底本中的标点符号，一般改为通用标点符号。

五、凡可以确定的讹脱衍倒，均在文中改正。

六、原书中引用资料，有时仅撮取大意，非录原文，有时有所删节，亦未用省略号标出，整理时均核对了文献原文，史料引用缺失删节部分，如影响文义者以括注方式补入，不失原意者则不做改动。

七、关于数字的使用，原书存在中文数字和阿拉伯数字均有的情况，今为保持底本原貌，反映语言文字的时代性，未作更改。

八、文中注和按语为作者原作，均予保留。

目　录

序　一

昔丁在君（文江）游滇归沪语余，云南乃中土之堪察加（Kamchatka）。友人钱君滨泗（穆）亦言，中土文化南进，灵地杰人，当出西南，吾滇将为吾族复兴之地。余游法时，见马斯伯乐（G. Maspero）先生，言亦近是。而欧美留学人之研讨民族语言、动植矿物者，肩摩而至金马碧鸡之间，讶为九府，诸学人之颂说，盖所谓无偏无颇者欤？护国之役，吾滇以一隅而争生死。日人侵陵，则东北东南皆不足以当巨艰，而金沙江源头之际，实为重镇，以奠邦家之宁，此其所以为勘察加也。比及东西北之事既决，则疆场中问题最繁杂者，宜莫如西南，暹罗泰族之妄语，固不足为至虑，英法之侵蚀，已至不了耐，洪武初之二府四州六宣慰司三宣抚司二长官司之地，属泰越缅之泰半。其民则汉，其地则旧圻，灭亡已百年，又岂能视夏屋之久假不归，则西南当为历史民族负重责，此其所以为民族复兴之地也。边徼民族复杂，倮倮、俅子、怒人卡瓦、倮黑窝伲、藏人山头，其文化低落，生民疾苦，有待于教育以同于我者，固已极繁重，而性习之殊异，语言文字制度之大别，尤为社会学中之宝库。而自然科学中之动植矿物，其宜补本草兽石雅者，又不知凡几，此其所以为学术研究之九府也。就军事、政治、文化而论，乃如是之宏伟，吾人生于斯养于斯，其所感为最切，虽政府所不暇顾，而不能不自珍其帚，此所以愿为世人传呼鼓吹者耶。昔旅欧时，友人陈君翰笙介太平洋科学会（Pacific Science Association）秘书某君自美致云南边地问题研究一书之法译本，求余为文评之，评文稍侈，余知为昆华民教馆所编，至为珍护，私幸留心西南边圉者有人矣。今年夏，余暂长教厅，民教馆馆长李君子廉辞世，以王君尧夫继矣。尧夫青年有为，锐意整饬，多所建树。因见前馆长何君少诚所辑《云南史地辑要》一书，执笔者皆一时之彦，学近专门，事不蹈虚，遂民宏愿，踵而成之。滴霤穿石，足底于成，可贵也夫。王君求一言弁之篇首，国事方殷，愿吾上下悉心力以保抱此土，使国族不垂，故不惜费而为之序。

姜寅清

三十八年孟冬

序　二

吾滇地处边陲，文化晚开，中原人士，向鲜认识。自抗战军兴，政府西迁，学者专家，接踵而至。我滇于政治、经济、文化等之重要性，乃为人所重视，因此对我滇各方面之研究，亦迭见记载，惟以散简零篇，难窥全貌。省立昆华民众教育馆，职司社教，负有阐扬本省文化之任务，民国三十四年，前馆长何少诚先生有见于此，乃倡议编撰《云南史地辑要》一书，拟定关于云南沿革、部族、语言、农村、边务、文献、地形、地质、气象、矿产等纲目十篇，聘请专家执笔撰写，俾使一般人士对于我滇之各方面，得一全盘之了解，进而研究探讨，以推进地方之建设。当经一年余之筹备，即交付印刷，但仅印就沿革、部族、边务、气象等四篇后，即因人事变迁与经费支绌而搁置迄今。本年夏，樵接长馆务，深觉此书对于我滇之重要，不应功亏一篑，任其散失，乃决心完成。今全书印就，凡关于我滇之各项问题，大体具备，藉此继续研究，发扬光大，其对于我滇将来之各项建设，实属裨益匪浅。

本书承方国瑜、凌纯声、罗常培、张凤岐、于乃义、张印堂、张席禔、陈一得、何瑭、杨堃诸先生撰稿，并承亮夫厅长于百忙中代写序言，馆中同仁徐健雄、赵怀庆、袁学渊、万吉安、王泽霖诸先生于公余照料印刷及校稿，尤以健雄先生出力尤多，今本书得诸先生之帮忙协助，始得观厥成，特此并致谢意。

本书自筹备迄今，历时五载，几经波折，今得完成，实深欣幸，爰序数言，用志始末。

王　樵

三十八年十一月十六日

第一篇 云南沿革

方国瑜

第一章 绪论

滇史纪录，可确考者，始自战国。是时，部族分居，不相统属，迄于汉初，争长称雄，可称为“部落时期”。汉武帝开发西南，渐平诸部，设置郡县。自是以后，云南入中国版图，历东汉、蜀汉、晋、宋、齐约六百八十年，治理渐密，可称为“郡县时期”。梁陈以后，爨部崛强，而中原多故，未遑治理，迨隋经略南土，未能尽服；唐初累用兵，设州县，而土族强横，疆吏扶植蒙氏以灭爨，爨亡而蒙益强，睥睨一隅。自后历郑、赵、杨、段、高，中国不能有。然蒙氏叛唐，累受朝封，宋绝段氏，累请入贡，未尝不以中国为上邦，约六百八十年，称臣入贡，不绝于书，可称为“朝贡时期”。元初，忽必烈取大理及三十七部地，悉平云南，初设万户千户分治之，后设云南行中书省。明初，设云南布政、按察、都司三司，后开巡抚巡按衙门。清设总督、巡抚、司道，约六百六十年，府州厅县，遍置四境，可称为“行省时期”。综观此四时期，中国治理云南，依时而异。然此就政治之设施言，若中原文化发展于云南，则自远古，一脉相承，日益增进，并无时期可分。盖云南地广，其初部族人口极稀，中国开辟兹土，随政治、军事而至之中原移民，不绝于途，中原文化拓殖于此，士民易受其化，自古迄今，未尝稍歇也。而云南土族，并非无文化，其地理与中原或殊，故中原移民，以不免受地方之影响，稍有特殊之习年尚耳。然则，云南自有历史以来，为中国文化之领域，云南历史为中国历史之一部分，此确然可信之事实。特因史家好为怪异，既载云南建置之事迹于《地理志》，复汇治理与习俗之事于蛮夷传。浅识者不察，每以云南古代为要荒之域，即至今日，犹有以荒远之语见诸吟咏者，谬妄已甚；然今人如此，则古人所以形容为鄙野者，又何足信矣。

瑜为此篇，将述云南史实之大概。然仅二三万言，涉论不容广泛，故惟着重于政治建置之沿革，盖由此可略睹中国治理云南与拓殖云南之大概。若庶政之设施，文物之渐备，则不能详稽于此也。

第二章 上古之部族

云南远古史事，记录缺略，明景泰、正德、万历、天启诸本志书，清倪蜕、师范、王崧诸人著述，考校经史文字，在唐虞、夏、商、周初之云南史事，并有解说。然记录甚略，难以确知，犹待考古家之发掘研究也。远古史之渺茫，中国史书如此，不仅云南为然也。窃谓：滇境山岭起伏，狭谷平原，初为泽国，迨河道渐通，露出地面，始有人类迁至。其初移民不止一宗，且因地理环境之异，渐演不同之文化。其地近者，相与融合，有部族之组织，经历几许岁月，已不得而知也。《史记·西南夷列传》曰：“西南夷君长以十数，夜郎最大；其西靡莫之属以十数，滇最大；自滇以北

君长以十数，邛都最大。此皆椎结，耕田，有邑聚。其外，西自同师以东，北至楪榆，名为嶲、昆明，皆编发，随畜迁徙，毋常处，毋君长，地方可数千里。”考两汉纪录，汉初云南部族，滇池附近有滇国，其南有句町，其北为邛都，西在洱海附近为昆明，又西为哀牢。此其部族之大者，其间小部，则已渐为兼并。诸部族之境界与其族类，已不能详考。然汉初收服诸部，设郡县，复使首领长其民，可知即以部族区域为郡县区域，则又不难从郡县区域而知部族区域也。西汉以后，设郡渐分，蜀设庲降都督，领有七郡，即可视为七部族之区域。建宁郡为滇国，兴古郡为句町，云南郡为昆明，永昌郡为哀牢，越嶲郡为邛都，牂牁郡为夜郎，朱提郡为僰道。论其种类，则句町与夜郎近，故句町初属牂牁郡，后始分为一郡；昆明与哀牢近，故尝合为永昌郡，而二部与滇近，故初统于益州郡；若邛都为筰族，僰道为犍为郡附庸。凡此分合，虽为地近，亦为部族间之关涉。故句町与滇为近，而初属牂牁郡；昆明与越嶲为近，而初属益州郡；则诸部设治之分合，必有族类相近之原因也。又从此诸部合为一州观之，诸部又自相类也。从今日民族之分布，知诸部为羌族之分支，质言之：滇国为爨族，句町为和泥，邛都为西蕃，昆明为民羌，哀牢为濮人，朱提为僰人，牂牁为苗人，并羌之小宗也。《后汉书・西羌传》曰：“子孙分别，各自为种，任随所之。”越嶲以南，亦如此也。羌者，姜姓之别，初居河关之西南，渐迁而南，散布诸境。姜之子孙，则迁而东。所居不同，而文化之差别日甚，然其初则无不同也。近年，中央研究院吴金鼎先生，在大理发现新石器时代遗物，证明云南远古文化与中原文化为一系统，与吾人主张云南古初居民自北方移殖之说相符，而此时期文化之情形，则犹待诸异日研讨也。

《史记・西南夷列传》曰：“楚威王时，使将军庄蹻，将兵循江上，略巴、蜀、黔中以西。庄蹻者，故楚庄王苗裔也。蹻至滇池，池方三百里，旁平地，肥饶数千里，以兵威定属楚。欲归报，会秦击夺楚巴、黔中郡，道塞不通。因还，以其众王滇，变服从其俗以长之。”按：庄蹻略地王滇，两《汉书》《华阳国志》并载之，惟范晔《后汉书》作庄豪，班固《汉书・古今人表》作严蹻，《昭明文选》、丘迟《与陈伯之书》注引《史记》作庄蹻，并音字，或避嫌名改字耳。至于入滇之年，范晔《后汉书》作顷襄王时，《汉书・地理志注》、《史记・西南夷列传》正义、叶梦得《玉涧杂书》、《北堂书钞》卷一三八、《艺文类聚》卷七一、《太平预览》卷一六六、又卷七七一、《蜀中广记》卷六七，并引《华阳国志》作顷襄王时。杜佑《通典》卷一八七《边防典》已辨司马迁《史记》之误。《荀子・议兵篇》“唐蔑死，庄蹻起，楚分为四三”，唐蔑即唐眛。《史记・楚世家》“怀王二十八年，秦攻楚，杀楚将唐眛”，时距顷襄王立仅二年，以此旁证，杜佑之辨甚是。若庄蹻以秦灭黔中郡之年称王于滇，则距汉武帝置郡县于云南之年为一百六十八年。《华阳国志・南中志》谓“（庄蹻）留王滇池……分侯支党，传数百年”，其势日以张。《史记・西南夷列传》曰“滇王者，其众数万人，其旁东北有劳浸、靡莫，皆同姓相扶”，势已不可侮。元狩元年，汉使者至滇。滇王与汉使者言曰：汉孰与我大？已不自量，然汉使者还，亦盛言滇大国也。蹻率众王滇，变服从其俗以长之，足见当时滇池文化已开，且较之楚文化无多逊。而庄蹻率众不返，则血液之相混、文化之交流，亦意中事，经百数十年至汉武帝时，若非有文化基础，岂能开郡县如中原耶？迁史谓滇池之民“椎结，耕田，有邑聚”，则已为农业社会，较嶲、昆明“编发，随畜迁徙，毋常处”之游牧社会为进步，所以如此者，盖受楚文化之影响也。

元封二年，汉以兵临滇，西南夷举国降，开益州郡，赐滇王常羌王印，复长其民。迁史赞曰“汉诛西南夷，国多灭矣，唯滇复为宠王”，则汉征服南中后仍复封庄蹻之裔为王，何时失位，不获考。《南诏野史》谓庄蹻子孙王滇，止于汉武帝时，不知有何本？然蹻之众繁殖于滇。《盐铁论》曰："今西南诸夷，楚庄之后。"楚庄即指庄蹻。《通典·边防典》曰："自夜郎、滇池以西，皆曰庄蹻之余种也。"《唐会要》卷九八"昆弥国"曰"又封别帅为滇王，世袭其国"，不识为庄蹻之遗裔否？

第三章　汉武帝经略西南诸部

《史记·西南夷列传》曰："秦时尝頞略通五尺道，诸此国颇置吏焉。十余岁，秦灭。及汉兴，皆弃此国，而开蜀故徼。"按：此诸国即上文夜郎、滇池、巂、昆明诸国，《史记正义》引《括地志》曰"五尺道在郎州"，唐之郎州在今曲靖，即自蜀经僰道至滇池之路，然置吏事不能详，秦亡而汉弃之不守。《史记·司马相如列传》曰："唐蒙使略通夜郎西僰中。"按：唐蒙经略夜郎，置牂牁郡，事详史汉，此言西僰，即相如《谕巴蜀檄》"南夷之君，西僰之长，常效贡职，不敢怠惰"，当为僰道也。《续汉书·郡国志·犍为郡》注曰："益州郡有道广四五尺，深或百丈，堑凿之迹今存，昔唐蒙所造"；《水经·江水注》曰："唐蒙凿石开阁，以通南中，讫于建宁，二千余里，山道广丈余，深三四丈，其堑凿之迹犹有"；王象之《舆地纪胜》以为："唐蒙所开，即唐代之石门道，盖建元、元光年间，唐蒙自蜀开道通滇池也。"元狩元年，张骞使大夏，见蜀布、邛竹杖，问所从来，曰从身毒国，得蜀贾人市，骞乃盛言蜀通身毒国道，武帝乃令王然于、柏始昌、吕越人等求身毒国。至滇，滇王为求道，闭于昆明未能通。使者还，盛言滇大国，足事亲附，武帝乃经略西南夷。事详《史记·大宛列传》及《西南夷列传》。《大宛列传》又曰："于是汉发三辅罪人，因巴蜀士数万人，遣将军郭昌、卫广等往击昆明之遮汉使者，斩首捕虏数万人而还"；《西南夷列传》曰："元封二年，天子发巴蜀兵击劳浸、靡莫，以兵临滇。"盖是时既平南越、夜郎、邛都诸部，而滇王不肯入朝，乃大发兵也。《汉书·武帝本纪》："元封二年，遣将军郭昌、中郎将卫广，发巴蜀兵平西南夷未服者，以为益州郡"；又曰："元封六年，益州昆明反，赦京师亡命，令从军，遣将军郭昌将兵击之"。《史记·卫将军骠骑列传》，谓郭昌以"元封四年，以太中大夫为拔胡将军，屯朔方。还击昆明，无功，夺印"，则收复昆明犹在后也。而在建元六年开犍为郡，元鼎六年收夜郎、邛都，开牂牁及越巂郡，并有云南地，又在设益州郡之前也。云南之设郡县，即自此始。

第四章　西汉至南朝之郡县

汉因秦制，分天下为十三部（即司隶校尉、豫州、冀州、兖州、徐州、青州、荆州、扬州、益州、凉州、并州、幽州、交州），各置刺史。益州刺史领郡九（即汉中、广汉、犍为、武都、越巂、益州、牂牁、巴、蜀），其地在今云南者：犍为郡之南部四县，越巂郡之西南三县，牂牁郡之西南十一县，益州郡全郡二十四县。（共四十二县）

后汉疆域，亦分十三部刺史，益州建置每有兴废。其关于南中者，分益州郡西部为永昌郡，增置二县，以犍为郡南部四县置属国都尉，而牂牁、越巂则同前汉。（共设四十四县于云南境）

三国蜀立，蜀领有益州之地，置郡凡二十有二（即蜀郡、犍为、江阳、文山、汉嘉、朱提、越巂、牂牁、建宁、兴古、永昌、云南、汉中、广汉、梓潼、巴郡、巴西、巴东、涪陵、宕渠、武都、阴平），分南中七郡设庲降都督以统之。此七郡中，建宁郡十五县，兴古郡十县，云南郡八县，永昌郡八县，朱提郡五县，其地几全在今云南（共四十六县）。而牂牁郡在今贵州，越巂郡在今西康，亦领于庲降都督焉。

司马氏既得天下，分十九州（即司、兖、豫、冀、幽、平、并、雍、凉、秦、梁、益、宁、青、徐、荆、扬、交、广），以蜀之庲降都督故地置宁州，领建宁郡十七县，兴古郡十一县，云南郡九县，永昌郡八县，而朱提郡五县及牂牁、越巂属益州。（共设五十县于云南境）

永嘉乱后，群雄争长。后蜀李氏据益州，侵夺南中地，设宁、汉、安三州，领十四郡。其在云南郡者，宁州建宁郡十二县，晋宁郡七县，南广郡三县，而平夷郡在贵州，西平郡在广西；又汉州兴古郡六县，永昌郡七县，云南郡三县，河阳郡三县；又安州朱提郡四县，而牂牁、夜郎、平夷三郡在贵州，越巂郡在西康。（共设四十五县于云南境）

晋咸和八年，宁州降于李雄。至永和三年，桓温伐蜀，李势出降，南中复归江左。后虽苻坚陷益州，图经略南中地，名姚苌为宁州刺史，然未至境上。终晋之世，南中为晋有，置宁州，统十六郡。凡建宁郡十一县，晋宁郡七县，朱提郡五县，南广郡三县，建都郡六县，兴古郡十一县，梁水郡七县，永昌郡七县，云南郡三县，东河阳郡三县，西河阳郡二县，兴宁郡二县（在云南境者六十六县）；而牂牁、平蛮、夜郎三郡在贵州，西平郡在广西，又越巂郡属益州，地在西康。

刘宋疆土，未踰淮北，置州凡二十二。宁州为极西境，领郡十五，略与东晋相若。凡建宁郡十三县，晋宁郡七县，朱提郡五县，南广郡四县，建都郡六县，西河郡三县，东河郡三县，云南郡五县，兴宁郡三县，兴古郡六县，梁水郡七县（共六十二县，而缺永昌郡），仍领牂牁、平蛮、夜郎、西平四郡。

萧齐继宋，疆土略等，置州二十三。宁州所领增郡至三十，其境较广。然或无民户，则虚设耳。所可考地理者，建平郡十三县，晋宁郡七县，建宁郡六县，南广郡四县，兴古郡六县，梁水郡七县，永昌郡七县，云南郡四县，东河阳郡三县，西河阳郡三县，兴宁郡二县，南朱提郡四县（计在云南境者六十五县），仍领牂牁、夜郎、平蛮、西平四郡。又有西阿、平乐、北朱提、宋昌、益宁、南犍为、西益、江阳、犍为、永兴、永宁、安宁、东朱提、安上十四郡，则或地在今四川，或不获考也。

《梁书·徐文盛传》曰“大同末，持节督宁州”，是知萧梁治理宁州也。政和《证类本草》卷三引陶隐居《名医别录》曰“永昌本属益州，今属宁州”，则梁时设永昌郡。宁州以永昌为最远，《宋书》已缺，《齐书》曰“有名无民”，而梁犹设之，则梁之宁州，设郡当如宋齐之制。惟《新唐书·南蛮传》曰“梁元帝时，南宁州刺史徐文盛，诏诣荆州，有爨瓒者据其地”，则徐文盛后，梁已不能治宁州也。

陈亦不能有宁州地，《隋书·梁睿传》曰：“伪梁南宁州刺史徐文盛，被湘东征赴荆州，士民爨瓒遂窃据一方，国家（按：北周）遥授刺史，其子震相承至今。”则宁州地已属宇文周，迄于隋初，然建置亦不能详也。

自西汉迄南朝，中朝设治于云南之郡县略如上述。其沿革始末及地记，见于纪录者举如下，可供览也。

西汉——《汉书·地理志》

东汉——《续汉书·郡国志》

蜀汉——《补三国疆域志》（洪亮吉补，金兆丰校）

西晋——《晋书·地理志》

东晋——《华阳国志》《补东晋疆域志》

后蜀——《补十六国疆域志》

宋——《宋书·州郡志》

齐——《南齐书·州郡志》

诸家所纪，大都疏略；惟合而观之，且据民族分布之情形，历代设郡之分合，与夫水道、路程所经历，山岭平原之地形，考校所得，不难寻之于今日地理，兹录汉至南朝云南郡县沿革表如次：

西　汉	东　汉	蜀　汉	西　晋	东　晋	后　蜀	刘　宋	萧　齐	附　注
越嶲郡	越嶲郡	—	—	—	—	—	—	其地不在今云南者不录
—	—	云南郡	云南郡	兴宁郡	—	兴宁郡	兴宁郡	两汉弄栋属益州郡
弄栋	弄栋	弄栋	弄栋	弄栋	—	弄栋	弄栋	今姚安及大姚、永仁南部
青蛉	青蛉	青蛉	青蛉	青蛉	—	青蛉	青蛉	今盐丰及大姚、永仁北部
—	—	—	—	云南郡	云南郡	云南郡	云南郡	—
姑复	姑复	姑复	姑复	姑复	姑复	东姑复	东姑复	今华坪
—	—	—	—	—	—	西姑复	西姑复	—
遂久	遂久	遂久	遂久	—	—	—	—	今永胜、宁蒗、丽江
益州郡	永昌郡	—	—	—	—	—	—	—
云南	云南	云南	云南	云南	云南	云南	—	今祥云、弥渡
—	—	—	云平	云平	云平	云平	云平	今宾川
邪龙	邪龙	邪龙	邪龙	—	—	—	邪龙	今蒙化、漾濞
来唯	—	—	—	—	—	—	—	今蒙化西南
—	—	—	—	东河阳	河阳郡	东河阳	西河郡	—
楪榆	楪榆	楪榆	楪榆	楪榆	楪榆	楪榆	楪榆	今大理、凤仪、邓川、鹤庆
—	—	—	—	东河	河阳	东河	—	今剑川、洱源
—	—	—	永宁	—	—	—	—	—
—	—	—	—	—	—	—	新丰	—
—	—	—	—	—	—	—	遂久	—
—	—	永昌郡	永昌郡	西河郡	—	西河郡	西河阳	—
比苏	比苏	比苏	比苏	比苏	—	比苏	比苏	今云龙、兰坪
—	—	—	—	成昌	—	成昌	成昌	—
—	—	—	—	建安	—	建安	建安	—
—	—	—	—	永昌郡	永昌郡	—	永昌郡	—
不韦	不韦	不韦	不韦	不韦	不韦	—	不韦	今保山之施甸及其南境
嶲唐	嶲唐	嶲唐	嶲唐	嶲唐	嶲唐	—	—	今保山平原及北境
—	博南	博南	博南	博南	博南	—	博南	今永平

续 表

西　汉	东　汉	蜀　汉	西　晋	东　晋	后　蜀	刘　宋	萧　齐	附　注
—	哀牢	哀牢	哀牢	哀牢	哀牢	—	—	今腾冲、龙陵及附近土司地
—	—	永寿	永寿	永寿	永寿	—	承	今镇康
—	—	雍乡	雍乡	雍乡	雍乡	—	雍乡	此以下五县应在今顺宁、云县、缅宁
—	—	南涪	南涪	南涪	南涪	—	—	双江等处然不能详分也
—	—	—	—	—	—	—	永安	—
—	—	—	—	—	—	—	犍瑷	—
—	—	—	—	—	—	—	西城	—
—	益州郡	建宁郡	建宁郡	晋宁郡	晋宁郡	晋宁郡	晋宁郡	—
滇池	滇池	滇池	滇池	滇池	滇池	滇池	滇池	今晋宁
谷昌	谷昌	谷昌	谷昌	谷昌	谷昌	谷昌	谷昌	今昆明
连然	连然	—	连然	连然	连然	连然	连然	今安宁
建伶	建伶	建伶	泠邱	建伶	建伶	建伶	建伶	今昆阳
俞元	俞元	俞元	俞元	—	—	—	俞元	今澄江、通海、江川、玉溪、峨山
秦臧	秦臧	—	秦臧	秩臧	秦臧	秦臧	秦臧	今罗次、富民、禄丰
双柏	双柏	双柏	双柏	双柏	双柏	双柏	双柏	今易门、双柏
—	—	—	—	建都郡	—	建都郡	建宁郡	—
—	—	—	—	新安	—	新安	新安	此郡六县在今楚雄、镇南、广通、牟定、盐兴、元谋、武定、禄劝等县惟不能详分也
—	—	—	—	经云	—	经云	经云	—
—	—	—	—	永丰	—	永丰	永丰	—
—	—	—	—	临江	—	临江	临江	—
—	—	—	—	麻应	—	麻应	麻雅	—
—	—	—	—	遂安	—	遂安	遂安	—
—	—	—	—	建宁郡	建宁郡	建宁郡	建平郡	—
味	味	味	味	味	味	味	味	今曲靖
同劳	同劳	—	—	同乐	同乐	同乐	同乐	今曲靖之越州及陆良
铜濑	同濑	同濑	同濑	同濑	同濑	同濑	同濑	今马龙
昆泽	昆泽	昆泽	昆泽	昆泽	昆泽	昆泽	昆泽	今宜良

续　表

西　汉	东　汉	蜀　汉	西　晋	东　晋	后　蜀	刘　宋	萧　齐	附　注
牧靡	牧靡	牧靡	牧靡	牧麻	牧麻	牧麻	牧麻	今寻甸、嵩明
牂牁郡	牂牁郡	—	—	—	—	—	—	地不在今云南者不录
谈稿	谈稿	谈稿	—	谈稿	谈稿	谈稿	谈稿	今路南及陆良西南
母单	母单	母简	母单	母单	母单	母单	母单	今华宁
同并	同并	同并	—	同并	同并	同并	同并	今弥勒
漏江	漏江	—	漏江	漏江	漏江	漏江	漏江	今泸西
—	—	存鄢	存鄢	存鄢	存鄢	存鄢	存鄢	今宣威（按《汉书·地理志》属犍为郡）
—	—	—	—	万安	万安	万安	万安	—
—	—	—	—	—	—	新兴	新兴	—
—	—	新定	新定	—	新定	新定	新定	—
—	—	兴古郡	兴古郡	兴古郡	兴古	兴古郡	兴古郡	—
宛温	宛温	宛温	宛温	宛暖	宛宛	宛暖	宛暖	今沾益、平彝
漏卧	漏卧	漏卧	漏卧	漏卧	漏卧	漏卧	漏卧	今罗平、师宗
—	—	汉兴	汉兴	—	—	—	—	—
句町	句町	句町	句町	句町	句町	句町	句町	今广南、富宁
都梦	—	—	都唐	—	—	—	—	今西畴
—	—	—	—	西安	西安	西安	西安	—
—	—	—	—	南唐	南兴	南兴	南兴	—
—	—	—	—	梁水郡	—	梁水郡	梁水郡	律高、母棳、贲古、胜休，两汉志在益州郡
律高	律高	律高	律高	律高	律高	律高	律高	今曲溪
母棳	母棳	母棳	母棳	毋棳	—	母棳	母棳	今石屏、建水、开远
贲古	贲古	贲古	贲古	樑水	—	梁水	梁水	今文山、砚山
胜休	胜休	胜休	胜休	胜休	—	胜休	胜休	今龙武
西随	西随	西随	—	西随	—	西随	西随	今蒙自、个旧
进桑	进乘	进乘	进乘	—	—	—	—	今屏边、河口、马关
镡封	镡封	镡封	镡封	镡封	—	镡封	镡封	今丘北
—	—	修云	修云	—	—	—	—	—
—	—	—	—	—	—	新丰	新丰	—
—	—	—	—	—	—	建安	建安	—
犍为郡	犍为属国	朱提郡	朱提郡	朱提郡	朱提郡	朱提郡	朱提郡	—
朱提	朱提	朱提	朱提	朱提	朱提	朱提	朱提	今昭通、鲁甸
堂琅	—	堂狼	堂狼	堂狼	堂狼	堂狼	堂狼	今会泽、巧家

续 表

西 汉	东 汉	蜀 汉	西 晋	东 晋	后 蜀	刘 宋	萧 齐	附 注
汉阳	汉阳	汉阳	汉阳	汉阳	汉阳	汉阳	汉阳	今贵州之威宁、水城
—	—	南昌	南秦	南秦	南秦	南秦	南秦	今贵州之毕节
—	—	—	—	临利	—	临利	—	今彝良
—	—	—	—	南广郡	南广郡	南广郡	南广郡	南广县，后汉属犍为郡
南广	南广	南广	南广	南广	南广	南广	南广	今镇雄、威信
—	—	—	—	常迁	常迁	常迁	常迁	此以下三县应在今绥江、大关、盐津，然不能分也
—	—	—	—	晋昌	晋昌	晋广	晋昌	—
—	—	—	—	—	—	新兴	新兴	—

自汉以来设置于云南之郡县，见于地志者，合而录之如上。其位置之考证，瑜别有《汉晋云南郡县考释》与《水道考释》，兹取以分别附注之。虽未尽确，亦不至大谬也。

第五章　西汉至南朝治理之张弛

统观六百余年设置郡县于云南之治理，在不断进步中。以所设郡之数言，西汉四郡，东汉五郡，蜀汉、西晋七郡，乃至东晋十二郡。又设县之数，亦自四十二渐增至六十六。由此可见治理之渐密，而所以促成政治之进步者，即为一般文化之进步，此一事也。两汉设郡县于云南而隶之益州，即为蜀之附庸。至蜀设庲降都督统南中七郡，已自成一政治区。晋乃开设宁州，为全国十九州之一。清代行政系统譬之，两汉犹设数府于云南，蜀汉犹设为一道，至晋犹设为一省也。由此行政系统之进步，不难知治理之渐密，此二事也。吾人考校云南之文化，自西汉而后，中原移民日众，农田、水利、交通、工艺，与夫儒学诸端，莫不渐臻发达。此诸端与政治建置，互为因果，而促成云南文化之进步也。

然吾人须知，中国治理云南，以蜀为依据。每番用兵，即自蜀出发，委命至云南之官吏，大都为蜀人，故蜀之治乱，与治理云南，关系至为密切。自李雄据成都以后，符秦、东晋、北魏、萧梁、北周，争夺巴、蜀，纷扰二百余年，治理南中，亦鲜政事足纪也。且在汉初，既设郡县于云南，复委命滇池、句町、夜郎、漏卧诸土长为王侯，东汉封哀牢王，流官与土长之两重政治，自不免猜疑争扰，史籍所纪南中土夷叛乱之事，即土长与流官之冲突。故每番乱事，即逐杀太守，如汉昭帝始元年，成帝河平年，王莽始建国年、天凤年，淮阳王更始年，光武建武年，章帝建初年，安帝元初年，延光年，灵帝熹平年，以至后主建兴年，每次土夷叛乱，咸逐杀太守。史虽不详乱事之起因，然皆由于土长与太守之冲突，而非土民不愿受国家之治理。诸葛亮既平南中，不设官，皆以其渠帅而用之，即因志在平定中原，惟求南中之纲纪粗定，夷汉粗安，作此姑息政策，亦足见流官、土长之两重政治，不免于乱。吾人虽知六百余年之郡县，在不断进步中，而其进步之程度实微。所以如此者，流官、土长两重政治所使然也。

故言此时期之政治，不可忽略土长之势力。晋钟会伐蜀，兵临成都，后主会群臣议，欲奔南中，谯周谏疏勿行，非有他也，恐为土长所制也。故是时虽有霍弋统率七郡，后主竟不行。弋素服号哭三日，闻后主东迁，乃上表于晋，晋未劳一矢而尽得南中地，乃开设宁州。不过十余年，罢州为南夷校尉，即鉴于蜀之庲降都督，操兵屯，易为治，故重军事管理，使校尉统兵镇南中。而即因此多事，蜀中乱事不能出兵，致李毅、王逊先后殁，虽复置宁州，以和诸土长，亦不能治。且是时渐用土长为太守，以其向背以逼刺史，政柄不操于刺史，凌夷而至于爨氏之割据。所以造成此局，非一朝夕。故六百余年之郡县，一方面而言，不断进步；另一方面言，则又不断退步，以至郡县之消灭也。

第六章　隋代唐初之经略

隋受周禅，梁睿为益州总管，上疏请经略南中（见《隋书·梁睿传》）。开皇五年，遣黄荣领始、益二州兵，凿石开石门道（见樊绰《云南志》卷一、《新唐书·地理志》戎州开边县），爨遣使朝贡，置恭州、协州、昆州，命韦世冲以兵戍之（见《新唐书·两爨传》《隋书·韦世冲传》），以爨翫为昆州刺史。既而复叛，开皇十七年，遣史万岁率兵击之，自越嶲道经青蛉、弄栋、勃弄至西洱河，破三十余部，复至东爨境，万岁受赂而还（见《隋书·文帝纪·史万岁传》《北史·史万岁传》），爨翫复反，大将刘哙，讨之（见《北史·隋宗室传》）。后爨翫入朝，文帝诛之，诸子没为奴（见《新唐书·两爨传》）。经年扰攘，未能治理南中。

唐高祖即位，以爨翫子宏达为昆州刺史，奉父丧归（见《新唐书·两爨传》、《唐会要》卷九八）。武德四年，置南宁州总管府，七年改都督府（见《旧唐书·地理志》），命嶲州都督府长史韦仁寿检校南宁州都督（见《旧唐书·韦仁寿传》）。滇池附近，已渐治理，而西洱河附近，自武德四年嶲州治中吉宏韦抚慰，遣使入朝求内附，每岁不绝其使（见《唐会要》卷九八、《册府元龟》卷九七零）。韦仁寿承制置州县，授豪帅为宰牧（见《旧唐书·韦仁寿传》），然诸部虽暂降款，旋即背叛。贞观中，嶲州都督刘伯英上疏请击西洱河，天竺之道可通也。二十二年，遣右武将军梁建方发蜀十二州兵，进讨至西洱河，招降七十余所，户十万九千三百（见新旧唐书《太宗本纪》、《新唐书·松外蛮传》、《唐会要》卷九八、《册府元龟》卷三五八）。永徽三年，赵孝祖复招讨至勃弄（按：白崖地，见《新唐书·两爨传》）。麟德元年，置姚州都督府，每年差募兵五百人镇守（见《旧唐书·本纪》、《唐会要》卷七三）。然自后亦多乱事，咸亨三年梁积寿，天寿中裴怀古，仪凤四年李知古，神龙三年唐九澂，开元元年李蒙，先后出兵征之（见新旧唐书本纪，《新唐书》之《南蛮传》《裴怀古传》《徐坚传》，《旧唐书》之《张柬之传》《吐蕃传》，刘肃《大唐新语》卷十一，《太平广记》卷一六六，王仁求碑），自始未能切实治理也。

开元二十四年，西洱河附近蒙舍诏并吞诸部。二十六年，封大酋皮罗阁为云南王，侵灭爨部，尽有南中之地。天宝年间，阁罗凤因小忿叛唐。自是以后，南诏虽入贡，而自治其地也。故自萧梁大同后，至唐天宝，约二百年，虽士族强横，犹奉中国正朔（石刻可证），存郡县之名，命土长为刺史、太守，至天宝十一年后，设治尽废也。

隋代唐初，设州县于云南，未能切实治理，且多更革，故见于纪录者，疏略而未一律，兹取《旧唐书·地理志》所载南宁州、姚州二都督府所领，及见于他书者，合而录之，且略注汉晋郡县及今地名于次。若州县地理之考校，瑜别有《隋唐云南州县考释》详之。

都　督	州　名	县　名	汉晋县名	今县名	附　注
南宁州	郎州	味	味	曲靖北部	在京师西南五千六百七十里、戎州西南一千六百五十三里
—	—	同乐	同乐	曲靖南部、陆良东北部	—
—	—	升麻	牧靡	寻甸、嵩明	—
—	—	同起	同濑	马龙	—
—	—	新丰	昆泽、谈稿	宜良、路南及陆良南部	—
—	—	陇隄	漏江	泸西、师宗	—
—	—	泉麻	同并、毋单	华宁、弥勒	—
—	麻州	—	存鄢	宣威	在戎州西南千四百里
—	曲州	朱提	朱提	昭通、永善、鲁甸	在京师西南四千二百三十里
—	—	唐兴	堂狼	会泽、巧家	—
—	协州	东安	南广	镇雄、威信	在京师西南四千里
—	—	西安	临利	彝良	—
—	—	湖津	常迁、晋昌、新兴	绥江、大关、盐津	—
—	靖州	靖州	汉阳	威宁、水城	在戎州西南七百二十里
—	—	分协	南秦	毕节	—
—	盘州	附唐	宛温之半	平夷	在京师西南五千零三十里、戎州西南千七百里
—	—	平夷	宛温之半	沾益	—
—	—	盘水	漏卧	罗平	—
—	黎州	梁水	律高、毋棳、胜休	石屏、开远、建水、曲溪、龙武	—
—	—	绛	俞元	澄江、玉溪、江川、峨山、新平	—
—	昆州	益宁	谷昌	昆明	在京师西南五千三百七十余里
—	—	晋宁	滇池	晋宁、呈贡	—
—	—	安宁	连然	安宁	—
—	—	秦臧	秦臧	富民、罗次、禄丰	—
—	鉤州	望水	建伶	昆阳	在京师西南五千六百五十里

续　表

都　督	州　名	县　名	汉晋县名	今县名	附　注
—	—	唐封	双柏	易门、双柏	—
—	傍州	—	—	牟定、盐兴	此以下五州为晋建都郡地
—	望州	—	—	广通	—
—	览州	—	—	楚雄	—
—	邱州	—	—	镇南	—
—	求州	—	—	武定、元谋、禄劝	—
姚州	姚州	姚城	弄栋	姚安西部	在京师西南四千九百里
—	—	泸南	—	大姚南部	—
—	—	长明	—	姚安东部	—
—	褒州	扬彼	青蛉东境	大姚东北	在京师西南四千九百七十里
—	—	强乐	—	永仁	—
—	微州	深利	青蛉西境	盐丰北部	在京师西南四千九百七十里
—	—	十部	—	盐丰南部	—
—	宋州	宗居	云南东境	云南驿	在京师西南五千零一十里
—	—	石塔	—	蒙化之南涧	—
—	—	河西	—	—	—
—	匡州	勃弄	邪龙北境	漾濞及凤仪之南部	在京师西南五千一百六十五里
—	—	匡州	博南	永平	—
—	波州	—	云南西境	祥云城区	—
—	阳瓜	—	邪龙南境	蒙化城区	—
—	髳州	濮水	云平南境	宾川南部	在京师西南四千八百五十里
—	—	青蛸	云平北境	宾川北部	—
—	—	歧星	—	在宾川境	—
—	—	铜山	—	在宾川境	—
—	會州	會	葉榆	凤仪北部	在京师西南五千一百四十五里
—	—	三部	—	在大理境	—
—	—	神泉	—	在大理境	—
—	—	龙亭	—	大理之上关	—
—	—	长和	—	大理之太和村	—

续 表

都 督	州 名	县 名	汉晋县名	今县名	附 注
—	尹州	马邑	东河阳	—	此以下五县在剑川、洱源、兰坪、云龙惟不能详分
—	—	天池	—	—	—
—	—	盐泉	比苏	—	—
—	—	甘泉	—	—	—
—	—	涌泉	—	—	—
—	靡州	磨豫	遂久	永胜、宁蒗	在京师西南四千九百四十五里
—	—	七部	姑复	华坪	—
—	邓备	—	—	邓川城区	—
—	舍利	—	—	—	此以下四州在邓川附近
—	诺洛	—	—	—	—
—	和往	—	—	—	—
—	野共	—	—	—	—
—	袖州	—	—	丽江城区	—
—	眉邓	—	—	—	此以下三州在丽江、剑川境内
—	洪郎	—	—	—	—
—	于州	—	—	—	—
—	异州	—	—	—	此以下四州不详今地
—	五陵	—	—	—	—
—	范邓	—	—	—	—
—	日南	—	—	—	—

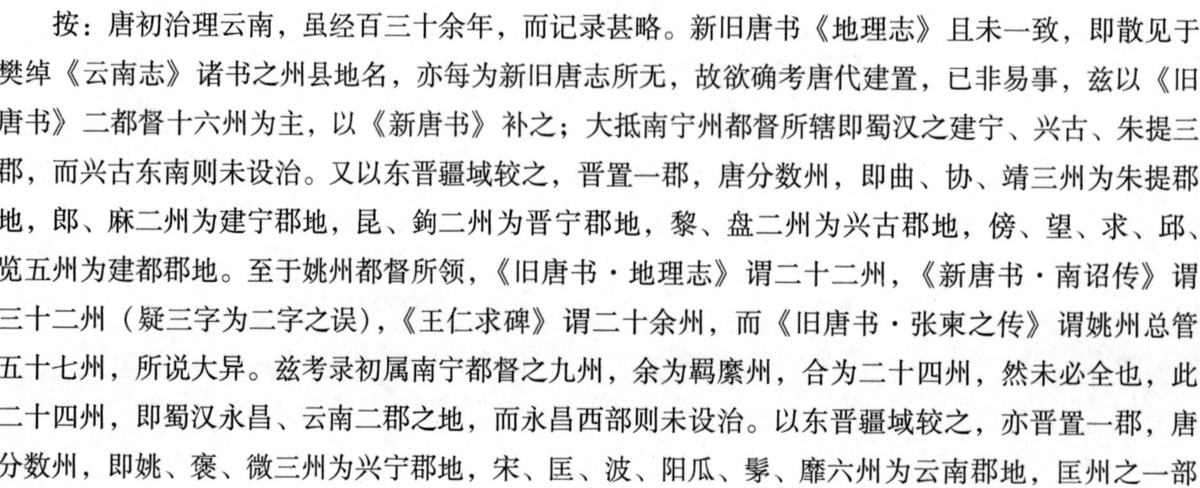

按：唐初治理云南，虽经百三十余年，而记录甚略。新旧唐书《地理志》且未一致，即散见于樊绰《云南志》诸书之州县地名，亦每为新旧唐志所无，故欲确考唐代建置，已非易事，兹以《旧唐书》二都督十六州为主，以《新唐书》补之；大抵南宁州都督所辖即蜀汉之建宁、兴古、朱提三郡，而兴古东南则未设治。又以东晋疆域较之，晋置一郡，唐分数州，即曲、协、靖三州为朱提郡地，郎、麻二州为建宁郡地，昆、鉤二州为晋宁郡地，黎、盘二州为兴古郡地，傍、望、求、邱、览五州为建都郡地。至于姚州都督所领，《旧唐书·地理志》谓二十二州，《新唐书·南诏传》谓三十二州（疑三字为二字之误），《王仁求碑》谓二十余州，而《旧唐书·张柬之传》谓姚州总管五十七州，所说大异。兹考录初属南宁都督之九州，余为羁縻州，合为二十四州，然未必全也，此二十四州，即蜀汉永昌、云南二郡之地，而永昌西部则未设治。以东晋疆域较之，亦晋置一郡，唐分数州，即姚、褒、微三州为兴宁郡地，宋、匡、波、阳瓜、髳、靡六州为云南郡地，匡州之一部

曲本属永昌郡，會、尹二州为东河阳及西河之地，其余羁縻州亦云南郡之旧壤也。

第七章　爨蒙郑赵杨段高之更迭

西汉初年，云南部族之大者，为滇池、句町、昆明、哀牢，并有土长受封为王侯，经长时期之接触，滇与句町，昆明与哀牢，渐合而为一，盖氏族之迁徙与混血使然也。从史籍所记，建宁、朱提与兴古领县之参错，土族之协同作耗，及建宁大姓受命为兴古太守诸事观之，知三郡已联为一气，云南与永昌二郡亦如之。南朝以后，南中土族，已成为两个集团，即滇池附近与洱海附近之两区域也。晋设宁州统南中数郡，至唐初分为南宁州、姚州二都督，所以如此，非偶然也。此两集团，各有大土长。滇池附近之大土长即爨氏，始显者蜀汉建宁爨習，官至领军，蜀已有爨谷、爨熊，出征交趾，西晋末爨量叛降李雄，爨琛拒李雄不克，后仕雄为交州刺史，东晋有爨宝子、爨龙颜、爨松子，并为太守，爨云仕魏为刺史，此其名可考而显宦者。盖自西晋，爨氏世为建宁土长，朝廷亦命为太守，爨龙颜三代并为晋宁、建宁二郡太守，可以知之。时爨为南中大姓之首，而李雄乱蜀后，南中扰攘，朝廷治理渐弛，爨之势力日盛，朝廷惟求土长受命，欲事力省而号令广，爨乃坐大。迨萧梁徐文盛召赴荆州，无人继任刺史，土长爨瓒乃自专，传子震、翫分统其众，已成割据之势。隋遣兵征之，降而复叛。然爨之势力，仅及建宁、朱提、兴古，未能并有南中诸部，且其内部亦未能团结。唐初，爨归王为南宁州都督，兄子崇道理曲轭川，为两爨大鬼主，崇道弟日进为昆州刺史。无何崇道杀归王，更谋杀日进，爨部诸酋，自相争扰，以至败亡。爨之割据南中者百有余年，臣于周、隋、李唐，虽负隅叛乱，恃远不宾，而爨则自以为保境庇民以尊中国，奉正朔入附朝贡，则自始未绝也。

西洱河附近之土长，据《南诏野史》所载，有白子国，汉武帝封其酋仁果为王，传十五世至龙佑那，诸葛武侯南征时封为酋长，赐姓张氏，又传十七世至张乐进求，逊国于蒙舍川细奴罗，则自仁果以后相传不绝。然东汉开永昌郡，西洱河附近之地属焉，蜀分永昌郡地设云南郡，以永昌吕凯为云南太守，知其时西洱河附近尚无大酋。樊绰《云南志》卷四曰“西洱河蛮，开元前尝有首领入朝，命本州刺史，受赏而归”，疑即武德初年吉宏韦、韦仁寿招徕而至（见《旧唐书·韦仁寿传》、《唐会要》卷九八）。惟不识酋长为何许人？《新唐书·松外蛮传》纪贞观年梁建方征西洱河，有七十余部，户十万九千，署首领蒙和为县令。盖蒙和为众酋之首领，而细奴罗之起约在是时，不知蒙和于细奴罗何属也？细奴罗为哀牢遗裔，盖哀牢自汉统有西洱河地，细奴罗即分支酋长之裔也。自细奴罗后传罗盛，当武后时入朝，再传盛罗皮，玄宗时授特进台登郡王，三传皮罗阁，并西洱河附近之地，开元二十六年诏授为云南王，以其统有云南郡故地也。是时唐设南宁州、姚州二都督府，经略滇池、西洱河之地，因南宁爨氏合力杀唐安宁城使，玄宗乃敕皮罗阁进讨爨部，未战而爨归王、爨崇道诣军门拜谢，请奏雪前事，皮罗阁上章，诏下释罪，再置安宁。而爨部失和，骨肉相残，归王之妻求投皮罗阁，乃为抗疏，归王子守隅代为南宁州都督，而崇道与守隅母子日相攻伐。皮罗阁兴师问罪，崇道溃走黎州，藏亦被杀，并及其子辅朝，后召守隅安置于西洱河，诸爨由是离弱，其地尽并于南诏（详见《南诏德化碑》及樊绰《云南志》）。自是，皮罗阁日以骄大，每入觐，朝廷亦加礼异，益州长吏章仇兼琼，遣使至云南，以言语不相得，皮罗阁当衔之（见《旧唐书·南诏传》）。天宝七载，阁罗凤嗣立，朝廷册封云南王，与西川节度不相得。九载，因张虔陀小隙，发兵反，仲通将兵六万讨云南，为阁罗凤所败，自是南诏北臣吐蕃。十三载，唐复征天下兵马，俾李宓将十余万人进至龙尾关，举军皆没。十五载，阁罗凤连吐蕃寇陷巂州及会同军，崛强于一隅（见《南诏德化碑》，《新唐书》之《玄宗本纪》《南诏传》《杨国忠传》，《唐会要》卷九九，樊绰《云南志》诸书）。阁罗凤既败鲜于仲通之兵，以天宝十一载称蒙国大诏，用赞普钟年号，遣其子凤伽异筑拓东城于滇池为别都，治理爨部故地，复西降寻传、骠诸国。《南诏德化碑》夸其疆理之广曰："西开寻传，禄郸出丽水（按：伊洛瓦底江）之金；北接阳山（按：阳蓬岭），会川收瑟瑟之宝；南荒涔凑，覆诏愿为外臣；东爨悉归，步头（按：在红河下游）已成内境；建都镇塞银生于黑觜（按：指摆夷）之乡，候隙省方，驾憩于洞庭之野。盖由人杰地灵，物华气秀者也。于是，犀象珍奇，贡献毕至，东西南北，烟尘不飞；遐迩无掳掠之虞，黔首有鼓击之泰，乃能骧首印南，平睁海表，雄视一隅也。"然此碑虽自吁功业，而所以明不得已叛唐。《新唐书·南诏传》曰："阁罗凤尝曰：我上世世奉中国，累封赏，后嗣容归之，若唐使至，可指此碑澡祓吾罪也。"今读此碑，同知土长倔强，亦叹疆吏之贪功，而无善术抚边矣。

阁罗凤死，异牟寻立，苦于吐蕃之苛求，贞元九年，上表请绝吐蕃，复臣于唐，大破吐蕃兵于神川，唐朝以其功，册封南诏，赐银窠黄金印。遣子弟就学成都，先后业就而归者殆以千数。异牟寻卒后，寻阁劝、劝龙晟、劝利、丰祐相继立，并获朝廷册封南诏。无何，西川节度使杜元颖治无状，太和三年，西川流民引南诏兵入寇，陷成都，掠子女工技数万人而还。大中十二年，复陷安南都护府。自是以后，南诏世隆立，僭称皇帝，建元建极，自号大礼国，屡寇邕州、巂州、雅州，进逼成都，为边患者殆二十年，中国为之虚耗，而南诏亦弊。隆舜继立，遣使入朝，议和亲，朝臣争议者久之，事未就而隆舜被杀。子舜化立，遣使款黎州修好，朝廷不答，后中国乱，不复通。自世隆以后，南诏立年号，扰西川，而信使往来则未尝绝。南诏倾心中朝，因疆吏处置失宜，致争议未休也。

南诏蒙氏，自细奴罗传十三主，凡二百五十四年，为郑买嗣篡位。当唐昭宗天复二年，买嗣自立，国号大长和，传子旻，旻传子隆亶，合二十六年，为赵善政所篡。后唐明宗天成三年，善政改国号为大天兴，仅十月又为杨干贞所篡。天成四年六月，干贞改国号为大义宁，在位九年，为段思平所逐，废为僧。杨姓僭立，为时甚促，史籍不详其政事，然大体盖袭南诏之旧制，以段氏于南诏之损益可知也。

段思平之建大理，得东爨三十七部之助，则大理国之初，即有滇池及洱海附近之地，僭立于后晋天福二年，时孟知祥据蜀，与大理似无交涉。追宋太祖乾德三年，王斌全克蜀，欲因取云南，太祖止兵，以大渡河为界。《建炎以来系年要录》卷一百五谓："艺祖皇帝，鉴唐之祸，乃弃越巂诸郡，（以大渡河为界）欲寇不能，欲臣不得，最得御戎上策。"宇文常、席旦、唐和、孟珙之流，以拒大理与蜀交通为能事（见《宋史》各本传，及《宋会要》稿册一九七），盖恐大理之如南诏冠乱西川也，然大理段氏文弱，不习武事，西川疆吏兢兢以入寇为惧，而段氏未尝有此念也。中原既陷，所需战马孔急，而西番马之来路已绝，始由邕州招徕大理国市马，曾多至年二千四百匹，大理与邕州之途大通，大理段氏亦曾由此途入贡受封，而当事者以此获罪。绍兴六年，翰林学士朱震言："恐以市马启边患，于是渐减买马之数，申严保伍之禁，道途亦渐阻也。"段氏倾心中国，自始未改，而边臣拒之极严，所恐者"欲寇"，而兼绝其"欲臣"，即缘不审段氏之文弱也。

段氏自思平十四传至正明，时高氏辅段，人心多归之。正明禅位，群臣拥立高昇泰，号大中国。昇泰临终，嘱其子泰明还国段氏，泰明遵遗言而立段正淳，八传至段智心，为元兵所灭，段氏僭立凡三百一十五年。而自高氏还位后，以高氏世为相国，专政柄，政令皆出其门，国人称为高国主，段氏虚拥其名而已。史籍所载段氏，传世虽久，多庸柔寡昧，无所建树，得高氏辅政后，分封子弟于郡邑，其四境日就治理，规模渐备。

综观朝贡时期约六百八十年之政治组织，爨部惟倔强负隅，政治机构并不健全，自南诏割据，设官分宰政务，渐有组织，延至段、高乃渐备。总之，初惟知武事以逞乱，后渐兴文治也。而教化之兴，则因中原移民不绝而来，一般文化逐渐进步，中原文化之发展，至大理国时期，已臻昌盛，元代设立云南行省，与中原江南之行者不殊，即基于已有之中原文化。则在朝贡时期，以政治言为僭据，以文化言则与中原为一体，在事实足以充分证明者也。

第八章　爨蒙段之疆域

南中土长僭据六百余年，以爨、蒙、段三姓之年代为久，余则为时甚促。三姓疆理，不详于记录，兹惟知其大概。大抵爨部在滇池附近，其时西洱河附近为昆明、哀牢之部族分据，后渐兼并，其部族之大者，在唐初有六诏（或八诏）。迨蒙氏崛兴，既并西洱河附近之地，后得爨部而治理之，且北略越巂，西开寻传，南通南海诸国，疆土渐辟。段氏承蒙氏余业，虽未能广，犹守故封。元代设置云南行省，则又较段氏疆理为广也。

爨氏割据，并未建置郡县，其势力所及之区域，见于樊绰《云南志》卷四曰："在石城、昆川、曲轭、晋宁、安宁至龙和城，谓之西爨。在曲靖州，弥鹿川，升麻川南至步头，谓之东爨"。考之地理，所谓西爨，为自东而西之地名，东爨为自东北而西南之地名，境域相接，不审何以分为东西也。且樊绰《云南志》所载爨部地名未详，如《南诏德化碑》之黎州、求州、螺山，并以爨氏为大首领，即爨部之西北境。《新唐书·地理志》引贾耽路程之古涌步、汤泉州、禄荣州、龙武州，为爨之东南境，樊绰《云南志》并未言之。然知自今云南之东北，经滇池迨于红河东岸，为爨部地也。

南诏疆域，《新唐书·南诏传》曰："东距爨，东南属交趾，西摩伽陀，西北与吐蕃接，南女王，西南骠，北抵益州，东北际黔巫"；又曰："有六节度，曰弄栋、永昌、银生、剑川、拓东、丽水；有二都督，曰会川、通海，有十睑，曰云南睑、白厓睑、品澹睑、邓川睑、蒙舍睑、大釐睑、苴咩睑、蒙秦睑、矣和睑、赵川睑。"（按：《新唐书》曰："夷语睑若州"，字或作睑，作赕，据《广韵》，睑舌奄切，睑力验切，赕失冉切又吐滥切，赕吐滥切又杜览切，凡此音读，韵部相近，而声不同，然诸子互用，且并译音，不应参差，若当日音读不同，则当为误写也。谢肇淛《滇略》卷四曰："村落谓之甸，亦谓之赕，又作睑，蒙氏有十睑，华言州也。"此谓"赕""甸"为古今通用字，甚确。《元史·地理志》及景泰《云南志》诸书，用赕、甸二字无分别也，至今滇西尚通用甸字为地名。）十赕之地，大都在洱海附近，即六诏故地，南诏以为根据地，而后张拓领土，迨设治，为直属之区也。至于南诏地名，称赕者甚多，则分隶于节度或都督也。《新唐书》称六节度，《资治通鉴》元和十一年注引程大昌说同，见于樊绰《云南志》者稍异，则内地名不同也。惟樊绰谓贞元十年设铁桥节度，为《新唐书》所无，应以七节度为是。节度乃外府，有大军将领之；而称为都督者，盖会川都督所以防西川，通海都督所以防安南，为军事重镇，与节度兼理军民者异也。

郑、赵、杨、段、高相承，其事迹详于《南诏野史》《滇载记》诸书，而疆理分治则不见记录。惟《秋涧大全集》卷五十《兀良氏先庙碑》述兀良合台征云南功绩曰“平大理五城、八府、四郡，洎乌、白等蛮三十七部”，《经世大典·叙录》《元史·地理志》《元史·兀良合台传》并有此说。所谓五城、八府、四郡、三十七部，即大理国故土，亦即元初最先收服云南之地。凡此设治地名，散见于《元史·地理志》及明代诸本云南志书，虽记录多掺误，合而观之，犹可得其大概。兹录爨部、南诏及大理国之地名沿革表于次。

爨　氏	蒙　氏	段　氏	今地名
—	十睑	为合刺章域所属地	—
—	苴咩	（皇都）	大理区域
—	大鳌	—	大理喜洲
—	邓川	—	邓川
—	矣和	—	邓川、青索
—	蒙舍	—	蒙化域区
—	蒙秦	—	蒙化北部及漾濞
—	赵川	—	凤仪区域
—	白崖	—	凤仪之红崖
—	品澹	—	祥云域区
—	云南	—	祥云之云南驿
—	七节度	八府四郡	—
—	剑川	谋统府	明代鹤庆府之地
—	弄栋	统矢府	明代姚安府之地
—	永昌	永昌府	明清永昌府之地
—	—	腾冲府	—
—	—	胜乡郡	—
—	银生	威楚府	元代威楚路之地
—	—	俗富郡	—
—	铁桥	为察罕章城所属地	元代丽江路之地
—	—	善巨郡	—
—	丽水	为金齿城所属地	伊洛瓦底江上游之地
昆川	拓东	善阐府	明清云南府地
安宁	—	为鸭赤城所属地	—
龙和	—	—	—
—	二都督	—	—
—	会川	会川府	元代罗罗宣慰司之地
—	—	建昌府	—
—	通海	秀山郡	明清临安府之地

续 表

爨 氏	蒙 氏	段 氏	今地名
—	—	三十七部	—
—	—	罗婺	武定
—	—	罗部	罗次
晋宁	—	阳城堡	晋宁
升麻	—	嵩盟	嵩明
—	—	仁地	寻甸
—	—	于矢	贵州普安
—	—	阘畔	会泽
石城	—	磨弥	曲靖
—	—	普磨	曲靖之越州
曲轭	—	纳垢	马龙
—	—	五勒	沾益
—	—	落温	陆良
—	—	罗雄	罗平
—	—	夜苴	罗平之亦佐
—	—	师宗	师宗
—	—	弥勒	弥勒
—	—	维摩	丘北
—	—	落蒙	路南
—	—	罗伽	澄江
—	—	休制	玉溪
—	—	强宗	玉溪之普舍
—	—	步雄	江川
—	—	休腊	河西
—	—	嶍峨	峨山
—	—	宁部	华宁
—	—	阿僰	通海
—	—	褒古	蒙自
—	—	马笼	新平
步头	—	因远	元江
—	—	落恐	在金平
—	—	思陀	在金平
—	—	溪处	在金平
—	—	铁容	在金平

续 表

爨 氏	蒙 氏	段 氏	今地名
—	—	强现	文山
—	—	王弄	文山之旺弄里
—	—	牙车	在文山

第九章 元明清之设治

元宪宗二年，忽必烈奉命率师征云南。次年，自六盘山经临洮至忒剌地，分三路进兵，忽必烈由中路，大将兀良合台由西路，诸王抄合也只烈由东路，经行山谷二千余里，渡金沙江，既平大理段氏，忽必烈班师，留兀良合台征伐诸部之未服者。不二载，悉平云南（事详《元史》之《宪宗纪》《世祖纪》《兀良合台传》），即有设置郡县之议。《秋涧大全集》卷五十《兀良氏先庙碑》曰："以云南平定，遣使献捷于朝。且请曰：'西南夷，汉尝郡县之，设官料民，俾同内地，此其时也。'允焉"（按：《元史·兀良合台传》事在宪宗六年丙辰）而宪宗以兀良合台为大元帅，镇大理（在宪宗七年），后复有昔撒昔（在中统四年）、也先（在至元元年）、宝合丁（在至元八年）、阿鲁忒儿（在至元八年），先后来任都元帅，统制云南，设万户、千户、百户以治之。《元史·地理志》云南行省曰："宪宗五年，立万户府十有九"，所谓十九万户府及千户、百户，散见于《元史·地理志》及明代云南志书，已不能悉考。然万户、千户、百户，即依元代以前之政治区域或部落分置之，而后来行省之路、府、州、县，又以万户、千户、百户而改置之，则万户、千户、百户之制度，虽行之未久，而关于云南政治与地理之沿革者甚巨。元初，云南有五城之称，即合剌章、鸭赤、察罕章、金齿、赤秃哥儿五部。所设十九万户府，即在合剌章、鸭赤二部及三十七部之地，亦即大理国八府、四郡、二十七部之地，而察罕章、金齿、赤秃哥儿三部不与焉。盖此三部为大理国附庸，元兵征服以前，并未设治，且其地非甚广，故各置宣抚司。而大理都元帅统有合剌章、鸭赤及三十七之地，以其广阔，分置万户、千户、百户治理之也。

《元史·世祖纪》"至元十年闰六月丙子，以平章政事赛典赤行省云南"。《元史·赛典赤传》"至元十一年，拜平章政事行省云南"，纪年稍异。《元史·爱鲁传》谓十年，《元史·百官志》谓十一年。惟赵子元《赛平章德政碑》、郭松年《中庆路大成庙记》、何弘佐《中庆路学礼乐记》，并谓至元甲戌。又《赛平章德政碑》曰"是岁七月抵大理"，则十年闰六月拜命，十一年七月始至云南，柯绍忞、吴廷变之《行省年表》，并以为至元十年已设云南行省者，误也。赛典赤开设云南行省，即革万户、千户为郡县，《元史·赛典赤传》曰："至元十二年奏，哈剌章云南壤地均也，而州县皆以万户、千户主之，宜改置令长，从之。"《元史·世祖本纪》亦曰："至元十二年正月乙亥，云南置郡县尹长，选廉能者任之。"郡县既立，乃定名号。《元史·世祖本纪》曰："至元十三年正月丁亥，云南行省赛典赤以改定诸路名号来上。"（说亦见《元史·赛典赤传》）既改万户、千户为郡县，乃以都元帅属行省。《元史·赛典赤传》曰："至元十二年奏，云南诸夷未附者尚多，今拟宣慰司兼行都元帅府事，并听行省节制。"盖此时废大理都元帅，改设云南诸路都元帅，而属于行省也。

设置行省以后，郡县时有损益。如《元史·世祖本纪》曰："至元二十年五月丙子，并省云南州郡。""至元二十六年四月甲戌，并省云南大理、中庆等路州县。"故郡县之数亦每不同，且边区辽远，设治尤多更易，纪录亦或不详，诸家所纪，颇不一致。《元史·世祖本纪》曰："至元三十一年四月己酉，云南行省以所定路、府、州、县来上，上路二、下路十一、州四十九、中县一、下县五十。"程文海《世祖平云南碑》则曰："列为郡县。凡总府三十七、散府八、州六十、县五十、甸寨六十一。"又《元史·地理志》曰："云南诸路行中书省，为路三十七、府二、属府三、属州五十四、属县四十七，其余甸寨军民等府不在此数。"魏源《元史新编》、柯绍忞《新元史》先后搜捕，辑录散见于记传者，其数乃增。《新元史》曰："云南诸路行中书省，领路四十三、府七、属府三、属州五十、属县五十三，甸寨军民等府不在此数。"诸书异同，盖因时代先后与记录详略使然也。

明洪武十四年九月，傅友德为征南将军，蓝玉、沐英为左右副将军，率师征云南。十二月大败元兵于白石江，元梁王把匝剌瓦尔密走晋宁自杀。十五年正月诸路悉降（详《明史纪传》及《明史纪事本末》），改云南行省为云南等处承宣布政使司，领诸府、州、县、司；置都指挥使司，领诸卫所；置提刑按察司，分巡四道、兼察诸府、州、县、司、卫所，并称三司。永乐九年，命监察御史巡按云南。正统五年，命都察院都御史巡抚云南，至成化间抚按为常驻之官，统摄云南军民衙署（详万历《云南通志》卷一）。所设府、州、卫、所，时有增废，故所纪建置之数，亦每不一致。景泰《云南图经志书》曰："云南布政司直隶府、州、司凡二十九，外夷府、州、司凡十七，都指挥使司直隶卫、所共二十五处，按察使司分四道。"《明一统志》曰："云南布政使司领府十二、军民府八、州二、长官司一、御夷府二、宣慰司八、宣抚司三、州四、长官司五；都指挥使司领卫十八、军民指挥使司二、守御千户所七；提刑按察司分四道。"周洪谟《云南巡抚都御台记》曰："为府者二十有一、为州者三十有八、为县者三十有三、为宣慰司者五、为宣抱司者三、为长官司者十七、为卫者十六、为军民指挥使司者三、为守御千户所六。"彭纲《云南总志序》曰："凡为府若州十有三、为军民府七、为军民指挥司二、为卫若守御所二十有四，而外夷宣慰、宣抚、长官等司、府、州又十有九。"万历《云南通志》曰："云南布政司领府十二、军民府八、州二，长官司一。共羁縻则为府二、宣慰司六、宣抚司三、州四、长官司二。都指挥使司领卫二十、守御千户所八、分隶于卫守御千户所八、州一。"谢肇淛《滇略》曰："云南布政使司领府二十、州三十六、县三十二、而羁縻不与焉。"《明史·地理志》曰："洪武十五年二月乙卯置云南布政使司，领府五十八、州七十五、县五十五，蛮部六。后领府十九、御夷府二、州四十、御夷州三、县三十、宣慰司八、宣抚司四、安抚司五、长官司三十三、御夷长官司二。"诸家记录设治之数，颇不一致，因时代先后与详略使然也。

清顺治十六年，收云南入版图，设总督、巡抚及司道，分置府、厅、州、县，即依明制增置、裁减、改隶，时有更易，清修诸本《云南通志》及《清一统志》《清文献通考》诸书详之。雍正《云南通志》曰："共置府二十三、直隶同知一、领州三十一、土府一、土州一、隶云南布政司。"是时云南所设府、州，大体与明季同，后多更革，兹惟举一次之改革言之。《东华录》："乾隆三十五年二月庚戌，吏部议覆：经略大学士公傅恒奏请云南府为省会，大理府为提督驻扎地，曲靖、临安、楚雄、昭通、澄江属邑俱多，东川为矿产最盛之区，开化界接安南，丽江通连西藏，永昌、顺宁、普洱临缅边地，且郡境广阔，均照旧存留。武定府辖二县一州，元江、镇沅二府无首邑，辖一厅二州，不成郡，均改直隶州。武定既改州，所属和曲裁，禄劝州改县，同原辖之元谋县俱归武定直隶州辖。元江府属他郎通判，镇沅府属威远同知，不便归州，改附近普洱府辖。元江府原辖之新平县归元江直隶州辖，镇沅府原辖之恩乐县归镇沅直隶州辖。广西府改直隶州，府属五嶆通判改附近曲靖府辖，原辖师宗、弥勒二州俱改县，归广西直隶州辖。姚安府仅辖一州一县，不成郡，应裁，原辖之姚州，大姚县归附近楚雄府辖。鹤庆府本有原管地方，距丽江仅八十里，改州，与所属之剑川州归丽江府辖。广南府止有同城之宝宁县，不成郡，改直隶厅同知，宝宁县同城应裁，改设照磨一员以资佐理。又永北、蒙化、景东三府无属邑，不成郡，但地方辽阔，距府窎远，归并他郡，一切征输审解未便，将永北、蒙化、景东三府均改直隶厅同知。丽江、顺宁二府无首县，与体制不合，应将专管地方首县管理。临安府首邑系建水州，改县以符体制。从之。”是后亦有更革，详于专书，可参阅也。《清史稿·地理志》曰：“云南领府十四、直隶厅六、直隶州三、厅十二、州二十六、县四十一，又土府一、土州三、土司十八。”此则清季设治之数也。

云南之疆域，《元史·地理志》曰：“东至普安路之横山，西至缅地之江头城，凡三千九百里而远；南至临安路之鹿沧江，北至罗罗斯之大渡河，凡四千里而近”。至明代，则以罗罗斯、乌撒、乌蒙诸路改隶四川，普安、普定诸路改隶贵州，其东北境已削减。《明史·地理志》记云南疆域曰：“北至永宁与四川界，东至富州与广西界，西至干崖与西番界，南至木邦与交趾界。”（按：干崖以西尚有土司地属云南，又木邦应为老挝，《明史》并误）清初，又以乌蒙地之昭通东川二府归属云南，而云南巡抚兼建昌（即罗罗斯地）、毕节（即乌撒地）等处赞助军务，则所辖境又较明代为广也。在此疆域之建置，元、明、清三朝，虽多改易，亦相沿袭，具见诸史志，无待考说，兹惟录其大概为表，永昌、顺宁、普洱三府之摆夷土司，则别为一表焉。

元　初	元	明	清
善阐万户 昆明二千户 黎瀼千户 太池千户	中庆路	云南府	云南府
	昆明	昆明	昆明
	富民	富民	富民
	宜良	宜良	宜良
嵩明万户	嵩明州	嵩明州	嵩明州
羊林千户	杨林	—	—
邵甸千户	邵甸	—	—
阳城堡万户	晋宁州	晋宁州	晋宁州
呈贡千户	呈贡	呈贡	呈贡
安宁千户	归化	归化	—
	安宁州	安宁州	安宁州
	禄丰	禄丰	禄丰
	罗次	罗次	罗次
巨桥万户	昆阳州	昆阳州	昆阳州
澳门千户	易门	易门	易门
	三泊	三泊	—

续 表

元 初	元	明	清
罗伽万户	澄江府	澄江府	澄江府
罗伽千户	河阳	河阳	河阳
强宗千户	阳宗	阳宗	—
江川千户	江川	江川	江川
温富千户	新兴州	新兴州	新兴州
普舍千户	普舍	—	—
研和百户	研和	—	—
落蒙万户	路南州	路南州	路南州
	邑市	—	—
	广西路	广西府	广西州
师宗千户	宗师州	师宗州	师宗
弥勒千户	弥勒州	弥勒州	弥勒
维摩千户	维摩州	维摩州	丘北
—	广南西路	广南府	广南府
	—	—	宝宁
	—	富州	土富州
阿僰万户	临安路	临安府	临安府
目则千户	河西	河西	河西
	蒙自	蒙自	蒙自
捨资千户	捨资千户	新平	—
建水千户	建水州	建水州	建水
	石屏州	石屏州	石屏州
宁万户	宁州	宁州	宁州
嶍峨千户	嶍峨	嶍峨	嶍峨
通海千户	通海	通海	通海
	阿迷州	阿迷州	—
	—	—	新化州
阿宁万户	—	宁远州	—
纳楼千户	—	纳楼甸	纳楼甸
	—	亏容甸	亏容甸
落恐万户	—	落恐甸	落恐甸
	—	左能寨	左能寨

续 表

元 初	元	明	清
溪处副万户	—	溪处甸	—
	—	思陀甸	思陀甸
	—	—	开化府
	—	教化长官	文山
	—	安南长官	—
	—	王弄山长官	安平厅
元江万户	元江路	元江府	元江州
—	—	奉化州	—
—	—	—	新平
—	—	—	普洱府
—	—	—	宁洱
他郎步千户	步日部	恭顺州	他郎厅
马笼千户	马笼部	—	—
目则千户	—	—	思茅厅
	威楚路	—	—
	威远州	威远州	威远厅
威楚万户	开南州	景东府	景东厅
	—	镇沅府	镇沅厅
	—	禄谷长官	—
	—	—	思乐
	—	—	镇边厅
	—	楚雄府	楚雄府
威楚千户	威楚	楚雄	楚雄
牟定千户	定远	定远	定远
锷嘉千户	—	锷嘉	—
欠含千户	镇南州	镇南州	镇南州
	—	—	定边
摩刍千户	南安州	南安州	南安州
路赕千户	广通	广通	广通
大理下万户	大理路	—	—
统失千户	—	姚安府	—
	姚州	姚州	姚州
大姚千户	大姚	大姚	大姚
大理上万户	—	大理府	大理府

续　表

元　初	元	明	清
太和三千户	太和	太和	太和
德源千户	邓川州	邓川州	邓川州
浪穹千户	浪穹	浪穹	浪穹
赴睒千户	赵州	赵州	赵州
品睒千户	云南州	云南	云南
	—	宾川州	宾川州
蒙舍千户	云龙甸	云龙州	云龙州
	—	十二关长官	十二关长官
	蒙化州	蒙化府	蒙化厅
永昌三千户	永昌府	永昌府	永昌府
—	—	保山	保山
永平千户	永平	永平	永平
腾冲千户	腾冲府	腾越州	腾越厅
	—	—	龙陵厅
—	—	—	丽江府
谋统千户	鹤庆路	鹤庆府	鹤庆州
义督千户	剑川	剑川州	剑川州
—	丽江路	—	—
—	顺州	顺州	—
—	—	丽江府	—
—	通安州	通安州	丽江
—	宝山州	宝山州	—
—	兰州	兰州	—
—	巨津州	巨津州	—
—	临西	—	维西厅
—	—	—	中甸厅
—	永宁州	永宁府	永宁土府
—	蒗蕖州	—	—
—	—	剌次和长官	—
—	—	革甸长官	—
—	—	香罗甸长官	—
—	—	火鲁之长官	—
—	北胜府	北胜州	永北厅
—	顺宁府	顺宁府	顺宁府

续　表

元　初	元	明	清
—	庆甸	—	顺宁
—	宝通州	—	—
—	—	云州	云州
—	—	孟缅长官	缅宁厅
罗務女万户	武定路	武定府	武定州
	—	和曲州	和曲州
	元谋	元谋	元谋
	南甸	—	—
	禄劝州	禄劝州	禄劝
	易龙	—	—
	石旧	—	—
麼弥万户	曲靖路	曲靖府	曲靖府
石城千户	南宁	南宁	南宁
	—	亦佐	—
普麼千户	越州	—	—
	—	—	平夷
落温千户	陆凉州	陆凉州	陆凉州
	华芳	—	—
	河纳	—	—
	罗雄州	罗平州	罗平州
纳垢千户	马龙州	马龙州	马龙州
	沾益州	沾益州	沾益州
	交水	—	—
	石梁	—	—
	罗山	—	—
	—	—	宣威州
仁地万户	仁德府	寻甸府	寻甸州
闷半万户	东川路	东川府	东川府
	—	—	会泽
	—	—	巧家厅
—	乌蒙路	乌蒙府	昭通府
—	—	—	恩安
—	—	—	永善
—	—	—	靖江

续 表

元 初	元	明	清
—	—	—	大关厅
—	—	—	鲁甸厅
—	茫部路	镇雄府	镇雄厅
—	益良州	—	—
—	强州	—	—
—	—	泉江长官	—
—	—	怀信长官	—
—	—	威信长官	—
—	—	归化长官	—
—	—	安宁长官	—

永昌、顺宁、普洱所属土司表

元	明	清	今 地
金齿宣慰	金腾道	—	—
平缅路	陇川宣抚	陇川宣抚	陇川设治局
	户撒长官	户撒长官	—
麓川路	猛卯同知	猛印安抚	瑞丽设治局
	腊撒长官	—	—
	遮放副使	遮放副使	潞西设治局
茫施路	芒市长官	芒南安抚	—
镇西路	干崖宣抚	干崖宣抚	盈江设治局
	盏达副使	盏达副使	莲山设治局
南赕	茶山长官	茶山长官	—
—	里麻长官	里麻长官	—
南甸府	南甸宣抚	南甸宣抚	梁河设治局
柔远路	潞江安抚	潞江安抚	（属龙陵）
镇康路	镇康州	镇康州	镇康县
	湾甸州	湾甸州	（属昌宁县）
孟定路	孟定府	孟定府	—
谋粘路	耿马安抚	耿马宣抚	耿马设治局
	—	猛角董千总	沧源设治局
木连路	孟琏长官	孟连宣抚	（属澜沧县）
木来府	（入孟琏）	—	—

续 表

元	明	清	今 地
银沙罗府	（入孟琏）	猛允巡检	—
	—	猛猛巡检	（属双江县）
蒙光路	（入孟养）	猛拱宣抚	此以下今在缅甸界
云远路	孟养宣慰	—	—
木邦路	木邦宣慰	木邦宣慰	—
蒙怜路	（入木邦）	—	—
蒙莱路	（入木邦）	—	—
骠甸府	（入木邦）	—	—
通西府	（入木邦）	大山土目	—
—	—	猛育土目	—
—	蛮莫安抚	蛮莫宣抚	—
孟并长官	孟密宣抚	—	—
孟广长官	（入孟密）	—	—
太公路	（入缅甸）	—	—
邦牙宣慰	缅甸宣慰	缅甸土长	—
	东倘长官	—	—
	底兀剌宣慰	—	—
	大古剌宣慰	—	—
	底马撒宣慰	—	—
	小古剌长官	—	—
	茶山长官	—	—
	底板长官	—	—
	孟伦长官	—	—
	八家塔长官	—	—
车里总管府	车里宣慰	车里宣慰	—
耽冻路	—	—	—
耿当州	—	橄榄坝把总	车里县
孟弄州	—	猛笼把总	—
—	—	猛遮千总	南峤县
—	—	顶买便委	—
—	—	猛满便委	—
—	—	猛海把总	佛海县
—	—	猛混便委	—
—	—	打洛便委	—

续 表

元	明	清	今 地
—	—	猛腊把总	镇越县
—	—	易武把总	—
—	—	猛拿便委	—
—	—	猛仑便委	—
—	—	猛丰便委	—
—	—	整董把总	江城县
—	—	竜得便委	—
—	—	猛旺把总	—
—	—	六顺把总	六顺县
—	—	猛呵把总	宁扛设治局
—	—	猛往便委	—
—	—	猛元便委	—
木朵路	孟艮府	孟艮指挥使	今在缅甸界
孟隆路	（入孟艮）	孟勇千总	—
孟爱路	（入孟艮）	—	—
八百宣慰	八百宣慰	景迈宣抚	—
孟员路	—	景海守备	—
蒙庆路	—	景線宣抚	—
木安府	—	六本守备	—
孟傑府	—	—	—
老告府	老挝宣慰	南掌土长	今在安南界

按：中国西南广大之区域，自昔以云南之文化较高，隐为诸部之领袖。元代治理金齿、白夷、缅人，设为路府，隶属云南。明代设治，更为进步。故今日缅甸全境、暹罗北部、安南西北部，并属云南。自清初改土司为藩属，治理渐弛，至清末已非云南所有。故自元迄清，云南内地之政治组织日密，而边界疆土则日缩，今吾人深省者也。

第二篇　云南部族

凌纯声

中国边疆部族，以西南民族最为复杂。所谓西南民族，系指云南、贵州、四川、湖南、广西、广东诸省的非汉民族而言。上述各省之中，尤以云南最为复杂，如《续云南通志稿》所载，竟达一百二十七种之多。实则其中同种而异名，异地而殊号的不计其数。英人戴维斯氏曾把云南的民族，除汉人及汉化的蒙回外，根据语言分为三大类。（注一）丁文江氏参照戴维斯的意见，就各种语言的性质分为四类。（注二）民族的分类根据语言而分，有时未尽可靠，所以作者的分类，虽亦以语言为主，但参照地理、历史、文化、体质各方面的关系，亦分云南民族为三大类，同时修正戴丁二氏之说。

云南的民族，既只有三大类，而所以造成如此复杂的现象，推究其原因，最有力的解释，当为云南地形的复杂。云南的崇山大川，丛林深谷，以致交通困难。一民族受天灾人祸的压迫，被迫离其故乡，移殖云南。住定之后，畏旅途的劳顿，即不思重返故乡。且云南山地，因土壤与水源的关系，非处处可以适宜人居。一地又未必可容多数的移民，势必分散移殖，分散之后，因交通险阻，与故乡的本族固失去联络，即在云南的同族，亦常老死不相往来。经长时期的隔离，再与其他民族的接触混合，以致语言差异，名号各殊，造成今之复杂现象。

云南的气候因地形的复杂而变化亦甚多。在同一纬度的地带，同一季候高山与深谷的气候相差悬殊。高山旷地，气候凉爽，宜于北方耕牧民族的生息；深箐峡谷，气候湿热，惟适合南方农业民族的移殖；至气候温和，土地肥沃的许多小平原，早为土著民族所居，或为后来的文化较高民族所侵占。总之，云南民族的复杂，及其分布的纵横交错，其主要的原因，一言以蔽之，受地理环境的支配而已。现在我们把本题分作四段来叙述：一、地形与气候；二、民族的分类；三、区域的分布；四、垂直的分布。

第一章　地形与气候

地形　中国自古区分云南的地形，以红河为界。红河之西为迤西，红河之东为迤东。近代英人戴维斯亦以红河区分云南为东西两区。西区为滇西横断山脉区，该区山脉走向自北而南，有太平、瑞丽、怒江、澜沧、黑江、红河六大川流贯其间。除怒、澜二川外，其余四江皆发源于本省。六川及其支流的流域均为深箐峡谷，河流与山脉并行自北而南，山之高度，愈南而愈低。在云南的西北角与西藏交界之处，高山海拔一万五千尺或在二万尺以上，深谷亦有七千尺，及至云南南部渐降五千尺。

云南的东部为一高原区，自石鼓经大理至石屏划一直线为高原的西界。东界即为滇东边境，北与东北以扬子江为界，本区之内多湖泊与小平原。（注三）

英人白朗氏（Brown）反对云南东部为一高原之说，谓滇中为一湖区。在云南弧之内，据白朗氏之意，云南地形可分为滇西、中部湖区、滇东三区。白朗氏之说似较戴维斯完善，兹再详述之。

在云南西部旅行，自大理至腾冲的孔道中，一离大理即经天生桥要隘，为云南东西部交通的门户，以险阻著名。过此山川形势，顿呈伟观，万山如波浪相接，连绵不绝，其中有无数自北而南的河谷，尤以澜沧江及怒江为特出，雄伟峭拔，莫与伦比。此即李希霍芬（Richthofen）所谓"伟大的南北纵谷"。所以滇西的地形，自成一区，各家区分，不过大同小异。白朗氏的区分滇西，系指滇缅边境与澜沧江之间的一带地域，山脉由北而南横亘其间，分成伊洛瓦底江、怒江、澜沧江及金沙江诸流域。

滇中，即指澜沧江流域至湖泊地带。白朗氏谓这一部分地形，不能说是一个高原，因为这是云南弧的西支及中部所占。在澜沧江与红河之间，山脉的方向是由西北而东南，在红河与诸湖泊之间，方向忽而改变，差不多成为东西向，再至云南东北部，则各高山山脉均向北偏东展伸，构成云南弧的东支。所以这弧的中部狭而窄，在北纬二十三度三十分以下便没有什么伸展。滇中南部的山脉在这条线以下的，则属于印度支那系。

在北纬二十七度略南，靠近东经一百度之处，金沙江忽而改变流向，它在此处以前是和澜沧江与怒江同向南流，而在此大弯曲之后，便开始东流。据窦泼拉（Deprat）之说，这是由于褶曲主线的方向，和山脉褶曲的理由是同样显明的。他说："怒江、澜沧江及金沙江在上游是同一的、平行的方向流行，这是因为澜沧江流域的山脉和云南弧的西支也是平行的。但在这滇中的山脉折向南行，金沙江便脱离其南流的姊妹河，使其本身适应滇中山脉的褶曲与其东支转向东北流。"（注四）因此，滇中的山脉构成一种狭窄的弧形，转向南延。大凉山在四川是构成独立的罗罗区域，即占此弧之凹面的一部分。

中部山脉的高峰，高出海面自九千尺至一万四千尺，但较低的地域也很平坦，不似西部的骤高陡降，而山谷与山巅间的比较高度亦较低。在这些平原之上有许多的城市，为云南的精华所在。西部的支流注入澜沧江及红河，而在红河与金沙江之间的分水岭，差不多就是由大理到昆明的大道。金沙江的支流北流，而在未注入之先，则切成许多深谷，其高度自两千五百尺至四千尺。

滇东，系自湖泊区以至滇省东界。云南弧的东支差不多是一带有规则的北—东北与南—西南方向的山脉，高度达八千尺至一万一千尺。在湖泊区一带，山脉普通的高度是六千尺至八千尺，再南至东京则更低。湖泊区一带的平原，平均高度为六千尺。

在云南的极东，有许多由小平原分隔而成的较低山脉，向贵州、广西伸展。大部分的河流最后均注入西江。

云南的特质，是在于它的肥沃的平原，小而平底的山谷，隐伏在群山之间。这些平原和山谷的面积，据估计约当全省面积三分之一，而其出产则可供给全省三分之一的食粮。这许多平原差不多都是古湖泊干涸的底层，间或有些湖泊到现在还存留着的。

本省最低的地方是南部边界的河流的深谷。澜沧江高出海面一千七百尺、界河五百尺，苔河则为七百尺。（注五）

气候　现在要把云南的气候做一个概括的说明，但欲正确表示全省各地气候的实况，是不可能的。云南面积之大，比得上欧洲一个大的国家。而其地形又极复杂，宽广的平原和极高的山脉相交错，有世界大河流贯之区，亦有因缺乏水源而人迹罕至之地。所以我们只能大约区分本省的气候为三带：

（一）西藏区，在北纬二十七度以北。

（二）低洼平原及河流深谷区，主要在南部与西部。

（三）中部区。

西藏区系指滇省的西北接近康藏之处。据戴维斯之说，“是一很高的山脉地域，其高度自八千尺至一万二千尺。这里的气候比较云南其他部分自然较冷，在河边高度为六千尺，在山巅则超过一万五千尺，各地相互间的高度相差甚多。在高山终年积雪，有许多山路直至四月尚不能通行。在平原上则气候不若山巅之寒，但除在深谷的河岸外从不感觉其热。”（注六）

在南部和西部的低洼平原及河流深谷，通常的高度是三千尺至四千尺，而在河流沿岸则自一千尺至一千五百尺。这些地方气候恶劣，其情形和高地相较很像热带，常有雨雾，温度甚高，瘴疠又常流行。

但这两个极端是例外的，因为云南大部分地方的气候属于第三带，平原的平均高度为六千尺，山巅则高出平原自三千尺至四千尺。实际上，所有的重要的城镇都在这个水平线上，而煤矿和盐井即同在此地带。此区的气候是最好的一种，干季自十月起至五月止，无严寒酷暑，也没有缅甸和摆夷地早晨的重雾和白日的湿热，全部气候都是晴朗而新鲜。一年之中最冷的是二月，有时在六千尺或七千尺高的地域会下雪，冬季间或也结冰，不过并不觉得冷得严酷。

对于滇东的气候雷客尔（Lecleres）的叙述很确切，值得我们注意。他相信滇东的气候还是中国最好的地方，且比大部分欧洲各国的气候还要好。在冬季，云南有强烈的西南风，夜晚吹来，白日更紧。在昆明以南冬季很难得会下雨，以北则有阵雨自北而来，但不到扬子江流域。二月通常是最冷的一月，在雨季开始之前常为阵雨季。然后，主要雨季降临，而像热带地方一般的暴雨亦随之而来，约历两三个星期之久。在高地历一个月或六星期，而在低地则时期更久，交通运输因之亦完全断绝。在初期下雨之后，那雨似乎就弱了一些，虽也有阴雨连绵的时期，但也常有几天晴朗的天气夹在其间。（注七）

我们在上面把云南的地形和气候，之所以作如此的详述，是因为如果对于一地方的地形与气候没有一个明白的概念，来讲民族的分布，是不易了解的。从前人讲民族的分布，只说某地方有某种，而忽略地理气候及民族来源种种因素，所以只能叙述分布而不能解释分布，新地学不仅叙述，而要解释的。

第二章　民族的分类

讲民族分布之前，我们应先讲民族的分类。云南民族复杂，如《续云南通志稿》所载，有一百二十七种之多，这种是“枚举法”的分类法，其弊在于过细分析，未能综合。把云南民族根据一种标准做科学的分类的，当以戴维斯为首创。戴氏根据语言，将云南的民族除汉人以外，分为三大类：

（一）蒙克人语系（Mon Khmer Family）

（甲）苗徭群　　1. 苗或蒙（Mhong）　　2. 徭

（乙）民家群　　民家或白子（Petso）

（丙）瓦崩龙群　　1. 卡瓦　　2. 卡拉　　3. 蒲蛮　　4. 崩龙　　5. 克摩

（二）掸语系　　掸或台

（三）藏缅语系

（甲）西藏群　　藏人或包括一部分的西番语

（乙）西番群　　1. 西番　　2. 麽些或纳西　　3. 怒子或阿难

（丙）罗罗群　　1. 罗罗或纳苏　　2. 傈僳　　3. 倮黑　　4. 窝泥，包括马黑、卡惰、普特、骠人、阿卡、山苏、苦聪及其他滇南诸族

（丁）缅甸群　　1. 阿昌　　2. 马鲁　　3. 拉奚　　4. 阿系

（戊）开钦群　　开钦或整颇

上面戴维斯的分类，最值得我们注意的，即把民家、蒲蛮、苗、徭等民族均列入蒙克语系。这是戴氏的一个重要的发现。中国人自明清以来常区分云南民族为两大类，如明末谢肇淛在他所著《滇略》中说："西南夷种类甚多，不可名记，然大端不过二种。在黑水之外者曰僰人，在黑水之内者曰爨。"谢氏之说，有清一代的志书多宗之。数百年来以为摆夷与罗罗为滇省两大民族，已成为定论。自戴氏之说发表后，中国学者信疑参半，直至去年（一九三五）丁在君先生在他编的《爨文丛刊》的序文中，还是不能同意戴氏之说，他区分云南民族如下述的四大类：

一、掸人类

甲．摆夷

乙．民家

二、藏缅类

甲．爨人

子．傈僳

丑．窝泥

寅．倮倮

卯．西番

辰．喇乌

乙．缅人

子．缅甸人

丑．野人

丙．藏人

子．藏人

丑．怒人

三、苗徭类

甲．苗人

乙．徭人

四、交趾类

甲．安南人

乙．蒲人

我们把戴、丁二氏的分类法比较一下，丁氏把民家列入掸人类；苗徭自成一系统；又另立交趾类包括蒲人等。戴氏的蒙克语系，为丁氏三分而取消。作者在昔对戴氏的蒙克语系的分类，亦未敢相信，尝持怀疑态度。但一九三四年至一九三六年在云南实地考察，曾亲自研究过民家、苗、徭、蒲、蛮、卡瓦、卡拉、崩龙等民族。我们以语言做标准，同时观察其体质与文化，来区分云南的民族，仍愿保留戴维斯的三分法，惟须加以补充与修正。此地因限于篇幅，不能多述，他日当另文详论之，现在把我的分类略述如后：

（一）蒲人类

（甲）蒲僰人群　1. 僰子　2. 民家　3. 蒲蛮

（乙）瓦崩群　1. 卡拉　2. 卡瓦　3. 崩龙

（丙）苗徭群　1. 苗子　2. 徭人

（二）藏缅类

（甲）罗罗群　1. 罗罗　2. 窝泥　3. 傈僳　4. 倮黑　5. 阿卡

（乙）西番群　1. 西番　2. 麽些　3. 怒子

（丙）藏人群　1. 藏人　2. 古宗

（丁）缅人群　1. 俅子　2. 马鲁　3. 喇奚　4. 阿系　5. 阿昌

（戊）野人群　1. 野人（或开钦）

（三）掸人类

（甲）仲家群　1. 仲家　2. 侬人　3. 沙人

（乙）摆夷群　1. 摆夷　2. 吕人（或水摆夷）

上述的表中，傈僳、怒子、俅子三种民族的分类较为困难。我们把傈僳分入罗罗群，怒子分入西番群，是根据戴维斯的。俅子分入缅人群是根据罗维斯（Lowis）的。（注八）

第三章　区域的分布

区域的分布，亦可谓平面的分布，系言某一民族分布的地域和方向，而解释其分布的原因。

蒲人类为云南的最初住民，有史以来，蒲僰群中的僰子，已住在云南的中部及东部。僰子又称僰人或写作白子或白人。《皇清职贡图》云：“白人其先居大理白崖川，即金齿白蛮部皆僰种，后居景东府地，而云南、临安、曲靖、开化、大理、楚雄、姚安、永昌、永北、丽江等府具有之。”（注九）可见白人在昔分布甚广，近多同化于滇人，如《蒙自县志》所载：“僰子，滇夷以之为首，蒙先时土著大半皆此类，其语言有二。与人语则汉，与同类语则夷，婚丧伏腊，读书成名，均与汉同。蒙先鹿苑里即其居，后以流寓入籍者日繁，同处遂无所区别。”作者于一九三四年在蒙自调查，已找不到僰子的踪迹。今日，僰子主要的分布区域为大理平原及其附近。蒲人称之为民家，自称为白子。自大理至昆明沿途各县均有僰子。在昆明附近，有僰子、民家二种。昆明的民家自大理迁来，僰子则为土著。《南诏野史》亦谓“白氏有阿白、白儿子、民家子等名，白国之后，即滇中之土著。”

蒲蛮昔日的分布亦甚广，近日因同化较速，其区域亦日小。《皇清职贡图》载：“蒲人即蒲蛮，相传百濮苗裔，宋以前不通中国。元泰定间始内附，以土酋猛氏为知府，明初因之，宣德中改土归流。今顺宁、澄江、镇沅、普洱、楚雄、永昌、景东等七府有此种。”蒲蛮不仅同化于汉人，亦同化于摆夷，所以有人认蒲蛮为摆夷之一种。（注十）据戴维斯的报告及著者在云南猛允所见的蒲蛮，其语言、体质及文化均与卡瓦相近。其原住区域在澜沧江与怒江之间，北纬二十七度以南，后越澜沧江向东及东南移殖。

卡拉于卡瓦语言上的差别甚小，普通以文化区分此二民族。卡拉已吸收摆夷的文化，信奉佛教，卡瓦至今保存其猎首的原始生活。拉瓦现在分布的区域，即英人所谓卡瓦地（Wa States），西以怒江、东以湄怒两江的大分水岭为界。南北界限，北纬二十二度至二十四度之间。著者在镇康、龙陵、腾越等地，尚遇见汉化的卡拉，可见其昔日的分布区域大于今日。

崩龙语与卡瓦语同属于蒙克语系，为英人葛里生（Grierson）所发现。崩龙分布在滇省的极西，东经九十九度以西，北纬二十五度以南一带。

苗人的移殖云南最晚，自贵州入滇之东南向西南迁移，同时移入法属的东京与老挝。

徭人自广西迁来，沿滇越边界向西南移住，和苗同样的情形，分布在东京与老挝北部。

蒲人类的起源问题，至今尚无定论。此问题的解决，只能留待后日的地下发掘。我们现在的假设，在史前时代，自缅甸、暹罗、安南以及中国的西南诸省，均为蒙克语系民族分布之区。自后，摆夷渡扬子江中部而南下，罗罗自西北而来，将蒙克语民族分隔，东部为苗徭，中部为蒲僰，西部为卡瓦与崩龙。因他们史前即居于云南，可谓滇省的土著，至于图中表示其起源点，尚是问题，不能视为定论。

藏缅类中之罗罗与窝泥由四川移入云南，窝泥在前，罗罗在后。今云南南部多窝泥，北部多罗罗。窝泥至滇南后与蒙克语系民族混合，故今日窝泥的体质与罗罗已相差甚多。言语仍操罗罗语。窝泥昔日的分布较广，云南、临安、景东、镇沅、元江五旧府属皆有之，据戴维斯言，今日窝泥分布在北纬二十六度以南，墨江为其主要区。罗罗在滇之中部及东北部，澜沧江之西，罗罗部落甚少。（注十一）

傈僳沿怒江流域自北南下，现在主要的分布区域在北纬二十五度至二十七度三十分之间。今日仍继续南下，至北纬二十三度，已有傈僳村落。

倮黑与阿卡，据罗维斯（Lowis）之意（注十二）同出一源，沿澜沧江流域而南下。倮黑今日主要分布地带，在怒湄两江与北纬二十二度三十分至二十五度三十分之间。阿卡在其南，在缅甸之景东人数甚众。

西番在云南北部与四川交界之处；麽些分布以丽江为中心及其附近；怒子亦在怒江沿岸北纬二十七度三十分至二十八度三十分之间。

俅子、马鲁、阿系、阿奚、阿昌及野人等民族，分布在怒江与金沙江之间，在云南西北部滇缅交界之处。

掸人类的移殖云南较晚。在滇省的掸人可分为两种：一为无文字的掸人，分布在红河之东，一为有文字的掸人，在红河之西。无文字的仲家，自贵州移住滇之东北，土僚、侬人、沙人自桂移入滇之东南。有文字的大别为摆夷与吕人两种，由广西与安南边境而来，至云南的南部，缘红河、墨江、澜沧江、怒江等江而北上，分布在诸川的本流与支流的狭谷和小平原中。

至于汉人的移殖云南有川黔两道，先分布于中部湖区，然后推移于四方宜于农业的高谷小平原。但是汉人能移住之地，早为土著蒲人所占据，为争夺土地之故，所以汉人与蒲人接触最早而最繁，冲突亦最烈，同化的程度亦最高。

上面我们已将区域分布说了一个大概，现在要略述分布现象和地形与气候的关系。蒲人为滇中土著，气候温和、土地肥沃的中部湖区及东西两迤，宜于农业的高谷小平原，多早为其占据。藏缅人为耕牧民族，自西北入滇，云南西北部的山地与气候适合其半耕半牧的生活。其迁移的途径，一部在滇西缘横断山脉而南下；一部先向东行入四川，再由云南的东北移入，循云南弧的东支南行。掸人为南来的农业民族，不畏湿热，在云南的南部和西南部，低洼平原和河流深谷之区，为蒲人与藏缅人不敢居留的气候恶劣而有烟瘴之地，适宜于掸人的繁殖。汉人挟其较高的文化、政治的优势，拓殖云南，驱蒲人或同化而侵占其地。其分布的区域，即为昔日土著的所在，且常依交通大道，移殖四方。

第四章　垂直的分布

云南民族既非尽是土著，又非同一种族，且自四方移植而来，他们适应地理环境的能力当然不同而生活的方式亦各殊。如罗罗的不敢居住深谷，摆夷的不能居高田。所以同在一地，因高度的差殊，所居的民族亦不同。发生垂直分布的现象，如植物之分带然。大概言之，八百公尺以下的深谷为掸人带；八百公尺以上至一千五百公尺为蒲人带；一千五百公尺至二千公尺的小平原为汉人带；一千五百公尺至二千五百公尺的山地为藏缅带。旅行云南时，降入深谷见有榕树之地，常为摆夷所居，或有少数的蒲人。上山至有松树之处，即发现罗罗或汉人的村寨。有松林之地即为无烟瘴之证，故有松地带为云南民族垂直分布最明确的界线。

附注：

注一：Davies. H. R. Yun-nan，p. 337.

注二：丁文江，《爨文丛刊》自序，页三。

注三：Davies. H. R. Yun-nan，p. 303 –305.

注四：Deprat. Geologie Generale，p. 303.

注五：Coggin Brown. The Mines and Resources of Yunnan，p. 3 –6.

注六：Davies. H. R. Yun-nan，p. 309.

注七：Coggin Brown. The Mines and Resources of Yunnan，p. 6 –8.

注八：Lowis. C. C. The Tribes of Buema，p. 9.

注九：《皇朝职贡图》卷七，页十七。

注十：马长寿，《中国西南民族分类》，《民族学研究集》第一期，页一八五。

注十一：Dvies. H. R. Yun-nan，p. 394；《皇朝职贡图》卷七，页三十七。

注十二：Lowis. C. C. The Tribes of Buema，p. 35 –36.

第三篇　云南气象

陈一得

绪　言

云南气象观测，唯昆明记录，年代最长。由一得测候所起，至今昆明测候所有十九年完全数据。雨量一项，集有三十五年。全省各地，观测项目、年月多寡不齐，测地高低不一。气温记录，仅得三十二县局。雨量记录，合得六十一处。统计分析云南全省气象要素，分布概要，只能做初步探讨，详细图表数据，已见于云南通志稿，及教育与科学杂志。本编旨趣，注重云南气候区域之分割，作云南农业气象、航空气象之研究，藉供生产、国防、学术之参考。

第一章　云南气候区域

云南气象因子，多受地理环境影响，位跨温热两带，全境海拔甚高，地形复杂，气流运行特殊。气候变化繁琐，有十里不同天之谚。西北倚康藏高原，东北连四川盆地，东邻黔桂丘陵，东南接壤越南，俯临东京湾，西南密迩缅泰，直达孟加拉国湾，境内山高谷深，寒暑互异，燥湿悬殊，细难碎别，大部可割分为八区，分述如下：

第一节　云岭温和区

云岭干脉，由西北大雪山、玉龙山曲折东南行，至鸡足山海拔二千八百公尺，经昆明盆地南，罗藏山高三千公尺以上，转折东北行，经曲靖高原，北入黔境，为金沙江、澜沧江、元江、南盘江之分水岭，海拔既高，位置在副热带，故有“四季无寒暑”之谚，其区域兹再分为滇中、滇东、滇西三部：

A. 滇中

此部以昆明平原为主，包括呈贡、晋宁、昆阳、安宁、富民、罗次、禄丰、广通八县，为昆湖、螳螂川及绿汁江流域，地势西、北两方较高，海拔俱上三千公尺，昆明高原亦上一千八百九十公尺，晨、午气温变差甚大，当在十度以上，冬夏较差为小，平均温度偏差仅及十度，夏无酷暑，冬不严寒，温和甲于各省。全年气候，无夏少冬，是皆春、秋佳日。

昆明市一月较冷，历年气温平均为九度八，其余各月气温平均为俱在十度以上。七、八两月较热，历年平均俱不上二十一度，故气候只有春、秋，无上二十二度之夏季。历年得四月之极端温度三十二度九为绝高，一月之负五度为绝对最低，年平均为十六度。

晋宁与昆明同一平原，记录仅得四月。冬季气温较昆明市为寒，一月只有四度六。二月极端最高不上十三度，一月极端最低，竟达冰点下六度七，或以滨湖面北之故？

禄丰与昆明同纬度，气温变迁，大同小异。晨寒午热，冬暖夏凉。虽一月，平均温度亦上十度，尤无冬季气候，极端最低不达冰点，较差不上二十度，视昆明为小，则因河谷倾南，可谓地形崎岖附近各地之代表。

昆明平原雨量，各河流域分测详密。昆明市、太华山外、松华坝、大观楼、呈贡、晋安、昆阳、普吉等处，大体七月雨量充沛，概在二百公厘以上，太华山则上三百公厘。次为八六九月。六月太华山降雨已多而呈贡犹少，九月为大观楼雨量曲线高点，五月太华山、昆明市、大观楼、昆阳，雨量已上一百公厘。昆明市、大观楼年上一千一百公厘，太华山较多历年标准雨量一千二百三十八公厘，普吉日短无论矣。

昆明平原外，滇中部有雨量记录者，为富民、广通、温泉村。富民五月至九月雨量，俱上一百公厘。十月至翌年四月雨量最少，干雨季甚显明，全年总雨量九百八十五公厘，略同昆阳。广通雨季较迟，六月骤上二百公厘，八月极多上三百公厘，年雨量为一千一百九十三公厘，由于地势所致。安宁温泉村记录仅有六个月，五月雨量甚少，一月多于四月，是其特点。

B. 滇东部

本部以曲靖高原为主，包括马龙、沾益、平彝、宣威、寻甸、嵩明、宜良、陆良、师宗、罗平十县，为南盘江、车洪江等流域。云岭干脉，虬蜗山、连云山、花山等，海拔二千公尺至二千五百公尺，由西南蜿蜒走向东北，为盘江源。岭岳南北河谷宽平，高度一千五百公尺以上，北方寒潮，常由此部入。滇中气象变化，多以此为先河。北部气候微寒，南部微热，大部温和，同于昆明。

观测记录：唯马龙有气温、风向、风力、天气；宜良有气温、风向、风力、雨量；陆良有雨量；嵩明有观测未得记录，全部气候，大概推知。

马龙代表曲靖平原，气温四月最高二十八度九，十二月最低十分之六度，五、六、七月平均上二十二度，三月高低较差上二十度。宜良岭南较热，四月极高达三十二度二，一月极低仅三度三，三月至九月平均多上二十二度，夏季尤显著。

雨量：陆良、宜良全年总量共上一千公厘，七、八两月同达二百公厘。唯陆良最高点在八月，宜良最高点在七月。五月雨量陆良少于宜良，一、九月亦然。而年总量陆良多于宜良，是陆良雨季短，降水骤也，又可保村雨量，年仅六百零六公厘四，是因地形障蔽之故。

C. 滇西部

此部以大理湖泊区为主，包括剑川、洱源、邓川、漾濞、凤仪、祥云、蒙化、弥渡、姚安、镇南、牟定、楚雄、双柏、易门十五县，为洱海、漾濞江、礼社江、绿汁江流域，云岭干脉，为点苍山。海拔三千八百七十公尺，沿岭各地高度俱在二千公尺以上，为东南两海江流之分水区域，亦南北气流之辐合地带，气候大部温和，降水甚形充沛。

大理气温，七月平均上二十度，一月平均九度五，全年极高上三十二度二，极低达冰点下半度，与昆明略同。弥渡四、五、六月气温平均十八度六，九、十、十一月平均十四度六，其余月俱阙，六月最高二十九度四，亦属温和。

易门五月极高三十二度二，同于大理。一月极低十分之六度，六、七月平均上升四度，年最高上三十度，最低二十度，夏季较热。

剑川气温，六、七、八月平均俱上二十二度，五月极端最高上三十度，一、二月最低不下四度，气候寒暑平和。洱源气温极高约上三十度。

大理雨量，六、七、八、九月俱上二百公厘，十二月最少降水，平均五公厘九，全年降水总量一千三百三十二公厘二，极为充足。喜洲、下关，与大理同一平原。喜洲五月降水上一百公厘，多于大理，一月最少不下于十公厘，年总量一千二百八十三公厘一，亦极调匀。下关八、九月降水不足一百公厘，雨季殊短。

剑川雨量较少，仅八、九两月上一百公厘，五、六、七月俱不及此，冬季记录从阙。弥渡只见四、五两月，数量犹少，不足征考。

牟定气温记录，仅三个月，十一、十二及一月，平均不下十六度，极高为二十一度六，极低一月为十度，可见气候无冬。

楚雄气温：七月平均二十三度七，极端最高二十七度八，六、八月平均上二十二度，极高皆达二十七度，四、五、九月平均俱上二十度，一、二月极端最低未下十七度，气候较热，变差甚小。

楚雄雨量：年总计六百一十八公厘五，八月最多二百一十八公厘二，次为七月一百九十公厘，其余各月皆不及八十公厘，雨季特促，二月、十一月最少，同为九公厘四，原系金沙江流域。

第二节　南盘温暖区

南盘江由曲靖高原发源，西南经宜良，南至开远，曲折回趋东北入黔、桂境。流域地面，海拔一千五百公尺至二千公尺。西部云岭南支经峨川，海拔至二千五百公尺，再南宝华山、白云山尚达三千公尺，折东北黄龙山、九龙山，俱上三千公尺，盘江河谷逐级低洼，下游海拔一千至五百公尺，易纳东北气流，含蓄南来气流，故气候温暖。可再分为盘西、盘东两部：

A. 盘西部

盘江西岸，地多积水湖泊，有阳宗海、抚仙湖、星云湖、杞麓湖、异龙湖等。包括澄江、江川、玉溪、峨山、河西、通海、华宁、曲溪、石屏、建水、开远、蒙自十二县，气候较云岭干脉各地为热，雨量适中，年总量九百公厘至一千公厘。

澄江气温，五、六两月较高，平均二十五度三，五、九月极端最高达三十一度二，七、八、九、十月，平均俱上二十二度，夏季为长。一月较低，平均十度以上，是无冬季，极端最低二度二，未至冰点。

玉溪气温，七、八月较高，平均上二十四度，五、六、九月上二十二度，四、十月上二十度，十二月较低，平均不下十度，亦无冬季气候，五、六、七月极端最高二十八度，十二月极低五度，比澄江尤暖。

河西记录仅有四月，平均不上二十二度，但五月极高达三十九度，十一月最低，变差殊大。

曲溪气温，四月便上二十二度，夏季特早，六、七月平均上二十五度，五、八月极端最高达三十一度八，九、十月平均仍上二十度，十二月极低至七度八。

建水气温，四月至九月，均俱上二十二度，是夏季长占半年，四、五、六、八月极高上三十度，一月极低至六度，比玉溪更热。

开远记录缺七月至十一、十二月。平均温度，一、二月即上二十度，三、四月上二十二度，五、六、八月上二十三度，九月上二十四度；极端最高三、四月上三十度，五、八、九月上三十一度；又八、九月极低不下十一度，一月极低不下十四度，更无冬季气候。

蒙自气温，平均四、十两月上二十度，九月上二十二度，五、八月上二十三度，六、七月上二十四度；极端最高四八月上三十六度，二月至十月最高皆上三十度，十二月极端最低至冰点下三度三，一月至冰点下一度六，是为多年之结果。

鸡街居开远、蒙自间，平均温度自三月起上二十度，四、八、九月上二十二度，五、七月上二十四度，六月最热平均上二十六度，最高温度三月即上三十一度，五、六月达三十六度，十二月极低至七度。

大部雨量，都在九百至一千公厘之间。蒙自纪年较久，年总量为九百四十八公厘三，雨季从五月至九月，同上一百公厘，八月最多上一百九十六公厘，一月极少为七公厘八。

开远雨量，五、六月上一百公厘，七、八月超过二百公厘，九月即少，不足一百公厘，一月极少，仅七公厘，全年九百四十四公厘七，比蒙自雨季较短而降水骤急。

盘溪位江滨，年雨量九百五十五公厘六，雨季同开远，唯八月雨量未及二百公厘，一月最少为五公厘。

石屏雨量较丰，全年一千零四十七公厘三。雨季五月至九月，上一百公厘，同于蒙自。七、八月超过二百公厘，同于开远。一月最少为四公厘七，即同盘溪。

其余各地雨量记录，不及一年，建水有十个月，五月份未上一百公厘，雨季较迟，七月最多为一百九十一公厘，一月最少七公厘三。

通海有九个月，八月上二百公厘，九月则不及一百公厘。曲溪有七个月，五、九月不足一百公厘，八月上二百公厘，同于通海。华宁有六个月，九月上一百公厘，八月上二百公厘，五月较曲溪尤少。玉溪只有九、十两月，九月记录犹上一百公厘。

B. 盘东部

盘江曲折回环，俨如河套，自东北来复向东北去，河谷气候较热，东部雨量少于西部，区域包括路南、弥勒、泸西、丘北、广南、富宁六县。

路南禄丰村，滨江东岸，记录仅有雨量，全年九百三十七公厘八。七月最多上二百四十公厘，六月特少，不足一百公厘，五、八、九月皆达一百公厘以上，一月亢旱，毫无降水。

弥勒位于盘江套内，雨量全年则有八百八十六公厘一，雨季早而短促，五月至八月，皆上一百五十公厘，八月最多，仅达一百八十公厘，不足二百公厘，九月骤形减少，只有六七十公厘，一月极少为一公厘七，气候近似开远、盘溪。

广南据盘江东南，右江上游，气候略同蒙自。平均气温四月上二十度，五月上二十二度，六、七、八月上二十三度，九月上二十五度。极端最高，六月上四十度，五月三十九度，四月三十八度，三、七月三十七度，八、九月三十四度，十、十一月三十一度，二月三十度，唯一、十二两月最高不及三十度，一月极低至三度，变差殊大。

广南雨量较少，年总量为八百一十七公厘，五、八两月上二百公厘，七月上一百四十公厘，九月仅六十八公厘，雨季为短，而六月特少至二十一公厘，疑有笔误。

第三节　乌蒙凉爽区

云岭分支乌蒙山脉，以昭通高原为代表，包括镇雄、威信、彝良、大关、永善、鲁甸、会泽、七县，为牛栏江、洛泽河等流域，属金沙江支流，海拔三千公尺至三千五百公尺，乃北方气流，经四川盆地，登云南高原之屏障，气候凉爽，冬春严寒，时见霜雪，降水量昭通少于会泽。

昭通气温，七月平均二十四度，一月平均一度；极端最高五月达三十一度；极端最低一月至冰点下四度，六月及三、四月变差上二十度，常受北风影响。

镇雄气温，五月至八月，平均上二十度，未及二十二度，温无夏季。五月极端最高达三十一度二；十二月极端最低至十分之六度，而周年北风甚多，当寒流之冲也。

永善气温，七、八月较高，但平均仅及二十度，尤无夏季气候，极端最高六月只达二十七度，一月极端最低，至冰点下八度，严寒不亚华北，亦甚于昭通。

会泽气温，七、八月平均上二十二度，尚有夏季气候，六月平均上二十度，五、九月十九度，四月十七度，十月十六度，一月最低平均不下十度，是温无冬季，因地区地势环抱，少受北方气流之故。

会泽雨量，全年八百九十二公厘，七月最多上二百公厘，六、八、九月俱上一百公厘，而五月则不及，是雨季较迟，十二月降水量最少，仅五公厘三。

昭通雨量，年总五百公厘，殊嫌不足！六、七月只及一百公厘，九月仅得六公厘三，十一月极少，毫未降水，唯观测一年，尚须长期复论！

大关雨量多于昭通，年得六百九十八公厘六，八月雨量竟达二百公厘，七、九两月上一百公厘，而五、六两月则不足一百公厘，雨季殊日短迟，一月至四月，降水均不及三公厘，一月极少只十分之三公厘，甚形亢旱。

第四节　金江旱热区

金沙江流入云南，成一大曲弧，与黄河套反向遥遥相对，两岸山岳高耸，江北大凉山、鲁南山、绵绵山等，海拔四千公尺以上，江南云岭干脉环峙，高度二千公尺至三千公尺以上，故南北气流阻碍甚大，河谷深下，致成暑热少雨气候。地带包括永胜、华坪、宾川、盐丰、大姚、盐兴、永仁、元谋、武定、禄劝、巧家、绥江、盐津，十三县区。

永胜属金江，滨江北岸，三月至八月，极端最高气温，皆上三十度，五月极高达三十四度，七月、九月平均气温二十四度四，十二月平均十五度二，极端最低一月份至八度。

金江雨量，全年七百三十二公厘，六月至九月，皆上一百公厘，七月多至一百八十七公厘六，一月毫无降水，十一月量亦极微，雨季短而干季长。

宾川仅有四个月雨量记录，九月至十二月，降水皆不止六十公厘，十一月尤亢旱无雨。

盐丰气温，记录缺七至十月，平均五、六月俱上二十二度，四月平均上二十度，十二月平均七度七，五月极端最高二十九度四，十二月极端最低三度三，江边区域，气候倍热。

大姚有雨量十一月，仅八月上七十七公厘六，余月均不及五十公厘，殊为少雨；沿江农村，夏秋酷暑。

永仁滨江南岸，全年雨量八百三十五公厘二，七月最多上二百公厘，六、八、九月上一百公厘，雨季仅四个月，其余八个月皆不足五十公厘，干季殊长，对岸华坪，气候略同。

元谋雨量同于永仁，仅六月至九月，上一百公厘，七月最多为一百五十七公厘六，其余八个月皆不足四十公厘，三月毫无降水，年总量六百五十二公厘二，尤属旱热。

巧家据江东岸，气温四月至九月，平均皆上二十二度，即半年间同夏季气候，极高六个月俱上三十度，八月极端最高达三十六度，其余各月平均皆不下十度，更无冬季气候，一月极端最低六度一，气候炎热，足为沿江各地之代表。

巧家雨量，仅得四个月记录，七、九两月上一百公厘，九月多于七月，有秋雨征候，六月仅八十八公厘三，雨季较迟，十月即只四十公厘，秋雨亦属有限；武定、禄劝、江区气候相同。

绥江、盐津，接壤四川，绥江滨江，盐津域系支流，夏秋半年，气候炎热，无精记录，冬季北风多雾，天气同于巴蜀，雨量渐丰。

第五节　横断分雨区

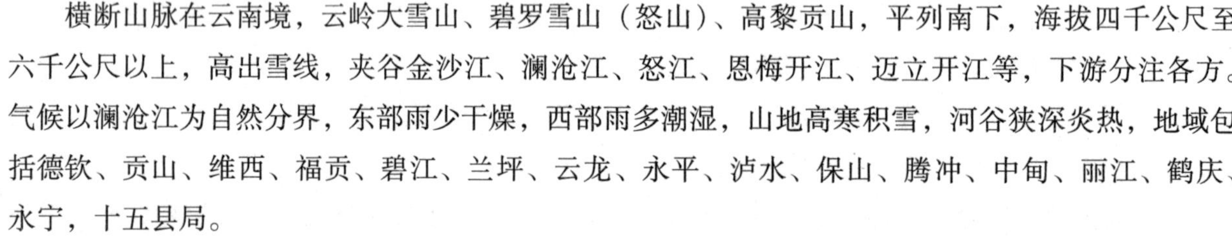

横断山脉在云南境，云岭大雪山、碧罗雪山（怒山）、高黎贡山，平列南下，海拔四千公尺至六千公尺以上，高出雪线，夹谷金沙江、澜沧江、怒江、恩梅开江、迈立开江等，下游分注各方。气候以澜沧江为自然分界，东部雨少干燥，西部雨多潮湿，山地高寒积雪，河谷狭深炎热，地域包括德钦、贡山、维西、福贡、碧江、兰坪、云龙、永平、泸水、保山、腾冲、中甸、丽江、鹤庆、永宁，十五县局。

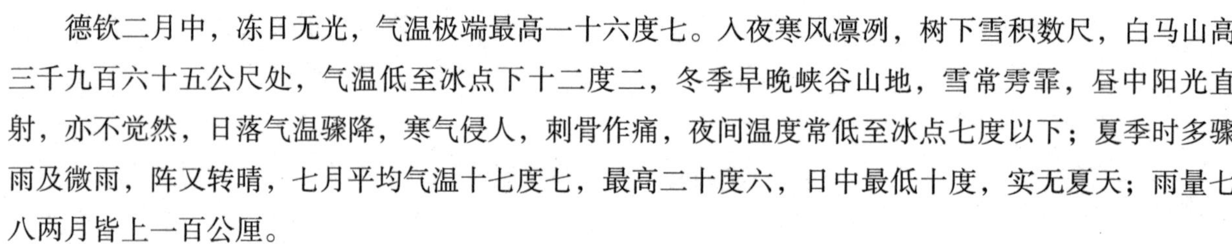

德钦二月中，冻日无光，气温极端最高一十六度七。入夜寒风凛冽，树下雪积数尺，白马山高三千九百六十五公尺处，气温低至冰点下十二度二，冬季早晚峡谷山地，雪常雰霏，昼中阳光直射，亦不觉然，日落气温骤降，寒气侵人，刺骨作痛，夜间温度常低至冰点七度以下；夏季时多骤雨及微雨，阵又转晴，七月平均气温十七度七，最高二十度六，日中最低十度，实无夏天；雨量七八两月皆上一百公厘。

贡山气温，十月平均十一度九，极端最高二十七度，最低九度。高黎贡山为印度洋时令定信风范围地带，空气湿润，雨水浸淫，川高谷深，地面酷热，十一月早晨气温至冰点下五度三，冰坚雪积，海拔四千八百九十公尺处，日光照雪不溶，降至高三千一百六十公尺之怒江河谷，日中闷热，儿童几近裸体，但夜间气温仍降冰点下一度一。十二月低处有雨，湿雾弥漫山谷，大雨连绵，山巅积雪，皎然在望，风云皆自西来，一月地面结冰，北方峭冷。

维西县治滨江气候较暖，七、八月气温平均上二十三度，尤有夏季，极端最高上三十一度，十一月最低至九度；八月雨量极多，上四百公厘；若在澜沧江峡谷之地，九月天气炎热，上午十时，即令人不耐，下午五时在树荫之下，气温尚为二十七度二，夜间仅降至二十一度四，最低至十八度九，天气多晴朗无雨；晨寒多霜；若登金沙江、澜沧江分水岭上，天气阴暗，十时始露日光，高峰终日降雪，寒风刺骨，气候又近德钦。

永平气候微寒，各月平均温度，未及二十度，五月极端最高，亦只升二十二度，一月最低五度，变差殊小，而各月平均不下十度，冬夏温和，雨量七月特多，上三百公厘，除九月外，各月俱不足一百公厘，而六月少于五月，十一月多于十月，是其特点。

保山位怒江、澜沧江两江间，气候较昆明等处为暖，冬季晴天，气温平均十二度四，极高十八度，极低五度。早晨稍寒，西南风盛。晴多雨少，全年雨量九百八十公厘九，八月最多一百七十公里，五月至八月，皆上一百公厘，十月尚有八十五公厘，是雨季较早而长。

腾冲位高黎贡山之西，雨量充沛，空气潮湿，气温不高，各月平均温度，未达二十二度，无夏季气候，六、七两月极端最高，达三十度，十二月极端最低至冰点下四度五，二月至冰点下三度，一月平均最低七度，变差甚大，冬季达二十五度，系多年统计。

腾冲雨量有二十年记录，年总量一千四百七十九公厘二，可为标准数。七月雨量最多平均三百零四公厘八，八月二百六十五公厘三，六月二百四十六公厘，九十两月俱上一百五十公厘，五月平均一百二十九公里三，是雨季与干季半年相等，一月雨量最少平均亦十二公厘。

丽江三面围江，气候变化甚剧，一日寒暑较差达三十一度。极端最高气温，七月三十度，五月至十月上二十五度，三、四月及十一月、十二月俱上二十度。极端最低，一月、十二月降至冰点下十度，二月冰点下九度，三月冰点下六度五，十一月冰点下五度，四月至冰点。平均气温全年各月皆未及二十度，一月平均仅及一度，气候殊寒。

丽江雨量，年总量九百八十公厘一。八月最多二百七十一公厘，六月至十月，皆达一百公厘以上；雨季较迟，五月仅五十三公厘，而十一月、十二月至翌年一、二、三月，滴雨俱无，或系未计雪量所致。

鹤庆雨量多于丽江，全年总计一千一百五十六公厘七。八月极多三百零八公厘七，七、九两月皆上二百公厘，降水集中，六月一百六十六公厘，五月仅九十公厘六，十月即逐渐减少，干季十二月最少，四公厘三。其多雨因子，似由鹤庆地势，东南面向金沙江河谷，西北背倚云岭雪山及原始森林，气流到北，易于抬高冷却达到饱和故也。

永宁接壤西康，近木里之森林带，雨量全年在九百公厘以上，七月最多，六月到九月为雨季，十一月雨量极少；气候较寒，唯六月平均气温上二十度，六月极端最高气温二十九度四，四月至十月，极高上二十二度；极端最低，四月到零度，十二月至冰点下二度八，三月至冰点下九度，二月至冰点下六度七，一月至冰点下七度。寒热变差，以四月为最，达二十六度。一、二、三月及十一、十二月平均气温俱未及十度，一月仅得二度三，冬季殊长。

第六节　澜沧湿热区

澜沧江下游，北纬二十五度以南，气候润湿而闷热，西部甚于东部。西部有大雪山、邦马山，海拔达三千公尺，东部无量山高度三千五百公尺。澜沧江曲折流注东南，荫蔽之河谷及盆地，多炎热异常，山岭环列，空气固塞，极易储蓄蕴结。雨季地面润湿，散热速度迟缓，吸收亦然。下午二时以后，天气熏蒸闷热，湿雾腾滞，瘴疠因以流行。山坡高地凉爽，可资生殖。此区包括顺宁、昌宁、云县、缅宁、双江、澜沧、南峤、佛海、宁江、车里、镇越、六顺、思茅、宁洱、景谷、镇沅，十六县局。

顺宁气温，平均四月二十度，五月二十一度五，八月二十二度五，九月二十二度九，六月二十三度，七月二十二度五，一月平均十二度六，是有夏无冬。极端最高，七月达三十四度，三月至九月，皆上三十度；极端最低，唯一月至冰点下一度。各月变差俱大，十九度至二十五度，晨凉午热。

顺宁雨量，极为充沛，全年总计一千五百一十二公厘一。六月雨量极多，三百九十七公厘一；八月次多，二百七十八公厘三；九月，二百一十四公厘八；七月，二百零三公厘四；五月，一百六十七公厘八；是为雨季。十月至翌年四月，各俱有降水，一月最少，有五公厘四，四月最多达七十公厘，空气故常润湿。

澜沧记录，仅有一、二月及十二月气温，平均皆不下十二度，可见冬季气候，一月极端最高十八度九，极端最低三度九，较差十五度，比顺宁热尚暖和。

云县地势低于顺宁，气候更热。气温平均，四月上二十二度，合为夏季，五、六两月平均皆上二十四度，七月同于顺宁，八、九月同上二十二度，十月且较超过。极端最高，七月达三十六度六，五月三十二度四，八月三十度，三、四、六、九月，则不及三十度；极端最低，各月皆无到冰点下，一月极低只至三度八，是全年气温极端变化不大，较差最大十五度，同于澜沧。

佛海位澜沧江之南，足以代表九龙江、车里附近各县局气候。全部气象有四年以上记录，精确详尽，得自有人，尤属难能可贵！佛海气温平均，五月二十三度五；四月至八月，俱上二十二度，是夏季气候甚长；九月平均二十一度五；十月、十一月平均上十度八；三月十七度五；十二月十六度；二月十五度；一月平均十三度七，是无冬季气候。气温极端最高，四月达三十六度七；三月至十一月，极高皆上三十度；唯一、二两月上二十八度；十二月二十七度七。极端最低，仅二十六年一月降至冰点下一度七，殊为特例。高低变差最大，四月份达三十一度七，低处坝子，天候酷热，恶劣尤甚！

佛海雨量，全年总计一千三百五十九公厘五。八月最多达三百四十三公厘六，次多七月达二百四十公厘四，再次五月二百零六公厘九，九月一百七十九公厘六，六月一百三十三公厘六，此雨季之量，合计一千一百零四公厘一。故空气润湿，重雾弥漫，人畜同感闷热不适。一月降水极稀，有四公厘一，三月亦少，有七公厘九，四月较多六十五公厘六，由十月至翌年四月，是干季可称为雾季，合计雨量二百九十五公厘四，不及雨季量五分之一。

宁洱位澜沧江东部，地势颇高，气候暑热，冬少冰雪。气温平均，四月至十月俱上二十二度，夏季殊长；一月最低平均不下十五度，尤无冬季。极端最高，四、五月达三十一度，六、七月达三十度，三、八、十月达二十九度，十一、十二月二十六度，二月二十五度，一月二十三度。极端最低，十二月及一二月仅至十度，其变差十月最大十七度，八月最小八度。

宁洱雨量较少，全年总计八百九十四公厘四。七月雨量略丰，得二百一十三公厘一，八月时减为一八一公厘四，九月为一百七十九公厘七，其余各月俱未及一百公厘，雨季殊短！四、五、六、十、十一月雨量，则在四十公厘至六十五公厘。二、三月不上二十公厘，十二月仅五公厘七，一月则滴水皆无，干季甚长！

第七节　元江燥热区

本区以元江为代表，包括支流礼社河、绿汁江、把边江、阿墨江、李仙江、南溪河、盘龙江、普梅河等流域，系红河上游，为东京湿湾热带气流直及地带。上游受高空热带回环下降气流，费师孟氏谓终年几均受“焚风”之影响，气候炎热而干燥，与西南澜沧江河谷，闷热而润湿者有别。区域范围：景东、新平、元江、墨江、江城、屏边、砚山、文山、马关、西畴，十县局。

景东雨季甚短。六月雨量仅五十九公厘，七月一百七十一公厘三，八月一百七十七公厘，九月减为九十八公厘五，干季十二月只有二公厘，颇形亢旱。

新平雨量尤足，全年一千零七十三公厘二。八月多达二百三十七公厘四，七月次多二百一十三公厘九，六月为一百六十八公厘二，五、九两月同上一百公厘，是为雨季。由十月至翌年四月，雨量在十一月内七十公厘九，最少一月八公厘八，是为干季。气温十一月记录，平均十六度三，极高二十度一，极低十度，气候同于石屏，由于地势较高所致。

元江雨量，尤甚丰沛，全年总计一千二百五十七公厘九。六、七、八月皆达二百公厘以上，五月即上一百九十七公厘，九月尚有一百一十六公厘三，雨季占雨量九百四十九公厘五。十月、十一月上八十公厘，三、四月三十八公厘，二月十二月上二十七公厘，一月最少为十二公厘八。

墨江倚哀牢山脉，气候热尚不剧。平均气温，五、七、八月上二十二度五，六月二十一度五，四月、九月上二十度，十二月平均九度九。极端最高，五月达二十八度，八月二十七度，六、九月二十六度，三、七月二十五度，四月二十四度五，十月二十度，一、二及十一月俱十八度，惟十二月达十六度。极端最低，亦在十二月降至二度，高低变差不大。干季雨量，一月份毫无降水，二月得三十公厘九，少雨可见一斑。

江城气温，八月平均二十六度三，五、七月二十五度八，四、六月二十四度，九月二十二度，是夏季温度有半年之长。三月平均二十度九，十月十九度六，十一月十七度九，二月十六度九，十二月及一月平均十三度五，是无冬季气候。气温极端最高，五月达二十八度九，四、六、七、八月同达二十七度八，三、九月达二十五度六，十月二十三度三，十二月二十一度一，十一月二十度，二月十七度八，一月十五度六。极端最低，十二月至八度九，高低变差极小。

芷村近南溪河源，地势颇高，全年雨量总计一千一百五十八公厘。七月最多达二百七十公厘，八月次多二百三十八公厘，五、六月两月俱达一百五十公厘，九月雨量即减为七十五公厘，四月尚干，仅有雨五十五公厘，十一月多于十月，同上六十公厘，三月三十五公厘，二月二十四公厘，十二月十八公厘，最少一月仅八公厘，年总量多于蒙自。

屏边位介红河、南溪河间，已深入北回归线，惟地势尚高，故气候较河谷温和。平均气温，十二月为十三度三，一、二、三月上十四度五，十一月十七度二，四月二十度三，迄五月二十二度三，始成夏季气候！六月二十三度三。极端最高，六月达二十六度，四、五月仅及二十五度五，十一月二十二度二，二、三月极高二十度，十二月十八度八，一月十七度二。极端最低，二月至八度八，十二月至八度三，一、三两月俱降至六度六，同在十度以下。

屏边雨量记录，只得五个月。五月即有二百六十五公厘，六月仅减为一百七十六公厘，四月为八十三公厘，三月为六十二公厘五，二月三十九公厘，降水尚系调匀。

腊哈地处南溪河峡谷，气候炎热而雨量适中，全年雨量总计一千一百七十八公厘。七月最多达二百四十三公厘，八月次多二百二十公厘，六月得一百九十五公厘，五月得一百六十一公厘，九月减至一百一十六公厘，五月至九月共得九百三十五公厘，四月、十月得雨六十六及四公厘，三月、十一月得三二三公厘，二月二十三公厘，十二月十公厘，一月最少只七公厘。

文山系红河支流盘龙江流域，地势倾向东南，其西北黄龙山海拔二千五百公尺至三千公尺，气候略似屏边。平均气温，五月最高二十五度五，七月次高二十四度二，六、八两月同为二十三度九，四月二十度八，一月十六度四，十月、十一月同为十六度六，十二月十二度八，是无冬季气候，极端最高：五月达二十七度八，六、七两月达二十六度七，四、八、十一月达二十五度六，三月二十五度，十月二十二度二，二月低至十八度三。极端最低，一月、十二月至六度七，二月七度八，三、四月、十一月极低俱不下十度，是夏季气候甚长！

马关气温略同文山。五、六两月记录，平均五月为二十二度六，六月为二十二度。极端最高，五月达二十七度二，六月达二十七度八。极端最低，五月至十五度六，六月至二十度。

西畴雨量与腊哈地略相等，全年总计一千一百七十五公厘四。八月最多二百七十五公厘七，七月次多二百五十九公厘八，五月得二百零四公厘六，六月一百七十一公厘五，九月一百零四公厘五，十、十一月及四月俱未及五十公厘，二、三月则不上十公厘，十二月及一月不上四公厘，干季雨季，较为显著。

第八节　热带雨林区

本区以江水年总量在一千五百公厘以上各边疆为准，可再分为南边、西边两部。

A. 南边部

此部在红河下游，河谷深下，海拔低至五百公尺，位于热带，当东京湾海洋气流之孔道，雨量丰沛，植物茂盛，广存原始森林，气候炎热，蒸湿异常，草木腐化，蛇虫繁殖，瘴疠侵入，湿雾闷塞，天气极其恶劣，本区域以河口为主，包括个旧、金平两县地。

河口气候炎热润湿，气温高，雨量多。气温平均，六、七、八月达二十八度以上，五、九两月上二十七度，四、十两月上二十四度，三月、十一月上二十一度，二月、十二月上十八度，一月亦上十七度，是有夏无冬。极端最高气温，五月达四十二度八，四、六两月达三十九度，七、八两月上三十八度，三、九两月上三十七度，十月上三十五度，二月、十一月上三十四度，十二月三十三度，一月三十一度。极端最低气温，一月至二度二，十二月至三度六，三月至六度八，二月至七度二，十一月至八度，皆降至湿度夏，宛如冬季。三月变差大至三十度二，殊为剧烈，故衣服饮食睡眠，一不注意，便中寒暑，不必虑蚊传染矣。

河口雨量，全年总计一千七百七十九公厘。八月最多达三百五十一公厘，七月次多达三百零六公厘，九月达二百四十公厘，五月达二百三十五公厘，六月二百二十二公厘，十月一百一十三公厘，四月一百零七公厘，以上七个月合计四月至十月有一千五百七十四公厘；其余十一月、三月雨少，亦上六十公厘，二月三十七公厘，十二月二十七公厘，一月十七公厘，皆系多年平均标准数。

个旧南屏白云山海拔达三千公尺，俯临红河，河谷深下，陡降低二千五百公尺，海洋气流，循河谷深入，至此抬高，易达饱和，故雨量极为丰盛，全年总计一千七百七十公厘五，较之河口相差只八公厘五，量多实足惊人。七月最多达四百零四公厘八，八月次多达三百六十五公厘六，再次六月为二百七十五公厘七，五月雨季开始，即达二百五十公厘三，九月雨季降终，减至一百六十六公厘九，合计五月至九月雨量一千四百六十三公厘三，已超越于各地。十一月犹有雨一百一十公厘二，而十月则有八十三公厘三，二、三、四月及十二月雨量二十三公厘九，至二十八公厘五，一月最少得八公厘六。

B. 西边部

此部位于潞江下游，龙川江、槟榔江流域，跨于亚热带，当孟加拉湾海洋气流之冲路，定信风之势力范围，晨重湿雾，酷热多雨，包括镇康、龙陵、潞西、梁河、盈江、莲山、陇川、瑞丽八县局，分别于澜沧湿热区。

镇康县治东屏雪山，南环老别山，高度二千公尺至三千公尺，气候较河谷温和。气温平均，八月高二十三度九，五、六、七、九月皆上二十二度，四、十两月上二十度，三月上十九度，一月、十一月上十六度，十二月、二月上十五度七八，是气候有夏无冬，变迁不剧。

镇康气温极端最高，五月达二十八度九，四、八、九月达二十六度，三、六、七月二十五度，二、十两月二十三度，十一月二十二度，一月二十一度，十二月二十度。极端最低，仅十一月至四度九，其余各月极低不下十度，全年高低较差俱不甚大。

龙陵气温记录，仅得五月份，晨、午高低平均二十三度二，极端最高二十六度七，极端最低二十二度二，较差不大，比镇康气温平均略高，极端最高较低，极端最低反高；卫生易于调整，通道可以小住。

潞西气温平均，七月二十二度八，五、九两月同为二十二度二，八月二十一度九，六月二十一度五，四月二十一度二，十月二十度一，三月十六度八，十一月十五度九，二月十四度一，十二月十一度九，一月十一度五，各月俱平均不下十度，是春秋气候多，夏季少而冬季全无。

潞西气温极端最高，七、九两月达二十八度九，五、八两月达二十七度八，四、六两月二十五度六，三月二十三度九，二、十两月二十二度二，一月二十一度一，十一月二十度，十二月十五度六。极端最低，一月至四度四，十二月至八度三，二月至气度八，其余各月皆未下十度，其下十度者，晨凉午热，夜雨温低，故变差较大也。

莲山气候较热。气温平均，七、九、十月上二十五度，四、五、八月上二十四度，六、十一两月上二十二度，一月二十三度，三月二十度，十二月十九度，二月十八度。气温极端最高，五月达三十一度，四月至十一月俱达三十度，三月达二十六度，一月上二十五度，十二月二十二度，二月二十一度。气温极端最低，二、三、十二月至十五度六，四月、十一月至十七度八，其余各月俱不下二十度，是温度较他地为高，年无冬季气候，而夏季特长。

第二章　云南农业气象

总　说

云南高原，位亚热带及热带，西北山岳高达雪线，耕地辽阔，作物种类繁多。吾人欲增加生产，宜充分利用气象要素之天然优点，选定推广栽培作物，顺应时节，预防灾害，适合经济原则，以改良盈利。盖生物全受气象之支配，如太阳之光热，水湿之调节，天气之变迁等乃生产原力。前章已述云南气候区域，其温度、雨量，对于农业，实关切要。今再就天气、晴雨、日光照射之多寡，考究各区作物发育之差异，但用日照计观测，仅得昆明一处，其他地方记录多系目测云量分数，以定晴云阴雨，并各杂项天气，雪雹霜雾等俱统计百分比以代表概况，仍分区详述如后：

第一节　云岭温和区滇中部

太华山气象台历年观测日照时数成果：平均一月最多，达二百七十时以上；次多三月上二百五十七时；再次二月上二百四十九时，四月二百四十六时，十二月二百零八时，五月只上二百时。其余雨季中，日照时数俱未及二百时。六月最少仅得一百一十三时，次少九月仅一百二十二时，再次七月一百三十七时，八月一百四十四时，盖雨季云量密厚，遮蔽日光也。十月日照一百九十一时，十一月日照一百七十四时，俱在一百五十时以上。

昆明平原，作物宜稻，惟稻之丰啬，首要视八、九月之多太阳光照，俾植物之同化作用强，辐射时多则气温亦随之高，易达成熟之适当温度。昆明八九月日照时数，殊嫌不足，气温平均未及二十一度，最低常远下二十三度，不及稻之发育最低温度限界，九月尤甚，故昆明迟稻，收获不丰也。

次要为四、五月之高温，雨水早降，禾苗发生较易；再次要素为六、七月之高温，稻速发育；昆明雨季多迟，水稻大都到六月方得插秧；玉蜀黍、大豆等夏季作物，常到六月始行播种，待雨水也；幸四、五月日照时多，气温极高，适苗发生，但需水利灌溉。

昆明不宜种棉，是因夏季高温日时甚少，难达三十二度以上。春季雨水缺乏，清明前后，尚是干季，棉花播种，灌溉实劳，雨季雨水过多，阳光不足，秋雨连绵，棉桃尤易腐坏，限制于气候也。

呈贡、晋宁，稻田面积，约各占耕地总面积百分之七十左右，园艺素著。昆阳土肥水足，米谷丰富。安宁雨量较少，蚕桑适宜。富民稻田面积占耕地百分之八十至九十，产米有余，可供省会。罗次，夏季晴云日多，阳光充足，亦宜育蚕。禄丰稻田约占耕地百分之七十左右，产米能给邻县，并适蚕桑。广通土质良好，气候微热，雨水骤于昆明。洛川坝一年丰收，足供五年粮食，并适蚕桑。

第二节　云岭温和区滇东部

曲靖、马龙，产稻面积，各占耕地总面积百分之七十左右，沾益、松林坝渠灌田二万余亩。晴雨日数，惟以马龙代表，马龙日照时多，全年各月晴云日数，皆超越阴雨日数。四月晴天极多，次为二月、一月、三月及十二月，晴朗云稀，占全月日数百分之六十五以上。再次为十一月，晴云日数占百分之六十九。五月雨天已增，雨季开始，晴云日数尚占百分之六十一；六月阴雨日数，增为百分之四十四；而七月雨季正临，马龙晴天，特占百分之五十二；八月雨天仅占百分之二十三；至九、十两月，秋雨时行，雨天上百分之三十一，晴天尚有百分之四十；其日照时多；而气温不随之高升者；地势高故爽凉也。曲靖气象无记录，作物生产，逊于昆明平原。

平彝、宣威，地益高寒，阴雨日多，近于贵州天气，山地栽培杂粮，农产发育不丰，副养家畜。寻甸、嵩明，雨季稽迟，农田端赖水利。宜良，土质肥沃，产稻面积，占耕地百分之七十以上，城郊附田八万亩，水利甚佳，少受雨期限制，米谷分给省会、个旧，亦宜产茶。陆良，雨水充足，日照时多，作物丰收，惟干季延长，时处亢旱。师宗、罗平，天气阴雨，亦近贵州，多产杂粮。

第三节　云岭温度暖区滇西部

大理测候所未测日照时数，就天气杂项记录。十二月、一月晴天、云天合占百分之九十，二月、十一月上百分之七十，三、四月及十月晴云占百分之六十以上，是干季也。八月、六月阴雨天气最多，合占百分之八十五；七月、九月阴雨上百分之七十五；五月晴天占百分之十，云天占百分之四十三，阴天占百分之十三，雨天占百分三十四，是雨季之交也。气候略同昆明，雨量极为充足，稻田面积约占耕地总面积百分之八十至九十，且洱海之水，苍山之雪，可用灌溉。干季有露日数甚多，霜期始于十一月，终于二或三月。春季大风可能性占日数之半，虽可供作物之二气化碳，但柔软苗稼宜造防风大林，气候适于栽桑种茶。

剑川干季十月至翌年四月，晴天俱上百分之六十；五月云天与晴天，同上百分之四十；八月阴天最多，占百分之四十五，雨天仅占百分之十九；七月雨天占百分之三十二，晴天占百分之四十七；六月雨天占百分之二十三，晴天占百分之三十八；九月雨天占百分之二十七，晴天占百分之三十，阴天占百分之三十二。是雨季降雨日数尚少，云量特多，而日光照射亦不缺乏，气温亦高，适于农作物之发育，且宜栽桑育蚕。

邓川、凤仪，产稻田亩，占耕地面积各百分之七十左右，亦适宜蚕桑畜牧。洱源，雨季较短，九月晴天则达百分之七十二，雨天仅占百分之十五；八月晴雨日略等占百分之四十；七月同上百分之三十八；六月晴天占百分之四十七，雨天占百分之二十六；五月晴天占百分之五十二，雨天占百分之二十二。其干季十月至四月，晴天俱占百分之五十五以上，气温高越寻常，农产丰富，丝业亦宜。

漾濞、祥云、蒙化、弥渡、姚安、镇南、牟安、楚雄，俱宜栽桑养蚕，雨量不多。蒙化、弥渡、镇南、楚雄，土质肥沃，尤宜种种稻。姚安、牟定、祥云，稻田亩积，占耕地百分之七十上下。天气晴雨，以祥云为代表，一月极干，只有晴云，几无阴雨，八月雨日极多，只占百分之四十二，同时晴天仍占百分之四十五，五月晴天减少，尚占百分之四十八。其余各月晴天，皆占百分之五十以上，日照充足，昼时甚长。雨日次多，六月可能性占百分之二十七，九月秋雨占百分之二十三，七月雨少占百分之十六，五月雨季迟到，雨日可能性仅有百分之十三，平原广大，农田水利，需用甚急矣！双柏产米，水田占耕地百分之七十，气候温和。易门较热，六、七月平均温度，甚合水稻发育最低气温之限界，并产蔗糖，各种作物，均不受限制。蒙化且宜种茶。

第四节　南盘温暖区盘西部

澄江气温平均较高在五、六月，玉溪则在七、八月，各在二十四度以上，俱超越水稻发育最低温度，洵为宜产米之区。澄江稻田亩积，占耕地百分之七十以上；玉溪稻田且占百分之八十至九十，米谷供给昆明市，并宜桑蚕。太阳照射时间，八月最少，七月雨日最多，而雨季较迟，五月晴天，可能性达百分之八十六，稻田依赖水利灌溉，九月雨日占百分之二十一，十月达百分之十八，秋雨特觉延长。江川气候无记录，地域介乎二者之间。

峨山、河西、通海，水田面积，俱各占耕地百分之七十以上，水利颇佳，不受雨期影响。峨山亦育蚕。通海天气简报，七月雨日最多，达百分之五十二，晴天极少，仅占百分之十六；八月雨日占百分之四十二，晴天占百分之二十六；六月雨日少而阴天特多，五月晴雨日相等，可能性同为百分之四十二，是干季雨季之交也。十月雨天尚占百分之十六，犹有秋雨气象。而温度河西差大，栽培作物，时宜选定。

华宁、曲溪，记录不全。华宁八月气候多云少晴，曲溪八月雨天最多，达百分之四十九，十月秋雨可能性，同于通海。五月天气晴云倍多于阴雨，雨季开始较迟，但二月雨天多于五月，占百分之二十一，三月雨天亦有百分之十八，特成春雨气候。气温颇高，适宜推广种棉，并可栽桑育蚕，曲溪稻田面积占耕地百分之七十左右。华宁滨江，盘溪甘蔗，产量颇著。

石屏稻田亩积占耕增百分之八十至九十，水利甚佳，气候雨足温高，作物发育畅快。建水能产木棉，天气全年各月晴日可能性，皆达百分之六十以上。七月雨天最多，仅占百分之二十一，八月占百分之十八，六月占百分之十四，其余五、九、十月，雨天俱不及百分之十，即日照时数甚多而降水特骤，对于农业兼有利有害。

开远、蒙自农作物，水稻占百分之六十，甘蔗占百分之三十，荞麦杂粮占百分之十。

开远七月无记录，天气八、九月晴天可能性不及百分之四十五，雨天不及百分之二十五；五、六月雨天仅百分之十五及十二，而雨量已达一百公厘，降水殊嫌骤急。十二月多密云不雨，一月有雨日占百分之八，四、二、三月间有少量雨，土壤湿润，适宜棉花播种，容易出苗。气温春季极端最高，可达三十度，尤合禾苗之发芽。夏季作物，均无气候限制，且特适宜木棉。大庄坝、稼依坝，兴修水利，水旱无害，蚕桑宜便。

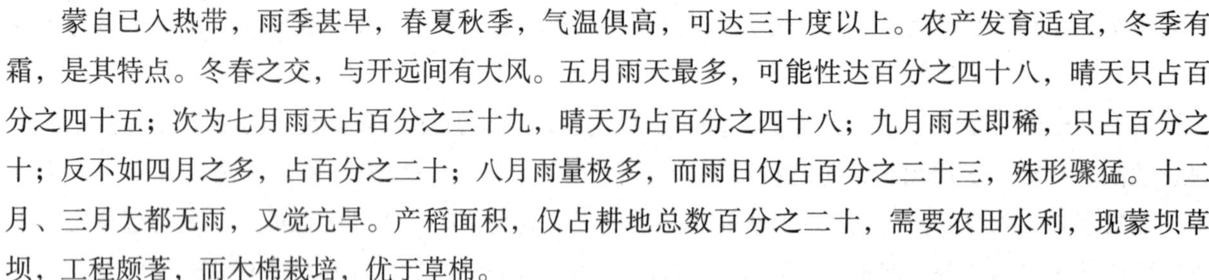

蒙自已入热带，雨季甚早，春夏秋季，气温俱高，可达三十度以上。农产发育适宜，冬季有霜，是其特点。冬春之交，与开远间有大风。五月雨天最多，可能性达百分之四十八，晴天只占百分之四十五；次为七月雨天占百分之三十九，晴天乃占百分之四十八；九月雨天即稀，只占百分之十；反不如四月之多，占百分之二十；八月雨量极多，而雨日仅占百分之二十三，殊形骤猛。十二月、三月大都无雨，又觉亢旱。产稻面积，仅占耕地总数百分之二十，需要农田水利，现蒙坝草坝，工程颇著，而木棉栽培，优于草棉。

第五节 南盘温暖区盘东部

盘江河谷，气候炎热。弥勒竹园甘蔗，产额甚丰，并宜木棉。雨季早而不长，六、七、八月，雨天可能性占百分之三十以上，六、七月云天占百分之二十五，六月晴天最少，仅百分之二十八，九月无记录，十月雨天尚有百分之二十四，阴云日多，秋云厚密，阳光照射时少，作物成熟，迟受影响。竹园坝，南乡坝农田水利，尚待完成。路南、泸西，温度适宜，水稻发育颇盛。

广南天气，八月雨日最多，占百分之二十八；十一月雨日，独占百分之十五，晴天只有百分之四十，秋雨觉特延长。一月阴天最多，可能性占百分之四十二，而晴天只占百分之四十四，与他处干季有异，似受东南海洋气流所控制。秋冬之交，雷电时现，十二月有雾日数，占百分之二十六，地面热力放散不速，裨益冬季作物豆麦发育甚大。丘北、富宁，山地杂粮，无往不利。

第六节 乌蒙凉爽区

昭通高原，冬春霜雪常见，牧畜毛织适宜。农产以荞、麦、玉蜀黍为主要，五月雨季较迟，稻田需水灌溉，七、八月雨天最多，可能性在百分之四十以上，九、十月天气阴云，日照蔽于秋云，雨量年仅五百公厘，殊嫌不足，地连鲁甸，水利急要。

镇雄、威信，山地多种杂粮。十月秋雨连绵，雨天可能性占百分之七十三，冬季阴雨，十一月占百分之四十三，十二月占百分之四十五，气候近于川黔，北风冻伤作物。

彝良一月有雪天气，占百分之四十五，阴天占百分之三十九，二月阴天占百分之六十八，十月阴天占百分之五十五，十一月阴天占百分之五十一，十二月阴天占四十二，半年干季可称为阴季。而雨季开始较早，五月雨天即占百分之四十二，六月占百分之四十三，玉蜀黍、荞麦发育适宜。牛街地热，亦可栽桑育蚕。

大关八、九月雷雨时行，雨天可能性占百分之五十七八；十月、十一月，雨天尚有百分之三十以上；十二月阴雨日数，占百分之三十九；一月降水多系雪量。南依高岭，周年俱多浓雾，雨量虽不丰沛，而荞麦杂粮，足以栽培；桐、漆、竹、茶，亦堪推广。

永善气候严寒，冬春冰雪少雨。一月阴天可能性占百分之七十三，十一月阴天占百分之六十四，十二月占百分之五十八，二月、十月阴天皆占百分之五十五，三月占百分之五十一，四、五月占百分之四十七八，颇近巴蜀雾季，日光照射时少，农产杂粮，甚宜牧畜，江边酷热。

会泽气温雨量，俱觉适中，附郭平原，面积狭长，农田肥沃，者海坝水利待兴，山地以马铃薯及玉蜀黍、荞麦为主要作物。五月雨季临，晴天可能性占百分之五十二，雨天占百分之二十六；十月秋雨尚盛，雨天同于六、七月，占百分之三十二。冬春季高山多雪，牧畜适宜，毛织皮革，可为副业。平原雨日十二月犹占百分之二十三，不甚干燥。

第七节　金江旱热区

金沙江在云南境内，流经二十余县，并支流低下河谷，莫不气候炎热，同于热带，植物农作，异乎纬度较差地域，虽著名凉爽之中甸丽江，滨江地带，亦未外此原则，地势关系于气象大矣。

就有记录之代表各县，永胜与金江，同一县区，而天气悬殊。金江五月至八月，绝无晴天，而永胜五月晴天占百分之六十五，六月晴天占百分之五十七，七月占百分之三十二，八月占百分之三十九。九月金江有晴天仅百分之三，永胜则有百分之二十三。至于雨天，金江六月至九月，可能性俱上百分之五十七八，即两日必有一日下雨；永胜则七月有雨天百分之四十二，九月有百分之三十七，六月有百分之二十七，八月雨天有百分之十三，而阴天特多，占百分之四十八；但金江八月无日不大雾迷空，日月晕华日数占百分之八十七，太阳光照对于农作物发育有限，而永胜温小，合宜育稻。

宾川平原系金沙江南岸流域，著名产棉之区，棉田需水灌溉，当与水稻、甘蔗田轮种，土质肥沃。气象记录不足，九月晴天即多，占百分之七十，雨天只有百分之十三，冬季温度高而雨水稀少，须培耐燥作物，园艺蚕桑亦宜。

盐丰雨季较迟，五月晴天可能性占百分之八十九；六月雨天最多，占百分之四十二；七、八月即渐渐减少。大姚四月雨天最多，占百分之二十七；次多八、十两月，占百分之二十三；五、六两月雨天只有百分之十三；七月反少，为百分之七。雨量各月俱少，殊形亢旱，两县俱宜栽桑养蚕。

盐兴平地甚少，稻田面积不多，约占耕地总数百分之二十。永仁冬春雨少，晴日其多。元谋七、十两月雨日占百分之二十一，八月雨日占百分之十一，五月仅占百分之三，雨量夏秋俱少，气温特高，农作易速发育。华坪、武定、禄劝滨江一带，气候同元谋。武定宜稻，水利不良，副业养鸡。

巧家县治滨江，气候暑热。城坝产米，春雨多于夏雨。十月雨天可能性占百分之二十六，阴天占百分之二十五，九月雨天占百分之二十一，阴天占百分之三十九。其余各月，皆不及此。六月雨天较多，仅及百分之十九。冬春季阴天特多，一月仅及百分之二十三。盐津、绥江，气候略同，山多田少，俱可种棉、桑、桐、竹。

第八节　横断分雨区

本区邻近康藏，地势高寒，河谷深狭，气候兼寒、温、热三带，动植作物，种类繁杂。原始森林，分布甚广，北段皆针叶树林，南段多落叶阔叶树林，德钦、维西、中甸、丽江等县，以麦及青稞为主要粮食，玉蜀黍、马铃薯次之，水稻较少；牧畜骡、马、牛、羊，随处皆宜。皮革毛织、乳油，堪作副产。保山、腾冲等县，适合栽桑种茶。泸水热，产木棉。

德钦冬常积雪，阴天占百分之三十一，虽晴天气温极高不上十七度。中甸雨天八月最多，占百分之二十九；七月至十月阴天可能性，俱在百分之三十以上；一月阴天最多占百分之四十二；十一月干燥无雨天。山货药材，尤多特产。

贡山气候，略同德钦。福贡、碧江，略同维西，而雨水特多，是为印度洋季候定信风范围，且高黎贡山自北而南，绵长千里，原始森林，广大茂密，附近气候调和，寒暑不烈，风轻湿重，空气易达饱和，作物不虞干旱，惟边民“刀耕火种”，高山工作劳苦。

兰坪、云龙、永平，气候平和，可广蚕桑，畜牧随宜。永平八月雨天最多，占百分之六十五，七月雨天仅有百分之三十六，而雨量特丰，雨殊急骤，山地宜选根深作物。十月至翌年四月，干燥不甚。一月最少，尚有雨日百分之八。

保山、腾冲，雨季俱早而长。腾冲全年雨量多于保山四百九十八公厘，八月降雨皆为最多，腾冲八月雨天可能性，占百分之八十一；七月次多，占百分之七十一；九月雨天独占百分之六十；十月亦占百分之四十二；六月则占百分之六十六；五月占百分之四十三；四月则占百分之三十一；天气关系国防交通，不仅农业利害而已。保山并宜种茶栽桑，腾冲亦合丝业。

丽江、鹤庆、永宁，气候境内不一。金沙江岸，气温特高，阴雨日多，山地大麦、玉蜀黍、荞麦、油菜等农作物，无处不宜。丽江、鹤庆，栽桑育蚕，牧养家畜，均不受气候限制。

第九节　澜沧江湿热区

本区为世界著名产茶源地，在澜沧江东西流域，两侧山岳高地，所谓六大茶山，推及全区，各县局土质、气候，莫不适宜种茶。云县、昌宁、澜沧、宁洱、宁江、耿马，并宜产棉；车里、思茅，且产木棉。

顺宁天气：雨日六月最多，可能性占百分之四十五；次多五月七月，上百分之四十；八、九月上百分之三十；三月雨日即占百分之二十三；气温甚高，三月至九月，皆达三十度，适合于宜棉天然因子。双江、缅宁、澜沧，产茶亦盛。

云县雨天，八月占百分之三十九，七月占百分之三十，五月、六月上百分之二十七，三月亢旱无雨，种棉固需灌溉。澜沧记录不足，冬春之交，天气间有阴雨，可知气候润湿。

车里沿边、南峤、镇越等各县局，高地天候，以佛海为代表，其产茶首屈一指，夏季温高，但三月凝霜，有妨作物生长；春、冬季几乎无日不湿雾弥漫。春、夏、秋季雷雨闪电殊多，七月雨天可能性达百分之九十，六月、八月雨天上百分之八十，九月占百分之六十八，五月占百分之五十七，十一月尚有雨天占百分之四十二，十月占百分之三十三，是无干季而有雨雾季也。

河边低洼“坝子”，地广人稀，湿雾蒸腾，人畜闷热，疟蚊繁殖，瘴疠时行，清明节后，霜降节前，辽阔平原，渺无人烟，医药卫生是为垦殖先务。边民交通阻塞，粮食便宜，全年俱可种收，不受天候节气限制，反致生产过剩。动物有象、虎、熊、豹、鹿、猿猴、鹦鹉、孔雀之类。

宁洱、思茅、六顺、景谷、镇沅，位无量山麓，俱产茶名区，气候夏季暑热，雨量适中。思茅天气，六、七两月，雨天可能性占百分之五十以上，即雨日必有一日下雨。次则八月雨天占百分之三十二，而阴天乃占百分之六十八；三月雨天同八月，阴天则有百分之四十八；一月雨天尚有百分之二十六；十一月阴天更有百分之六十三；十月、十二月阴天亦占百分之三十以上；是干季兼为雾季，农村病多，宜重卫生。

第十节 元江燥热区

本区气候炎热干燥，与澜沧湿热区不同，多处得水利灌溉，农田水稻每年可栽种成熟两季。哀牢山脉原属六大茶山，景东、墨江、江城，俱为产茶盛地。文山、墨江、西畴，亦产木棉。

景东气象记录不足，雨季七、八月雨天可能性不及百分之二十，十月即干旱无雨，同十一月阴天占百分之三十五以上，夏产米谷。新平雨量丰沛，干季亦殊润湿，沿江俱产蔗糖。

元江县治，著名烟瘴，为受热带“焚风”影响，环境闭塞，海波低至一千公尺以下。城郊草木荒枯，惟耐旱之仙人掌发育成树状。温高雨足，无补农作。山腰坡地，盛产热带生物，蔗糖颇著。

墨江春多雷雨降雹；七月雨天占百分之六十三；六月占百分之五十八；八月占百分之四十八；九月占百分之三十七；二月十月占百分之二十一，适宜种棉。

江城夏季温高甚长，雨天六、七月俱占百分之三十九，八月占百分之三十三，九月占百分之二十三，十月占百分之十二，五月占百分之十一，是为雨季。其余各月雨天俱不及百分之十，阳光照射时多，热带作物无限制。

屏边山岭重叠，惟县治稍有平坝，沿两河地，天气恶劣，植物生长有攀枝花、仙人掌及能食之芭蕉等。南溪河谷，滇越铁路经过，改良卫生，烟瘴已减。

文山夏季气候甚长，年无冬季温度，适宜种棉、栽稻，而三七、木棉，尤为特产。八月雨天甚多，占百分之三十九，六、十月雨天皆占百分之二十七，七月占百分之十六，二月占百分之十一，五月占百分之十。除九月缺记录，一、三、四及十二月，雨日俱少，十一月更干旱无雨。砚山气候近于文山。

马关气候，适宜种稻。五月雨季开始，雨天占百分之十九，晴天占百分之五十；六月雨天增为百分之三十，晴天减为百分之二十。西畴五月雨天最多，于六月雨量三十三公厘一。两地降水早迟，显有差别，而同位热带，生物繁殖，是因山岭前后，地势高下，略有变迁也。

第十一节　热带雨林区南边部

河口气温，五月极端最高，可达摄氏四十二度八，即华氏一百零九度，诚为酷热！雨量八月最多，月内达三百五十一公厘，极为滂沱！热带生物，无花果类、羊齿类、胡椒科、仙人掌科等植物。蛇蝎、蚂蟥、蜥蜴、蚊、蚁等动物，势力颇大。栽培植物，多如甘蔗、咖啡、棕榈、椰子、香蕉、烟草、白枪杆、金鸡纳树等，俱易发育。且附近有原始森林，茂密广大，有林海之称，不乏贵重有用木材。

个旧有名矿业区，农作不甚发达，食粮需要外县供给，位置已入热带，县治地高，暑热不剧，而雨量年达一千七百七十公厘五，殊极丰沛，惟水少积蓄，洗矿饮料，时形不敷。红河沿岸，气候恶劣，蒸湿闷热，烟瘴甚著！江外地方辽阔，南括金平，热带生物繁殖，作物栽培，有待改进。

第十二节　热带雨林区西边部

本部间有平原，多宜稻麦。镇康天候，有夏无冬，尤合种茶。六月雨天最多，可能性占百分之五十六；七月次少占百分之四十五；五月雨季早到，雨天占百分之二十七；八月雨天减少，占百分之十九，而阴天特多，占百分之三十；九月雨天，占百分之十五，阴天占百分之二十五；一、二月俱无雨天，而晴天二月占百分之八十二，一月占百分之七十九，三月占百分之七十六。是受印度洋季风之影响，年分干雨两季也。

龙陵、潞西，位潞江西部，雨量较丰，植物多常绿阔叶树。龙陵北区高黎贡山，即有原始森林，禾木树坡特产禾木，气温变化不大，比潞西略高，温差不高，潞西气温较龙陵路差一度，山地杂粮，无不适宜。

龙川江西、梁河、盈江、莲山，较龙陵、潞西尤热。莲山气候：八月阴雨最多，阴天占百分之三十七，雨天占百分之二十九；六月雨天次多，占百分之二十八；九月阴天次多，占百分之二十五；七月雨天，占百分之二十六，阴天占百分之十八；而一月阴雨俱无，晴天占百分之八十九；十二月晴天，更占百分之九十。是雨季、干季，甚觉分明，适种稻、麦、杂粮，低地可植甘蔗、棉花。

陇川、瑞丽，边居西南一角，气象记录不足。仅知瑞丽雨天，八月可能性占百分之六十八，九月占百分之四十七，有雨天、云天而无晴天，此天候一般之数字可据也。

第三章　云南航空气象

概　论

云南为国际交通枢纽，国防军事，切重航空，驾驭安全，飞行速度，关系地方气流之运行，高空气象要素之分布，预报趋避，利用应急，不可无通常之认识研究，促进教育大众化之航空建国！

本编根据云南通志之气象测报，昆明航校之高空记录，做系统的论述，撮要如后：

第一节　云南气流与飞行

云南周年大部分气流，多受变性热带海洋气团所控制，少受西伯利亚或蒙古高气压之影响。自印度、缅甸飞来云南，方向顺行气流，则飞机速度自然加快，反向逆行气流，则两力抵消，速度减慢。由四川、贵州、广西、越南、暹罗，飞入云南，地势骤高，气压变化，山岭崎岖，陆地传浪气流，飞机簸摇，乘客多感不适，宛如船过陡滩；迤南夏季，地面灼热，对流气盛，风力风向猛变，能直接影响飞行升降安全。

第二节　云南春季之气流

春季二、三、四月，全省以南西风为主。由佛海、墨江、通海、弥勒、澄江、宜良以至昆明，显有广大气流，直入云南中部，并西部之大理、洱源，以至金沙江河谷，俱向一南西风向。

次则南风几遍全省，如东南之河口、文山、广南、开远、马龙、禄丰，以至东北之昭通、大关；及西南之镇康、腾冲，以至西北之剑川，俱有南风之踪迹。

其他如莲山、罗次、富民、建水之西风，是本南西风，因地形而转变。江城、曲溪、云县之东风，并顺宁、元谋之南东风，亦本南风，依河谷而转移。惟永善、大关之东风，则有受极地寒流之影响。

至云南春季多北风之地，在东北有镇雄、巧家，西北有盐丰、永平，是寒流循金沙江、澜沧江以南下者；若昭通、腾冲，兼有南风、北风，是为寒、暖两气流之辐合区矣。

高空春季气流，以昆明代表，出地面一百公尺，多南西风；五百公尺以上，多西南风；一千公尺以上，渐转西风；一千五百公尺以上，并有西北风；二千公尺以上，西风偏南或北；二千五百公尺以上，西风间偏北；三千公尺以上，尽多西风，仅受地球自转之影响。

昆明上空春季风速，离地面一百公尺，平均为四秒公尺一；五百公尺以上，为七秒公尺二：约加大一倍；一千公尺以上，约十一秒公尺一；一千五百公尺以上，增有十四秒公尺八；二千公尺以上，平均十八秒公尺，二月最大至二十一秒公尺六；二千五百公尺，平均十六秒公尺；三千公尺以上，稍减为十五秒公尺七十上；地面摩擦力约至此高度为限，而地面全年风速，则以四月之三秒公尺一为最大。

第三节　云南夏季之气流

夏季五、六、七月，全省各地，南风占绝对最多数，自东南河口、文山、广南、江城、开远、禄丰、马龙，以至东北之巧家、昭通、大关、永善，及西南之镇康、腾冲、云县，以至西北之洱源、剑川，无非南风之势力范围，诚为热带气流鼎盛之时。

夏季仍保持最多西南风向者，为佛海、宜良、昆明；若曲溪、元谋，则初变易为西南风向；弥勒、澄江、大理、金江，则西南风减少，东南风增多，盖南海气流更盛也。

莲山、罗次、富民、建水之西风；顺宁之东南风，同春季无变动，独盐丰之北风减少，增加西风，可见寒流之退缩；至保存北风之地，仅东北之镇雄，西北之永平，有时大理北风亦著，是云山一部融解成高气压也。

高空夏季气流，昆明出地面一百公尺，多南、西南风；五百公尺略同。一千公尺，多西南、西风；一千五百公尺多西风；两千两公尺相同；二千五百公尺，西风间有北、东北风，三千公尺以上，西风间偏东北。

夏季高空风速较小，离地一百公尺，平均三秒公尺七；五百公尺，为五秒公尺；一千公尺，为六秒公尺九；一千五百公尺，为七秒公尺四。是随高度之叠加甚小，二千公尺反减为五秒公尺四。二千五百公尺，五月特多达十秒公尺四；六、七月减为三秒公尺七。三千公尺以上，五月为七秒公尺六；七月为六秒公尺二，良由雨季云厚，上下层风向转变，多上升气流，故风速随高度增减，每不一致。

第四节　云南秋季之气流

秋季八、九、十月，云南各地最多风向，仍以南风越于一切。自河口、文山、江城、开远、澄江、宜良、禄丰、马龙以至昭通，及迤西至腾冲、洱源，俱为南风流行区域。次则西风亦盛。莲山、建水而外，迤东之大关、永善，迤西之镇康、云县、剑川，迤南之江城，西风频速均加。

昆明秋季，风多西南与东北。金江，多西南与东南。大理、墨江，同多东南与西北。广南多东风与北风。佛海、曲溪、通海间多北东风向。弥勒、宾川、顺宁，同多东南风。巧家、镇雄、永平，同多北风。富民多东风，元谋多西南风，皆由热带海洋气团，与变性极地气团，或热带大陆气团，交绥进退，致成秋雨之源。

高空秋季风向变动，出地一百公尺，最多八月北风，九月南、西南风，十月东南风；五百公尺，八月多东风，九月南西或东风，十月西南西或东风；一千公尺，八月东北、东风，九月南、西南风，十月南偏西及东北、东风；一千五百公尺，八十月皆东北、东风，九月多西南风；二千公尺，八月北、东北风，九月西风，十月东及东北风。八月，二千五百公尺至三千公尺，皆北东风；四千至四千五百公尺，为东偏北风；极高至九千公尺以上，风向为东南偏南。

秋季高空风速：离地一百公尺，平均二秒公尺三；五百公尺，为四秒公尺四；一千公尺，为六秒公尺六。八月，一千五百公尺至三千公尺，同五百公尺无多变化。三千五百公尺至四千五百公尺，五秒公尺一度叠加至五秒公尺九，随高度增加甚小。十月，一千五百公尺，为八秒公尺二；二千公尺为九秒公尺三；二千五百公尺，风速极大为十三秒公尺；三千公尺减为十秒公尺二；三千五百公尺至四千公尺，减为八秒公尺三；四千五百公尺；又增为十一秒公尺六。秋季在一千公尺以上，逐月叠加，以至冬季为大。

第五节　云南冬季之气流

冬季十一、十二及一月，全省各地，南风西风，仍占最多数。多南风之地，为河口、开远、曲溪、澄江、宜良、禄丰、马龙、昭通、镇康、腾冲、景东、宾川。多西风之地，为江城、文山、建水、晋南、罗次、莲山、镇康、洱源、剑川、盐丰等处，是热带暖流仍盛行于冬季。

多西南风、东南风之地，为金江、昆明、顺宁、曲溪、墨江、富民、大关，亦属热带暖流势力范围。若镇雄、永善、巧家之多北风，是由四川盆地南下之极地寒流也。

冬季由康藏高原下降至大陆气流，颇能深入云南中南部。如大理、元谋、弥勒，以至开远之多北西风；永平、盐丰、云县、腾冲，以至佛海之多北风，是循横断山风下降之气流，信有焚风作用，而腾冲且为寒暖两气流之辐合区也。

由南盘江下游侵入之极地寒流，显著于广南之多北风，及通海多东风，来经贵州山地。

高空昆明十一月：一百公尺多南风；五百公尺为南南西风；一千至一千五百公尺，概为西风；三千五百公尺为西南西风。十二月：一百至五百公尺为西南西风；一千公尺为西风；一千五百至两千公尺，西风偏北；二千五百至三千公尺，纯为西风；三千五百至四千公尺又偏北；四千五百公尺又为西风。一月：一百至一千公尺，为西南西风；一千五百至二千五百公尺，纯为西风，是非寒流所能竞胜。

冬季高空风速甚大，一百公尺平均二秒公尺八；五百公尺平均六秒公尺二，增加一倍以上。十一月：一千公尺为八秒公尺二；一千五百公尺为十秒公尺四；二千公尺为十四秒公尺五；二千五百公尺至三千公尺，为十六秒公尺八及四；三千五百公尺，风速极大至二十秒公尺五。十二月：一千公尺为十秒公尺四；一千五百公尺为十四秒公尺三；二千公尺为十五秒公尺五；二千五百及三千五百公尺，同为十六秒公尺一；而三千公尺减为十四秒公尺二；四千公尺加为十九秒公尺；四千五百公尺风俗最大二十秒公尺。一月：一千公尺为十二秒尺五；一千五百至二千五百公尺，约为十八秒公尺六至九。是冬季风速，随高度增加甚为强大，此殆因干燥之下降气流也。

第六节　云南气压与航空

云南地面拔出海平面甚高。昆明高度，在一得测候所为一千九百二十二公尺，太华山气象台为二千三百三十公尺，大理测候所为二千零八十六公尺，但未经自海面而精密直接勘测。空气稀薄，气压低降，练习飞行不易，气压随高度减低，惟高度变大，叫气压之减低愈缓，飞机中之高度表，即气压表，飞行中出地面实际高度，应减去机场出海面高度，及航线中山岭高度，云南海拔既高，山岭陡峭，驾御低降，难免误触岩岫之处，夜雾飞行，尤应注意！

昆明市气压之年际变化，冬高而夏低。历年绝对最高，在十一、十二及一月，中华民国二十年十一月，（未施高度订正）六一六点六六公厘为最高。绝对最低，在五、六、七月，同年六月之六〇〇点七六公厘最低；绝对差一五点九公厘。一日中之最大较差，平均为五点四八公厘，年平均为六〇六点一五公厘。

太华山年中之气压绝对最高与绝对最低，三十一年度，为五八二点九二与五六八点六七公厘，绝对差一四点二五公厘；一日中最大较差在一月，为五点二八公厘；年平均为五七四点五一公厘。

大理年中之气压绝对最高，三十年十月，达六〇〇点四五公厘；绝对最低，三十二年六月，五九三点二五公厘，绝对差七点二公厘，是此变差仅约合昆明太华山二分之一；年平均为五九六点二六公厘，年变差为五点二一公厘。

昆明高空气压，在垂直方向中之分布，十二月至二月下午探测记录：地面八〇七帕，高一百公尺八〇〇帕，五百公尺七六二帕，一千公尺起七一九帕，一千五百公尺六七七帕，二千公尺六三六帕。六月至八月：地面八〇三帕，一百公尺七九五帕，五百公尺七五八帕，一千公尺七一七帕，一千五百公尺六七五帕，二千公尺六三四帕。可见夏冬两季平均气压差别，在五百公尺以下，冬比夏高四至五帕，一千至二千公尺，相差不过二帕。

第七节　高空温度变化

昆明高空温度探测记录：二十八年二月三日九时五十分，所得地面为十四度；高度一百公尺为十三点一度；五百公尺为九点六度；一千公尺为五点四度；一千五百公尺二点五度；二千公尺〇点三度；二千五百公尺负一点八度；三千公尺为负五点一度；三千五百公尺负八度；四千公尺负十一点一度；四千五百公尺负十四度；五千公尺负十七度；五千零七十三公尺负十七点三度。

昆明垂直温度之梯度：就冬夏二十二次观测之平均数论，以地面上至五百公尺至层梯度为最大，冬季此层为平均过绝热之垂直温度梯度，五百公尺以上骤减，五百至一千，又一千至一千五百公尺之层，梯度约为每百公尺零点六五度；一千五百至二千公尺之层，梯度又增至每百公尺零点九度；一千五百公尺以下，冬季长有逆温层出现，故其间梯度较小；夏季五百至一千公尺之层梯度，大于地面至五百公尺；而一千公尺以上逐渐减小。

逆温层为垂直气流之阻绝层，因其上下之温度差别甚巨，空气密度上层骤小，在相当高度，恒足使飞机上升性能减小，并不能再事上升，而成为飞行之阻绝层，且逆温层有时亦即表示云幕所在之高度，故其在航空之意义颇大。

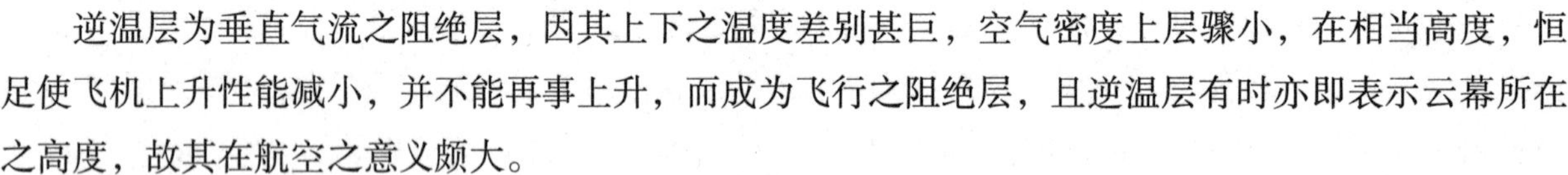

昆明逆温层之高度：出现三十六次记录，下午七次，上午二十九次。上午地面占四次，高度在于八百至二千四百公尺间占二十四次，四千公尺以上只一次，下午逆温层出现较少，而其高度则较大，无一次在一千八百公尺以下，六次在一千八百至二千六百公尺间，一次上三千公尺。

昆明逆温层之厚度：最大九百三十公尺，最小一百三十公尺，最多一百至三百公尺。三十二次真正逆温层中，厚九百三十公尺者，温度增高七点七度之多；厚二百六十公尺者，温度增高三点五度，是此层温度逆增加之梯度，达每百公尺一点三五度；其余四次温度未增，即为等温层。

昆明高空零度温度面：即冰点面之位置，可以见飞机有冻冰现象。二月上午晴天，高度二千公尺，温度已在零度下，且有时现于一千五百公尺；而下午则至二千五百公尺。十一月上午则在二千五百公尺；下午则上三千公尺。三月中当有强大逆温层出现，固有时三千公尺高之温度，尚在零上，惟零度温度面之位置，仍在一千五百至二千五百公尺之间。

第八节　云南天气与航空

云南天气显分干、湿两季。干季多风，土地干燥，尘灰飞扬，飞机起落滚滑雾起弥空，视程大受阻碍，前后有机，模糊不清，易生危险，妨害呼吸，尚为细云，冬季多雾，阻碍视程，为航行极大妨碍。昆明土质粘松，雨季机场水多，泥泞难用，并劳建设。

航线雨日多寡，关系飞行计划。重庆、成都、贵阳，各季皆多阴雨，年中雨天总数，约多于昆明八十余月，故自昆明向东北与向东飞行，天气转变恶劣之可能性甚大，以冬季为甚。由各地飞向昆明，则天气渐转晴朗。若自昆明西飞或南飞，云南境内，天气多佳，惟至西南边疆腾冲、佛海、河口、广南，雨雾天气，俱较昆明为多，及至缅甸、越南、暹罗地域，各月多雨，渐近海岸，天气恒变恶劣。故云南环境省区，亦几为天气转变之界线，宜乎为国际航空交通之中心，并建立空军之基地也。

昆明有雾天气：十九年市区有雾二百一十三次中，只有重雾三十一日。二十一年有雾九十二日中，重雾只有一日。二十二年有雾四十一日中，重雾亦只一日。二十四年有雾一百四十日中，重雾不过二日。故昆明有雾日数虽多，而晨雾亦散，浓度不大，妨害飞行，影响有限。雷雨有碍飞行，飞机感电云厚雨雹，气流扰乱，能使飞机突升急降。云南多山，气流亦有强烈上升运动，故多雷雨，夏季特甚！昆明七、八月最多，年月有至十数日，冬季最少，按二十七年度，有近雷雨三十六日，连雷雨十七日。大理春季雷雨，恒大风降雹，夏季六月多至十七日。金江极多，七月内有达二十六日。

湿度分布，关系天气阴晴，能见度之远近，及云幕之高低，对于航空意义亦大。昆明市相对湿度，六月至十一月，平均皆在百分之八十以上；四月特别干燥，仅占百分之五十七；七月多雨，为最潮湿。绝对湿度，七月达十二点九公厘；二月最低，平均为四点九公厘；冬春变化颇小，五月至九月，平均皆在十公厘以上。

高空湿度垂直分布：昆明春季，高空极为干燥，有强度逆温层之晴天特甚，三四千公尺以上，相对湿度，恒降至百分之十以下。夏季潮湿，五百公尺上升，湿度即加，二千公尺平均已在百分之八十以上。冬季下午垂直变化甚小，地面已迄二千公尺，相对湿度不出百分之三十六，天气稳晴，最便于飞行训练也。

第四篇　云南边务

张凤岐

第一章　云南在西南边疆之地位

第一节　中国边务之特质

我国历史上治边政策，可分为三时期：（一）自秦汉以迄清初，历朝英君明主如秦始皇、汉武帝、唐太宗、元世祖、清圣祖、清太宗等，对外征伐开拓，极盛时期远及东欧、中亚、南亚一带。我国边务，此期展拓最广，故可名为展拓时期。（二）自清中叶以降，欧美势力东渐，我以未现代化之国家，临帝国主义之列强，清廷对藩属及边事又乏明睿政策，切实设施，遇事敷衍羁縻。故遇列强以武力压迫我宗主权之际，我虽持论正大，终乏以实力维护藩属之能力，战争既兴，我则丧师失地以和。国本动摇，原于外侮。外侮侵入，启自边疆，东北、西北、西南形成列强角逐蚕食之对象，至“九一八”事件而登极峰，此期称为丧地时期。（三）东北事变予我国政府与国民以重大刺激，至以朝野始知日蹙国百里之危机，因循敷衍之非计。近年抗战基地，仅存西北与西南，非开发不足以增加国力，非建设不足以巩固国基。此为国运上之一大转变，故可名为开发时期。

我国边疆，昔日视为“徼外”，今则成为国防前线，其所以成为重大问题之原因有四：（一）由于外力之侵略。近代远东史上重要事实，如俄国之经营西伯利亚，英国之征服印度，日本侵略大陆以及甲午之役以后列强在华租借港湾，划分势力范围事件，均足以威胁及分割我领土主权之完整。远东有事，边疆实首当地理之冲，边疆告警，辄即危及腹省。（二）由于自然环境之障碍。我国幅员广袤，由内地以达边疆，需时在一、二月或半年，且均乏现代交通。西北如蒙、新，则沙漠阻隔，西南如滇、康、藏，则均位于高原，山川梗阻，来往且须假道外国。名虽我土，几同异域，此原于自然环境之障碍也。（三）由于资源之蕴藏甚丰。边疆均系未开发之处女地，天然富源，蕴藏于地下，我未速图，致启邻国觊觎。即以云南一省而言，迤东之独立罗罗地（大凉山——巴布凉山），迤南之十二版纳（车里），迤西之江心坡，迤西南之卡瓦山，所称之为四大神秘区域者，天产资源既丰且饶。车里地广土沃，较内地农产尤丰。江心坡与瓦卡山，适当新旧地层交接地带，矿产更饶。例如班洪所属之炉房银矿，实为亚洲有名之银矿产区，今成为中英界务争执最烈之中心问题。举此一例，即知边疆开发，即获有重大收获。（四）由于民族之复杂，汉族自西北来，土著部族逐渐南移，几经战争，同化诸过程而融合，以形成大一统的中华民族。惟今日边疆部族，仍有自存其固有民族性者，且其文化生活形态各殊，于整个国家现代化，不无影响。

第二节　云南在西南边疆中之地位

云南位于中国西南部，为云贵高原区，自英并缅甸，法取越南以后，我国西南之藩篱尽撤，而康、藏、滇、桂之地位愈增重要，兹就地理的、经济的国防关系，略述云南在西南区之地位如下：

（一）云南为控制中印半岛（印度支那半岛）之区——云南为半岛之祖，诸水之源。以山为例，则越南之交趾山脉、老挝高原，属于云岭山脉之余支。泰境之铃佬山脉（Deu Lao）、塔暖通寨山脉（Thanon Thong Chai）、丹那沙林山脉（Tenasserim）以至马来亚诸山，属于怒山山脉之余支。缅境之卡钦山脉（Kachin Hices）、南北掸部高原、勃滩约马山脉（Pegu Yoma），属于高黎贡山脉之余支。而上述之云岭山脉、怒山山脉、高黎贡山脉则均分布于滇境者也。以水为例，则红河为元江之下流；湄公河为澜沧江之下游；萨尔温江为怒江之下流；伊洛瓦底江为迈立开江、恩梅开江之下游。上述之元江、澜沧江、怒江、迈立开江、恩梅开江，则又蜿蜒于滇境，而为云南之主流也。故云南一省，实扼中印半岛之上流，控泰、缅、越三绑之枢纽，其形势高屋建瓴，居高临下，足以控制全局而有余。（注一）

（二）云南为毗连泰、缅、越之区——以境界言，云南东接广西、贵州，北界四川、康藏，西则与英属缅甸接壤。自史迪威公路开通，驼峰空运畅通以来，日为通印之陆空孔道。南则与越南毗连。自清光绪中叶英、法兼并缅、越后，滇省边务，顿增复杂。“九一八”以来，泰国亲日仇华日烈。自一九四〇及四一年以来，日本先后侵占泰、缅、越三邦，且构成我西南抗日基地之经常威胁。日本武力终须被逐退出中印半岛。但就近五十年来云南边务史实所示，亦足以窥云南地理位置之重要也。前清候补道台姚文栋奉驻英、法、比、意使臣薛福成之命，由伦敦绕道亲往滇边考察，其论云南形势，颇为扼要：“夫目论之士，以为云南遐荒，不关形要；而不知云南实有倒挈天下之势。由云南入四川，则踞长江上流；由云南趋湖南而据有荆襄，则可动摇北方，顾亭林《天下郡国利病书》言之矣。况英今有印度、缅甸以为后路之肩背，则形势更胜昔日，英之觊觎云南，非一朝一夕矣。夫云南之得失，关乎天下。”就中日战争形势言，姚氏所论云南之地理位置，实非过言也。

（三）云南为地广人稀之省——全省面积约一六二五〇〇〇方里，在本部十八省中除新疆外，面积之广袤，无有能比拟者。而人口则较少，位于全国次稀之省。据一九二六年邮局估计，人口约一一〇二五五九一人。平均每方里约七十五人，较之比利时每方里占六六四人、荷兰五五四人、英国四八三人、日本四百人；或较我国人烟稠密之省，江苏每方里八九六人、浙江六五七人、山东六一四人，均相差极远。本部各省中较云南人口尤稀有者只甘肃（平均每方里五十九人）而已。又就全省人口分布密度观之，亦至为不平均，而形成东南稠密，西北稀少之状态。此盖由于地形使然，西北高而东南较平，适于人文发展故也。以云南省人口分布言：如由河口顺元江划一东南、西北间之斜直线，直达其发源地蒙化，然后顺漾濞，而至维西，区分全省为东北高原与西南峡谷二大部。则此界线以东约占全省总面积五分之三之土地中，共有八十三行政单位，人口九一七三九九一人。而此界线以西约占五分之二土地中，仅有四十一行政单位，人口二六五二四九五人。

（四）云南为天产富饶之区——（甲）矿产：整个中印半岛出产之锡占世界总产量百分之五十五。马来亚年产二万吨，云南一万吨，缅甸五千吨，越南二千吨。云南锡区以个旧最驰名，占全国产量百分之八十七。其次为铜产。一八五〇年出版之《云南铜谈》谓：“主要铜矿，卅五。”是年滇省贡品共六千吨，可知出产量之丰矣。盐区计八县，盐井场所为十二，产量约四二六九三〇担，均为井盐。（注二）铁矿产额年约万吨，惟产地虽广，因交通不便及薪炭缺乏，未能实现大规模开采。金矿则中甸、永北、墨江、云县多石英脉，自然金生于其中，至于沙金，则在金沙江流域。其他与国防工业有关之煤、钨、铝、锌、铅……亦所在皆有，详本书天产章。（乙）农产——主要者为普洱、景谷之茶，宾川、顺宁、腾冲之棉，药材以茯苓、麝香、鹿茸为主，森林方面，珠江流域各省中最多者，首推云南。就社会所需要者，为飞松、青松、扁柏、圆柏、罗汉柏、杉、横柏、白杨、赤杨、赤松、樟、肉桂、唐桧、槐、栎、榆、椰木、枹、楢、棕榈、榛等。滇西边区，山高地险，原始森林蕴藏尤富。总之，云南天富极多，其确实统计，尚有待专家调查与统计，及经济部与生产局之开发焉。

（五）云南为学术研究理想区域——自东西交通以来，西人来华取道冒险入滇探测者，年有所闻。欧人首先到滇者当推马哥孛罗。一二五三年，元代忽必烈伐云南大理后，马氏曾游云南府、大理、永昌府，归而著《东方见闻记》，引起哥伦布探测新大陆之动机焉。其后西人来滇者踵相接，试略举之：一七三零年之荷兰旅行家 Van De Putt；一八四七年之 Sir Jchn Davis；一八五零年之 Abbo Hue 与 Gabet；一八五一年之 W. H. Smytrh；一八六一年之 Captain Beokiston；一八六五年之 Durand 与 A. Beit；一八六六年之法国调查团；一八六六年之 Major Slader 与 Gtarnir 诸人；一八七三年之 Magary；一八七七年之 Macathy；一八七八年英人 Captaiu Ctijj 与 Captin Woodthrope，及民国以来在滇作地理调查之美人 Toseph F. Rock。此数十人来滇目的虽异，或为旅游，或作学术调查，或奉本国政府使命秘密探测。惟渠等对云南之地理、民族、天产……确有宝贵之发现与精确之研究。最著名如法国人戴维斯之于鸟类；达普（Darport）之于地质；美人威尔逊（Earaot Henry Wleson）、英人胡克（Hooeker）、法人达拉瓦（M. Delavay）等之于植物；英人查理（Charies）之于铁产，均有详细调查与记载。我国学者以科学家的姿态作学术的探测者，似始于民初英伦归国之地质学家丁文江氏。此后学术团体与私人来滇研讨者日众，抗战军兴，文化机关迁滇，而学术上实际探测，蔚成一代风气焉。

附注：

注一：《新动向半月刊》第二卷七期：陈碧笙《滇缅经济关系展望》。

注二：China：Customs Decenial Report（3 Vols）（1882—1902）（1902—1911）（1912—1922）（Sizemao District）.

第二章　云南与越缅泰之历史关系

第一节　滇越之历史关系

越南，古交阯地，一曰交州。唐曰安南。交阯之名始见于《礼记》，称："南方曰蛮，雕题交阯。"其俗，男女同川而浴，故曰交阯。《后汉书·南蛮传》："交阯之南，有越裳国，周公居摄六年，制礼作乐，天下和平，越裳以三象重译，而献百雉。"

黄帝时，建万国以交趾界于西南，远在百粤之表。帝尧命羲叔宅南交，定南方交趾之地；其时南交并今之两广，皆是其地。帝舜放驩兜于崇山，唐时名其地曰驩州，即今越南之义安也。禹别九州，百粤为扬州域，交州属焉。

成周之时，交趾称曰越裳，越之名肇始于此。周公居摄六年，越裳国以三象重译，而献百雉，此为越南入贡中国最早之时。秦始皇伐百粤，开领外，置桂林、南海、象郡，象郡即今越南地。

秦亡，赵尉佗击并桂林、象郡，自立为南越武王。汉高帝十一年，遣陆贾因立佗为南越王。汉武帝元鼎六年冬十月，遣将征西南夷，平之，遂定越地。置九郡，以为南海、苍梧、郁林、合浦、交趾、九真、日南、珠崖、儋耳郡。其交趾、九真、日南三郡，均在越南北圻境内。交趾郡治嬴娄，分为河内省。九真郡，治胥浦，今为清化省。日南郡，治朱吾，今为国都富春省。

东汉兴起，光武帝建元五年冬，交趾牧邓让与交趾太守锡光，遣使贡献，悉封为列侯。光武帝建元十六年，交趾女子徵侧及其妹徵貮反，攻郡，九真、日南、合浦，蛮里皆响应，自立为王。越二年，帝遣伏波将军马援，举兵讨之。次年四月破交趾，斩徵侧徵貮，交趾遂平。

唐初武德五年，改交趾郡为交州总督府，管交、峰、爱、仙、鸢、宋、慈、险、道、隆十州。高宗调露元年八月，改交州都督府为安南都护府，安南之名自此始。唐以交趾郡为交州，分郡境为武峨州、粤州、芝州。又改九真郡为爱州，分郡境为福禄州、长州。又改日南郡为驩州，分郡境为峰州、陆州、汤州、禹州、严州，凡十二州，后又改静海军节度分属岭南西道。

元代尚武功，疆土日广，屡伐安南臣服其国。元宪宗屡谕其王，亲觐京师，然安南国王皆不愿亲身入觐，令以金身代之。宪宗于越南以“达鲁花赤”往来国中，十八年设安南宣慰司，总计元代伐越，先后凡三次，由是以后，西南边境宁谧。

明季越南又有内乱。永乐五年，成祖命成国公朱能受征夷大将军印，西平后沐晟，新城侯张辅，督师南征，大破越人黎季犛于木丸江。越耆老千余诣军门言：安南为中国地，乞仍入职方，同内郡。六月朔明廷昭告天下，改安南为交趾，设三司以都督佥事。设交州、北江、谅江、三江、建平、新安、建昌、奉化、清化、镇蛮、谅山、新平、严州、义安、顺化十五府。分管三十六州与一百八十一县。又设太原、宣化、嘉兴、归化、广威五州，直隶布政司，分辖三十九县，其他要害，咸设卫所控制。此举为明廷对安南最大之政治变革。其意义与元世祖之设安南宣慰司，同为近代中国与安南藩属关系变化之关键。

清顺治十六年，清军进取云南，安南王黎维禔遣使至军。又安南安平令莫敬耀。明嘉靖封黎氏为都统使，莫氏为安平令，首纳款至军，贡方物，诏封莫氏为安南都统使。乾隆时，安南内乱频仍。黎、莫两姓之争莫决，远溯明季，乾隆五十三年，清廷命粤督孙士毅，提督许世亨出兵讨土酋阮惠，惠败走，克服东京。惠复来偷袭，夺渡富良江，许世亨以下皆挤溺死。惠知贾祸，时惠方与暹罗构兵，闻暹罗朝贡，恐乘其后，乃叩关谢罪乞降，改名阮光平。五十五年，光平亲觐来朝，祝乾隆八旬万旬，宴热河山庄，班亲王下，郡王上，赐冠带，封安南国王。光平之平越也，以兵篡国，国币虚耗，商船不至，乃遣乌槽船百余，招中国海盗入寇，闽、粤、江、浙各省奏擒海盗，屡有安南兵将及总兵敕印。会黎氏甥农耐王（老挝）阮福映乞师暹罗得法兰西之援，克服农耐夺其富春旧郡，并缚海贼莫扶观等来献，并陈交攻克富春时，所获阮光缵（光平子）封册金印。清廷诏：暴阮氏父子纳叛之邦，因命两广总督吉庆赴镇南关，勒兵备边，俟福映攻复安南全境以闻。时嘉庆四年事也。七年，福映破东京，尽有安南，遣使入贡，备陈兵始末。其旧封农耐，本古越裳地，今兼并安南，不忘世守，乞以越南名国。清廷诏封阮福映为越南国王。例仍六年两贡并进。自是越南臣属中国，直至光绪十一年，中法越南战争为止，朝贡不绝。

第二节　滇缅之历史关系

《国朝柔远记》述缅甸云："缅甸，古朱波也。汉通西南夷，谓之掸。唐谓之骠。宋谓之缅。又称蒲甘，乃其王城。"

西南夷有哀牢国者，其王贤栗，慕中国天威，率种人，诣越巂太守郑鸿降，求内附，汉光武帝封之为君长，自是每岁来朝贡。永平十二年，哀牢王柳邈遣子率种人内附。汉显宗以其地置哀牢、博南二县，割益州郡西部都尉所领六县，合为永昌郡，始通博南山，渡澜沧水。（注一）汉永元九年，徼外蛮及掸国王雍由调遣重译，奉国珍宝，和帝赐金印紫绶，小君长皆加印绶、钱帛。（注二）掸国与中国交通最早之时，朝贡我国，汉代即启其端。

唐贞元盛时，缅甸复重译来朝。其主闻南诏异牟寻归附，心慕之。十八年乃遣其弟悉多移，因南诏重译来朝，又献其国乐凡十曲与乐工三十五人俱乐曲，皆演释氏经纶之词。寻以悉多移为试太仆卿。（注三）

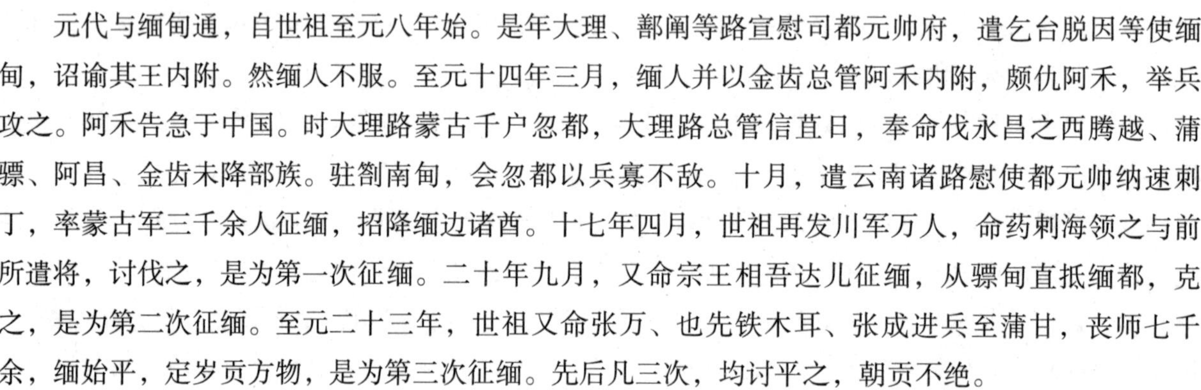

元代与缅甸通，自世祖至元八年始。是年大理、鄯阐等路宣慰司都元帅府，遣乞台脱因等使缅甸，诏谕其王内附。然缅人不服。至元十四年三月，缅人并以金齿总管阿禾内附，颇仇阿禾，举兵攻之。阿禾告急于中国。时大理路蒙古千户忽都，大理路总管信苴日，奉命伐永昌之西腾越、蒲骠、阿昌、金齿未降部族。驻剳南甸，会忽都以兵寡不敌。十月，遣云南诸路慰使都元帅纳速剌丁，率蒙古军三千余人征缅，招降缅边诸酋。十七年四月，世祖再发川军万人，命药剌海领之与前所遣将，讨伐之，是为第一次征缅。二十年九月，又命宗王相吾达儿征缅，从骠甸直抵缅都，克之，是为第二次征缅。至元二十三年，世祖又命张万、也先铁木耳、张成进兵至蒲甘，丧师七千余，缅始平，定岁贡方物，是为第三次征缅。先后凡三次，均讨平之，朝贡不绝。

明太祖即位，遣使谕缅甸内附。洪武二十六年，八百国使人入贡，言缅近其地，以远不能自达。太祖命西平侯沐春遣使至八百国颁示谕诏。于是缅王遣其臣板南速剌至，进方物。二十七年，置缅中宣慰使司，以土酋卜剌浪为使，明代设缅宣慰使司至此始。次年，卜剌浪遣使贡方物，并诉百夷思伦发侵土，太祖使人谕缅及百夷罢兵，伦发听命。（注四）明成化年间，缅籍词索孟养、戛里、章贡（木板陇川分治）帝斥之。滇缅界务之纠纷，在明时即肇其端。恰当时中缅系宗属地位，尚易应付，未似清末以来中英滇缅未定界之引起纠纷不决也。

清乾隆十六年夏六月，茂隆银厂厂主石屏人吴尚贤说缅王莽哒喇以贝叶表文及塗金塔驯象十，叩关求贡。滇省巡抚图尔尔阿转奏，得旨准贡。凡一切接待事宜，均照各国贡使之例。清高宗亲御太和殿受使臣朝贡，锡赉缅王缎帛、玉器有差。十月贡使回滇，而缅甸发生内乱。其事与矿厂有关，缅乱既定，缅王深恨中国疆吏，处事失宜，遂兴内犯之意。乾隆三十年，缅兵扰孟连、耿马、车里诸内属土司。官军三路俱败，清廷命陕督杨应琚调任督滇，战亦不利。缅人佯乞罢兵，分军绕出万仞关，纵掠永昌、腾越边疆。应琚急议和，缅人仍进侵。清廷另诏伊犁将军明瑞移督云贵。三十二年十二月，明督征缅，大破缅兵于蛮结。次年引还，缅兵尾追，清军大败，而明瑞誓以身殉。三十四年七月，清廷命大学士傅恒为经略，阿桂、阿里衮为副将，再大举，孟拱、孟养土司皆迎降。十月，清军渡江抵蛮暮，出金沙江，大破缅人于蛮暮江。缅将眇旺模乞和，清军将领多染病瘴，争请罢兵。议和约二点：（一）缅甸对中国行表贡之礼，归俘虏，返土司侵地。（二）中国以木邦、蛮莫、孟拱、孟养诸部人口，付还缅甸。约既成，清军引退。三十五年，缅老官屯酋目移书索木邦、蛮莫、孟拱三土司，滇督阿桂遣都司苏尔相赍檄答之，复被扣，清军未大举，遣偏师扰之。明年，金川叛，阿桂赴四川；缅方亦西南用兵于暹罗，而暹罗遂灭于缅。其后，暹罗复国，与缅构难，缅乃思附中国。五十一年，清廷诏封郑华为暹罗国王，缅嫉惴交集。次年，缅王齐金叶表文、金塔一，驯象八，及宝石番毯诸物，叩关称臣入贡。五十五年，值高宗八旬万寿，缅王孟云遣使朝贡，乞敕封。诏封缅王孟云为缅甸国王，定十年一贡。此为清廷正式册封缅王，承认其为中国藩属之重要事纪也。自是以后，中国与缅甸即为宗主国与藩属之关系。嘉庆十年秋，暹罗具表，又言其出师攻缅，获捷报，清廷颁敕谕解之。是年冬，缅甸叩关求贡，疆吏以非贡期却之。自是缅亦循例，奉贡不绝。而西南遂无缅患。迄光绪十一年英并缅止，职贡迄不变焉！

第三节　滇泰之历史关系

暹罗立国，与中国渊源极深。据暹罗史称：距今一千八百余年前，约当西历一世纪间，有蒙加迈尔人种，由中国南部移住湄南河流域，当时呼其为“细马”，后改为“细姆”，终变为现今之暹罗。此外又有一群人种，当记元三、四世纪间，自中国湘、滇而入暹罗与缅甸北部，名称为“罗”。“罗”即罗斛之促音。暹与罗斛合而为一国则始于元至元间。

元代以来，中暹关系日渐密切，元顺帝至正三十一年诏谕暹罗王敢木丁来朝。明洪武十年（一三七七年）暹王世子来朝，明帝赐印曰“暹罗国王印”。明亡，永历帝亡入缅甸，从官陆行者尽被缅人掠为奴，多自杀，惟岷王子八十人流入暹罗。同时晋王李定国兵败遁至孟艮。《庭闻录》略载其于顺治十七年九月初五日，焚孟艮营，赴景迈、景线会白文选。复于康熙元年正月，自景线移营猛艮；六月二十七日，由九龙江（车里所在地）走景线，至车里之猛腊，欲由交岗走交趾入广东，闻永历讣，遂哀愤成疾死。《春明梦余录》则载其死于顺治十八年十二月初九日。谓永历帝自蛮莫舟行，从官云散。有入古剌者，马九功、江国泰等。有入暹罗者，绝爱之。妻以兄如珍之女为定国次妃，于是闻道通殷勤，谋连兵攻缅，九功等亦为古剌招到滇兵得三千人，亦致书定国相与犄角。两国之兵将发，会三桂执王旋滇。谍者以告，定国闻之，躄踊号哭，曰擲于地者百许，不食三日，自表于上帝以祈死，愤郁致病，七日而死。暹罗古剌之师失望而返。此为一段泰人助明抗清之可歌可泣之史实。

清顺治九年（一六五二），暹王遣使入贡，并换给印敕。雍正七年，贡使呈称：“京师为万国景仰，国王欲立观光上国，偏览名胜，归国陈述，以广见闻。”乾隆时，中国且曾助暹罗人复国，缘暹罗地势北高而南低。其东北之老挝高原，自滇边与南下之横断山脉相连接，山岭重叠，地势险峻，有中印半岛屋脊之称。下瞰暹罗中南部之湄南河平原区域。自越南占有此区域后，暹罗之国防形势永受制于人。西北之缅甸南掸邦高原，比暹南平原高出一千公尺以上，为历来缅甸用兵最重要之门户。历史上暹罗两度亡于缅甸者，其地理之原因在此。乾隆三十二年（一八六七年）缅人侵暹，暹京沦陷。国王伊克塔饿毙荒郊，前王为乌吞勃被掳。有中国闽省人郑昭者，兴师平缅：一败尖竹汶总督之兵；二败暹叛臣奈东景；三败缅帅蒙耶；四败缅将苏格依。遂得光复暹国，定新都盘谷，而奠定近代暹罗立国之基。乾嘉以后，暹使朝觐清廷，因太平天国之役始中辍。光绪十年，中法两国为越事失和，次年英乘机并缅。中国西南藩属尽撤，暹罗遂离中国宗主而独立。

中暹历史关系之重心，与八百媳妇国有关，渊源极远，请略述之如下：

历史上介乎中缅、泰、越之间，有若干宗主权属我之小部落，如车里、木邦、孟养、孟银、老挝、八百媳妇等，境地既小，兵力亦弱。自清中叶英法势力侵入以后，木邦、孟养、孟银（即景栋）随缅亡而降服于英，老挝（即南掌国，或揽掌）亦于一八九三年之役由暹罗割让与法。现仍有车里尚为我国唯一仅存之宣慰司，已改为县治。（史书有六慰之称，今仅存此。）八百媳妇之景迈、景线、景赖、拿宽诸地，则仍属暹罗而成为东北之重镇。八百媳妇，世传部长有妻八百，各领一寨，故名。其地自古不通中国。元成宗元贞二年，云南行省臣言大徹里地（即车里）与八百媳妇犬牙相错，今大徹里胡念已降，小徹里复占阨地利，多相杀掠，乞别置一司。从之。大德元年，八百媳妇国与胡弄攻胡伦，又侵缅甸，车里告急，命云南省以二三千人往救。二年，八百媳妇国为小车里胡弄所诱，以兵五万与梦胡龙甸土官及大车里胡念之子汉网争地，乃命刘深以二万人讨之，用兵经平。仁宗皇庆元年，始受抚贡驯象及方物。泰定四年，谋粘路土官赛邱罗，招谕八百媳妇蛮招三斤来降，因置官守其地。降至明洪武二十一年，遣人入贡，遂设宣慰司。永乐三年，设军民宣慰司二。正统十年，给八百大甸宣慰司金牌、信符各一，盖以前所给牌符为暹罗国寇兵焚毁也。成化十七年，安南黎灏已破老挝，颁伪敕于车里，期会兵攻八百，其兵暴死者数千。八百国遣兵扼其归路，袭杀万余，安人败还，明帝命云南布政司给银百两 綵币四表以奖之。嘉靖年间，八百为缅所并，其酋避居景线，名小八百，缅酋应里以其弟应龙居景迈城，倚为右臂。万历十一年，附缅人入寇至姚关，为邓子龙所破。此后，常附于缅，而向其同族之暹罗进攻。缅人每次对暹用兵，必先规取八百，以利用其地形、粮稜与人力，暹罗因而亡国者二次。降至清代，车里与八百边境发生二次纷扰。第一次在嘉庆十七年，《续云南通志稿》载：暹罗戛于腊人（八百部落之名）以追缅为名，进至普腾。又以一千余人，营橄榄灞江口，遥为声援，欲护擒宣慰进攻思茅。总兵珠勒什，遙南道存柱，摄以兵威始退。又刀永和率戛于腊数百人至九龙江，称奉暹罗国王命来占车里，时总督伯麟等奏明昭会暹罗国王，命其约束戛夷，毋许犯境。次年二月，戛于腊退回景迈。第二次纷扰，在道光三年，暹罗所部戛于腊头王喇鲊目同南掌目练来至车里边界，声言暹罗国王闻刀太康有将南掌地土投附缅国之事，因来讲理。普洱镇道饬宣慰，集练防堵晓谕南掌毋听谣言，又将戛于腊驱逐出界。此后遂无关于中国。此中暹关系八百媳妇部落之历史概略也。

附注：

注一：《后汉书》卷一一六，《南蛮西南夷列传》第一七一一八页。

注二：同上，第二〇页。

注三：《旧唐书》卷四八九，《骠国列传》。

注四：《明史》卷三一五列传，《云南土司缅甸宣慰司》。

第三章 中国藩属越缅泰之丧失

第一节 越南藩属之丧失

法国向东方寻求殖民地，远在十八世纪之际。法国当时，奄有印度之大部分。继与英冲突，为英所败，乃转而谋我国之越藩，以为丧失印度之补偿。法国侵略越南之动机有二。一为谋越南领土之并吞；二为谋我西南腹省之开放，借求通商恳拓之利。兹请先言第一点：

法国侵略越南可分为三步。第一步，以武力侵占南圻，据嘉定、定祥、边和、永隆、安江、河迁六省。于一八六二年，与越南缔结《西贡条约》，约中第三条规定："越南非得法国许可，不得割地与他国之约。"一八七四年法国借端教案，复攻河内，陷之，另定法越和好条约。法国承认越南为自主国。第二步，法军以武力进攻东京，迫国都顺化。于一八八三年，迫越缔结续约，使越南自认为法之保护国。至是法越之关系遂定，然并未得中国之同意也。于是第三步，法国军事、外交并用，求中国放弃越南之宗主权，遂有一八八五年中法越南之役。

清廷之于藩属，平时既不干涉其内政，对外发生交涉，亦未早谋应付。及至宗主权动摇，始计善后。其对越事亦然。当法越订立《西贡条约》，越王即未报知主邦，而清廷亦未计及对策。又当法越再订《和好条约》后，总理衙门尚未决定是否助越？光绪六年（一八八〇年），清廷谕令出使英法大臣曾纪泽质问法国图越之举，初法总理福莱逊（M. De Freycinot）答以法国在东京无任何企图。及质询法外部，一八八二年一月外长刚必达答以法国在越有自由行动权。（注一）至是我方应付越事，颇感辣手。廷谕各省督抚李鸿章、左宗棠、张树声、刘长佑、裕宽、倪文蔚、杜瑞联等妥议覆奏。仁者见仁，意见不一。北洋大臣李鸿章认为："盖使越为法并，则边患伏于将来。我与法争，则兵端开与顷俄。其利害轻重，皎然可睹。"（注二）处此和战两难之中，"只有虚与委蛇，相机观变，再筹因应之方"。此李相对越事之根本方针也。

光绪八年（一八八二年），中法对越事进行和平交涉。九月二十日，李相与法使宝海（Bourée）会商于上海，订立协定三条，是即《李宝协定》：

1. 中国将云南、广西现在屯扎之地退出，或回本境，或离境外若干里之遥，法国即表明"毫无侵占中国土地"之意，并将毫无贬消越南国王治权之谋，切实声明。

2. 法国得自海口以达滇境通一河路，以保腾（老开）为中国境地辟之为商埠。

3. 中法两国家在云南、广西界外，红河中间之地，应划定界线，北归中国巡察保护，南归法国。

清廷大体同意。不料法国内阁人事变动，新总理茹费理执政，对越事采积极政策，撤回法使宝海，并于次年（一八八三年）四月二十六日向议会提出增加越事军费五百五十万法郎，五月十五日议会通过之。我方以和平交涉无望，遂不得已而暗备边防。（注三）

光绪九年（一八八三年）二月十八日，法军由河内攻南定，旋被陷。清廷派李鸿章前往督办越南事宜。李相仍主缓和，倡滇越防务，宜责求疆臣防御。如有转机，则派专员议。法国则采不宜而战之政策，对军事则采海口扰乱之战略。法军与驻越刘永福黑旗军接战，而仍留法公使脱里古于上海，以示并未断绝国交之意。七月，法海军攻越国都顺化，克之，胁越王另订新约十三条，是即一八八三年《顺化条约》。约中规定越南为法之保护国，即与中国交涉，亦须由法主持。自是法越从属关系定，我所恃者惟黑旗军而已。李相认为助刘抗法，可暂而不可久。仍力持与法避免正式冲突，并商请总署王大臣，早定相机收束之策。适粤海关税务司德璀琳（G. Detring）进行私人调停，而和平交涉频现曙光。

光绪十年（一八八四年）四月，李鸿章与法军舰佛尔太号（Voeta）舰总兵福禄诺（Captain F. E. Fournier）相晤于天津，订立《中法会议简明条款》五款，是即《李福协定》。

第一款：中国南界毗连北圻，法国约明，无论遇何机会，并或他人侵犯情事，均应保全护助。

第二款：中国南界既经法国与以实在凭据，不虞有侵占滋扰之事。中国约明，将所驻北圻各防营即行调回边界，并于法越所有已定与未定各条约，均置不问。

第三款：法国既感中国咨商之议，并敬李大臣力顾大局之诚，不向中国索赔偿费，中国亦宜许与毗连越南北圻之边界所有法越与内地质物听凭运销，并约明后日遣其使臣议定详细商约税则，务须格外和衷，期于法国商务极为有益。

第四款：法国约定，将来与越南议改条约之内，决不插入伤碍中国威望体面字样，并将以前与越南各条约关碍东京者，尽行销毁。

第五条：此约签订后，两国各派代表于三月内商定施行细则。

上列条款，细释其意，含有放弃越南职责及允许法人在滇通商两点。四月十五日谕旨谓：“所拟五条，不索兵费，不入滇境，其余各条均与国体无伤，事可尤行。”（注四）法方驻越军于五月初一日前往观音桥（在凉山附近）声言视察，并即放炮，我军未奉令撤退，遂抗拒，法军大败，于是法方责我违约。其实李福两人并未同意，成立撤兵日期及地点之附约，凉山之役可谓出自双方误会，然法方另采报复之策。光绪十年（一八八四年）六月十九日，法军攻台湾之基隆，毁之。七月六日（一八八四年八月二十七日），清廷被迫正式向法宣战。海上我败基隆、淡水。闽省马尾船厂被毁，船被焚。至于越境，法军直破谅山，十一年正月四日谅山失守，二月我克服谅山，法军大败。

光绪十一年（一八八五）七月十七日，总税务司赫德致函总署，谓：法国愿从他国评断之议，英国亦愿执调停之任。清廷亦愿转圜。总署复命赫德与巴黎外部电商办理。赫命中国驻伦敦税务司金登干（James Duncan Campbell）取道巴黎与法商谈和事。法政府派毕乐（A. Billot）与金会商中法停战事宜，遂订立停战条约：“（一）中法两国均愿遵行津约。（二）彼此停战，法国立即解除台湾封锁。（三）法国派一使臣到天津或北京商议条约事宜，并决定两国撤兵日期。”中国议和办法，系根据赫德交来法外部所拟详约十条，皆本上年津约之意，略加增减。李相复与法使巴德诺（Patenotre）覆加核定。两方代表订于四月二十七日签订《中法条约》。越事遂告结束。从此，越藩已非我有，西南边省藩罗已撤矣。

法国侵略越南之动机，除上述谋越南领土之吞并外。尚有另一目的，即谋我西南腹省之开放是。中国与外国通商，以腹地较晚。西南诸省，如滇、黔、蜀等省，天然富源正待开发，实为英法所注视。欲开发西南腹地，除由扬子江航达外，惟一途程，厥为开通云南。通入云南之路有三：（一）由广州直溯西江而抵广西百色，以达云南。（二）由暹罗之曼谷（Bangkok）或由缅甸之仰光（Rangoon）以达云南之思茅、普洱。（三）由越南东京溯红河（富良江）而上，以达云南蒙自。

（注五）此三路中第一路系在中国境内，他国自无从深入。第二路则为英国所独立经营，英国印度政府于一八六八年首派大佐斯莱登（E. B. Sladen）出发探测。次遣大佐柏郎（Colonel Horsce A. Browne）做第二次之探测。继之遂有英人马嘉理被杀事件。（注六）至于第三路由东京溯红河以达蒙自，则为法国所历年经营者。一八七二年法人杜布（M. Dupuis）探溯云南。（注七）凡此均为法人开通云南之史实。（注八）清廷对此，非不悉也？光绪七年十二月曾纪泽奏云："法人觊觎越南，蓄意已久，缘该国初据西贡、柬埔寨等处之时，满意由澜沧江、湄公河以直达云南，其后见该二水浅涸，多处不能行舟，遂欲占据越南东京，由富良江入口，以通云南，添开商埠。"（注九）光绪七年十月五日总署奏折亦云："越之积弱，本非法敌；若任其全占越土，粤西唇齿相依，后患堪虞，且红河为云南澜沧江下流，红河通行轮船，则越南海口旬日可达云南，此事关系中国大局。"（注十）其后李鸿章与法使宝海及总兵福禄诺拟具协定，先后均商及通商及筑路事宜，可知法国欲开通我西南腹省之至意。一八八五年六月九日缔结之中法新约，共十款。与我边省有关者，竟有六项之多：第一款规定中法约定各自戡乱；第三款规定中法勘界事宜；第四款规定游历发给护照事宜；第五款规定内地通商开埠征税事；第六款规定两国另订中法边境通商章程；第七款规定法国在北圻一带建设铁路。中国拟造铁路时，向法人商办。上举条款，均与滇、桂、粤三省有关，自中法之役以来，法国在西南各省所获之利极多，且划定与越南东京毗连之中国边省，为其利益范围焉。

第二节　缅甸藩属之丧失

道光六年（一八二六）英国兴兵于南缅，克之。与缅王缔结媾和条约：割阿萨密、阿拉干、地那西林三州予英。英即并下缅甸于英属印度，而置上缅甸为英国势力范围。（注十一）英既得下缅，颇引起法国之嫉。清光绪初，法侵越日急；因惧英势力北伸，法人由东京向缅甸东部侵入。光绪十年（一八八四）法缅缔攻守同盟之约："法国代缅王禁觊觎王位之王兄；缅王以湄公河以东之领土予法。"（注十二）英法势力之膨胀，暗斗日强，英遂决定吞并北缅。会缅王与孟买英商缅甸商业会社有债务纠纷，缅判令英商歇业，印度总都为之调停，缅王不应。英遂攻缅，克之。时光绪十一年，中法与越南之役，均无暇计及也。

方英国之兴兵上缅也，我国驻英公使曾纪泽，直督李鸿章均悉英国对缅之企图。曾使问清廷提议我国西出腾越数十里，取八募，据怒江上游以通商，使英勿近滇界；同时并与英谈判缅事。清廷仅饬设法调处缅局，并谕向英外部声明，缅系我朝贡之邦。英外部先询中国上邦之证据，及在缅权利。曾使向总署询乾隆二十五年所赐缅王金印式样，转交英外部阅看，以为属邦证据。英因虑法侵越，不允存缅。曾使力争，外相沙里伯（沙侯，Lord Salisbury）允另立王管教，不管政，照旧朝贡中国；英则摄政。若中国赞成此意，则以后专商界务、商务。沙侯并以英询华情而立王；华于商务宜宽带英为要求。总署大体同意，曾使方拟与英外相高拓界事，忽闻英外部大臣更换，不肯践言。另议，缅甸贡祀，由缅王备前王应贡之物，派员呈进。又八莫不允归我，但允于大盈江北，让一股归我，使我得航伊洛瓦底江，且得通海。南掌等处，仍归我有。我对此抗议，然无效，因此暂停会议，适值英人以《芝罘条约》内专务派人入藏坚请我国允行，总督恐另生枝节，对缅事，遂与英妥协了结。光绪十二年（一八八六）六月十七日，我总署与英国前暴使臣欧格讷商订条约五条，即由我使臣刘瑞芬在伦敦互换，是即《中英缅甸条约》。缅约既成，光绪二十一年（一八九五）英属缅甸，果派员携贡来华，及庚子事变以后，中缅即并此名义上之入贡关系，亦断绝矣。

第三节　暹罗（泰国）藩属之独立

暹罗者，以暹降于罗斛得名。时元顺帝至正年代也。明初始受封，世贡金叶表。与缅世仇构兵。清乾隆时，国都犹地亚尝为缅攻破，侨暹有郑昭，粤人也，结合同志为暹报仇，复犹地亚。会故王子亡走柬埔寨，因推昭为王，改都盘谷。俄昭被弑，其弟华方统兵出外，入讨贼而即位。嗣以高宗五十五年贺帝寿，受册封，十年一贡，如缅甸。嘉庆间，曾上表以攻缅获胜告，仁宗谕解之。光绪十年，中法为越事失和，次年英乘机并缅甸。我西南藩属尽撤，暹遂离中国而独立。厥后欧力东渐，其南境旧柔佛部、新加坡、马六甲部内埠、西南吉德部、槟榔屿，先后为英人割据，复于北境扼湄公河之上流以通我云南。法人亦于湄公河东地曾属越南为辞，迫暹罗割让，暹不能抗，遂许之。英虑其妨碍滇缅交通，因与法协议，于一八九六年六月十日在伦敦订立《英法协定》。由两国互约尊重暹罗之中立。近四十年来，暹罗遂得在英法均势局面之下，得免于瓜分之局，而成为缓冲国之地位。

暹罗国王传至第七代，均采君主专制。一九三二年六月二十四日政变，始改为君主立宪制，组织人民议会，成立内阁，推原任陆军总司理丕耶拍凤为国务总理，少壮派军人首领銮披汶任国防部长，一九八三年銮披汶以阴谋而自兼国务总理，暹罗遂成军事独裁国家，对外以疏英法，亲日，反华为政策。美名记者约翰根室曾慨乎言之："中国对日战争，与日本在东南亚势力之扩张，形成暹罗之一严重问题。暹罗具有介乎缅甸与新加坡战略据点之枢纽，暹日两国均明悉之。暹罗不敢得罪日本，因之暹罗国策是多边的矛盾的。既恐惧日本，而又欲讨好于日本。"（注十三）一九四一年十二月七日，日本偷袭珍珠港事变爆发，暹罗（泰国）正式加入轴心，而追随日本对联合国交战焉！

附注：

注一：P. T. Moon：Imperialism and World Politics，p. 321.

注二：清季外交史料，卷三三：北洋大臣李鸿章奏法、越交涉统筹全局折（第三页）。

注三：史料卷三零：总署奏折第三四页—三五页；Dueuments Diplomatiques Francais（1871—1914）Fer. Serios pp. 560－561.

注四：Morse：The International Relat：Ones of the Chinese Empile. Ⅱ. p. 350.

注五：郭嵩焘养知斋全集·奏疏卷五，论法事书。

注六：Morse：Ibid：pp. 284－285.

注七：Herni Corjier：La conflit entne a France et a Chine. p. 12.

注八：C. B. Norman：Tonkin or France in the Far East. p. 73.

注九：曾惠敏公奏疏卷四，第十一页。

注十：清季外交史料，卷二六，总署奏接曾纪泽电法人谋越南拟预筹办法折。

注十一：Morse：Ⅱ. p. 372.

注十二：同上。

注十三：Foreign Affairs Quarterby：January Issue.

第四章 法国在我西南之划分“利益范围”

法国获得越南，英国占领缅甸，两国均欲开发西南，侵略滇蜀。是以利害时有冲突，为调协计，英法两国遂于一八九六年一月十五日，由英外相沙力斯伯与法国驻英大使顾谢尔（Alpphb De Courcel）订立《英法协定》或名《沙顾协定》。其第四款“滇蜀利益均沾”云：

“英法两国政府，承认各依据光绪二十年《中英续议滇缅界务商务条款》，及光绪二十一年《中法续议界务商务条款》，两国在滇蜀二者所享利益，及将来所得利益，共同享受，并互相扶助进行。”

依当时远东局势言，因俄法同盟之存在，英国深感扬子江流域之利益，大受威胁，而法国向中国要求建筑谅山与龙州间之铁路，亦已成功。清廷于一八九六年三月三十一日接受法国要求。（注一）此为法国在中国西南铁路政策第一次之胜利。英儒腓力·约瑟论及当时英法在华之角逐及其协定之由来云：“法国在中国西南之广东、广西、云南等省已树立法国之势力基础。此等范围将变为印度支那之宝贵部分。法国之所以得势，乃获自条约。法国可以在华边界通商，扩张铁路入中国境内，享受采矿优先权。英国政府当局深知独占的经济支配，实为政治侵略之先声。”（注二）所谓甚属确实。又齐罗尔亦云：“法国殖民机关公认《一八九五年中法继议商务专条》之缔结，为法国政策之肇始，自是法国可将其势力扩张至湄公河上流，深入滇蜀，并可与英属缅甸及英国商务根据地之扬子江流域，分庭抗礼。法国势力北上与俄国势力南下配合，而居其间之英国利益，即消灭矣。”（注三）法国政策若能实现，则英国印度通华之路，即受阻碍，日威胁印度焉。英属印度被威胁之路有二：一曰暹罗（泰国）；一曰滇蜀。为维护英国领土安全计，乃向法国提议暹罗中立及滇蜀利益共享之议，是即沙顾协定之由来。此协定本在以协作精神，互谋利益；然协作政策，终未能整齐步伐。英法之经营我西南各省，仍分道扬镳也。

光绪二十四年四月十日，我国总署与驻华法使吕班（Dubail）换文声明，中国不割让滇、桂、粤三省与他国。法方所提理由为保全中国领土之完整，是即法国明文要求中国西南滇、桂、粤三省为其利益范围也。

一九〇七六月十日，法、日两国缔结《法日协定》，法方代表为外长毕勖；日方为驻巴黎大使栗野慎一郎。约文仅一款如下：

“日法两国政府，因尊重中国之独立完整，及各国在华商业与臣民同等待遇之原则，并因在与两国所统治保护或占领土地接壤中国地域内，对于秩序与事物和平状态之保障，有特别之关切，故约定互相协助。确保该地域内之和平安定，以维持两缔约国在亚洲大陆各自之地位与领土权利。”

据日本外相林董回顾录日记对此协定解释云：“法日协定序言仅提及门户开放主义；但在相继之条文中，有些地方，颇含有势力范围之意思。”（注四）除此公开协定外，尚有一秘密换文，割分两国在华之势力范围，迄今未公开。惟据法国驻日大使施阿兰之使日笔记，曾述及换文内容：（注五）

“在谈判结束时，林董子爵请余向法外长毕勖互换文件，声明两国在华之权益与势力范围，于两国皆有裨益。毕勖并未阻止此项建议。于是同意以简单换文，确定该项范围。关于法国者为广东、广西、云南三省。关于日本者为福建及在东北日本有特殊权利之满蒙。此外林董子爵并向余声明，法国此前在福建既得权利须严格尊重。”

施大使为参与谈判之一人。其笔记所载，自可证实法日密文之存在。在法方得到越南之安全保障，同时确定在华势力范围。与公布协定中所谓尊重中国独立完整及机会均等云云，均完全相反。自一九四一年九月法维希政府与日本另缔结东京协定后，越南局势已有显著变化。盖中国与日本早已宣战。中日及日法间有关中国关系之一切条约已不复存在矣。然本章所述之法国割分我西南利益范围，其史实可改者，亦足资回忆欤？

附注：

注一：Kent：Railway Enterprise in China，p. 158.

注二：Philip Joseph：Foreign Diplomacy in China，1884 – 1900.

注三：Chirol：The Far Eastern Question，pp. 1887 – 1888.

注四：Pooley：The Serect Memoirs of Count Tadasu Hayahi，p. 216.

注五：Angust Cierard ：Ma Mission an Gapon.

第五章　中英会勘滇缅南段未定界纪实

第一节　滇缅南段未定界之来源

英并缅后，中英于光绪十二年订立《缅甸条约》后，滇缅遂发生外交关系。此约第三条规定“滇缅境界由两国派员会同勘定”之语，实为日后中英滇缅界务交涉之滥觞。自订约后，英缅政府，屡派干员驰往滇缅交界，勘查地势。我总理衙门及疆吏均不知也。迨光绪十六年，驻英使臣薛福成将英人于缅甸边界密查暗探阴谋奏闻，十七年有野人山民焚毙英人之警讯，英人焚我汉董、户董等地以报复之。更遣兵驻麻阳、罍弄，自是清廷始命薛星使福成与英商定滇缅界线，光绪二十年正月（一八九四年三月一日）薛使与英外务大臣劳偲伯力（Lord Rosebnry）订立《中英续议滇缅界务商务条款》，此条款之第三条第三、第四两节，规定滇缅南段国界（即后来所称之南段未定界），又第五条规定“江洪不得让与他国”。其后光绪二十一年，我国允许江洪地置猛乌（孟阿）一部与法国后，英即提出抗议，责中国违约，而另要求他种特权，清廷无法应付，复命李鸿章与英使窦纳乐（Claude Macdonald）商谈。光绪二十三年（一八九七年）正月，李相与英使在北京重订滇缅界务商务续议附款十九条，并专条一条，以科干等地让诸英国，以为补偿。此附款第三条第三、第四两节所规定滇缅南段国界。与光绪二十年条约无异，按节引如下：

Paragraph 3 and 4，Article Ⅲ

3. The frontier shall then follow the course of river forming the boundary between Somu，which belongs to Great Britain and Menting which belongs to China. It shall continue to follow the frontier between those two districts，which is locally well-known，to where it leaves the aforesaid river and ascends the hills，and shall then follow the line of water-parting between the tributaries of the Salween and hills，and the Mekong River from about longitude 99°east of Greenwich（17°

30′ west of Peking), and latitude 23°20′ to a point about longitude 99°40′east of Greenwich (16°50′ west of Peking) and latitude 23°, leaving to China the Tsawbwaships of Kengma, Mengtung and Meng Ko.

4. Ax the last-named point of longitude and latitude the line strikes a very lofty mountain rang, called Kong-Ming-Shan, which it shall follow in a sontheily direction to about longitude 99° 30′east of Greenwich (17°west of Peking) and latitude 22°30′, living to China the district of Chen Peng Ting. Then descending the western slop of the hills to the Namaka River, it will follow the course of that River for about 10 minutes of latitude, leaving Munglem to China and Monglem to Great Britain.

自此两约缔结后，中英即派员实地划界，光绪二十四年（一八九八年）、二十五年（一八九九年）、二十六年（一九〇〇）三年间，分段划界，北自尖高山起，南抵南定河北岸，共裁定界桩九十七号。南自邦桑裁定第一号界桩，直至车里第六十二号界桩，均已无问题。惟自尖高山以北（即北纬二十五度三十五分以北一带）则为未定界。上引条约第四款规定“俟将来查明该处情形稍详，再订界线”，是即所谓北段未定界，又上述由南定界河九十七号界桩至邦桑一号界桩之一段界线，即条约中第三条第三、第四两节所规定者。光绪二十五年、二十六年间，我方迤南道陈燦、腾越镇刘万胜与英员司格德会勘。刘陈以薛使界图为凭，围着重于统属关系为标准之政治区域拟一界线是即刘陈线（黄线）。司氏则以经纬点为凭，坚持薛图与约文经纬点不符，另自拟一线是即司格德线（红线）以条约所规定之经纬点为凭。两方意见相差太远，致中途搁置，成为悬案。民国二十三年，英方进占户邦、班个、户算、炉房等地，边事一度紧张。中英双方，旋均愿循外交途径之解决，而有滇南勘界委员会之成立，两度上界工作（一九三五年冬至一九三六年春，及一九三六年冬至一九三七年春）而于一九三七年四月结束，听候政府谈判觅取妥协途径，另订新界约，此滇缅南段未定界之简史也。

第二节　中英勘界委员会与任务大纲

民国二十三年班洪事件发生后，中英双方政府作外交上之谈判，英使馆参赞台克满与我外部徐次长，几度商谈交换意见。英方对南段未定界之立场，仍主张以条约为根据，其约中最重要者，潞、湄两江支流分水岭并经纬度，定界应以此为标准。我方认为英方主张为我数十年来所不承认，且条约亦有错误，只可作为参考，不能作为根据。两方商谈结果，中方不坚持，刘陈线（政治历史线），英方亦不坚持司格德线（条约线），双方同意组织中英会勘滇缅南段未定界委员会，并由国联盟指派一中立委员长主持会务。委员会之使命在实地调查一八九四年条约第三条所规定之界线，并根据该约第六条可因实地调查而另提出修改，提供政府考虑。此民国二十三年十月二十五日南京中英谈判之大概，而见诸会议录者也。民国二十四年四月九日，我方外部兼外长汪精卫与英大使贾德干正式签换照会，中英政府同意接受任务大纲（Terms of Reference）。任务大纲有四要点：

（1）组织共同勘界委员会，两国同意设立共同勘界委员会。以委员五人组成之。由两方各派二人，并由国际联盟行政院主席经派中立委员一人，该中立委员即为该委员会之委员长。如遇其他委员意见其数相等时，该中立委员，有最后之票决权。

（2）委员会之首次职责：实地察明并给出一八九七年条约第三条第三、第四两节中所规定之界线。并于向未获得同一解释之条约，所规定指明之各点，即关于交点、分水岭及文中所载之地名，予以考虑。

（3）委员会之第二职责：如发生彼等认为基于互让对于约定界线，应作局部修改之各项问题。见该约第六条所指明者，委员会应根据实地视察之情形，报告各关系政府，留待考量。

（4）中英两方委员，得将彼等个人之见解，提供各关系政府之考量。

上列任务大纲，可视为勘委会之大经大法。盖本届勘委会之组织、职责及工作性质，均已明白规定。一九三五年至一九三七年中英勘委会两度上界，跋涉蛮荒，而工作顺利进行者，亦原于组织严密，职责分明故也。吾人细究大纲，可得要义三点：第一，勘委会之中立委员长有最后之票决权。彼之地位，有似国际法之仲裁人。中立委员之判决虽无最后判决界线之权，但其意见所在，即为委员会多数之意见，委员会多数所决定之线曰会定线。会定线为实地调查之结论，法理上虽无最后约束，任何一方政府处置之权，然双方政府在谋解决此段界务时，舍事实上的结论而不谈，将无妥协之可能。是故会勘期间，中立委员之一举一动，一言一辞，常为双方委员所注目，职是故也。昔日刘陈与司格德勘界，意见分歧，以无调人而中辍，此次即惩前之辄。第二，勘委会之报告书，以及委员会之意见书有关系政府“予以考量”而不受气羁束。换言之，委员会之工作限于调查（Investigation）而非定界（Delimitation）。定界之权在政府，调查之责任在委员会，惟勘委会会勘报告书之结论暨会勘后。中英在南京举行会议，所谈判之结果（关于修改界线问题）俱得规定于一新协定中。是则委员会之报告书于两方政府解决界务有重大影响，可无疑问。此点系根据民国二十四年四月九日，英方致我方照会第二件而得之认识也。第三，勘委会之首次工作，在查明一八九七年所规定之界线，是即会勘条约线（Treaty Line），条约中最重要规定为经纬点 ABC 湄、潞分水岭及地理名词，查一八九七年条约第三条三四两节之文字有自相矛盾之处，如经纬点、分水岭所规定之线与约中之地名不符（如公明山之位置是），我方外交部于班洪事件交涉中，已声明条约，只可作为参考，不能作为根据即因此故。条约线之解释颇难有一定之准绳，若仅依英方以经纬点及分水岭为决定条约线之标准为立场，则条约线与司格德线无大差别。若依中方解释，条约线不能完全忽略，约中所规定之地名，同地名含有政治统属关系，则条约线似应以刘陈线为是，此次视中立委员对条约中之天然线（Physical Line）与政治线（Political Line）之着重点如何以为断，又条约第六条规定实勘时“必有骑线之乡村部落地段，勘界官员可量为迁改互易；倘勘界官有不能商妥之处，应速将未妥情形，各报明本国国家核办”。任务大纲中规定勘委会第二职责，即根据于是。勘委会若发现条约线有截断政治区域之处，可提出修改线（Modification Line），提供两国政府考量。

吾人既明任务大纲应知此三十余年之历史悬案，即起因于一八九九年至一九〇〇年刘陈与司氏定界时，对条约解释之不同而破裂。今日滇缅南段界务解决之根据仍不脱一八九七年条约之窠臼。回溯光绪三十年我总署重提勘界之议，英方置之不覆，今会勘本界亦旧调重弹欤？

第三节　会勘工作述要

中英会勘滇缅南段未定界委员会，于一九三五年十二月一日齐集户算，开第一次会议，至次年四月十日共举行六十八次会议。因雨季将届而休会，一九三七年一月第二届会勘在老厂继续举行，直至四月二十四日在邦桑结束，开会自六十九次起，至百十六次。两方阵容甚整，我首届委员为梁宇皋、尹明德、参议张祖荫、秘书主任李丽莹暨中英研究院之民族调查专员凌纯声、地质调查专员孟宪民等，英方委员为克拉格（J. Clague）及格罗斯（F. S. Grose），并以腾龙领事陶乐兰（W. Staik Tollet）充顾问，安均大尉（Cap. Angwin）任测量队长。一九三六年至一九三七年两方人员稍有变更。我方委员梁宇皋、张祖荫，秘书主任他汤承佑，测量队长廖骏英；英方委员为格罗斯、陶乐兰，秘书主任基利（Kelly），地质专家松狄（Sondbi），测量队长仍为安均大尉。我方委员擅外交之才，应付适宜，各组职员亦克尽厥职。英方委员系边地官吏，甚稔边情。陶乐兰擅中文，均系印度测量专家两属中立委员长均由依士兰上校（Colonel F. Jselin）担任。依氏瑞士籍，出身炮科学校，擅测绘，昔年伊拉克、叙利亚界务纠纷，亦由依氏调停解决，颇富国际声誉。

委员会之工作可得略述如下：

（一）实地视察

委员会负有实地调查之责，故凡天然地形、分水岭、河川及各部落位置，均实地观察。例如本届一月间老厂开会后，中立委员为欲明白湄、潞二江分水岭及南卡江发源情形，特会同双方委员于本年二月三日前往距老厂二英里远之二三〇三公尺之高峰劳可（Lawhkaw）视察，次日复登二三三四公尺之波拉舍（Polasho）视察，此地距经纬点乃甚近，盖欲求得，循乃点起登一高山领；条约规定而亲莅视察也。又三月十七日，委员会又赴景冒附近之C点，登高山以查明自C点至南卡江之天然线。

（二）讯问证人

依条约第三条三、四段之规定，在经纬点乃以耿马、猛董归中国，在经纬点C点以镇边厅及孟连归中国，孟仑归英国等字样。查耿马、猛董、孟连均土司地，约中既明白划归中国，然“如确守附款所定界线，必有骑线之乡村部落地段”如之何而免，骑线乎？曰“勘界官员可量为迁改互易”，亦即任务大纲之第二职责也。此次修改标准，须将历史的、政治的证人、证物提出，始可证实某段确系骑线区域而予以修改。故讯问证人成为勘委会之最繁重工作，上界勘委会在南大开会一月，均以讯问证人为工作，是时中英双方对于班洪、永班、班老均提出若干证人。本届会勘，在孟移两月余，主要工作厥为讯问中方证人，中方为证明耿马土司在订约时确曾辖有卡瓦地之绍兴、绍巴、瓦模、瓦銮、瓦冷、塔亭六乡，经提由云贵总督委扎及耿马土司委扎银花并土目头人约十三证人。又镇边厅辖有大蛮海上下。刚诺西盟孟梭、募乃，诸地亦经中方提出历代委扎，及西盟土目桑佛祖时之佛经、蛮脚炮，诸信物及头目十余证人，供会讯问，以明统属关系。中国历代声威德远及异域，政治势力在清时即达缅甸，故我方证人虽野如瓦卡，亦能侃侃而谈，表明汉族统治之实况，而以上纳谷银为实证，非仅表示服从汉威而已。此项讯证工作于会勘工作关系极大。

（三）会议工作

勘委会会勘工作自须根据条约已如前述，条约规定界线之方式有两个标准。一为根据天然方位、经纬点、山脉河流等因素，一为根据政治区域如某土司之范围，某县厅所辖之领域。会议工作对于天然疆界则据约加以解释，对于政治区域则据证物而加以证明，上述两项工作若中英双方意见不一时，即由中立委员根据实地视察，或审查证物及两方理由后，即发表意见并判决，双方中任何一方之主张是一票，加上中立委员会所投之票成为两票，二比一成为多数，二票所决定之界线即为会定线。两届会勘结果，中立委员会对条约线之解释，注重经纬点及分水岭，而轻视地名，因而赞同英方主张。对修改线则大半取折中主张。如上届判决将班洪划归中国，将永邦所属之炉房归英。又如本届判决将西盟猛梭、冷坎八寨归中，将卡瓦区之一部归英，均不外本折中态度。

（四）会勘之结果

会勘之结果，对南段未定界得一新认识。即两届实勘所得已经证明条约第三条第三、四两节，规定两条界线：一则以经纬点、分水岭、河川做标准之天然线，另一则根据统属关系为标准之政治线，两线出入极大，利害冲突甚显。将来政府定界竟采用天然线乎？或政治线乎？此系一法理问题，依我方梁委员之意见，则政治线之力量较天然线大，因原约第六条之规定，即以政治线以修正天然线之不足也。

两届会勘之结果，均于本年四月二十三日列入总报告书，由委员会正式签字，作两国政府之参考。会勘对界务有何新认识乎？我方所得利益若干乎？我方力争而未获者又如何乎？兹分述之。

（甲）我方所获之利益有四

（一）南定河南岸之三个石堆，系当年刘陈与司格德同意私立，今我方委员所立石堆并无约文可据，已全推翻，并将其中此段线发展至孟滚河，应归我者有一千二百五十平方华里，计班个、户算、南达等二十余寨。

（二）班洪方面，依据中立委员长所拟之修改线连同茂隆银产所属之湖广焦山厂在内，约合七百五十平方华里。

（三）猛董土司两部属地，依中立委员长所拟的修改线，应有一千五百平方华里归我。

（四）镇边厅所属募乃、西盟、猛梭、冷坎八寨极富矿产向归我国治理，已由委员会多数公认。

以上四点，计九千五百平方华里，英方虽有异议，但已经委员会多数票决，成为会定线矣。

（乙）我方力争而未获者

（一）炉房银厂：炉房在永邦境内，为清乾隆时我茂隆银厂之一部，我方举出历史证据甚多，即中立委员亦不否认其历史关系，今已划归英有，我方委员乃保原有之立场，将来政府定界仍有力争之余地。

（二）永邦、班老：系与班洪共为弟兄之三酋，位于上葫芦地。

（三）公明山：亦名来母山（Loimu），条约中有“自乃点起循高山岭，此山名公明山”等字样，经我方梁委员力争，以限于经纬点示符，为委员会所否认。

（四）卡瓦山之一部：包括绍兴与绍巴、永和、大蛮海上下、困马等地，经我方委员提出人证十三名，均该地大头目，并历代委扎银花土司舆地，提供证明昔日确属我耿马宣慰司及镇边厅所直辖，惟未得多数通过。

以上各点，为我方力争而未得，我方仍保有原有之立场，留待南京会议之谈判。

（五）感想

滇缅南段未定界订约后（一八九七），历四十年悬搁，中经一九三四年班洪事件一度之紧张，而卒于本年四月循外交之途径，定成会勘之工作，余于叙述会勘界之经过而有偶感焉。

第一，考滇缅界约，滥觞于光绪十二年英缅甸条约（一八八六），而订约则在光绪二十年（一八九四）及二十三年（一八九七），是时正当中日甲午之役。列强划分利益范围，踵相接。国运蜩螗，国基不保，故总理衙门眼光中之界务已成局部之枝节问题。况彼时如英公使窦纳乐一流人物又系贪得无厌者乎？我国边疆，在订约前即为邻邦所侵略，订约时又被迫让地，订约后谋图挽救（如英并孟艮）（英获科干）（如刘陈勘界）。英方同意于共同调查四十一年历史之案，我方就任务大纲，同意视查条约线者都要亦事后挽救之意云尔。

第二，司格德（Sir Geohge Scott）为此段界务最有关系之人物，司氏以英国探测家自许，在其所著 *Bunma and Begond* 一书中自叙渠不费一矢，而获得我广袤之孟艮土司地（今改为景县 Kengeung）。颇觉自矜英并缅后，司氏深入滇缅境，调查探测不遗余力，考英人之意以缅甸系禅族，故凡在滇境内之禅族及夷族区域，均欲界务而包括侵有之，一八九七年条约即有此种重大意义。试就司氏作品中可以窥见此种政策之立意。昔年司氏刘、陈会勘时，司氏力争瓦卡地及猛梭及南卡江附近之禅地，亦欲贯彻英缅之国策耳。

第三，滇缅南段未定界，昔日司格德拟议线与今日会勘之条约线无大异，刘陈拟议线自猛林帕唱山而下循公明山以达南卡江，即所谓黄线，为我方根据条约最西之线。即此次勘委会我方所拟之线，隐隐然亦以黄线为根据，因而西已非条约所许。惟英线以西直至活潞江一带，尚有一部分卡瓦部之领土汉治，当年刘陈所云之十一家召华地，即指此云，刘陈云其在公明山以西，不便争持，忍痛放去，今相距四十年矣。而此等部落如关宗、放桑、蛮贵、贺猛、逆莱等头目尚复恋之于汉德而思内附，且有派代表赴昆明请愿者，历年虽经英方武力压迫而无所惧。刘陈四十年前因条约限制而无可如何。去岁彼酋目依然远道前来，郑重向我方请愿，不禁令吾人百感交集矣。

第四，永邦境内之炉房，系清茂隆银厂之一部，昔滇人吴尚贤开发，以滇督索贿之不成，而瘦毙吴氏于狱中，致矿厂中辍。据专家估值，银质最丰，此次班洪事件之爆发，即英人武力强占炉房为动因。民国二十三年以来，英兵与土人及义勇军屡战互有胜负，本为未定界纠纷区域，我方循英方之请，已约束土目撤退士兵。而英方则利用外交方式，阴则作军事经营，建兵营，修炮台。拨诸国际，殊失平衡令永班及炉房已由中立委员判决归英有，我方委员力争而未获，虽保原有之立场，甚望南京会议中，我外交部最后之折冲。

第五，瓦卡山，英名 Wa States，堪为国防干城，清初数次征讨，已渐明汉化，清中叶且曾置官以治，如绍兴、绍巴、瓦模、瓦冷、瓦銮、塔亭系耿马之六乡。光绪十八年间，滇督王文韶有委扎拨诸耿马宣抚司罕华基治理，历来上纳门户粮谷不绝，又大蛮海上下、困马、刚诺，则属镇边厅治理，永和则属猛董土司辖地，中方委员搜得委扎及信物，甚为珍贵，且各该地人证明一致表明其属汉之证明，今已由委员会多数票决归英，是亦希政府谈判而再度力争也。

第六，界务与边务相互表里，我方历代国难起于边患，朝野视边疆为化外，实属之阶。英人以殖民著称于世，故于事实经营之中展地千里之外，我国人则动口不动手，纸上文章，扪象之谈，往往发言不慎，立场不确，反贻外人以外交口实者。今界务解决在即，我宜如何讲求边务，以充实边圉。今日西南边地之现象：一曰：骡队交通；二曰：瘴疫夺魄：三曰：种族浑噩。以言边疆建设，诚令人有啼笑皆非之感。是则内地交通网之扩张，滇缅铁路之沟通，卫生设施之请求，民族同化程序之推进，又为勘界结束，谈边务者，所不可忽视之工作也。

第六章　暹罗改国名“泰国”与云南

第一节　暹罗改名泰国之原委

一九三九年五月二十三日，暹罗各报突然登载暹罗国务院拟将国名暹罗改为“泰国”之讯。次日国务委员兼艺术厅长銮威集对新闻界表示，申述改名理由五项，并宣布此事将与六月二十四日人民议会开会后，作不公开讨论。若得成为事实，则修改宪法上之名称，须依宪法规定，另订手续。其后，国务总理銮披汶氏通函向人民议会征求意见。函中强调暹罗国史实为泰族之光荣历史。国务院同时列举更新国名之五大理由。此五项理由与銮厅长演词中所举者相同：

一、暹罗国名，不适合泰族人之应用。泰人而用暹罗为国名，则国名与种族名矛盾不统一。

二、以暹罗为国名，有使泰族人籍隶别国之嫌。

三、暹罗一名考“速古台”朝（Sukhothai）坤窦利因陀难提多（Khunm Crihndraoitya）皇曾予以取消。因该名系柬埔寨人统治此国时所引用。

四、暹罗一名，泰人不过仅在文字上应用而已，口实上早已废弃。

五、泰族为一大民族，应呼暹罗为“泰国”。

国务院告民众书发出后，公署衙门立刻采用。六月二十四日（暹罗改君主立宪七周年纪念日），国务总理正式宣布实施改国名“泰”，布告原文云：

基于本国国名，素被作二种称呼，即“泰”与“暹罗”，惟民众则多喜称“泰”，政府为依民意，故改国籍如下：

（甲）泰文：国名、民族名及国籍名，应改用“泰”。

（乙）英文：（一）国名用泰国（Thailand）；（二）民族名、国籍名，用泰（Thai）。但对于一般法律条文中，标有“暹罗”字样者，则无抵触。此项改名，由佛历二四八二年、公历一九三九年六月二十四日起实施。

以上系一九三九年六月二十四日暹罗政府更改国名之经过，此举渊源甚远。一九二四年具有权威之历史学家暹罗亲王共丕耶达吗銮拉查奴帕，在朱拉銮干大学讲演暹罗史称：

据历史所传，泰族初发源于中国之南部，如云南、贵州、广西、广东四省，以前皆为独立国家。泰人散处各地，中国人称之曰蕃。至于泰之放弃故土迁徙缅甸即猛蛮等地之原因，实由于汉族之开拓领土。据历史所载，约在佛历四百年间，刘备在四川立国，孔明起师征伐蕃地孟获，以向西拓张其领土。此段记载，即为汉族南征泰族之记载。泰人既无力与汉族抗衡，又不肯受统治，不得已而移居西方，另辟新土。……泰人虽失其发祥故土之大部分，但非尽亡。尚能保有一部分原有土地，维护独立局面，至数百年之久。据中国方面记载，谓泰人由五个独立区域，合成一国，时在唐朝，称之曰南诏，南诏王国都昂赛，即今之云南省大理府。泰人维持独立局面，直至元世祖忽必烈可汗在中国即皇帝位，始于佛历一千七百九十七年调动大军，征伐泰国，至入缅甸境内，自那时至今日，泰人原有土地乃尽沦陷，变成为中国领土。（见《暹罗古代史》）

第二节　改国名后之反响

自一九三九年五月二十三日暹罗国务院为改国名征求议员之讯后，六月七日，暹文《泰迈报》发表文章，驳斥政府擅自发表告暹罗民众书。其要点有二：

（一）关于暹罗国名非出自暹罗民族之说，与历史事实不符。根据历史学家公摩耶南隆之考据：暹罗一词，系出自梵文，其意义为褐色或黄金。暹罗曾亦自称黄金国，与梵文意译吻合。荒诞的历史学家銮威集，过去亦承认此说。

（二）关于国名与种族名不统一，世界上之国家，并不一致。日本即一例也。日本国名为日本，民族则为大和族。何况暹罗系包括许多民族在一个国名之下，非境内泰族一族而已。且在暹罗宪法之下凡居留在暹境内各民族，均应享受同等待遇。如标榜民族主义，则自拒少数民族于暹罗之外，与暹罗建国精神有重大违背。以上暹罗舆论界，依据本国历史和他国成例，所作之有力驳斥，颇能代表暹罗民众之意见。

我国学术及舆论界亦引起注意。陶云逵先生以民族学的立场，驳斥暹罗改国名之谬误，而指此为日本播弄之勾当，云：值此民族一体呼声甚高之际，暹罗易名，难免不是受这种亲日思想的影响，而想向滇、桂、越、缅之泰族伸手。泰族分布甚广，其族复分为若干支族，暹罗为其一。在中国分布于黔、桂、滇者名为仲、侬、僮沙、摆。在越南曰牢、茫。在缅甸为掸或侥。这些人的语言系统、生活习惯和现在的暹罗人大体相同。设其改名果有用意，则未尝不可以泰族名称，在各泰族支族中大事宣传……虽然中暹不直接交界，设暹罗果受他国蛊惑，未尝不可以缅、越为波兰走廊而伸手到滇、桂。（注一）顾颉刚先生则曰："这个新的国名，一方面是在表示这个国家只是泰族的国家；另一方面又在表示：凡是泰族均应属于这个国家。在暹罗的一部分学者觉得：如果凡泰族均应属于暹罗，则至少与泰族同族的摆夷所在地之云南西南部，应划归暹罗。如说收复失地云南、四川、广东、广西都是应该划归暹罗的……至于暹罗政客的学者所大唱的泰族来源说，更是毫无历史上的根据。中国历史上，根本就没有某一种族征服某一种族的事实（有的只是某一个人或某一集团统一了中国境内的各色各样的百姓）。暹罗的泰族也更无自四川、云南、广西、广东被迫西迁或南迁的踪迹。如果，我们向暹罗的历史学者要'拿证据来'，他们是无从证实他们的理论的。"（注二）周惺甫先生则斥暹罗史家达吗銮拉查奴帕氏为"荒诞无稽，真不值一噱也。达氏所言亦自认为无历史根据。今试取其书中叙述明代暹罗事迹，与明史、礼部志稿、罪惟录诸书所载校之，大都鉴柄。"周氏根据历史立论，兹节引之：（注三）

"按掸系为爨僰以外之族，而掸系中又有摆夷，摆僰音近，遂生相殽；然在明以前，史籍之僰，绝非摆夷。《汉书·司马相如传》'唐蒙使通夜郎西僰中，汉犍为郡有僰道县'，许慎《说文》曰'僰犍为之蛮夷'，皆今之滇、蜀毗连诸地，即樊绰所称白蛮（樊绰《云南志》云：'言语音白蛮最正，蒙舍诏次之；但名物或与汉人不同，及四声讹。'），亦即乐史所称松外诸蛮（乐史《太平寰宇记》云：'松外诸蛮自云其先本汉人，有城郭村邑，弓矢矛铤，言语虽小舛讹，大略与中夏同。'）散居云南西部。唐开元间，始合诸部落为南诏。南诏国与后之大理国，皆即此民族，断非掸人；且元世祖征云南，得五城八府四郡三十七部之地，设为行省，而诸部仍多居故土。"《蛮司志》云："土司名姓，姿蒙段七姓外，杂以屯垦之官吏，皆招抚番夷，以为庄户，长食其土。"又《明史·土司传》云："元初置鄯阐万户府，旋改置中庆路，封子和克为云南王，仍录段氏子孙守其土。"以此知元兵入滇后，即利用爨僰为屯垦，而昔时建立南诏之蒙段子孙，始终未移他境。至暹罗与罗斛合为一国，始于元至正间，其先皆居八百媳妇边外地，与爨僰邈不相涉。又安得冒称为南诏之后人？元代至元间，以也先不花为云南平章政事，经营八百媳妇，遂立登云等路、府、州县六十余。泰定三年，八百媳妇蛮请官守，置木安、孟杰二府于其地。八百媳妇区域，当缅越暹罗间，而孟杰路则属暹罗之景迈以北地，则当日设官置守，亦皆就其地而抚之。所谓被迫南迁，均非事实。然此不过明其系别，以斥其立场之谬，而杜狡谋耳。盖就原始种族而言，则暹本赤眉遗种。（见渊监类函引王圻《续文献通考》：该赤眉遗种说，无从考证，或系赤国之讹。据清朝通考，暹罗在隋唐时为赤土国。）与华夏民族，亦非无关。今其国中华宗贵族、巨贾高僧，犹多汉族子孙。据《暹罗古代史》所称："距今一千八百余年前（当西元一世纪间）有蒙吉蔑人种，由中国南部移住湄南河流域，当时呼其地为细马，后又转为细姆，终变为现在之暹罗（按：细马、细姆皆暹之转音）。此外又有一群人种，当纪元前三四世纪间，自中国湖南经云南而入暹罗，与缅甸北部，占据其地，名称为罗（按：即罗斛之促音）。"据此则汉族移入暹罗，约在西历纪元前后四五百年间，即庄蹻入滇，以迄捋国由调入贡之时，实吾族繁殖南徙耳。与所谓元兵逼而南下者大异也。

方国瑜先生亦就暹罗亲王共氏所述暹罗史实四点："（一）泰人发祥于金沙江流域；（二）诸葛亮所征服者为泰人；（三）南诏为泰所组织之国家；（注四）（四）元世祖征大理，泰人放弃故土。"加以驳斥，云："僰人绝非摆夷，而为今之白子之先民；其称摆夷为僰夷者，始见于明万历间李元阳之云南通志。在此前，则僰人字毫不用于摆夷也。"

"自汉以来，云南有僰人。僰人之始，为汉族支裔，迁至云南，与羌混合，而文化较他民族为高。汉晋设郡县于云南。僰人随政治势力，分布于各地，与爨部为云南主要民族之两大系，齐梁以后，爨部崛起与建宁，僰人乃聚处至西洱河附近，为南诏、大理国之主要民族。元明以来，新汉人大量迁至云南，僰人与之混合，已然分别。"

吾人既无从证明元祖征服大理后摆夷始南迁，且可证明摆夷非自大理南迁，则谓南诏国、大理国为摆夷所组织国家之说，断不能成立；而白子则元以前生息于大理国之八府、四郡之地，则可断言南诏、大理国之主要民族为白子。仅以上滇历所得结论，已可击破暹罗历史学权威所倡之"泰国"改新名之政客式理论矣！

第三节　欧美学者关于泰族理论之谬误

惟此有一点，应为我国政府及学者所应该警惕者，即暹罗历史家共丕耶达吗銮拉查纹帕之暹国史实理论，以及最近该国艺术厅长銮威集策动改"泰国"国名之理由，均非出自偶然者。吾人应知英法美之民族学者、历史家及传教士、殖民冒险家，近五十于年来，即致力于泰族之研究及调查。所得之结论均先后相互抄袭附会，以制成一泰族在南亚洲繁殖之历史根据——其实是假设。此等假设之演成，一方面在主观上先有一民族偏见成竹在胸，直欲分割我中暹整然一体的大民族为无数独立的民族小单元；以遂彼邦政治及领土分割之企图。客观上，则欧美学者因不谙习我中国之语文及历史，致有曲解我经传之重重错误。我国民族学之研究又成立较晚，西洋谬说迄今仍然独存，致今日为暹罗政府所利用，以进行深远莫测之侵略我边疆企图。此种伎俩，日本亦常采用之。如日本御用学者主张满洲非中国领土；而鸟居龙藏竟主张苗族有日本血源（见《苗族调查报告》，日本帝大人类学室出版）等谬说。固均具有帝国主义侵略之意味在。兹略述欧美学者对我西南民族中之僰掸族渊源之理论，以证明西洋学者之成见，非可以理喻也。

谈西南民族中之泰族，最具权威学者，首推拉可柏里教授（Teriende Lacoaperie）。拉氏著有《掸族之发源地》（*The Cradle of The Shan Race*）、《汉族以前之语言研究》（*The Languages-Before The Chinese*）。次有英儒哈莱特（Hallet）。哈氏著有《掸族历史杂记》（*The Historicolsketch of Shans*）。又喀其隆（W. W. Cohraue）著有《论掸族》（*The Shans*）。有英人米兰女士（Mrs. Mile）者旅滇、缅多年，著《掸人随笔》（*Shans of Home*），特请喀其隆撰《掸族之渊源》一章而列为该书之首章。此外若旅滇边十八年之美国牧师杜德（Cliftion Dodd）所著之《泰族调查》（*The Tai Race*）一书，风行欧美及缅甸、越一带，书内列有泰人在亚洲分布之统计数字，要不外摭拾上述诸名家之理论假设，试专为引录之：

拉可柏里、莱哈特、喀其隆诸氏，有一共同之论断，即肯定泰族初聚殖于长江流域一带，继与汉族斗争，实力不及，退而之西南滇、蜀、黔缅甸一带。商周之时，泰族奄有长江以南。始皇伐百越，开领外，泰族退而之四川、两广。汉显宗置永昌郡，君服哀牢夷，泰族已深入滇、缅，建立孟连、孟艮、景迈、景森。唐时泰族在西南势力甚强，建南诏国家。宋时建大理诸国。继为元所灭，退而之暹罗，而完成今之暹罗独立国家，总计有史至今，泰族南移凡七次之多。第一次移殖，约在商周之际（公元前一七六六年至公元前一二五五年）。因汉族势力及于黄河、长江之间，僰掸遂南移。第二次移殖，系公元前三三八年。秦略巴蜀时，僰掸南走云南。第三次移殖，在公元前三三八年至公元后七八年，六九年哀牢王柳邈率种人内附，七八年反，为汉所败南窜。第四次移殖为公元后三四五年，败退之僰掸人建立南诏国。第五次移殖起于公元十世纪，哀牢族南迁。第六次南移，起于公元后一零五三年，泰族奄有缅甸。据哈莱特云：是时泰族在暹罗已强盛，以全力动摇孟吉蔑族之统治及柬埔寨王国之统制。第七次移殖为一二三四年大理国为元蒙所灭。泰族在中国之政治势力中绝，遂南移。公元后一二五七年，泰族脱离柬埔寨之羁绊，而自建苏克泰王国，是即暹罗王国之前生。以上系英法学者似真非真，穿凿中国历史附会而成之一致结论。（注五）我国近年来治滇史之学者，如周惺甫先生、方国瑜先生已由中国历史根据而推翻之矣。西洋学者，甚至所谓泰族权威之研究专家，其唯一错误，即在误认白子为僰掸（即泰族之别称）。殊不知两族，无论以语言及文化论，均判然两族也。（注六）

余引录欧美所谓之泰族专家之论著，非为暹罗改号“泰国”收集根据也。特吾国学者近已纷纷著文，作客观之驳斥。一国之历史事实，非他国能以法令修正或推翻之。余所以引录外论者，特示国人以外国学者治学之勤，居心叵测而其影响则深且巨耳。暹罗突改国名，即是根据彼邦历史家之立论；而暹罗史学家之片段知识则与英法文字所论泰族之历史互相沿用也。

第四节　辟暹罗国务院之“中国泰族成特别区域”之谬论

暹罗国务总理銮披汶为改国名告人民书中，狂云：

“在中国居留之泰族人与汉族比较疏远，有一部甚至划定一特定区域不受任何方面之统治。”此谬说颇歪曲中国政治事实，是不可不辨：

暹罗当局所指之“中国泰族”，即滇语所谓之“摆夷”。摆夷分布于云南西部及西南部。今之迤西腾冲、永昌、芒市一带及迤南之思普沿边，如车里、佛海、江城、镇越、南峤、六顺，及澜沧县之孟连均是摆夷区域。而尤以车里一带之摆夷，尚泰半保有其自族之生活习性（暹罗当局所指之中国泰族特别区域）。或系指此而言。然车里等六县摆夷所聚居之地，实非特别区域。作者两度至车里考察，先后历年半，与摆夷官民相居处，并未发现如暹罗当局所狂言之，“特别区域之存在也”。

车里，见于《逸围书·王会》篇：“伊尹为四方令曰：正南瓯邓、桂国、损子、产里、百濮、九菌请令以珠玑、瑇瑁、象齿、文犀、翠羽、菌鹤、短狗为献。”产里疑即车里是。三国蜀时为孟获部族。《普思沿边志略》，柯树勋自序云：“现在车里宣慰刀承恩暨各土弁夷民等，皆孟获遗族耳。”元称彻里。毛奇龄所撰《云南蛮司志》曰：“车里为倭泥、貉、蒲剌、黑角诸蛮杂居，自昔不通中国，元将兀良哈解伐交阯，经其部，降之，置彻里路总管，领六甸。”后又置耿冻路耽当、孟弄二州。泰定二年（一三二五）秋七月，以土人罕赛为车里军民总管府总府。明洪武十五年（一三八二），蛮长刀坎来降，改置车里军民府。十七年（一三八四），改车里军民宣慰使司。清雍正七年（一七二九）改土归流，以江内之思茅、普腾、整董、猛乌、六大茶山、橄榄坝等六版纳署普洱府，于攸乐设一同知，思茅设一通判；其江外之六版纳，仍归车里宣慰司管理，而责其岁纳粮银于攸乐同知。清光绪二十一年（一八九五）清廷割猛乌、乌德给法国，十二版纳遂残缺。民国初分置车里、猛海、猛遮、猛笼、橄榄坝、猛捧、猛腊、易武、普文、六困等十一行政区。二年，创设普沿边行政总局于车里宣慰司治。民国十六年，普洱道改为七县治一行政区，车里、九福、佛海、镇越、象明、普文、庐山等县暨临江行政区。十八年云南省府呈国府通过，设车里、佛海、南峤、江城、镇越、六顺等六县，另临江设治局，是为现在之县制沿革大概。暹罗立国最早之细姆，约在西历一世纪间，蒙加迈尔人种，由中南部移住湄南河流域，所组成者，距今约一千八百年。但根据《逸围书·王会》篇，则产里车里在伊尹时，即遣使朝贡，车里与中国发生宗主关系，远较暹罗立国更早也。

又就现行摆夷地方行政制言，亦无所谓“特别区域”之说明。洪武十七年所置之车里宣慰司今仍存在，但系在车里县政府直辖之下。宣慰司所管之各土司或代办，今已改为县政府之区长制。即如橄榄坝代办刀栋成新，现任车里县第三区长，猛海土司刀栋良现任佛海县第一区区长。车里宣慰司署之组织，甚为庞大。有八大头目（叭童），有议会（司廊），另有三十二头目。此三十二头目中，有一官职曰波猛满者，约等于“缅语交际员”，专司与缅官交际之责。缘明嘉靖十一年（一五三二）缅酋莽应里蚕食诸蛮，车里宣慰使司刀糯猛不能禁，遂有（波猛满）一官之设，但明万历十三年（一五八五）糯猛应召归复职，此职郎同虚设。宣慰司署另设有“波猛黑”，即“汉语交际员”之意，今仍设立。且工作甚重要。今应对县府一切命令，除宣慰司及八大头目外，波猛黑亦极活动，从未闻车里之泰人与暹罗发行任何政治或交往关系者，此可于宣慰司官职体系中知之。车里之摆夷，亦由滇省西部之摆夷然，心目中只知有中国，有“汉朝”，有云南省政府，有第二殖边督办，有县长，并不知有暹罗也。数年前作者在边地与车里各土司晤面，各土司均知拥护最高当局。彼等绝对不知暹罗国务总理銮披汶其人者。

就摆夷生活习惯言，吾人并不否认彼族尚在云南西南部保有相当之自族文化特有之生活。在云南西南部永腾一带之摆夷，无论衣冠、饮食、历法、教化，均几与汉人打成一片，通婚尤为普遍。

现在景谷县区，一泰人之区域也，然已完全同化于汉人矣。即以比较尚保有自族文化之车里摆夷生活说，土司官均能操汉语、习汉书，入汉人学校，整个摆夷男女脑海中、思想中，均深深映入汉人教化之伟大，而拳拳服膺者，故“中国内泰族特别区域”，则绝不能成立。

第五节　暹罗改国名之政治意义

暹罗自一九三二年六二四革命后，政权操之少壮军阀，而且强烈之法西斯政治气味。当局鼓动狭隘的国家主义。无论自民族政策、外交政策、文化政策及经济政策言，显然均与彼邦有深厚文化渊源、政治渊源、血统渊源之中华民国立与对立敌视之地位。以民族政策言，暹罗“大喊大泰族联合起来”，意欲排我占有二百余万旅暹华侨；并欲进一步鼓吹“民族自决”，实行侵略我西南民族及边疆。以外交政策言，则反华，疏远英法，勾结日本。自国联决议否认满洲国，暹弃票，以至一九三九年七月间秘密加入反共同盟，不外一串开倒车之粗蛮举动。以文化经济政策言，自限制华人入境以至最近封闭在暹华侨学校、报馆，无端逮捕华人，甚至人力车夫亦限于泰人，而排及华人，何莫非暹罗政府之苛政使然。推其故，则暹罗之新“泰国”思想鼓动者半，而敌国倭寇之指挥操作者半。改国名，无非日本许诺助长暹罗分割我西南滇、桂、蜀、黔、粤五省之企图而已。一九四一年十二月八日，暴日偷袭珍珠港，而暹罗居然加入轴心，对盟国宣战，盟国为对抗计，将暹罗与越南划在中国战区由我国统帅主持其军事反攻。英儒台维斯云：“广东人亦有泰族之血液。”然则“泰国”政府之民族政策，亦欲将我革命发源地之广东同胞，置诸暹治之下乎？岂非梦呓？我国人士应注意一事：即策动改国名之暹政府国务委员兼艺术厅长銮威集，去一九三八年九月间，曾在朱罗隆功大学演讲，公开排斥华侨，谓华侨之不利于暹罗，尤甚于犹太人。在未改国号前，彼曾旅行越南考察，详询越方人事登记职官，关于泰族在越南及中国西南之人数。回国不久，即有暹罗国务院宣布更改国名之主张。此点大堪玩味。暹罗改名后，拟更改国内各府府名，并拟修改移民条例，使现在居留在国外的泰族人免费返回暹罗。而其所谓旅居国外之泰族，据銮威集统计，谓在暹者已有一千九百五十万人。此何等主张，分割我西南民族也！

作者避开“国家”“民族”组成之理论不赘，单就暹罗本国中之民族组成分子观察，即可确定“泰国”无成立之理由。暹罗境内包括有泰人、军人、华人、柬埔寨人、印度人、安南人等。至少有三大语系如泰族、牢族、暹罗马来亚族是。泰族仅占百分之五十而已。以百分之五十泰族所组成之国家而统称“泰国”，在其本国之民族理论已行不通，尚有余力鼓动我西南人民以附属乎？暹罗所遵行者，或是“民族自决”原则。其实，“民族自决”创于美国总统威尔逊之十四议和条款之一，而为帝德接受休战之条件也。《凡尔赛和约》，在英、法两位政治家克里曼梭及路易乔治操纵之下，使德国日耳曼民族东西割断，造成今日第二次战争之导火线。又就德国言，一九三八年九月慕尼黑会议，割捷克国之苏尔德区（日耳曼族区域）以合。希特拉之得意口号，即是民族自决也。然一九三九年三月德国并捷克全境，而置捷克族所居之波西米亚及摩拉维亚二省，于是希氏不能自圆其说，而激起英、法之包围德国政策。终且演为今年九月英、法波对德之宣战。是则滥用“民族自决”者，终必导致战争。暹罗境内已有华侨二百万至四百万，现被政府排斥。已是中暹邦交之重大问题，暹早终须寻一合理解决之途。暹罗少壮军人或心存亲日，认为现中日交战时对华不足虑者。须知日本“东亚新秩序”下，亚洲决无第二独立国之存在。美国名记者约翰根室云：“中日战争和日本在亚洲东南势力之扩张，已鲜明表示此为暹罗之一严重问题。暹罗具有介乎缅甸与新加坡战略上之据点之地位。暹不敢得罪日本，所以暹罗政策是多边的——既畏惧日本而又讨好于日本。”（注七）若日暹关系建筑在如是不安定之基础上，未知暹罗国策，作何打算也。若自中国对暹关系言，我固希望改善邦交。依现状言，暹节节进逼。根本解决，仍在我对日抗战之前途而定。国力增强，则我不侵人，人亦不能侵我寸土，我不压迫他人，他人亦不能排斥华侨也。

附注：

注一：昆明《益世报》七八二四号专论，陶云逵《关于暹罗改国名为“泰”》。

注二：香港天文台半周评论：顾颉刚《暹罗改号与中国之关系》。

注三：台维斯著、张君劢译《云南各夷族及其语言研究》一书之周钟岳先生作序。

注四：本章末另全录方国瑜先生《南诏是否泰族国家》一文（见《新动向》半月刊第三卷第六期）。

注五：Clifton Dodd：The Tai Race.

注六：Davies，H. R.：“Yunnan” Ch. VI. The Trikes of Yunnan，凌纯声：《云南民族之地理分布》。

注七：Foreign Affairs，1939 正月号。Tohn Gunther：An Incredible Kingdom - Siem.

第七章　滇南之边务

第一节　滇南之地理区域

滇南区域，滇人俗称为迤南，又分下迤南与上迤南。下迤南为开远、蒙自、个旧、河口、建水、石屏、金平、马关、文山、富州、广南、砚山、丘北、泸西、华林诸县，较偏于云南东南部。此区并有滇越铁路纵贯其间。上迤南则偏于西南，包括元江、新平、峨山、墨江、普洱、思茅、澜沧、双江、缅宁、景谷、景东、车里、佛海、南峤、江城、镇越、六顺、临江（设治局）诸县。本文偏重于上迤南，即滇西南区，此区较迤东、迤西及滇中开化均最晚，而人口亦最稀。

第二节　滇南之经济发展

一、天产

滇南区之经济发展可能性极大，惟现况之下，生产力尚未发达，将来开发有成，必能成为云南工业化之根据地，且可形成对外贸易之资源供给场所。

滇南区最大之天产出品为盐。井盐、岩盐产量之丰，大有取之不竭之势。自磨黑以至镇越一带，盐产分布甚广，惟现系土法开采，未能制成精盐；且运输费甚巨，远销尚有待。依磨黑井盐价计（依作者民国二十四年实地调查，今虽相距十年，价格降悬殊，但成本费之比例则不变），每百斤井盐成本价格：薪本（归灶户）为国币一元六角五分；正税（归属政府）为一元七角五分；公路捐为三角；童工洞费为四角。总计每百斤井盐之成本官价为国币五元二角五分，又运价由磨黑井场运盐百斤至墨江县合八元，至元江合十一元，至昆明则为四十元。据此，则盐的发展，端在改良制法与改进运输两点。将来若自西南产盐地，有公路、铁路可通，则精制的井盐，可望销售至缅越，因缅甸急缺井盐，现以海盐代替。

滇南区之第二特产，作为国际贸易商品之天产，厥为茶叶。思普区所产茶叶，分为方茶、圆茶、紧茶、砖茶、散茶数种。紧茶大部分运销缅甸、印度，由加仑埠分销前后藏，为量不多。佛海所制出之方圆形饼茶，多数销往暹罗、缅甸，及香港、重庆等处。散茶向来集屯思茅，经思茅茶商改制为方圆形茶饼，然后运至昆明分销各地。此即有名之“普洱茶”是。依邦、易武两地所制出者，则概销于河内及思茅、昆明。总上所述，仅佛海一县之紧茶销西藏者，每年约一万担，现在中国茶叶公司，业已改良产销，不难辟出国内外销场也。

本区之第三种特产为棉。云南辑入外来纱布，战前年值国币二千万元，故发展滇棉，确属必需。适宜种棉之条件甚多，而高温、平坝、水利三者为最重要因素，缺一不可。冯泽芳博士云：云南全省的地势是在中国地理上所谓“云南高原”，以一般情形言，都是高地。只有在沿河流的地方，比较为低。所以现今云南产棉的地方，北部是沿金沙江，南部是沿潞江、澜沧江、元江、南盘江，都与海拔有关。潞、澜、元江流域均在云南西部及南部，故本区棉业发展，颇有希望。现思、普、车、佛边区一带，阿卡人及其他山头种族其广植草棉，尚有收获，惟为数不巨。

本区之第四种特产，厥为樟脑。产地在佛海、南峤、顶真、猛阿、猛宋一带，系由掸人以木甑置锅中蒸热气化之。上述土法开采，三、四人工作三四日仅得樟脑（冰片）四十四两，值国币二元（民二十四年价），现总产量不及二百担。

本区之第五种生产是农业副产物的可能的发展。迤南最适宜种植甘蔗、香蕉、橘橙、金鸡纳淋、咖啡、可可等物。如十二版纳（思普边区）的甘蔗，大猛笼、猛板、依邦的橘橙，均为农业副产物之成功者。

森林为滇南之第六种经济宝藏。在潞、澜二江分水岭之间，有浓荫蔽日之原始森林。只以地在边徼，历年边民焚林种谷，又或瑶族焚林逐鹿，以致大好森林，付诸一炬。

本区铁矿，蕴藏更富，最驰名于亚洲者首推班洪之炉房银厂，即清初乾隆石屏人吴尚贤开创之茂隆银厂，早著成效，现茂隆厂遗弃之铁渣，迄今尚可以每斤价值英洋十元，售给缅甸。现此厂已成界务纠纷之区域。为英方军强占，正在会勘界务谋解决之道，其外另有澜沧孟连属之公鸡厂银厂及西关银厂、募乃新厂等。公鸡厂之地质与炉房、新厂等处相同，为下古生带或震日纪地层，厂地附近露出者，以石灰岩、板岩、砂岩、石英岩、云母片岩最为发育，此为滇西常见之岩层。公鸡厂矿质之优，不亚于炉房，每吨仅含银二二七六两，较之国内唯一银矿湖南水口山洗净的矿砂，每吨仅含银九两或十两，不啻霄壤之别。本区矿质极富，据何瑭先生云：

“思普沿边一带，车里、佛海、南峤、澜沧、镇越，平原辽阔，大部尚为荒原；而其各地盆地，多数系花岗岩体所构成。花岗岩风化程度甚深，大部变为高领土，土层既厚而肥沃。我国各大都市，仅广州平原之土质与思普沿边相同。物产之富，宝甲全滇。固花岗岩体与其他岩层接触地带，铁矿之富，又非内地所可比伦。”

二、农业制度

一民族之生活，受地理的环境影响甚大。云南民族之所以造成如是复杂之现象，最有力之解释，厥为云南地势之复杂。云南之生产力与生产方式，受地形复杂之支配。云南之气候因地形复杂而起甚巨之变化。在同一纬度地带、同一季候，高山与深谷之气候，相差悬殊。高山旷地，气候温凉，宜于北方耕牧民族之生息；深箐狭谷，气候温热，惟适合南方农业民族之移殖。至于气候温和、土地肥沃之若干盆地或坝子，早为本地人所聚居，或为后来移殖民族所领有。边疆民族之农业生产，完成受地理环境之支配。地理环境变，则边地生产亦必变。

云南边地社会，仍系停滞于农业生产阶段中。因地形有高山与狭谷，山岭与盆地之分。于是，此等因素表现在农业生产上亦大异。以地形言，大抵山居民族之农业生产，轻坝居民族，简陋而原始；以民族言，则汉、掸、苗较其他民族之农业生产为进步。农业生产技术言，可依其土地利用，生产工具即生产力诸因素而别为三种：

（一）山地旱谷制。即古籍所云之："刀耕火种制"为最原始之农业生产方式。大抵聚户成寨，辟地为村，村寨居山之巅、水之崖，原始森林，则蔽遮各村。每值岁冬，焚林木，成旱地。春二、三月种旱谷，不施肥，不耕耘。七、八月收割，旱谷收成极低。旱地一经使用后，即荒芜不用，约十二年至十五年不等，另择森林而焚之种之。山居民随土地之使用，而随时迁居。大凡边疆区级文化之民族，率多以此原始方式经营农业生产，若傜人则种植山地与佃猎牲畜为其族之日常生活。此外，若阿卡、濮满、猓黑、老亢、布都、卡都、窝泥、攸乐、补夏诸族，均"刀耕火种"之农业民族代表也。

（二）山地梯田制。此为高原区域山居民族最巧妙之发明。云南在横断山脉区域中，全省平原盆地适于农耕者，究属有县。山居人口仅恃上述刀耕火种之法究非得计，汉人于是发明"梯田"。依山形辟成水田，作梯式，引山中林泉以灌溉之。既无辗转焚林之苦；又可确定其永久居住地。云南山麓，苗人已继效汉人而采"梯田"耕耘矣！

（三）水田制。此为农业之最普遍方式。仅汉人及摆夷使用之。汉人耕种水田，于内地大平坝之中，摆夷则耕耘水田于边地大平坝。云南皆山，山岭中之平坝，即政治区域中之县或设治局；而摆夷所谓之"猛"是也。惟汉、掸两族虽同营水田，而其方式则精粗不同。今特就掸族摆夷之农业生产而述明之。

掸族农业生产，尚系原始的生产方式。其特征如下：

（一）一种制（The Single Crop System）。掸人聚居之区域，其农业生产均采"一种制"，即每年种稻一次，以一次为限。其他粮食如豆、黍、粱等杂粮，均付缺如。元江县，系花腰摆夷所住之区域，每年种稻三次，此为例外。车里气候酷热，似元江，为泰族之中心区域，其农业生产均采一种制。

（二）原始的农耕方法。掸人种田，全恃天惠。既无施肥之劳，亦无灌溉之力。一犁一耙，即可播种，此土地利用之方式。惟掸族农作方法虽简，但生产力颇大。盖土地沃饶，人口稀少，故以如此之原始生产方式，尚有谷贱伤农之虑！

（三）原始的共产主义之土地制度。滇南掸族土地制度最为特殊，几为东亚所仅见。其唯一特点为土地公有。十二版纳（车里）之土地，属诸代表全体掸人的车里宣慰司即孟连宣抚司，此为明代敕，封之官爵，直传至今而不废。土地既属公有，土官、土司所有，自不得有私人转移买卖之举。农民有土地使用权，而无土地领有权。土司官署设有专官，管理田地分配，全区田地，载诸官书，每村每寨复有头人村长（老叭）管事，深悉田地所在及亩数。此种土地归诸土司所有制度，颇有上古均田制的风味。所以，边地掸民，因未蒙土地兼并集中之弊，遂得安度优乐熙洽之农业生活。西儒佛礼门（Freeman）甚赞云南十二版纳（车里）为“一个东方的自由乡”（An Oriental Land of the Free），言信而有征。掸人之均田制度，其享用土地使用权者限于掸人本族，本族以外即如文化高于掸族之汉人，或文化较低之阿卡、濮满、老亢等族，均被排挤，而无获得均田之权利。故掸人之经济制度，与汉族垦荒移殖运动，发生冲突。此为一云南边务开发之具体问题，值得政府作慎重之考虑。

掸人因经济界限之消除，故社会上无贫富悬殊之畸形现象。土司虽富有，但平民亦无冻饥之苦。于是社会上无作奸犯科之事件，而掸人遂习于和平无争之民性，兹举作者实地考察之一例：云南高等法院，依法例须催收各县司法诉讼费，屡次三令五申，饬车里县政府解交讼费，县长以无讼事呈覆，并受申斥。县长徐晓寒告之作者以此事原委并导引参观县府监狱，实犯囚监狱已作马厩矣！此事虽幽默，但却可作为社会学研究之根据。益社会犯罪，不外奸、盗二案，掸人之生计，因均田之实施而耕者有其田。因掸人生活之满足，遂养成怯懦和平之民性，无械斗杀掠之恶风，社会道德之信条为互助，和平博爱。故掸人社会，却曾做到“路不拾遗”“夜不闭户”之古代社会美风。从何而有司法诉讼之件，而奸盗两案，甚鲜有也。其次掸人在均田制下，每个男女，均须自谋生计，因而养成独立生活之习惯。婚姻自由、离婚自由、性生活自由即成掸民族社会习惯，自无奸淫讼案。由此可知经济制度影响一民族之民族性及生活风尚，实至大至巨也。缅甸为何在二十世纪之今日掸人尚能保持此原始的共产型之经济生活？此无他：一曰掸族今日群集之地理区域，系介乎缅甸、暹罗、越南、中国西南滇省边地之间，位于横断山脉细致低地峡谷区中，交通与外界几乎隔绝，不易接触外来文化，故其族仍保有其独有的经济生活。其次则土地公有制，行于地广人稀之区域，较少阻力，即以车里宣慰司所辖区域之十二版纳而论，面积为十万余方里，平坦盆地，沃饶可耕。如车里、大猛笼、橄榄坝、猛养、猛宋、攸乐（以上属车里县），猛海、猛混、猛板、打洛（以上属佛海县），猛腊、猛捧（以上属镇越县），猛遮、顶真、猛满、猛翁（以上属南峤县），易武、整重、童得（以上属江城），均是农业最好之发展区域。然全区人口不过十六七万：车里人口四六四八一；佛海县人口二七八六三；镇越县人口一四二四九；南峤县人口二七四七二；江城县人口一二二四九；六顺县人口二六六零一；临江设治局人口六八一七。以面积与人口计算，平均每方里不及二人。故本区域现在可耕之土地面积尚广，而已耕之土地面积有限，故“耕者有其田”之实施，历数百年而不废。均田制度，大可畅利施行也。

以上所述，系滇南极边，掸族之经济组织。其在西部之掸族如孟连、芒市、瑞丽（猛卯）、潞西（芒遮板）、盈江（干崖）、莲山（盏达）等地，均为僰族聚居之区域。惟其经济组织则与车里宣慰司迥异。盖汉僰接触日紧，僰人同化于汉亦深，故僰制几不复存。兹以澜沧县属之为例，而略述之。孟连，明季敕封为宣抚司，与车里宣慰司、缅甸宣抚司齐名，仍系僰人区域，惟其土地制度实有异于车里。孟连田地系土地私有制，土地有买卖转移之事，耕耘者仍系摆夷僰人。宣抚司仍有私庄私田则租给农民。若替宣抚司服役者，仅纳少数谷租；若未服役者，则其租耕所得农产物全部平分，宣抚司与租户各得半之。农民一般生活遂无异于车里，但经济负担则较重。掸人与中国政令发生更密切之关系，此得一证明；而掸人受汉族共同生活影响所引起之变化，此亦极明显也。

第三节　滇南之交通建设

云南在抗战前后之交通状况，显然已引起一大革命。一九一〇年滇越铁路之通车，使滇中与迤南距离缩短，但此路为外人在华经营的“离心路线”，在未正式与法国批准收回该路主权以前，南防上仍未可乐观。一九三七年春，京滇（南京之昆明）公路完成，中国内打通云南之第一条“向心路线”之公路始告成功。一九三八年，滇缅公路于一年内赶筑告竣，长九百六十余公里，从此国际交通线之开通，已实现总理西南交通之初步计划，此外滇缅铁路、叙昆铁路早已测竣，前者因缅甸抗日军兴而中辍，后者仅接通昆明至沾益一段。一九三九年（民国二十八年），云南省政府复有决议修筑个碧铁路延长思普之提案：而云南公路总局亦有修筑西南区（思普区）公路干线之表示。上述拟条中之铁路、公路干道，若短期完成，则中国整个交通系统，自必因此改变。远东欧滇间之往来，将以仰光为最捷之出入口。云南将为我国水道通达欧洲最接近之门户。现在中印公路虽于一九四五年二月打通，而滇南之交通干道仍不必废！

仅就滇南区之交通言，滇缅公路、中印公路之通车，及滇缅铁路之拟筑，间接有裨益于滇南之交通发展者颇大，因将来滇南与滇西的交通可用衔接而沟通。交通部曾决定采行滇缅铁路之南线。即英人戴维斯三十年前勘测之铁路拟议线。（Davis：“Yunnan” Ch. VT.）南线之采行，关系思普区异日繁荣者至大。“南线居于本省西南的中心；向北延长，可以控制腾、永；向南延长可以控制思、普。实为政治上、国防上最好的路线焉。”（杨文清：《滇缅路近况》省党部演词）思普支线将来可自思茅为起点，经景谷，或缅宁或双江以通南丁河源而接干线。惟铁路支线非短期可成：则又思普以衔接滇缅公路的支线，或由昆明通思普的公路干道之修筑，实为今日滇南区公路建设之唯一工作，则无疑义。有个碧石铁路为云南民间唯一自筑轻便铁路，经省府推动，组织公司衔接思、普恐将来势在必行。由石屏起经元江、墨江两县，其距离与“个碧石”一段相等；又由墨江以达思茅，距离亦约相等，惟两端工程，则较现已成之一段为艰，因须跨哀牢、无量两山及元江、把边江（李仙江）两川。石屏至思普线，若不扩张远达车里，以期异日衔接缅甸、泰国、越南之铁路干线，则经济与国防价值均极有限。若欲衔接，则工程巨难，与滇越铁路相等。兹录本线所拟经之各地海拔高度如下：

石屏县城	海拔高度	四九〇〇英尺
元江县城		一五〇〇英尺
莫浪坡（在元江与墨江县之间）		八〇〇〇英尺
墨江县城		四六〇〇英尺
通开（墨江与普洱两县之间）		五二〇〇英尺
沙坝平		三一五〇英尺
磨黑井		七九〇〇英尺
普洱县城		四五〇〇英尺
思茅县城		四七〇〇英尺
澜沧县城（佛房）		四九〇〇英尺
车里县城		一八五〇英尺

由上表可知地势的复杂，影响铁路工程不少。即昆明至思、普公路，亦必须打破此艰巨的工程。

云南滇南区交通发展另有一特征，此特征一方面可说是地理的，一方面可说是人事的。思普沿边区域之“十二版纳”，地势比较平坦，而面积异常广袤，海拔平均仅在一千五百英尺至二千英尺之间，而且各县高度几相等。此区，自东经九十九度十五十三分起，至一百〇二度一分止；又北纬廿一度十五分起至二十二度五十分止。南北广袤五百二十华里，东西广七百六十里。面积十万方里有奇，占云南省面积十分之一弱，与荷兰国本部相等。此区域中，因地形较平，极适于公路网之发展，此宝地理条件之赐。以人事言，民元以来，在思普沿边行政总局长柯树勋及历任各殖边督办及各县长指导之下，已有无数的汽车公路，纵横于各县。车里与佛海间可通汽车。澜沧及江城之马路，亦畅达可通。以上各条略具雏形之公路，大可发展，以谋远通缅、泰、越。惟须有内地干道沟通，否则即陷入“离心路线”之可能。由江城以通越南猛乌乌德，马行仅二日程（滇俗呼为每日之行程为马站。马行二日程，即二马站），由佛海县之打洛口以通缅甸景洞（孟艮）仅三日程（三站），通泰国之景迈仅六日程（六站）。自景洞至仰光现有铁路可通，自景迈至曼谷亦有铁路可通。若滇南边区与缅、泰公路相通，则距离更可缩短。上述各拟议中之国际公路，只稍加以人工展宽，即可应用，可由各县政府以义务劳动方式动员各边民限期修筑完成。夫中国与中印半岛地理上之联系如是之密切，而滇省与泰、缅、越之利害关系如是之重大，则交通上是相互衔接，实属必需！

第四节　滇南之民族与民族性

中国边疆民族，以西南民族为最复杂。所谓西南民族，系指云南、贵州、四川、湖南、广西、广东诸省的非汉族而言。各省中尤以云南民族为最，造成云南复杂之最有力的解释，当为地形之复杂。云南地形，以红河为界。红河之西为迤西，红河之东为迤东。

迤西——为滇横断山脉区。该区山脉走向自北而南有太平、瑞丽、怒江、澜沧、墨江、仁河六大川流贯其间，除怒、澜二川外，其余四江均发源于本省，六川及其支流的流域均为深箐狭谷，河流与山脉并行自北而南，山之高度，愈南而低。在云南西北，高山海波在一万五千尺或在二万尺以上，深谷亦有七千尺，及云南南部渐降至五千尺。

迤东——为一高原区。自石鼓经大理至石屏划一直线为高原西界，东界即为滇东边境，北与东北以扬子江为界，本区之内多湖泊与小平原。

云南民族之分布，即源于地理环境之形成。而地理环境，则受地形及气候两因素所决定。云南民族之分布又可分为区域的分布（Regional Distribution）及垂直的分布（Vertical Distribution），两种兹分述之：

一、区域分布

1. “蒲人”类为云南的最初住民，有史以来蒲僰群中的僰子，已住在云南的中部及东部。今日僰子主要之分布区域为大理平原及自大理至昆明沿途各县，汉人称之为白子。

2. “蒲蛮”，昔日分布甚广，近日多同化。蒲蛮不仅同化于汉人，亦同化于摆夷。《皇清职贡图》载：“今顺宁、澄江、镇沅、普洱、楚雄、永昌、景东七府有此种。”

3. 卡拉（Kara）卡瓦（Kawa）。卡拉已吸收摆夷文化，信佛教；卡瓦则今仍为猎头民族。瓦拉分布在西以怒江，东以怒、湄两江之大分水岭分为界，南北界限在北纬二十二度至二十四度之间。

4. “崩龙”，分布在滇西东经99°以西的北纬25°以南一带。

5. “苗”与“傜”。苗自贵州入滇之东南向西南迁移，同时移入法属东京与老挝。傜自广西来，分布于滇越边界与东京、老挝。

6. “罗罗”与“窝泥”。自川入滇，窝泥在前，罗罗在后。罗罗在滇之东部及东北部，窝泥则在南部而以墨江县为中心。

7. “傈僳”，沿怒江而下分布在北纬一十五度至二十七度三十分之间。

8. “猓黑”与“阿卡”。沿澜沧江而下，前者分布在湄、怒两江与北纬二十二度三十分至二十五度三十分之间，后者则在其南。

9. “西蕃”，在云南北部与四川重庆界之处。

10. “麽些”——以丽江为中心。

11. “怒子”——在怒江沿岸。

12. “俅子”“马鲁”“阿繁”“阿傒”“阿昌”及“野人”等族，分布在怒江、大金沙江之间，西北滇缅交界处。

13. “掸人”（摆夷）。无文字之掸人在红河以东。有文字之掸人在红河以西，缘红河、墨江、澜沧江、怒江等江而北上，分布在诸川的本流与支流的狭谷和小平原中。

二、垂直分布

在云南，在同一地因高度差殊，所居民族亦略如植物之分带然。八百公尺以下深谷为掸人带；八百公尺以上至一千五百公尺为蒲人带；一千五百公尺至二千公尺的小平原为汉人带；一千五百至二千五百公尺山地为藏缅人带。

三、边民特征

云南南部与越南壤地相接。东自麻栗坡起，西畴、马关、文山至河口督办区、屏边、金平、猛丁，地连个旧、石屏，又西则江城、车里、佛海等县，属思普沿边。均在日本军事威胁范围中，亦均低洼深谷，瘴气笼罩中。此边防区域几乎皆边疆民族分布聚居之地带。麻栗坡一带之罗罗、沙人、傜人，河口、金平一带之仲家、沙人、侬人，江城、车里、佛海一带之掸人（摆夷）、蒲蛮、阿卡、傜人以及内地墨江县之窝泥、傜人，石屏、建水县之罗罗、苗人，元江之花腰摆夷，均与南部边疆防务及边政有关。尤有进者，如掸人、傜人、蒲蛮、阿卡诸族，均分布越南、老挝、泰国景迈。云南边县之间有种族界，而非国界。现越南政府诸事仰诸日本鼻息。泰国又依附日本。此区域边民最早为日本阴谋之对象，亦可被利用为扰乱边患，引狼入室之爪牙。第一，各族边民，文化水准极低，仅车里之掸人有掸文，余皆浑浑噩噩。若傜人之逐麋鹿以生然，并无简单的国家观念。自然谈不到动员人力。第二，边县政治控制力并不强。若石屏县之依萨，所谓五土司地，今汉人且不易深入，县长权力更难达到。又如车里、佛海、江城等县人口最多之掸人，系最酷好佛教，嗜爱和平之小民族，平日熏陶于原始农业，共产社会中，度耕者有其田之自由生活，自称“泰”（Tai）族，“泰”者自由之义，实不足以言自卫，更无从谈到抗敌力量。边民中最富战斗力者，厥为卡瓦族，然此族位于湄、怒两江大分水岭，且系最原始之猎首野蛮人，尚未全部服从中国调遣。第三，边地政治之效率亦值得注意。边地政府控制土司，土司又控制边民。土司为边民精神上的信仰者，经济上之剥削者，往往边官失人，边政大弛，在平时已招内乱，在对外作战更足为最大之隐忧。有清一代，虽无治边政策，但对边疆官吏之任用至为谨慎。袁世凯曾主持朝鲜政务，徐世昌任东三省第一任巡抚，左宗棠开屯新疆、陕、甘，云贵总督如鄂尔泰、锡良、岑毓英、李经羲，政声至佳。民国以来，治边好官如思普沿边行政局长柯树勋，亦能实干，苦干，深得民戴，慎选边官为治边之第一要务。今当增敌压境，边官之条件有二，一曰知兵，二曰廉洁。如是始能于应变之中，谋安边之意。第四边民与中国管治，并不发生直接关系。边民对边地政府只间接上纳门户捐，例如车里边民，每户年缴县政府门户捐国币一元二角五分，而山居民族如阿卡、蒲蛮又仅上纳少数谷米予土司，且不与县政府有何关系。边官与边民之联系，只此而已。在云南西部如陇川、芒市一带，则夷族土司极犬马声色之乐，重重盘剥边民，且土司与设治局长对抗，甚至武装冲突，不啻使边民与中国政令于对立。边民谈土司变色，谈边官边色，而谈虎不变色，此实险象。总之，在边疆民族尚未发展之条件下，因地形之复杂，形成各民族的生活及文化的分隔，云南入中国版图改设行省，自元代始，此六百年中，我政府根本无民族政策。历代只是怀柔羁縻而已，无积极融化工作，因此西南任何一个民族只是震慑于元明清三代征缅、平越、伐暹之武功，而表示服从汉治，在民族意识上，边民尚未与中华民族的精神融化成一个整体，此是近世史上之一大失策。边地山居民族之文化更低，固不必提到中国国家意识的了解。即以有文字、宗教、衣冠、均田制度的文化较高的掸族摆夷论，亦是未深切明白中华民族，与彼族有不可分解之渊源与共同识感。彼等情愿服从任何一个文治武功较高之民族来统治。英并缅，北掸人绝对服从“英”治，法并越后，老挝人（亦掸人之一族）绝对服从“法”治，而车里掸人则绝对服从汉治。一九四一年春，泰、越领土纠纷，经日本调解而泰国获得老挝之一部领土及琅勃剌邦（Suang Brabang）等地。此诸地之民族亦如服从新的泰国无疑。暹罗自清初脱离中国而独立，分布在泰国而昔日属汉治之泰人，今亦绝对服从“泰”治。政治的国界是中、泰、越、缅四国之事，而不是掸族所关心之事，因此四国的政治军事动向，大有影响掸人的政治从属地位。一九四一年之今日，日本占越控泰，攻滇、胁缅之局势已成，边民之动态又成为日本最关切的事。我欲巩边圉而强化云南边务，当自树立之精神国防始，而边疆民族，则又为我精神国防之所寄此也。

第八章　滇西之边务

第一节　滇西之地理区域

滇西之地理区域，为叙述方便计，即自昆明为起点，沿滇缅公路以达缅边之各区域是也。约略言之，厥为下列各县局是：安宁、禄丰、舍资、楚雄、镇南、姚安、云南驿、祥云、弥渡、蒙化、云县、顺宁、镇康、得党、孟定、户板、遮放、芒市、腾冲、潞江街、保山、永平、漾濞、大理、凤仪、宾川、邓川、洱源、鹤庆、丽江、永胜、维西、兰坪、碧江、云龙、泸水、福贡、贡山、中甸、德钦等。

第二节　滇西之地形与构造

张印堂教授对滇西曾屡作实际调查，兹就其所著《滇西经济地理》一书所论，全文节引如下，借以窥知滇西之构造及地形。

“云南西南部之地形，大体海拔平均在一千五百至二千五百公尺之间。其中沟谷、盆地、平原等多在二千公尺以下，丘陵、山地则多在二千公尺以上。在构造方面，云南西南部又可分为东西二区，中以洱海与红河所成之西北东南大纵谷为其分界。东西两区，无论在地形上构造上，均有显著之不同。岩石方面，东区以水成岩（Sedimentary Rocks）为主；西区以变质岩为主。前英人戴维斯亦曾以红河分云南为两大区，红河之东为高原区，西为横断山地区。惟据作者观察，高黎贡山与野人山之地形，显与红河以东之高原区类似。理应自成一区。

“东区虽以水成岩为主，但火成岩与变质岩有时亦可见到，惟所占面积不广，只见于少数较高之山上，如西山西坡之玄武岩（Basalt）、易门东山之千枚板岩（Phyllitic）、姚安南白土坡之磨岩（Gneiss）、鸡足山之玄武岩等，均系出现于最高之分水岭上，海拔多在二千公尺以上，亦有达二千五百公尺者。此外，几尽为水成岩所构成。如西山、杨老哨山、祥云之西山、红崖西之定西岭、洱源东岸之山岭等，尽为石灰岩（Limestone）。其他盆地周围较低之山岭，多为砂岩与页岩。盆地之本部系由石灰岩、砂岩、页岩等所风化之红土冲积而成。石灰岩所形成的地形有两种，受震动剧烈部分，或因断裂，或因掀起，或因河流切割，多形成巉崖深谷，险峻奇秀是少年山地。如西山三青阁之陡崖峭壁，杨老哨附近之奇峰危壑，定西岭之断岸等，均为险峻之少年形势。其未经断裂与切割者，多呈老年形状，如祥云城西低微浑圆之石灰岩丘陵为襄昔旧地形之踪迹。砂岩所成地形有两种，各不相同。硬的灰砂岩如在一平浪附近所见者，断裂切割，亦成险峻之少年山地。硬的如红砂岩，如在禄丰坝东山顶部作成盖层（Caaing Stone），下部虽有软砂岩及页岩，但因顶部硬红砂岩不易侵蚀之故，断裂后形成一排断层崖（Escarpments）像帽缘式的指向陷落的禄丰盆地，排列得整齐美观。其他较软的各色砂岩、页岩，因易于风化侵蚀，都成低微圆滑之丘陵与低山，拱围在多数盆地的边缘，如安宁、禄丰、楚雄、镇南、姚安（西南部）、祥云（东部）、云南驿等地均可见到。其中包括若干南北向、西北东南向，或东北西南向之宽展的河谷平原与陷落盆地（如第一表所示）。此种盆地，多为已干涸未干涸之湖泊区，俨然为冲积而成之平原，土质肥美，气候适和，为云南文化发达，人口最密集之精华区。

滇西盆地（坝地）形势表

地　点	海拔（公尺）	盆地形势	走　向	水　流	流　域
昆明	1915	盆地坝	N－S	滇池	金沙江
安宁	1920	西部丘陵坝、东部盆地坝	SE－NW	螳螂川	金沙江
东部盆地坝					
禄丰	1535	盆地坝	N－S	星宿河	红河
舍资	1700	河谷坝	N－S	罗直河	红河
楚雄	1765	北部盆地坝、南部丘陵坝	NW－SE	龙川江	金沙江
南部丘陵坝					
镇南	1812	丘陵坝	NW－SE	白龙河	金沙江

续 表

地 点	海拔（公尺）	盆地形势	走 向	水 流	流 域
姚安	1825	盆地坝	NW－SE	蜻蛉河	金沙江
云南驿	1940	盆地坝	NW－SE	石流江	金沙江
祥云	1968	盆地坝	NW－SE	北部赤水河、南部红河	金沙江、红河
弥渡	1595	河谷坝	NW－SE	西大河（礼社江支流）	红河
蒙化	1687	河谷坝	NW－SE	阳江	澜沧江
云县	1058	河谷坝	NW－SE	孟佑河	澜沧江
顺宁	1541	丘陵坝	NW－SE	迎春河	澜沧江
镇康	696	河谷坝	NW－SE	乌龙河	潞江
得党	1480	山麓平原坝	NW－SE	乌龙河	潞江
孟定	450	河谷坝	NE－SW	南丁河	潞江
户板	545	河谷坝	NE－SW	南丁河	潞江
遮放	829	盆地坝	NE－SW	卅六道河	伊洛瓦底江
芒市	950	盆地坝	NE－SW	南性河	伊洛瓦底江
腾冲	1590	盆地坝	NE－SW	叠水河	伊洛瓦底江
潞江街	675	河谷坝	NE－SW	潞江	潞江
保山	1640	盆地坝	NE－SW	枯柯河	潞江
永平	1630	丘陵坝	NE－SW	永平河	澜沧江
漾濞	1649	河谷坝	NE－SW	漾濞河	澜沧江
大理	2040	山麓平原坝	NW－SE	洱海	澜沧江
凤仪	2035	盆地坝	WNW—ESE	波罗江	澜沧江

“洱海以西之构造与地形，与东部迥然不同，如东部之石灰岩、砂岩、页岩等，在漾濞、保山间虽亦能见得，但以全部而论，所占面积并不若其在东部之重要。西部岩质，要以变质岩为主，如苍山、高黎贡山，尽为变质岩（结晶片岩、大理石、板岩等），及麻岩等，由于岩石的坚硬，不易侵蚀；复由于地壳之掀起，河流的下切，形成最雄壮伟大的山岭，海拔都在二千五百公尺以上，其山峰且有高至四千公尺以上者。英人葛氏（Gregory）父子称之为中国的阿尔卑斯山（Chinese Alps）山岭形成的时代与动力及山势的险峻，或与欧洲阿尔卑斯山同为新生代的产物，但其构造，显然自成一格。阿尔卑斯山褶曲最盛，据 Colleot 的 *The Structure of Alps* 一书，阿尔卑斯山是具有种种褶曲形式，此与点苍山和高黎贡山显然不同。点苍与高黎贡山系因地壳震动使之断裂升降所形成，所以除局部因挤压所形成的小曲褶外，大规模的曲褶未曾见到。到处都是剧烈的断层，形成崇山深谷，陡高陡降的形势，山顶与河谷，海拔常差数千公尺，俨然成一大峡谷地。此种伟大的横断山地间，有澜沧江与怒江两大水流，贯穿其间，走向与之平行，由北而南，形势之雄伟，举世鲜有。德人李希霍芬（Rechthofen）称此为“伟大的南北纵谷地”。此区之西以花岗岩与玄武岩为主，如在高黎

贡山以西，腾冲以东的地方，即为辽阔的花岗岩所成的高原区，海拔在二千公尺以上，间有陷落的宽展盆地与狭长的谷平原。于腾冲附近尚有许多新旧的火山喷出岩，腾冲盆地北部的冲积，且有为最新的流岩盖覆的地方，到处表示地壳的不安定，似为云南地形变动力之渊源。Crednen说："苍山之西无广平之分水，分水尽为山脊"（No more flat Water shed only Ridges），此说应仅限于苍山与高黎贡山之间之横断山地才对。"（注一）

第三节　滇缅北段未定界之江心坡

一、江心坡之沿革

江心坡位于恩梅开江与迈立开江之间。其西南与现属缅甸之密支那、孟养、孟拱为界。古时为西南夷地，元明时麓川地也。《元史·地理志》载："元代设麓江路，在茫施路东，其地曰大布茫，曰睒头附赛，曰睒中弹吉，曰睒尾禄培，皆白夷所居。中统初，内附。至元十三年立为路，隶宣慰抚司。"《明史·云南土司列传》亦载："宣德元年，遣使谕西南夷，赐麓川绵绮有差，以此勤修职也。"

明正统年间，三伐麓川，进兵至孟养，再进至孟那。孟养在金沙江西，去麓川千余里，是时明代征服之地，奄有孟养、孟那、麓山、茶山土司。《明史·云南土司列传》云："孟养蛮名迤水，有香柏城。元至元中于孟养置云远路军民总管府。洪武十五年，改为云远府。其他故属平缅宣慰司。平缅思伦发为其下所逐，走京师，帝命西平侯沐春以兵纳之，还故地。成祖即位，改云远府为孟养府，以土官刀木旦为知府。永乐元年，刀木旦遣人贡方物及金银器，赐赉遣归。二年改陆军民宣慰使司，以刀木旦为使，赐诰印。"（注二）又《明史·地理志》载："孟养军民宣慰使司（元云远路），洪武十五年改为府，十七年改为孟养府，后废。三十五年十二月复置。永乐二年六月改军民宣慰使司，正统十三年废。万历十三年改置长官司。"（注三）清毛奇龄《蛮司合志》云："前清定鼎，孟拱、孟养，首先内附。"（注四）毛氏系据史馆官书，非耳食无稽者可比。今考之正史，则孟养、孟拱本我土司领地，证之舆图，则为树浆厂之外户。孟养孟拱既是我土司领地，则其东北之树浆厂，当属我国无疑。曷以言之？姚文栋先生云："野人山北部在今康藏滇之间，东西千余里。相传为明清之交，茶山里麻所属之故地。山中产黄果树百千万株，多难胜计。俗呼其地为树浆厂。"（注五）树浆厂即今之江心坡。明清之交为茶山里麻之故地。茶山里麻土司，明时我之边官也。《明史·土司传》云："茶山长官司，永乐二年，颁发金字红牌。八年，长官早张遣人贡马。宣德五年，置滇滩巡检司。"（注六）又云："里麻长官司，永乐六年设立云南都司，以刀思放为长官。时思放为里麻招刚。招刚者，故西南蛮官名，思放籍其地来朝，请授职事，遂有是命，仍赐印章冠带。八年，遣领目贡马。"又《明史·地理志》载："里麻长官司，永乐六年七月，析孟养地，置直隶都司。"（注七）

江心坡之南与滇缅接壤之密支那城，今属缅甸。在明时即系我麓川境内之一地。明正统年间，兵部尚书王骥征麓川，兵进至孟养，建石纪功于江畔。凡至密支那者，均得见之。光绪二十三年，英人毁碎，沉之江中。然江心坡之土人，因当日受靖远侯王尚书骥抚慰之恩，故至今不忘。（注八）按上述之"立石江畔"即指金沙江言。今缅甸密支那，即在金沙江畔，英人毁石故事，土人均能道及之。据此可知密支那即明时之麓川地。而麓川则明代即属平缅宣慰使司。（注九）略述麓川土司之沿革，籍明江心坡在我国历史上之关系，并非瓯脱之地可比也。《明史·列传》“云南土司”记麓川土司事甚详：

“麓川、平缅，元时皆属缅甸……洪武十五年，大兵下云南，进取大理，下金齿；平面与金齿壤地相接，土蛮思伦发闻之，惧，遂降。因置平缅宣慰使司，以伦发为宣慰使。十七年八月，伦发遣刀令孟献方物，并上元所受宣慰使司印诏，改平面宣慰使，为平面宣慰使司。并赐伦发朝服冠带及织金文绮钞定，寻改平缅军民宣慰使司为麓川平缅宣慰使司。麓川与平缅连境，元时分置两地，以统其所部。至是以伦发遣使贡命，兼统麓川之地……”永乐元年，思伦发子散明来朝贡马，赐绒绵织金文纱罗并兼从钞有差。二年，遣内官张勤等，颁赐麓川。麓川、丰缅、木邦、孟养俱遣人来贡，各赐之钞币。惟是麓川虽改置宣慰使司，然宣慰使司思伦发及其子思任发均强悍难驭。屡谋叛变，并袭占边地。洪武十八年，伦发反，率众寇景东，都督冯诚率兵击之。二十二年，伦发遣把事拾刚等来言，愿输贡赋，平缅遂平。宣德三年，云南三司奏麓川宣慰使思任发夺南甸州地，请发兵问罪。帝以交趾、四川方用兵，民劳未息，宜再行招谕，不得已，调云南土官军及木邦宣慰诸蛮兵剿之。六年，以定西伯蒋贵为平蛮将军，都督李安、刘聚副之。以兵部尚书王骥，总督云南军务，大会诸道兵十五万讨之。斩首二千三百余级，齐集麓川。守西峨渡就通木邦信息。搜获原给虎符、金牌、信符，宣慰司及所掠腾冲千户等印三十二，麓川平，捷闻，命还师。是为第一次征麓川之役。思机发窥大兵归，图恢复据麓川，出兵侵扰，于是王骥、蒋贵等统帅大军，再征麓川。骥率师至金齿，思思机发窃据孟养，负固不服，自如也。总兵官黔国公沐斌等至腾冲督诸军追捕，机发终不出，潜匿孟养。斌以春瘴作，江涨不可渡，粮亦乏，引兵还。是为第二次征麓川之役。明宣德帝以斌师出无功，复命兵部尚书靖远侯王骥总督军务，同知宫聚佩平蛮将军印，率南京、云南、湖广、四川、贵州官军、土军十三万人往讨之。至是骥凡三次征麓川矣。时王师踰孟养，至孟那。孟养在金沙滩西，去麓川千余里，都部皆震。誓曰：自古汉人无渡金沙江者，今王师至此，真天威也。骥还兵，其部众复拥任发少子禄，据孟养地为乱。骥等虑师老，度诸贼不可灭，乃与思禄约，许土目得部勒诸蛮居孟养如故。立石金沙江为界。誓曰：“石烂江枯，尔乃得渡。”（注十）此碑现早已经为英人击碎投诸江中矣。

清初国势强盛，威震四夷。乾隆十六年夏，六月，缅甸遣使来朝贡。（注十一）乾隆三十年，缅甸土目内犯车里土司，官军三路俱败。清廷命大学士杨应琚，自陕甘移督云贵，会贼渐退，官军乘间收复。并诱致孟密、孟养、整迈、蛮慕诸土司使献土，缅不从，出大兵攻陷木邦，围腾越、永昌各营汛，袭猛卯城。清廷诏明瑞自伊犁以将军兼云贵总督，大举征缅，分两路由锡箔、猛密以赴缅都阿瓦。西路经木邦留师守之。大军坡缅兵于蛮结，复进至象扎，迷失道而军中粮匮。时由猛密出发之师，攻老官屯，亦不克。乾隆三十三年春，清大军退，缅人来追，将军明瑞自缢死。缅人贻书请和，不服。清廷命大学士傅恒为经略，再大举攻缅。三十四年秋七月，傅恒率师渡戛鸠江而西（即大金沙江上流，亦曰槟榔江）孟拱、孟养土司皆降。十月大破缅于蛮暮江，复围老官屯。缅人请和，师旋。（注十二）

据上所述，明代征伐麓川，清初克服老官屯，越金沙江而西。证之舆图，则已踰迈立开江、恩梅开江之西。（注十三）江心坡即介乎两江之间。（注十四）光绪十二年，英并缅甸后，英外务大臣克雷曾向我驻英使馆曾纪泽宣称“允开大金沙江为中英两国公用之江”，曾使以商办已有头绪，因与英外瓦书节略，存卷暂停不议。光绪二十年，我驻英使臣薛福成复向英外部交涉滇缅划界事务，英外部虽坚持不承认前说，经薛使力争，总理衙门亦申划江为界之议。英国允将大金沙江公用一端，叙入约章。（注十五）则大金沙江以东之地（江心坡）确属我有。史迹俱在，拒容否认！曾、薛两使，虽未将大金沙江以东之地，明文规定属我，载诸条约，然亦未规定属英。薛使所订立之约仅云："北纬二十五度三十分以北之地，俟查勘后再商。"此后两国即未正式订约勘划。此段界务，延及今日，江心坡虽为英武力所占，然我国当然仍以未定界悬案视之也。

二、江心坡系我领土之证明

江心坡即树浆厂，为野人山之一部，同为我国领土，今依下列各点证明之：

（一）属云南管理之铁证

野人山中，浪速傈夷各地，向云龙、丽江、维西各县管理，我国图志所载甚详。近年来维西县搜集清嘉、同间傈管头人种种印文及土人木刻证据，甚为确凿。（注十六）

（二）英外部自行声明

光绪十八年，英外部曾照覆我薛大臣云："缅甸曾经管理江东之地，直至恩梅开江及迈立开江汇流域之处。"（注十七）考两江之间即是江心坡。据上英政府已申明两江会口以北之地——江心坡——非英属也。

（三）野人山树浆厂一带从古为我土地

姚文栋先生云："野人山北部，在今康、藏、滇之间，东西千余里，相传为明清之交，茶山里麻所属之故地。"（注十八）又云："经过此山时，见树浆载道，妇孺争迎，野官负弩执鞭，咸有求庇之意。即远处树浆厂头目，亦遣使奉书。译其辞意。自称：'本是汉民，愿仍隶汉籍'等语。"（注十九）按此部野人山，确在恩梅开江、迈立开江之间。向在允冒孟拱之极北，不属缅甸。

（四）孟拱以北迈立开江与雅鲁藏布江间之野人山，应属我国

孟拱、孟养系我滇西老界，缅境极北，不能越尖高山与恩、迈两江会口，又曷能及乎孟拱以北？毛奇龄《蛮司合志》载：前清定鼎，孟拱、孟养，自先内附。其为我老界也无疑，其后征缅，孟拱、孟养亦皆抒诚内附。故乾隆之老界，实包括大金沙江内外而拥有其上流。又考永昌府志、腾越州志所载孟养传云："在金沙江外古名迤水，有香柏城与蛮暮同襟金沙江。孟养居其上流。其疆北极吐蕃，西通天竺。"（注二十）吐蕃今之康藏，天竺则印度也。

孟拱以北之野人山，为我康藏之横断山脉之一部。据姚文栋先生云："华商入山采运树浆者，如由大金沙江内之允冒上山，则以鸦拱为门户要地；由大金沙江外之孟拱上山，则以护拱为门户。而其都会所在，则曰巴坎底。"今考巴坎底所在之地，即在迈立开江上流西侧，南深河、南朗河之流域，而跨据康边之上。（注二一）则此部野人山亦即树浆厂。当然系横断山脉之一部，且其在我老界孟拱、孟养以北，与缅甸毫无关系。

由以上四点观之，可知树浆厂是我领土，即野人山亦与缅甸无关，应属中国。此无论就地理或历史等沿革，均已充分证明之。姚文栋禀陈、薛使滇边及缅甸情形又云："稽之史乘旧卷，并访之边民口碑，乃知野人山，实系中国现属各土司之分地。即明史所称南牙山者，皆在云南界内，非瓯脱比也。……职道抵缅甸时，英人恳恳致意，欲以兵相送，窥其意乃欲籍名入野人山耳。故职婉言以辞之……英兵数百，大将二人，惟职道之命是听，不敢以威力相强者。无他，山在中国界内，折之以理耳。"（注二二）

第四节 滇西人文概况

一、滇西与缅甸之人口问题

缅甸面积二十四万方英里，云南面积十五万方英里，而各有人口约一千二百万人。（缅甸一九二一年之人口调查为一二五五五八一六。云南民国二十一年之调查为一一八二七四八六六人。）故缅甸人口较云南为稀。云南人口之分布至为不均，形成东北稠而西南稀之状态。缅甸则反是：缅甸之财富与人口集中于下缅甸平原区，形成西南稠而东北稀之状态。于是云南西南部与缅甸东北部乃构成两端人口密集而中部空虚之广漠地带。此地带在政治区划上虽分隶于云南沿边诸土司地及缅甸之南北掸邦。但在地形构造、经济情形、交通条件及民族分布上，则天然的单独构成一自然单位而与东北之云贵高原及西南之缅甸平原，迥然不同！（注二三）

“云贵高原海拔约六千英尺，缅甸平原海拔仅五百公尺。本区高度则位于二千至三千英尺之间，其高峰在云贵高原为平地，其平地在缅甸平原为高峰……山脉河流概为南北走向，亚洲南部三巨流（澜沧、萨尔温、伊洛瓦底）发源于喜马拉雅山之东麓，入于本区，构成深邃而陡绝之峡谷。两岸高峰与平地高度之差别达数千英尺。其地形之险峻，发展虽如此，然仍不乏多数平坦而肥沃之盆地、河谷，足供农业经营。北纬二十度至二十五度之高温变化于华氏四十度与百度之间，印度洋之信风划分全年为干湿两季（雨量平均约一千五百公厘）。热带、亚热带植物满布于平原之上。”（注二四）

因本区地形复杂，而人口又复稀少，故表现在行政实施上，一为中国历代之放弃经营，而荒芜尤为太古，缅政府则采吸引移民政策。北起腾龙沿边之南甸、干崖、盏达、陇川、猛卯、芒市、遮放，南迄澜沧边之镇康、耿马、孟定、猛角、猛董、孟连，每年至少由滇迁缅之居民五千家，以平均每户五人计，则损失二万五千人。惟滇西边境之人口本来为数甚稀，故缅甸政府之吸引滇民政策，亦未足使北缅掸邦赴于繁荣。将来中原东南区人士移入云南，而云南东北区人口再移滇西，实客观上可能而必有之举，惟端恃交通发达以为断耳！

二、滇西居民之分布及其生活状态

兹再引张印堂先生实地调查之结论，以明滇西居民之分布及其生活状态。（注二五）

“云南西部居民生活状态，虽尽以务农为主，但显然可分为南北两区。分界约在北纬二十四五度的地方，约当云县与龙陵一带。此线之北，可称之为终年务农民族。其地有冬作物，如蚕豆、豌豆、小麦、胡麻、菜籽之类。线之南可称为半年休闲半年耕作民族，冬作物极少，间或有之，亦仅限于较高之山上。此种现象，与居民之分布及人口之多寡，颇有密切关系。

“北纬二十四五度以南，多为夷族。低坝均系摆夷，人口稀少。山地居民较为复杂，要以山头、傈僳、本人、卡瓦为最多，罗罗、苗人次之。此外亦有少数之汉族。南部山地，人口稍多，故有种植冬作物之需要。在北纬二十四五度之北，坝子低地，尽为汉族所居。（除大理、凤仪一带之民家外）山地居民，多为夷族，其中以罗罗、土家（汉化之罗罗）与苗族为最多，人口较密，需用颇多，故冬作物之种植，甚为普遍，用资补充夏季收获之不足。云县、龙陵，俱为汉族发展之处。云县海拔仅一〇五八公尺，为一谷坝地，即所谓烟瘴区，过去不宜于汉族生活，居民之死亡率甚大（见第七章第一节沿线气候问题），是过去汉族开拓失败的地域。云县南之镇康县城，海拔仅七百公尺，也是因位置过低，不宜于汉族之生活，故将县城迁往偏南之得党（即现在的镇康县新城）。因得党乃一山麓坝，海拔一四九〇公尺。地高气爽，宜于汉族居住。龙陵与云县之位置，虽系同一纬度，但因两地海拔高度不同（龙陵海拔一五〇〇公尺，为一丘陵坝，无云县之低湿闷热气候），故设县以来，从未迁移。亦绝无云县死亡率之高。耐热摆夷所在之环境，尽为低河谷坝，海拔最高者不过一千公尺（如得党、孟定间之孟撒坝）。且均在北纬二十四度以南，且海拔多在七百公尺以下，如孟底坝、孟黑坝、故镇康坝、孟定坝、户板坝，海拔皆在四百至七百公尺之间。即滇缅公路所经之芒市坝、遮放坝，海拔亦在一千公尺以下。摆夷之分布，据作者所见，其分布最北不过北纬二五度的潞江坝，该坝海拔仅在七百公尺。由此可知气候对人生活影响之重大。

“至于人口分布，以昆明密度为最高，每方公里为二八四人。大理为二零六人。惟沿线其他各县，最高值者，每方公里均不满百人。低者有少至十五至二五人者。如镇南、广通、腾冲、龙陵、得党等县人口之密度，每方公里，均在三十人以下。人口之稀，可见一斑。由上观之，滇缅铁路沿线，人口稀少，民族复杂，农业粗放，但气候适合，故农业发展之基础甚大，可容大量之移民。但因居民稀少，建设事业，缺乏人工，推动颇难，而此种困难，在此文化幼稚、民族复杂的区域，尤为严重！”

云南边民，不仅滇西一隅，但以滇西夷汉接触区域为最。其生活水准，一般言之，最为低落，而生活所受压迫则最深，其所由来者远矣。试读下段雍正上谕可知：

“雍正二年五月，钦差上谕：四川、陕西、湖南、广东、广西、云南、贵州督抚提镇，朕闻：各处土司，鲜知法纪所属土民，每月科派，较之有司征收正供，不啻倍从，甚至取其牛马，夺其子女，生杀任情，土民受其鱼肉，敢怒而不敢言，莫非朕之赤子，天下共享乐利，而土民独受向隅，朕心深为不忍……嗣后，督抚提镇，宜严饬所属土司，爱恤土民，毋得视为鱼肉，毋得滥行科派，如申饬以后，不改前非，一有事犯，土司参革，从重究拟，立置重典，勿使宽容，以负朕子惠。

“元元，遐迩一体之至意。特谕！”

雍正迄今，已近二百年，所云土司之残暴，犹可见之于今日。时人有鉴于此，辄纷纷提出对策，有主张“边区土地国有”者有之。（注二六）方国瑜先生另提出“私议”（注二七），兹略引之：“自然，在摆夷区域，人民使用土地，并没有所有权。人民只是土司的农奴，可以任意的剥削，但是剥削并不是土司地所特有的。非土司地也是一样的多。……这样说来，不惟县政府的胥吏会剥削，过路的委员也会剥削，不过是直接或间接罢了。还有人说，土司世守斯地，犹知爱护人民的力量，流官存五日京兆之心，何曾对人民有点情谊。虽不能一概而论，亦未始无理由。……但，目前在摆夷区域，土司的压榨人民太厉害了。已经弄得民不聊生，滇西邻近的木邦、锡箔、猛角董等区域，人口稀疏，乃大开方便之门。招徕我憔悴与虐政的穷民，他们的引诱手段很高明，招徕新户，给田地房屋，低利贷款购牛、购谷种，首三年免收门户税，此后征收额亦微。如能伙著五户以上搬去，又得一小头目的地位，这是我们边民所羡慕的，而土司正在那儿为渊驱鱼，为丛驱雀，再不设法维持，把我们的边民要逃到精光了。”方先生提出补救办法：（一）彻底清查户口；（二）规定每年每户征收的数目；（三）限制当地商人的高利贷；（四）限制土司任意强占耕地；（五）限制汉官的苛求。由上观之，可知滇西边民之生活及疾苦来源，正本清源，其惟树立廉洁政治，滇选边官乎？

附注：

注一：张印堂：《滇西经济地理》，第五—十页。

注二：《明史·云南土司列传》，第二四页。

注三：《明史·地理志》。

注四：毛奇龄：《蛮司合志》。

注五：薛福成：《庸庵文集十种》，《出使公牍卷二：姚文栋禀呈边务及缅甸情形》，第十九页。

注六：《明史·云南土司列传》，第二四页。

注七：《明史·地理志》，第十九页。

注八：张维翰：《续陈滇缅界务》，补充意见书，第九页。

注九：《明史·云南土司列传》第二一页，麓川土司。

注十：同上，第三十页。

注十一：王之春：《国朝柔远记》卷四，第二一页。

注十二：同上，第三三页。

注十三：《新亚细亚月刊》二卷六期，谢锟：《江心坡之实际考察》。

注十四：华企云：《中国边疆》，第三三零页。

注十五：薛福成：《出使公牍卷一：与英外部议定滇缅界务商务疏》，第三二页。

注十六：《地学杂志》，民国十八年，第一期。

注十七：《出使公牍卷九：洋文照会》，第二四页。

注十八：《出使公牍卷二》，第十九页。

注十九：同上。

注二十：《永昌府志》。

注二十一：《片马考》。

注二十二：《出使公牍卷二：姚文栋陈滇边即缅甸情形》。

注二三：陈碧笙：《滇缅经济关系展望》，《新动向半月刊》第二卷第七期。

注二四：同上。

注二五：张印堂：《滇西经济地理》，第二一页。

注二六：陈碧笙：《滇西经济危机及其对策》，《新动向》三卷一期。

注二七：方国瑜：《救济云南西南边地经济私议》，《新动向》三卷四、五两期。

第九章　云南之疟瘴

据一九三一年六十五国之报告：世界疟疾病人之总数，达一七七五〇七六〇人。亚洲方面如印度，一年中死于疟疾者，计三百万人。缅甸、泰国、越南及与此等地带连接之区，亦甚猖獗。一九〇八年，意国死于疟疾者十二万人。一九二三年，苏联有疟疾病人一千三百万人。非洲更甚，仅温勒伯罗（Menlebells）一地，每年患者六百万人。我国则华北为少，华中次之，华南最烈。后一区竟达人口百分之五十以上。而尤以云南南部、西南部及与黔桂接壤区域为最猛烈。例如思茅、元江、云县十年来疟疾人口死亡率达到最可惊程度！而此带染疟区域，尽在横断山脉系中，纵贯千余华里，横亙亦如此。自麻栗坡沿边地区经河口区、金河区、思普区以至腾永区，皆是疟疾染习最烈之地域！

一、云南疟区

云南南部自东经九十八度至一〇二度三十分，北纬二十一度至二十六度左右一带，即横断山系之云岭、哀牢山、无量山脉以达缅，均为瘴疟区域。以政治地理区域言，自麻栗坡、河口、金河、元江、思普、十二版纳、澜沧、云县、景谷、腾永以西芒市、遮放、孟定、耿马诸土司地，均是峡谷区。最为疟蚊产生之地，十年来云南人口生死率之比例，无疑是死亡率之激增，而尤以汉人死于疟疾者较土著为烈。民国廿七年七月廿五日至九月六日之四十天中，云县罹疟疾而死亡者，是五百零六人。作者于民国廿四年冬旅行元江县属之坝哈寨中，此寨位于一三四八公尺之山岭上，为白合人，人户四十余户，而一年内疫死者二十三人。仅有三十余户之杨八寨，年死十五人；四十余户之联珠寨，死二十五人。元江县依据民国廿五年卫生署之医师调查，居民百分之六十之血液中具有疟蚊细菌。思茅县城人民染疟亦最烈，十年前全县八千户，现因死亡及他迁避疟外，仅存二千户，据医所检查思茅十二以下之学生百十一人的脾瞳病指数为百分之六六点七，具有疟蚊细菌，此种病菌之蔓延，达到南部各县之每一村落，一方面由于地理的环境，一方面由于毫无卫生设施，因此灭蚊成为云南南部及西南部人民求生之唯一热烈要求。

二、病因

疟瘴，医学上谓之恶性疟疾（Tropical Malaria），按疟疾之传染方法，系由疟蚊吸吮疟疾患者之血，血内之疟原虫之雌雄生殖体，借蚊身内受精发育分裂，终至蚊之口涎内，亦均含有之。当蚊吸血时，先将口涎吐出，使局部充血及防止凝固，易于吸取，故在该蚊第二次吸其他健康人之血时，其口涎内之疟原虫，即传给此健康人而得疟疾。

三、疟蚊产生之条件

（一）温度——在摄氏十四度以下，绝无疟蚊。惟自十六度以上，乃能繁育，二十四度后最盛，然至三十度又复变灭。

（二）雨量——疟蚊生于冶泽低洼地。雨量丰沛区，地面积水多，如在夏季洪雨之后，维之以高温，疟疾繁殖最速。故夏季雨量特多之年，疟疾最烈。

（三）地形——广阔之平原上，温度雨量虽宜于产蚊，然水易泄，无积水可资蚊栖。又因空气流通，时起强风，疟蚊不能滋生。峡谷区域低洼之地，积涝不易宣泄，空气湿郁，最适于蚊。

（四）土壤——黏土土层易生瘴疠，而在火山熔岩之上则不能。又冲积平原，常多疟祸。

（五）植物——林下湿地多疟蚊，热带、亚热带之区，林茂叶密，叶向积水自易生疟。

（六）疟蚊之种类：原虫种类亦与疟疾之轻重有关，据专家临床研究，仅思茅一县即有十一种之多，以下四种为最普遍。（一）三日疟，PL Vivax；（二）恶性疟，PL Jalciparum；（三）四日疟，PL Malaria；（四）混合型，恶性疟与三日疟混合。

四、病状及治疗

恶性疟疾初起症状轻重不等，如不作血片检查，往往误诊。疾者易发神经症状，或昏迷或麻痹，或如癫如狂，或颇似脑膜炎而头痛、痉挛、颈肌僵直，亦有似肺炎、霍乱、痢疾、伤寒、肾脏炎者。其阴恶者，往往由恶性心脏麻痹，血压急速下降而突死。或并发黑水热，起血色素尿，胃肠症状，早期黄疸而速死。又本病如不死亡，常有因脑毛细血管阻塞，各中枢受障碍，起种种之后遗病，如失聪、失明、失语、运动障碍、平衡失调诸症。

主要药品仍奎宁化合物，如盐酸奎宁、硫酸奎宁等。普通之疟及用最少之有效剂量，于原虫分裂游离前二时至三时半内服以易生效，或用福白龙“Febnon（Quinine Turethanet Caffeinen 之化合物）”在发作前二小时以 2C. CHH_3CC 行静脉注射或肌肉注射均有效，如在恶性疟疾一日一次或二次之肌肉注射（须同时用强心剂），或注射后，再续服奎宁，每日总量一点〇至一点五之间，可连用五六日（用浓福白龙亦可）。此为最简易之治疟药方也。

第五篇　云南语言

罗常培

第一章　叙论

英人戴维斯（H. R. Davies）曾著《云南——印度与扬子江之连锁》一书（张君劢曾摘译其专论部族一篇，题曰《云南夷族及其语言研究》，商务版）有言曰，“窃以为可以确言者，世界之任何部分中，其语言与方言之多歧如在阿萨姆与云南东境间之一片土地上者，如在此区以南之印度支那各国者，实世间所罕见焉。”（原书三三二页）戴氏此语并非夸张，凡曾足涉此一带地域者，皆可证其确切。

云南宗族虽如斯之复杂，然非无类别可归。而前人于此，非失之太繁，则失之太简。如《续云南通志稿》所载多至一百二十七种，即失之繁琐。明末谢肇淛作《滇略》云：“西南夷种类甚多，不可名记。然大端不外二种：在黑水之外者曰僰，在黑水之内者曰爨。”此又失之简略。将云南境内宗族根据一种标准作科学分析者，盖自创于戴维斯。除汉族外，戴氏据语言分云南宗族为孟吉蔑语系、掸语系、藏缅语系三大类。其分类之特点乃将民家、蒲蛮、苗、傜等族，列入孟吉蔑语系。自戴氏之说出，国内学者疑信参半。十余年来，如丁文江、凌纯声、陶云逵、李万桂、马长寿诸氏各据标准，于此一问题皆曾论及。今折衷诸说，取其所长，计云南语言，除汉族外，可得四组十一支，而拼为两系，兹简列于下：（Ⅰ）台语组。在滇境用此种语言之宗族又分二支：（1）仲家支；（2）摆夷支。（Ⅱ）藏缅语组。又可析为五支：（1）倮倮支；（2）西番支；（3）藏人支；（4）缅人支；（5）野人支。（Ⅲ）苗傜语组。又可析为二支：（1）苗；（2）傜。（Ⅳ）孟吉蔑组。又可析为二支：（1）蒲人支；（2）瓦崩支。上列四组中，台语、藏缅语、苗傜语三组又可归为“汉藏语系”。孟吉蔑一组归入南亚语系（又称交趾语系），在中国境内属于南亚语系之宗族仅此一组。至于民家语之系属问题，中外学者之意见颇为参差，文献仍待搜求，讨论尚未周密，殊难择善而从。个人意见，在证据未充以前，不如听其自成一类，暂且不必有所隶属。（详论见第七章）

考民族分类，本应从体质、文化、语言三方面以决定之。上列系属，仅据语言一标准所得之假设而已。盖征服、迁徙、杂居等原因，皆可构成不同民族之语言混合现象，然假若历史之事实尚不足以反证，地理之分歧亦不足用为造成部族之原因，则以语言相同作为种族相同之证据亦未始不宜。故以下所论举之语言，皆与宗族迁徙之迹及分布区域相及。今就今年来各家调查云南境内语言所得成绩，每类各举数例以明其概况，并申论融会贯通之方。兹首叙汉语：

第二章　汉语方言

一、云南汉语方言在全国语言中之地位

中国方言至为繁杂，然大抵可约为五系，即官话、吴语、客语、闽语（又析为厦门、福州二支）、粤语是也。其中通行最广者，则为官话系方言，又可析为三支。河北、山西、陕西、甘肃、河南、山东、新疆、内蒙古诸省，东北三省及江苏、安徽二省之北部，皆为北部官话；江苏、安徽二省沿江北岸及丹阳以迄南京一带方言，皆为东部官话；湖北、湖南、四川、云南、贵州及广西北部方言，皆为西南官话。此三支者，语音词汇，各有特征，而论其大体，则多相同，皆得称为官话也。云南方言虽属西南官话，宜其音素纯净，调类简明，词汇雅达，语法平正。虽与中原相去万里，而语言固无扞格也。

溯自抗战以来，西南人文研究，多有可述，语言调查工作，亦远及边陲。即以云南一省之汉语调查一项而论，廿九年中央研究院历史语言研究所曾作大规模之系统调查，除记音外，尚灌制音档甚多，惟结果尚未发表，然已知该次所调查单位计有：昆明（城）、嵩明（城、木纳克村）、晋宁（清河乡）、昆阳（城）、富民（城）、呈贡（汀尾村）、澄江（代村）、易门（新城）、泸西（城）、路南（西能村、城）、弥勒（城）、宜良（城、文兴乡）、陆良（静宁乡）、玉溪（杯湖村、新民村、朱帽营）、通海（城）、河西（汉邑）、开远（城）、蒙自（大屯）、峨山（城）、罗平（乐崖村、富罗乡、城）、建水（城）、石屏（城、宝秀镇）、个旧（城）、屏边（城）、文山（城、平坝街、砚山乡）、永平（城）、宁洱（凰阳镇）、缅宁（城）、思茅（城）、元江（迤萨）、墨江（碧溪镇）、景东（城）、镇康（明朗街）、顺宁（永和村）、耿马、马关（新华镇）、武定（城）、元谋（城、上雷窝村）、云县（新城，大寨村）、安宁（城）、禄丰（城）、镇南（城）、楚雄（城）、弥渡（城，阮家营）、蒙化（城）、大姚、姚安（城）、祥云（左所）、凤仪（上锦场）、宾川（挖色）、大理（城）、邓川（中所、下江尾）、洱源（龙门村）、鹤庆（城）、剑川（城）、漾濞（城）、兰坪（中和村）、华坪（城）、盐津（普洱渡）、盐兴（黑井）、云龙（石门井、诺邓井）、丽江（玉龙关）、维西（桥头村、叶枝村）、保山（城）、腾冲（城、九保镇）、龙陵（城、镇安所）、镇沅（按板井）、潞西（猛戛）、澜沧（募乃）、罗次（城）、曲靖（城）、沾益（文化乡）、禄劝（城、万希古村）、寻甸（疑庄）、马龙（张家屯）、宣威、平彝（城）、永胜（城、马军乡）、巧家（城）、会泽（城）、昭通（城）、大关（城）、绥江（城、关口镇）、江川（龙街）、师宗（设业村）、双柏（城）、富宁（剥隘）、华宁（城）、昌宁（达丙镇）、牟定（城、施大路）、西畴（畴阳新街）、镇雄（仁和乡）、永善（井舍）、新平（城）、丘北（太平镇）、永仁（大田、仁和镇）、广南（城、珠琳乡）、广通（西村、溯溪乡），共九十八县，一百二十三单位，除去少数边远荒僻县份，均已有代表。此外，据个人所悉，私人方面之云南汉语著述，近年来亦将及十种，所调查单位，二十余县。惟十九尚未发表，故暂不论列。

二、云南方言之特点，计有下列数项

(1) 音系简单。所谓音系，指声、韵、调之系统而言。云南方言之音系与国语甚为近似，且更趋简单。如玉溪、通海一带，无国语之ㄍ、ㄎ两声母。凡国语ㄍ声母或以元音起头之开口字，玉溪、通海皆读作喉头破裂声母（glottal stop，国际音标为［ʔ］），故“街”之与“哀”，“告”之与

"傲"，"干"之与"暗"，"钩"之与"欧"，"狗"之与"呕"，皆为同音。凡国语ㄎ声母之字，玉溪、通海皆读作喉头破裂送气声母，如块、筷、快、夸、宽、肯、康、枯、哭诸字是也。声调方面，大抵与国语之调类相同，仅阴平、阳平、上声、去声四类，韵母之系统亦近似国语。故学习国语，较之闽、粤、江、浙人固甚容易，即较诸湘、赣、皖南诸地人民，亦为便捷。（2）云南方言中另一共同现象，即阳韵尾之鼻收声多变为鼻化韵，或甚至消失。官话系统中之鼻收声，有旧日韵学家所谓抵腭、穿鼻两类，即国语韵母ㄢ、ㄣ与ㄤ、ㄥ之收声是也。而云南方言中多变为鼻化韵。如大理方言即具此现象，故ㄢ与ㄤ混，ㄣ与ㄥ混，"关"、"光"不分，"名""明"同读，皆因韵尾收声变为鼻化韵所致。甚至大部鼻收声消失，变为旧日韵学家所谓"直喉韵"，昆明区内一部分方言即具此现象。（3）古调类之入声，在云南大部分无入声调类之方言中，一律变为阳平。此与国语入声演变之通例不同。在少数区域中，入声仍有存在者，如邓川及大理之上关、喜洲一带是也，惟此种入声已失去急促收声之性质，变为近似其阳平而又不尽同阳平之调值。（4）方言中词汇互异之处。为一错杂繁复之现象。每因交通、迁徙、教育、职业、婚姻诸种原因，不同系统之语言或方言，词汇亦可互相影响，互生变化，殊难有一定轨迹可寻。虽然，同一方言系统之中各区域日常所用之基本词汇必彼此相去不远，故云南方言之基本词汇，因与国语无异，少数特殊之处，如呼"怎样"为"怎个"，"什么"为"那样"，"没有"为"不有"，"这里"为"这（音支）点"，"做"为"整"，"完工"为"归一"，"妹妹"为"妹子"，"姑母"为"娘娘"，"青菜"为"苦菜"，"米粑"为"饵块"，"臭虫"为"壁虱"，"蚱蜢"为"麦蚱"，凡此之类，此处殊难一一列举。旧日志书，间有载录，大量搜集，则待之方言专著。惟义皆易晓，音理可寻，主客相谈，会心不远，故论云南方言之词汇，若以国语为准，固为官话系统中之纯正者也。（5）凡同一族语之诸种方言，无论音系与词汇差异之距离如何，其语法必同。虽有时难免小异，然无疑其为同一族语。如云南在询问句中所用助词"你家格请过饭?"之"格"，即相当于国语之"吗"，惟一用在句中，一用在句末。大凡汉语各种方言中语法如有小异之处，多在助词，其基本语式固无不同，故不具论。

三、云南方言举例

云南除省会区外，普通皆分为迤西、迤南、迤东三区。此三区一百余县之汉语方言，必有甚多之内部差异，未可一概而论。详细情形，有待于中央研究院公布调查之结果及私人方面著述之出版。此处仅能举昆明、大理、玉溪、巧家四县为例，简述其音系及特点，各代表省会区、迤西、迤南、迤东之方言，惟望阅者能触类旁通，以此比较其本县方言，便于反隅而已。

（一）昆明方言

大凡省城语言，多不纯粹。盖省城乃政治、文化、商业、交通之中心，为各地人士辐辏之地，为求交际上抒情达意之适应，乃不免彼此互相迁就。昆明话亦不能例外，严格而论，昆明话不但有城乡之别，且有受外来影响与不受外来影响之别。此处仅根据一十五岁小学生之发音，彼自小即生长在昆明，从未离境，所发之音，当可信赖。

1. 声母

昆明话之声母几乎与国语无甚多差异，此处可提出论叙者不外四点：

（1）尖团不分

所谓尖团不分，以音韵学术语释之，凡古齿头音精清从心邪五纽在齐齿呼一介音前或撮口呼ㄩ介音前，声母仍读作ㄗ、ㄘ、ㄙ者，名曰尖音。古牙音见溪群三纽及喉音晓匣两纽在齐齿呼一介音或撮口呼ㄩ介音之前声母受“颚化作用”读作ㄐ、ㄑ、ㄒ者称为团音，若尖音ㄗㄧ、ㄘㄧ、ㄙㄧ或ㄗㄩ、ㄘㄩ、ㄙㄩ之声母亦受韵母影响变成ㄐ、ㄑ、ㄒ者，即谓之尖团不分。此现象昆明话与国语完全一致。例如：

昆明话与国语同读作ㄐ声母者：

尖字	积	节	酒	煎	津	将	精	聚	绝	俊	焦
	‖	‖	‖	‖	‖	‖	‖	‖	‖	‖	‖
团字	激	结	九	肩	今	姜	京	巨	决	郡	交

昆明话与国语同读作ㄑ声母者：

尖字	妻	窃	樵	秋	千	亲	枪	清	趋	雀	全
	‖	‖	‖	‖	‖	‖	‖	‖	‖	‖	‖
团字	欺	怯	乔	丘	牵	钦	羌	轻	区	确	拳

昆明话与国语同读作ㄒ母者：

尖字	西	斜	小	修	先	心	相	星	须	薛	旋	寻
	‖	‖	‖	‖	‖	‖	‖	‖	‖	‖	‖	‖
团字	希	鞋	晓	休	掀	欣	香	兴	虚	靴	玄	循

（2）ㄓㄔㄕ三母，在昆明话中存在，惟其发生部位较国语略前，音韵分类亦稍有出入。例如“增争征”三字，国语“增”读ㄗ母，“争征”同读ㄓ母；而昆明话“增争”同读ㄗ母，“征”读ㄓ母。“粗初”二字，国语“粗”读ㄘ母，“初”读ㄔ母，而昆明话同读ㄘ母。“僧生声”三字，国语“僧”读ㄙ母，“生声”同读ㄕ母；昆明话“僧生”同读ㄙ母，“声”读ㄕ母。此外如“助棒筝”等字可准“争”字例类推，“楚锄愁崇撑”等字可准“初”字例类推，“数师事士森”等字可准“生”字例类推。若以音韵学术语释之，即“凡内转韵中正齿音二等庄初崇生四纽字之声母，国语读ㄓㄔㄕ，昆明话读作ㄗㄘㄙ。”至于“诈斋斩撞”等庄纽字昆明话仍读ㄓ，“炒插察窗”等初纽字及“茶柴”等崇纽字昆明话仍读ㄔ，“沙衫杀山刷双”等生纽字昆明话仍读ㄕ，此等字虽皆为正齿音二等字，然皆为“外转韵”而非“内转韵”，故不依上述所举条例而变。

（3）古日母字读音昆明话与国语同，例如“柔软如绒饶人忍辱仍然热日染让闰”等字声母皆与国语相同。惟昆明话发声部位较前，又“儿耳二”等字，昆明话亦如国语，变为卷舌韵母。

（4）ㄋㄌ两母不混，此与国语相同。例如“南”与“蓝”，“怒”与“路”，“连”与“年”，“农”与“隆”，昆明话中皆划然不混。惟有两处需留意者：第一，齐齿呼之字有数个ㄋ母读作ㄌ母者，如“宁”与“林”，亦有数字ㄌ母读同ㄋ母者，如“略”与“虐”，“类”与“内”，“娘”与“良”。然“类”“良”两字同时有ㄌ母之又读。如“改良”之良读ㄋ，而“良心”之良读ㄌ。第二，古疑母字齐齿呼国语消失声母，以一为字头，然昆明话“疑宜仰”等字读作ㄋ母。又“逆”字国语读ㄋ母，昆明话读ㄌ母。

2. 韵母

昆明话韵母与国语相异之处颇多，最要者有八端：

（1）撮口呼变齐齿呼。昆明话无撮口呼（以ㄩ作介音者），凡国语读为撮口呼者，昆明话皆变为齐齿呼（以一作介音者）。例如“女吕虚聚去雨徐序巨许余句羽橘郁菊”诸字国读ㄩ韵母者，昆明话皆读作一韵母，与“比地器夷李疑奇义衣逆极忆激”等字同韵矣。又如“旋玄卷倦缘元园远怨权全血穴靴决薛缺月越”诸字，在国语中皆以ㄩ为介音者，而昆明话皆变作一介音，故与“仙贤蕲件烟砚钱乾灭列杰铁”等字同“呼”矣。

（2）复元音变为单元音。在昆明话中，国语ㄠㄞ二复元音各变为国际音标之［ɔ］及［ɛ］音，如“袍帽刀牢草告毫奥炮貌闹妙赵绍”诸字在国语读作ㄠ韵母者，昆明话皆读如［ɔ］韵母。“敲咬孝飘消妖叫晓鸟轿”诸字国语读作ㄧㄠ韵母者，昆明话韵母读为［iɔ］。“代再乃在该亥哀艾害泰赖蔡拜楷奶败寨柴债倭”诸字韵母国语作ㄧㄞ者，昆明话读为［ɛ］。

（3）ㄢㄤ二韵之韵尾鼻音消失，变为ㄚ韵，但发音部位较ㄚ稍前而闭，且有一部分ㄟ读音仍保持半鼻声尾。例如国语ㄢ韵变为昆明话ㄚ韵或ㄚ韵带半鼻声尾之字，有“贪南惨感，含难暗谈蓝三暂斩衫旦餐干汉安慢板反展”等。国语ㄤ韵变为昆明话ㄚ韵或ㄚ带半鼻声尾韵者，有“忙荡郎桑刚邦”等。国语ㄨㄢ韵与ㄨㄤ韵变为昆明话ㄚ或ㄨㄚ带半鼻声尾韵者，有“乱短管官换碗”及“椿穿双”等。国语之ㄧㄤ韵变为昆明话之ㄧㄚ或ㄧㄚ带半鼻声尾韵者，有“娘详粮香”等。此一类现象，若以声韵学之术语释之，即古宕江两摄字及山咸两摄开合口字，在昆明话中均因韵尾鼻声之消失或退化而变为同韵。

（4）ㄣㄥ两韵亦消失韵尾鼻声变为［ɛi］韵，惟［ɛi］之发音部位比［e］较开，故与国语ㄟ并不同韵。如“门陈身忍晨”“沈森审任”“郑政成征冷生”等字，昆明话皆读［ɛi］韵，与“飞梅贝肺费肥味”之韵不同。ㄨㄣ变作昆明话［uɛi］者，如“昆顿论存坤昏温春唇闰”等，与“灰罪最兑会脆岁桂”并不同韵。惟ㄨㄥ韵昆明话仍旧不变。又一部分昆明人将［ɛi］和［uɛi］读为带半鼻声尾者，又昆明乡间有将［ɛi］读为撮口，将［uɛi］读［uy］者。

（5）国语ㄧㄣ及ㄧㄥ两韵在昆明话中因均将韵尾鼻声消失，使主要元音受鼻化作用，故变为同韵。例如国语ㄧㄣ韵“林心今音禀”“贫邻新巾银因”等字及ㄧㄥ韵“名性清轻陵英盈应瓶丁灵星经形”等字在昆明话同变为鼻化一韵（即带半鼻声尾之一）。

（6）国语ㄧㄢ韵字如“严店念谦嫌廉渐验险厌”“辨连蕲仙钱件演片典千砚”等及ㄩㄢ韵字“全倦院玄”等在昆明话中皆同变为［ʒi］韵。

（7）国语ㄜ韵之字如“歌何蛇惹设热彻麦各恶白泽格赫革责厄”等及ㄨㄛ韵之字如“郭霍桌多”等昆明话皆变作［o］韵，惟部位稍低，唇圆程度略减耳。

（8）国语ㄥ韵之唇音“崩朋彭孟梦”等字昆明读作［oʒ］韵。

3. 声调

昆明字调仅阴平、阳平、上声、去声四类，与国语声调完全一致，然调值则不同，兹举例比较如下：

调　　类：阴　平　阳　平　上　声　去　声

国语调值：高平调　高升调　低降声调　全降调

昆明调值：中平调　低降调　高降调　　低降升调

四声纂句：中高开分三深诸非偏斯阴诸

华扬门别民谋承常旁文阳如

语起请长主远指感写扫上此

调降坐幼义虑教谢错地去类

昆明话阳平、上声俱为降调，然与国语去声不同。昆明去声略似国语上声，阴平亦与国语相近。因昆明话阴平及去声之起点均较国语为低，又因国语阳平为高升调，昆明阳平为低降调，故一般人听觉上均感昆明话腔调颇为低沉。

昆明话亦为国语，无入声，然国语入声演变条例为“全清全浊变阳平，次清次浊变去声，少数字变平声或上声。”而在昆明话中，不论清浊，所有入声皆变为阳平。例如：

入声例字	国语声调	昆明声调
一出七秃四黑惜接搭拍歇说削	阴平	阳平
急竹职即德识福责局宅食额服	阳平	阳平
笔曲百尺铁法	上声	阳平
敕约却彻切各聂切各入六纳麦物	去声	阳平

惟尚有一事须注意者，昆明话阳平字后，均随有一喉塞声，并不专以从入声字变来者为限，偶听之下，每易误会昆明话中有入声，然若将所有阳平字审辨详明，始悟此为一种错觉也。

（二）大理方言

此处所指大理方言，乃据大理城内者而言。盖大理城乡村镇之间，方言亦互有内部之差异，如喜洲与城区之韵母即相差甚大，周城有浊声母，而城区无。调类方面，上关、周城有入声一类，而城区亦无，故此处仅举城区者为例。

1. 声母

大理声母特异之处，惟下列数端：

（1）尖团不分，与昆明同。

（2）大理混国语卷舌声母ㄓㄔㄕ三母为ㄗㄘㄙ。例如：

国语ㄓ声母	知	止	招	转	中	肿	众	朱	主	周
	｜	｜	｜	｜	｜	｜	｜	｜	｜	｜
国语ㄗ声母	兹	子	糟	纂	宗	总	纵	租	祖	邹

而大理全读为ㄗ声母，两两读音相等。

国语ㄔ声母	昌	虫	处	蚩	吃	池	超	吹	春	冲
	｜	｜	｜	｜	｜	｜	｜	｜	｜	｜
国语ㄘ声母	仓	从	醋	雌	疵	慈	操	崔	村	聪

而大理全读为ㄘ声母，两两读音相等。

国语ㄕ声母	善	诗	尸	史	烧	少	伤	申	树	书
	｜	｜	｜	｜	｜	｜	｜	｜	｜	｜
国语ㄙ声母	散	私	思	死	骚	扫	桑	森	素	苏

而大理全读为ㄙ声母，两两读音相等。

（3）凡古日母字国语读为ㄖ声母者，大理亦读为卷舌摩擦声，惟部位较国语ㄖ声母稍前，如“柔绒饶人忍辱仍然热日染让惹”等字是也。

（4）ㄋㄌ两母在大理话中常相混杂，故教学国语时须能辨别。又古疑母齐齿呼之字国语失去声母，而以一为字头（如宜疑业）而大理此类字读为广母。

2. 韵母

大理话之韵母与国语差异之处亦颇繁多，兹举述其重要者：

（1）无以单纯之ㄩ为韵母者，凡国语以ㄩ为韵母之字，大理语皆作复元音ㄩㄧ，例如“鱼雨巨聚序女许余羽”等字之韵母是也。

（2）ㄠ韵较国语之ㄠ韵收音较开，约当国语ㄚㄛ之合音（国语ㄠ为ㄚㄨ之合音）如“保桃牢草告毫貌闹巧孝消绍钓”等字是也。

（3）鼻声尾消失变为鼻化韵（即带半鼻声尾之韵）之现象在大理甚为显著，兹分别言之：

①ㄢㄤ两韵同变为ㄚ之鼻化韵，故“贪”之与“汤”，“谈”之与“糖”，“三”之与“桑”，“般”之与“邦”，“蓝”之与“郎”，“干”之与“刚”，读音皆各相等，不能分别。（国语中每二字之前一字为ㄢ韵，后一字为ㄤ韵。）ㄢㄤ两韵之合口呼亦变为同韵，故如“短乱算官换碗完”诸字（国语韵母为ㄨㄢ）与“窗双撞”等字（国语韵母为ㄨㄤ）同韵。ㄤㄢ两韵之齐齿呼则不同韵，齐齿ㄤ变为鼻化韵ㄧㄚ，如“良仰香详”等字是也。齐齿ㄢ则变为鼻化韵ㄧㄝ，“严嫌渐验辨连剪件千先”等字是也。

②ㄣㄥ两韵亦因鼻作用，变为同韵之鼻化韵ㄝ，故“门陈身忍晨”（国语收ㄣ韵者）与“郑政成征生”（国语收ㄥ韵者）同韵。仅ㄥ之合口呼字如“翁农通同冬”等在大理仍能保持声尾不受鼻化作用，惟介音较国语之ㄨ为开，相当于ㄛ，故韵母为ㄛㄨ，乃不与受鼻化作用之合口呼ㄣ（如昆温昏存顿诸字）同韵。

③ㄣㄥ两韵之齐齿呼（ㄧㄣ，ㄧㄥ）皆变为鼻化韵ㄧ，故“林心今音禀，贫新巾银因”等字（国语收ㄧㄣ韵）与“名令性轻陵英瓶丁星”等字（国语收ㄧㄥ韵）同韵。

④撮口呼ㄢ（ㄩㄢ）变为鼻化韵ㄩㄝ，如“元全倦玄宣鸳袁”等字是也。

⑤撮口呼ㄣ变为鼻化韵ㄩ，如“云均允旬”等字是也。

（4）ㄩㄥ韵并入ㄛ韵，如“庸用永”等字是也。

（5）国语ㄜ韵之一部分及ㄨㄛ韵大理皆读作ㄛ韵，如“歌何各恶”及“卧桌沃罗诺”等字是也。国语另外一部分之ㄜ韵字大理则读作ㄝ，如“设色白惹泽格责厄”等字是也。

3. 声调

大理城内声类亦分阴平、阳平、上声、去声四类，与国语及昆明之调类相同。其阴平调值与国语同，皆为高平调，阳平为低降调，与昆明同一调值。上声亦为高降调，惟较昆下降程度尤低。去声为半升调，与昆明先降后升之迹微异。其入声亦皆变入阳平，与昆明同。例子可参看昆明话声调项下所举。

（三）玉溪方言

1. 声母

（1）国语以×起头之字，玉溪有一部分读作唇齿鼻音声母，即“m”者，如“五乌枉往”等。而一部分仍以×起头，惟较×之摩擦性略重，如“魏胃畏”等字是也。

（2）尖团不分，与国语、昆明、大理皆同。

（3）ㄓㄔㄕㄖ四母在玉溪存在，惟发声部位较国语微异。国语为卷舌与上颚相接所发之音，而玉溪则为舌面与颚龈相接所发。其摩拨程度亦较国语略强。如“竹壮逐状，川船创船，商裳适石，认熟若日”诸字之声母是也。

（4）国语中，泥、娘二母不分，皆并为“ㄋ”母，而玉溪娘、母自成一类。如“泥你溺”诸字皆读“ㄋ”母，而“倪拟匿”诸字皆读中颚之鼻声母“ㄏ”。

（5）古影疑二母之开口字（喻母无开口，故不论），如“疑母之碍岸偶及影母之爱案欧”等字，玉溪皆以闭喉塞音（喉头破裂音）为声母。影喻疑三母之合口字，则分读两类，如本节（1）条所述。此三母齐齿呼之字，亦分隶为两类，如“颙雍容”读为中颚擦音［j］，“银因意演异”诸字读为颚龈与舌面相接所发之ㄖ母，较为特殊。此三母之撮口呼字“如元鱼怨于园云”等，并入齐齿呼，而皆读为［j］母。总之，古疑影喻三母读音之分化，较之国语，多所不同。大抵言之，国语此三母字以元音为字首，有四呼之异。

（6）玉溪方言中，最显著之特征，即为闭喉塞音之字特多，而无ㄍ、ㄎ、ㄏ诸舌根声母。凡属国语中读作ㄍ、ㄎ声母者，玉溪皆读作闭喉塞音。如肝街跟刚格赶公，口可诸字是也。甚至古疑影二母之开口字，国语以元音为字头者，玉溪亦皆读作闭喉塞音，如本节（5）条所论。

（7）玉溪方言之端透二母，实系舌叶与龈颚相击所发出，较国语以舌端与齿龈相击所发者，部位略后。泥娘二母之音位亦系如此。

（8）总计玉溪声母为二十四类：贝、配、门、魏、贩、五、子、此、丝、到、台、乃、里、壮、创、商、认、箭、枪、泻、雍、匿、呼、碍（以元音起头之儿二等字不计）。

2. 韵母

玉溪韵母共分三十六部，列举于下：

巴韵	ㄚ	巴拿茶答塔法达八发拔
牙韵	ㄧㄚ	牙家霞下鸦佳恰狭甲
瓦韵	ㄨㄚ	瓦化瓜蛙挂画话滑刷刮
保韵	ㄛ	保桃牢貌炒赵绍绕
妖韵	ㄧㄛ	妖表消巧笑钓尧聊晓
窝韵	ㄨㄛ	窝歌骡鸽盍末割莫剥郭缚国
多韵		舵罗左婆妥所多（此韵音值部位较国语ㄛ为闭，相当于［o］，无适当之国音符号可以匹配）
略韵		略学若虐约削酌确（此韵音值介于国语ㄧㄨ与ㄧㄛ之间，相当于［iu］）
哀韵	ㄝ	乃菜在泰赖埋买寨拜败（较国语ㄝ略闭）
叶韵	ㄧㄝ	叶聂劫帖孽灭竭撇月决
外韵	ㄨㄝ	外怪怀快帅揣
野韵	ㄧ	野谢靴女序巨句聚羽许米比气彼立必讫律逆笛
郁韵	ㄜㄧ	郁橘掘（ㄜ之部位较国语ㄜ略闭）
倍韵	ㄝㄧ	倍贝梅臂卑悲丕碑
灰韵	ㄨㄟ	灰对兑最岁肺桂类累肥
乌韵	ㄨ	乌猪附妇入勃戌物捉获木仆服绿
欲韵	ㄧㄨ	域欲局菊育畜
蛇韵	ㄜㄨ	蛇惹某亩斗漏奏偶侯殴丑愁周柔否

尤韵　丨ㄜㄨ　尤纽秋囚舅牛谬丢纠幼
涉韵　ㄜㄝ　涉涩彻设热瑟北得勒则黑白泽责革测色麦
拙韵　ㄨㄜㄝ　拙缀
而韵　ㄜㄦ　而二尔
世韵　ㄜ　世滞自似斯十侄掷直（即ㄓ、ㄔ、ㄕ、ㄗ、ㄘ、ㄙ之声化韵）
以上三十二部为阴韵。
忙韵　忙荡刚邦巷张商光旁（ㄚ之半鼻韵）
江韵　江讲娘强祥详仰香（丨ㄚ之半鼻韵）
汪韵　汪光黄椿窗庄狂往（ㄨㄚ之半鼻韵）
南韵　南惨贪暗谈斩衫沾范旦盼半扮（ㄝ之半鼻韵）
眼韵　眼限减陷监衔谏晏（丨ㄝ之半鼻韵）
以上五部，为半鼻韵。

音韵　丨ㄣ　音心禀林贫邻新巾斤敏旬勋云
恩韵　ㄜㄣ　沈森根恨恩陈门分
吞韵　ㄨㄜㄣ　吞顿论存坤昏温伦精春唇闰
莺韵　丨ㄥ　莺杏幸名令性京英陵瓶顷平并
弘韵　ㄛㄥ　崩朋彭萌弘宏梦洞农宋风隆封奉
荣韵　ㄛㄥ　荣兄永穷融胸用
冷韵　ㄜㄥ　等灯能增冷撑生争郑征
横韵　ㄨㄜㄥ　横
以上八部为阳韵。

3. 声调

玉溪声调亦分阴平、阳平、上、去四类，阴平为高平调，与国语同。阳平有似国语之去声，惟起点略低于国语之去声而略高于昆明之阳平。上声为高降调，去声为低降调。例字可参看昆明方言声调项下所举。

（四）巧家方言

巧家方言，因限于篇幅，且细密之调查，尚有待于来日，故只能述其声韵调之概况，以明其系统耳。

1. 声母

巧家方言声母共分二十类：
半母　ㄅ　半包北
伴母　ㄆ　伴怕盘
门母　ㄇ　门模蒙
符母　ㄈ　符冯胡飞
得母　ㄉ　到道戴
特母　ㄊ　特太同
南母　ㄋ　南蓝

勒母　ㄌ　怒路勒

年母　ㄏ　连年

格母　ㄍ　格跪贵

客母　ㄎ　开葵客

岸母　兀　岸暗硬

黑母　ㄏ　黑红灰化话

基母　ㄐ　节结将姜基

欺母　ㄑ　欺秋丘齐其趣

希母　ㄒ　希小晓旋玄现虚

兹母　ㄗ　兹糟朝招增争征转

雌母　ㄘ　雌仓昌从虫篆醋处粗初

私母　ㄙ　私散善苏生声

日母　ㄖ　日认热绕然软（此处仅借用国语注音符号ㄖ，音位实较ㄖ为前）

由上列可知声母之显著特点为：

（1）无卷声母ㄓ、ㄔ、ㄕ，此等字皆分别并入ㄗ、ㄘ、ㄙ。惟巧家ㄗ、ㄘ、ㄙ之发音部位略后于国语者。巧家ㄖ母字之部位亦相当其ㄗ、ㄘ、ㄙ之部位。

（2）南、勒二母之字，互相混杂。据发音人习惯，大部分本应属南母之字皆混为勒母。

（3）尖团不分，与国语、昆明、大理、玉溪皆同。

2. 韵母

巧家方言韵母共分三十二部：

雨韵　ㄧ　雨第血（话音）血（话音）

姐韵　ㄧㄚ　姐铁竭（话音）（此韵较ㄧ略开，较ㄝ略闭，无适当之国音符号可以配比）

色韵　ㄝ　色蛇

靴韵　ㄧㄝ　靴竭血（均为书音）

国韵　ㄨㄝ　国或

木韵　ㄨ　木步主母

兹韵　ㄜ　兹知之丝

拔韵　ㄚ　拔爬

牙韵　ㄧㄚ　牙架

瓜韵　ㄨㄚ　瓜花

何韵　ㄛ　何合过个各

药韵　ㄧㄛ　药约觉

哀韵　ㄞ　哀盖介

外韵　ㄨㄞ　外怪

妹韵　ㄟ　妹配被

醉韵　ㄨㄟ　醉睡桂

桃韵　ㄠ　桃调包草

斗韵　ㄡ　斗走守

以上十八部，为阴韵。

酸韵　　酸短（ㄛ之半鼻韵）

桑韵　　桑党（ㄚ之半鼻韵）

良韵　　良强羊（丨ㄚ之半鼻韵）

庚韵　　庚根（ㄝ之半鼻韵）

演韵　　演天连（丨ㄝ之半鼻韵）

干韵　　干胆间三（部位较ㄝ略开之半鼻韵）

以上六部，为半鼻韵。

远韵　ㄣ　远权

林韵　丨ㄣ　林灵群琼

魂韵　ㄨㄣ　魂横湿

官韵　ㄨㄢ　官观关

光韵　ㄤ　光床

翁韵　ㄨㄥ　翁宏红公东宗穷

船韵　ㄛㄣ　船软

以上七部，为阳韵。

而韵　儿而

以上一部，为掩舌韵。

3. 声调

入声全变入阳平，阴平为高平调，与国语同。阳平为低降调，与昆明同。上声为中降调，终点较昆明之上声为低。去声为中升调。

附注：《云南方言举例》一章所根据之材料如下：昆明方言系录自罗常培《昆明话和国语的异同》一文（载东方杂志第三十八卷第三号）；大理方言系根据罗常培、周定一在大理所调查者（详稿将编入大理新修县志）；玉溪方言系根据方师铎《云南省西南部十五县汉语方言调查报告》一稿；巧家方言系根据周定一所调查者。

第三章　台语

一、台语之地理分布

掸族之所以自称者曰台，此名应用极广，本族之各支皆用之。缅人掸字之译音为 Shan 字。此族各支之现代分布区域，戴维斯谓云南境内各种语言之地理分布，最显著之事实，为藏缅语行于北方，掸语与孟吉蔑语行于南方；其南北两方之界线，为与北纬二十五度平行之地带。按此说实与谢肇淛“在黑水之外为僰，在黑水之内者为爨”之说，颇为近似。惟以予观之，此界线亦不能判若鸿沟。盖在此界线之北，有戴氏所认为属于孟吉蔑语系之民家语；在此界线之南，亦有倮倮、窝尼、倮黑、阿卡各族，与掸族、孟吉蔑族互相杂处。直至北纬二十度以南，藏缅语系之民族，始告绝迹。

掸人移植云南较晚。仲家支为无文字之掸人，分布于红河之东，系由贵州移来，住云南之东北；土佬、水户、侬人、沙人，则由广西移来，住云南之东南。摆夷支系有文字之掸人。其现代分布之中心，在东经九十九度至一百〇四度及北纬二十三度以南之地带。换言之，即在云南之西南及西部边缘。戴维斯且曾在昆明以北之普度河沿岸，遇见少数摆夷村落。又据戴氏所转述：嘉纳氏Gornier亦曾于雅砻河及金沙江之交叉处，遇见摆夷。二氏所发现者，虽系少数，然在民族迁移问题上，颇堪重视。吕人及摆夷皆系由广西及东南边境播迁而来，比至云南南部，复沿江河、黑河、澜沧江、怒江北上，分布于此四水之本流及支流两岸之峡谷及小平原中。

以上系就其平面分布而言。然民族之分布，常因适应地理环境之能力其生活方式之不同，而呈垂直分布之象，一若植物之分带然。如倮倮族不敢蛰居深谷，摆夷族不能卜居高山。是以往往虽在同一地域，而因高度之差别，所居之民族亦异。约而言之，滇境八百公尺以下之深谷，为掸人带。吾人旅行云南时，降入深谷，遥见榕树繁茂之处，常为摆夷所居。（间有少数蒲人）此屡试不爽之事实也。

二、台语之特征

戴维斯曰："掸语中虽有方言之异同，然不致使此方之掸语，为彼方之掸语所不能了解。以下略述但掸语方言上音之清浊轻重之不同。云南西部，其范围自缅甸边界东至潞江，掸语为同一方言，有若干特殊处可论述者：各掸邦内，有嘘音之k（其声为hk），此邦变为德国喉音之ch；有嘘音之p，（其声为hp）此邦变为f；无嘘声之s，变为ch。与n混杂，将n变为l。除以上各特点外，另有若干字，为掸族其他各邦之所无，甚且借用中国名词。此种方言，声粗而浊，与掸族其他各邦中所说者有异。其在潞江与澜沧江间，土司有耿马，有镇康（猛尘），此地所说掸语方言，潞江西之粗重喉音已消去，但尚有其特异点，即ai变为oi，如kai之变为koi。至于澜沧江之东，如威远猛班、猛戛，又有一种略变之方言，但此种方言，与云南掸族之其他方言，非余所克道其详矣。"按戴氏仅泛论掸语方言之差异，未及掸语各支之共同特征，且其所谓"轻重""粗浊"云云，要非"科学之纪录"与"系统之分析"。兹就所见，以述台语之特征如左：

台语之调类有四，与汉语之平、上、去、入类似，且由于声母之清浊，每调复分为二。是以现代台语之声调，往往多至八类，甚至因元音之长短，更发展为九类，或九类以上之声调。其声母有当作"高声母"（high initial）之特别塞音二，常因方言之不同，或作d－，b－，或作m－，l－。其复辅音如kl－，p－之类，今若干掸语方言中，依然保存。惟其固有之浊塞音，在现代方言中，实际上已完全变为清塞音矣。至其语词之顺序，掸语与汉语颇有出入，其显著之特点，如形容词在所形容者之后，汉语"好人"，掸语则作"人好"，汉语"冷水"，掸语则作"水冷"，汉语"滚水"，掸语则作"水滚"。又掸语宾词在动词之后，实与汉语类似。例如摆夷语：

1. 你每天吃几顿饭？（汉语）

my　xi　wan　tɕpin　ha　ma

你　每　天　吃　饭　几顿？（摆夷语）

2. 我每天吃三顿饭。（汉语）

kau　xi　wan　tɕin　ha　sam　ma

我　每　天　吃　饭　三　顿（摆夷语）

3. 你会说汉话吗？（汉语）

my　tsa　tan　han　φiɛ　hu

你　会　说　话　汉　吗？（摆夷语）

4. 我会说。(汉语)

kau tsa tan huo

我 会 说 的。(摆夷语)

中国境内之掸语，普通皆无文字，惟在云南境内之一部分，或用由缅文演变而来之掸文 Shan Alphabet，或用近似南部泰文 Southern – Tai Alphabet 之一种字母，皆曾受印度语之影响也。

总计云南境内操掸语之民族，可分二支：

(一) 仲家支：1. 仲家；2. 依人；3. 沙人。

(二) 摆夷支：1. 摆夷；2. 吕人 (或水摆夷)。

三、台语研究概况

近年台语研究，首推李方桂氏。民国二十年，李氏旅寓暹罗，凡八阅月，旋赴广西龙州、武鸣一带调查。三十一年，复至贵州、广西调查仲家语、峒语、莫语、羊黄语等。今综合李氏所得各种材料，已足敷比较研究之用矣。七七抗战之前，李氏本拟深入云南调查，后以故中辍。幸于南京求得整董摆夷发音人之机会，所得材料颇多。民国二十九年，中央研究院历史语言研究所未移四川李庄以前，李氏曾在昆明调查剥隘土语。若史语所能久在昆明，则李氏对于云南境内之台语材料，所获必丰，是敢断言者也。兹将李氏及其他人士台语方面之工作列举如下：

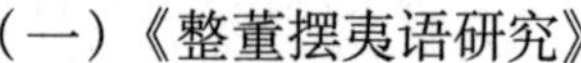

(一)《整董摆夷语研究》

二十五年李方桂撰，未发表。

整董土司子弟赵映品君发音，李方桂记录于南京，所得故事及词汇颇多，并灌制音档。

(二)《剥隘土语调查》

二十九年李方桂撰，未发表。

剥隘，云南富宁县村墟也，壤接广西，当地土语，属台语系。二十九年秋，马学良氏觅得操此种土语之中学生一人，李氏即于昆明附近龙泉镇，记录其语言，并灌制音档。

(三)《盈江摆夷语词汇》

二十八年张琨撰，未发表。

张氏受“管理中英庚款董事会”之协助，于中央政治学校大理分校求得盈江籍之摆夷学生一人发音，本文即张君之调查报告，全文共收词汇千余，按摆夷语音次序排列之。

(四)《莲山摆夷语文初探》

三十一年二月罗常培撰，未发表。

著者初至大理时，于国立大理师范学校之整董学生中，求得莲山摆夷学生李曰恒君发音，莲山现属腾冲，即旧盏达土司所属地，李生通摆夷文字，著者先记录其所谓“方文字母”之音值，次记录词汇千余，会话二十余段，逐词逐句皆并列摆夷文字及国际音标注音，惜李生未能作长篇故事之叙述，故所得材料，仅限于上述词汇及会话而已。

(五)《云南罗平县境内的台语》

三十一年邢庆兰撰，未发表。

罗平位于盘江南岸，壤接广西捧鲊，县境有操台语之部族一种，当地居民呼之为水户，或老水。此种部族所操之台语，可细分为两类，流行于喜旧溪及块泽河流域者，曰仲家语，此族旧罗平县志称之为沙人。流行于八河多衣河流域者，曰依语。仲语区域，山高泉多，气候爽朗，汉人移居其地者极伙，因而仲人汉化之程度亦极深。目前此种语言仅保存于老耄者之口，有减趋灭绝之象。依语区域，高山夹峙，森林茂密，地泾雨多，水毒瘴烈，汉人莫敢移居其地，是以此种语言仍极为流行。邢君所得材料，除词汇三千余之外，另有长篇谈话九篇。计：生活谈两篇、风俗谈两篇、亲属制度一篇、故事及传说三篇。

（六）《漠沙土语调查》

三十二年二月邢庆兰撰，未发表。

漠沙为红河上游花腰摆夷之坝子，其土语属台语系。三十二年二月，邢君受南开大学文学院边疆人文研究室之委托，赴该地调查。所得材料，计：民间故事及神话二十余则，翻译故事及风俗琐谈十余则，民歌若干首。

（七）《元江水摆夷语调查》

三十二年五月邢庆兰撰。

三十二年四月抄，邢君结束花腰摆夷语调查后，即赴元江调查，元江为水摆夷中心，邢君所得材料，尚在整理中。

（附）闻在宥氏前任教国立云南大学时，尝搜集台语材料，所得未详，兹附及之。

第四章　藏缅语

一、藏缅语系各部之现代分布区域

藏缅语系，细别之，更可分为五支：一曰倮倮支，倮倮、僳僳、倮黑、阿卡等属之；二曰西番支，西番、麽些、怒子、俅子等属之；三曰藏人支，居康藏边境之藏人及古宗属之；四曰缅人支，茶山、浪速、阿系、阿昌等属之；五曰山头支，即所谓卡钦者也。

倮倮语之民族，盖来自四川，分布于云南境内，甚为普遍，而尤多集中于中部及东北部。澜沧江以西，则少见有倮倮部落矣。倮倮族分支极多；曰窝尼，曰撒尼，曰黑夷，曰利波，因地而异，要皆同属倮倮族也。窝尼部入滇当较早，昔居云南、临安、景东、镇江、元江五旧府属地。据英人戴维斯之调查，其现居地为北纬二十度以南，而以墨江为主要区。然据陶云逵氏之调查，则谓其分布中心为北纬二十二度至二十三度三十分之间，及东经一百〇二度左右，即今红河以西，元江、墨江、江城、宁洱诸县境，及巴边沿岸之高山上。撒尼居路南、宜良、泸西、陆良等县及昆明附近少数村落间，亦称为散民。黑夷，自称曰纳苏，其意为黑人。此族所居地区较为广泛，寻甸、禄劝、昆明、玉溪以迄新平一带，均有此部居民。惟其间亦多方言之别。

僳僳，沿怒江流域而南下。其现代分布中心为东经九十八度至九十九度三十分，北纬二十五度至二十七度三十分之间。即滇境西北毗连康藏高原一带。彼等又居于此高原地带之云岭雪山、碧罗雪山、高黎贡山之山巅，分属于维西县及福贡、康乐、泸水等设治局。此外，则金沙江右岸之武定、元谋诸县境及怒江西岸之腾冲附近，亦有此族之踪迹云。且有继续南迁之势，据云在北纬三十三度已能发现僳僳村落。

倮黑自称曰“拉布”。现代分布中心为东经九十九度五十分至一百度五十分，北纬二十二度至二十四度三十分之间，即澜沧江、怒江之间，顺宁县以南，佛海县以北一带。澜沧江右岸景谷、镇沅县境，亦复有此族之踪迹焉。阿卡盖与倮黑同源，乃沿澜沧江而南下者。其分布中心为东经一百度至一百〇二度之间，在倮黑居地以南。即云南南部边境，及缅甸境内之景东一带。

西番分布川滇交界处，居滇境者，殆为数不多。

麽些，自称曰纳喜。其分布中心为东经九十九度二十分至东经一百度二十分，北纬二十六度三十分至二十七度十分之间。即今金沙江南岸丽江县境，永胜属之永宁设治局及中甸县沿江一带之高山上，及维西县北至叶枝，南迄兰坪县境一带。

怒子自称曰阿怒，盖沿怒江而居者。其分布之地区于东经九十九度左右，北纬二十六度至二十八度三十分之间，亦即怒江两岸，高黎贡山之东麓与碧罗雪山之西麓，为贡山、康乐、碧江三设治局所属地。

俅子亦曰曲子，其自称曰毒龙。分布于东经九十七度五十分至九十八度五十分，北纬二十七度至二十八度之间。即毒龙河流域。毒龙河为大金沙江之一源，位于高黎贡山与江心坡之间。

古宗语近似藏语，用此语者，为数较少，多居于康藏边境。

茶山，亦曰剌溪，浪速亦曰马鲁，与阿系、阿昌均属缅语系，此少数民族，皆居于云南与西北滇缅交界地区，即怒江与大金沙江之间。

卡钦即山头人，亦居于上述之滇缅交界地区。

二、藏缅语之特征

藏缅语系各族间，声韵虽各有不同，而语法则大致相似。其语序之主语在述语前，宾语在主语后述语前之次序，为此系各族间之所同。如汉语“盗杀人”，则曰“盗人杀”，此藏缅语之主要特征也。所有者在所有物前，亦无例外，而形容词则或在所形容词前，或在所形容词后，窥其始，盖皆形容词在所形容词后，因受外来语言如汉语等之影响而或生变异耳。故黑夷语形容词仍必在所形容词后，而傈僳与俅语等之形容词则或在所形容词前，或在所形容词后，惟形容词必在前者，尚未见睹焉。各语中数量形容词多附有量词，且皆在所形容之词后，如言“一把刀”，则必言“刀一把”，无例外也。兹举倮倮语语序为例，以窥此语法之大概云。

倮倮语之语系：一、主语在宾语前。二、宾语在主语后述语前。三、主有者在所有物前。四、形容词在所形容词后，或在所形容词前，惟数量形容词附有量词，必在所形容词后。五、述词形容语在述词前。六、介词在所介词后。七、于复句中，附属句在主句前，若有连词，则连词置附属句后。八、疑问句与肯定句，语序不变，仅依语气反表疑问之词，或特别助虚以示区别。九、主动式变被动式，语序大致不变，而仅依特别助词以表示。此系语言之另一特点，即助词之应用，各族语词中，皆有若干本身无独立固定意义之词，此种词应用极泛，用于句中，以表示语气，情绪及语法上功用者，吾人称之曰助词，颇类似汉文中之虚字者然。

至若声韵之不同，则虽同族之语，亦有方言之异，小别在所不免。兹举倮倮支之黑夷及西番之俅语为例，以示此系语音之概况。（为顾及印刷制版之艰难，及力求简明通俗计，下文标音符号，悉以罗马字母代之，其读音另加说明。盖非汉语之发音，多有为汉语中不经见者，不可以汉语译其音也。）

藏缅语与其他东南亚洲语，同为单音缀语。每一音缀，多由一声母与一韵母拼合而成，亦间有无声母而仅有韵母单独成为一音缀者。每一词，由一音缀或两个以上之音缀合成。每一音缀具有一固定之声调，若汉语之四声然。

黑夷语，就其本语言之分析，可得声母四十有四，韵母二十有二，其借用汉语词之声韵，则不在此列。声母四十四：

第一组　双唇声　p　p‘　b　b‘　m　m‘

第二组　唇齿声　f　v

第三组　舌尖齿龈声　t　t‘　d　d‘　n　n‘　l

第四组　舌尖前声　ts　ts‘　dz　dz‘　s　z

第五组　舌尖后声　j　j‘　dj　dj‘　sh　zh　hl

第六组　舌面声　ch　ch‘　dg　dg‘　ny　sy

第七组　舌根声　k　k‘　g　g‘　ng

第八组　喉声　what

第九组　半元音　w（双唇圆）　y（舌面摩擦）

右列诸音标，仅限于本节文字应用，固非一般之读音也，且仅求其近似而已。字母后上方倒置之逗号“‘”，乃表示吐气者，即发出一音后，有气流随之自口而出。九组声母之名称，乃就其音在口腔之部位而言。其发音方法：第一、第三、第七各组之前四列为爆裂音，乃将发音部位阻塞而使之爆裂成音者。第四、第五、第六各组之前四列为爆裂摩擦音。第二组及第四、第五、第六、第七各组之第七列为摩擦音，各组之第八组为其第七列之相对浊音。前七组第二、第四、第六各列，为其第一、第三、第五各列之吐气声。第三、四列为其第一、二列之相对浊声，第八列为第七列之相对浊声。清声乃发音时仅口腔中某部受节制所发出之音，声带不振动者。浊声则发音时，声带同时亦生振动者。以中古时代汉语三十六字母配之，则第一组为“帮滂并明”及“并”母之不吐气音，明之吐气音，所谓重唇者也。第二组相当于“非微”，所谓轻唇音者也。第三组相当于“端透定泥来”及“定”母之不吐气音、“泥”母之吐气音。第四组相当于“精清从心邪”及“从”之不吐气音，读如现代北平语之“资”“此”“私”及其浊音。第五组相当于“照穿床审禅”之二等字及“床”之不吐气音，读如现代北平语之“知”“痴”及其浊音，与“诗”“日”二音。第六组相当于“照穿床审”三等字及“床”之不吐气音，读如现代北平语之“基”“妻”及其浊音与“尼”“希”二音。第七组相当于“见溪群疑”及“群”之不吐气音。第八组，形似疑问号者，表喉头阻塞声，即发音之前先将声门闭塞再爆裂之音，如玉溪人读“街”字时之字首。第九组“W”为圆唇之舌根元音而带有摩擦性者，“y”为舌面摩擦音。

韵母二十二：

第一组　舌尖韵　r　R

第二组　元音化之辅音　ng

第三组　卷舌韵　ɹ

第四组　单元音韵　ɑ　ɔ　o　u　ɒ　ɯ

第五组　复合元音韵　uɔ　ue

第六组　鼻化韵　ɪ̃　ĩ　ẽ　ɑ̃　ɔ̃　õ　ũ　ɒ̃　ɯ̃

右韵母分六组，共二十二，所有各音标，亦仅限于本节用，且仅能取其近似。第一组二韵为齿龈与舌尖前，后之摩擦音，即前述声母第四组与第五组声后附带产生之韵，第二母即相等于北平语之“日”音。第二组之韵母，本为舌根鼻音之声母，单独发音时作韵母者。第三组之卷舌韵“ɹ”，如现代北平语之“儿”字音。第四、第五两组各韵之发音性质亦以国际音标表示之，兹不具论。第六组鼻化韵者，乃第三、第四两组韵母发音时，同时音分由鼻腔出者也。上加“～”号，以示区别。

由以上四十四声母与二十二韵母分别结合而成音缀。然亦间有无声母而仅由韵母构成音缀者（音缀各有其本义，然两音缀以上合成之词，合义未必与各音缀本义有关）。

每音缀均具有一定之声调，一若汉语之四声然。黑夷语词调凡七：一曰高平调，如北平之阴平声；二曰次高平调，如云南宣威之阴平声，乃较前调为略低者；三曰中平调，如昆明之阴平声；四曰升调，如云南云阳之去声；较昆明去声调为稍高；五曰降升调，如北平之上声；六曰低降调，如云南墨江之入声，缅宁之上声；七曰短调，如缅宁入声而短促者，福建厦门之阴入似之。同一音而异调，则其义亦有别。如“jn”音，高平调义为“栓”，次高平调为“两”，中平调为助词“也”，升调为“居”，降升调为“坐”，低降调为“日”。

各词依其习惯之词序排列，即构成句，如：

tʻl	ni	ma	ni	su	kʻw	su	dzu
他	天	不	天	人家	偷	人家	吃

意即“彼每天偷人家东西与吃人东西”也。又如：

a	ye	su dzi	la	uo	a se	cho	cho	si	mu	de	uo
阿	耶	贼	来	了	我们	快	快	走	（语	助	词）

意即“阿耶！贼来矣，吾侪速去！”末三音缀，为其表示情绪之助词语。

此种语言之特点。音系简单，其一也；复元音少其二也；无复辅音，其三也；声母多具有相对之清浊声，其四也；韵尾辅音之失落，其五也。此五者，盖即倮倮支之通例焉。惟如黑夷语之浊声吐气之各母，为不多见耳。倮倮支之各族语中，声母鲜多于四十五者，韵母鲜多于二十三者，声调多由五至八之数。如路南之窝尼语有声母四十三、韵母十九、声调五。福贡之倮倮语有声母二十八，韵母十一。其他之倮倮语则有声母二十六至二十九者，声调有六者。此支语复辅音绝少见。韵尾辅音全失，其借用汉语词之阳声字（附鼻音韵尾者）者，多数皆化为半鼻音韵。凡此诸现象，鲜有例外，惟峨山一地之窝尼语，无全浊声母，且多复合元音，为较特殊耳。

西番支之傈子语，据罗常培《贡山俅语初探》（北京大学文科研究所油印本），有声母五十五、韵母八十、声调六。声母分清浊音，而无吐气之浊声。五十五声母中，有三十六母为复辅音，其中三合复辅音有三。

第一组	双唇声	p pʻ b m
第二组	舌尖齿龈声	t tʻ d n l
第三组	舌尖前声	ts tsʻ dz s
第四组	舌尖后声	j jʻ zh hl r
第五组	舌面声	oh ohʻ dg ny sy
第六组	舌根声	k kʻ g ng x
第七组	二合复辅音	pl pr bl br ml mr
		tl tr dl dr
		kl kr kʻl kʻr xr
		sl sr sn sm sd sk sg sch
		shn
第八组	三合复辅音	spl spr skl

此五十五声母中，前六组多与上述黑夷声母相似。惟第四组之末一母“r”，此处用作舌尖后之摩擦音声母，非卷舌音亦非颤音，偶有读为闪音者，单读时近似“zh”。第六组之末一母“x”为舌根之摩擦音，相当于三十六字之“晓”母，读如北平语之“喝”。复辅音中，pl，bl，ml，tl，dl，kl，k‘l，gl等声母，古代汉语中，亦有此音之痕迹，其他则均为汉语中所不见者。

韵母八十中，单韵七、复元音韵十二、附声韵二十有五、入声韵三十有六。

第一类　单韵

舌尖韵　R

单元音　i　e　a　o　u　ə

第二类　复元音　ie　ia　io　iu　iə　ei　ai　oi　ui　əi　ua　uo

第三类　附声韵　am　iam　uam　om　əm　iəm　iem

an　en　ien　iuen　ən　in　un

ang　iang　uang　ong　iong　əng　ing

第四类　入声韵　op　iap　uap　op　əp　iəp　uəp　ep　ip

at　iat　uat　ot　iot　uot　et　iet　ət　it　ut

ak　iak　ok　iok　ək　ik

al　ial　ual　ol　iol　el　iel　əl　iəl　ul

此八十母中，舌尖元音一，主要元音六，皆与前黑夷语之韵母中所述相似。惟倒“e”之“ə”，为一口开中度，舌位平置，自然发出之中间元音，读如北平语之“饿”字音。介母三“i”“u”“iu”，读如北平语之“衣”“乌”“雨”，即汉语所谓“齐齿”，“合口”，“撮口”呼者也。“iu”之发音，乃“i”之舌头部位，而“u”之唇形。换言之，即舌尖高起，而唇作圆形者。元音韵尾一即“i”，辅音韵尾七即m，n，what，p，t，k，l。所谓附声韵，指韵尾附鼻音声母者言，汉语称为阳声字。入声韵，如广东入声之“闭口”“抵腭”“闭喉”，而另加附边“l”之一类。换言之，附声韵及入声韵之“闭口”韵如中古汉语（广韵）及现代广东语之侵、覃、谈、盐、添、咸、衔、严、凡诸韵，及其相对之入声辑、合、盍、叶、帖、洽、狎、业、乏诸韵韵尾所附声。“抵腭韵”如中古汉语及现代广东语之真、谆、臻、文、欣、元、魂、痕、寒、桓、删、山、先、仙诸韵及其相对之入声质、术、栉、物、迄、月、没、曷、末、黠、辖、屑、薛诸韵韵尾所附声。闭喉韵即中古汉语之东、冬、钟、江、阳、唐、庚、耕、清、青、蒸、登诸韵及其相对之入声星、沃、烛、觉、药、铎、陌、麦、昔、锡、职、德诸韵韵尾所附声。

声调凡六：一曰次高平调，如云南宣威之阴平声；二曰高声调，如北平语之阳平声；三曰低平调，如昆明之去声，或上海之阳平声；四曰降调，如天津之去声，乃较昆明阳平调略高；五曰短平调，如福建厦门之阳入，或浙江金华等处之阴入，乃次高平调之短促者；六曰短降调，如福建厦门之阴入，乃较降调略低而短促者。

其语系与倮倮支大致相同，宾语在主词与述词之间。如：

a la　mə li　a tsang　dgi ge　slap syaə　a tsang　ma al

这些　地方　人　书　念　人　没有

意即“此地人中无读书人”也。惟此族语形容词多在所形容词前，间有在所形容词之后者。如：

pu sai　　sying uat　　məl　　syang lap

红　　　花　　　绿　　　叶

ik ra　　da mang　　ik ra　　a ləi

弟兄　　大的（哥哥）弟兄　　小的（弟弟）

此种语言之特点：复音多，其一也；韵尾附音仍保持，其二也；据俅语初探所载，吐气音声母不发达，且无轻唇音，其三也。

各族间声韵虽有不同，但其音韵系统之相近，语法之大同，则固知其为一语源也。如同一“三”字，藏语为 sum，缅文为 sum，阿系、阿昌同为 sum，浪速为 tsum，茶山为 s‘an，阿卡为 su，傈僳为 sa，倮倮为 so，黑夷为 sa，俅子为 san，皆为一音之转耳。俟各族语言调查详尽后，吾人当能瞭然于各族语言之系属，且可知其与吾汉族之关系若何矣，即如所举之“三”字，试与汉语相较，则知与汉语同源也。“三”字之汉语，以现代北平语读为 san。然中古时代汉语固读为 sam 也。现代国语多数以收“m”韵尾者变为收“n”尾，独粤语仍存在古音，而倮倮则韵尾辅音多遗失。其间之关系，固仍显然有迹可寻者也。

三、藏缅语各族之文字

藏缅语各族中，有文字者，仅倮倮与麽些（纳喜）。其余各族间有自称其有文字者，类皆西洋传教士以罗马字母改造者，如所谓傈僳之是也。倮倮有其独立标音之文字，既非象形，亦非拼音，即所谓爨文者是。《滇系》所载汉时有纳垢酋之后阿田丁者，马龙州人。弃职隐山谷中，撰爨文，字如蝌蚪，越二年始成，凡字母四千八百四十有奇，夷人号为书祖。盖其族之传说是也，今存爨文碑，无早于明嘉靖以前者。其文字施行并不普及，仅其宗教巫师称“毕摩”者读经之用耳。麽些文有二式，一为象形者，称多巴文或东巴文，一为标音者，称哥巴文，近人也颇有研究之者。

四、藏缅语研究概况

国人于藏缅语之研究，犹为近数年来事，盖语言学之于中国，尚为一新兴之科学也。云南之语言，由于民族分支之多，语言亦因之而复杂。近年来之调查与研究，除藏人支外，盖皆已有少数成就，兹附诸家著述于后，以志国人于兹新兴学，创始之功云耳。

（一）倮倮支

蒙自附近的一种倮倮语研究（二十八年）　傅懋勣　人类学集刊一卷二期

利波语研究（二十九年）　傅懋勣　用英文发表于 Harvard Journal of Asiatic Studies

昆明附近的一种散民（三十年）　傅懋勣　同上

撒尼倮语语法（三十年）　马学良　中央研究院历史语言研究所集刊

寻甸禄劝两县黑夷语文调查（三十年）　马学良　未发表

昆明黑夷语研究（三十年）　高华年　全文未发表，语法一部由南开大学边疆人文研究室卅三年油印

新平扬武坝纳粟语调查（三十一年）　高华年　未发表

新平扬武坝附近的窝尼语（三十一年）　高华年　未发表

峨山窝尼语调查（三十二年）　袁家骅　未发表

记栗粟语兼论所谓栗粟文（二十八年）　芮逸夫　人类学集刊一卷二期

福贡栗粟语初探（三十一年）　罗常培　未发表

（二）西番支

丽江麽些语调查（二十九年）　罗常培　未发表

维西麽些语调查（三十一年）　傅懋勣　华西大学文化研究所刊

贡山俅语初探（三十一年）　罗常培　北京大学文科研究所油印本

贡山怒语词汇（三十一年）　罗常培　未发表

（三）缅人支

茶山语调查（三十二年）　罗常培　未发表

浪速语调查（三十二年）　罗常培　未发表

（四）山头支

山头语调查（三十二年）　罗常培　未发表

第五章　苗傜语

一、苗傜语之系属

关于苗傜语之系属问题，自戴维斯列苗傜语于孟吉蔑系之后，凌纯声、陶云逵诸家从之。

戴氏谓苗傜语与孟吉蔑语虽非密切相似，然就语词顺序而言，如名词在形容词前，所有物在所以者前，主词在动词前，动词在宾词前，苗傜语与孟吉蔑语皆相同。惟关于傜语之材料，戴氏所得者较少，然就其所得之傜语七十字，以与苗语一百六十字参互比较，其中之半数，彼此互有关系。再以此种语言与属于孟吉蔑系之卡瓦语 Wa、崩龙语 Palaung 互相比较，其关系亦可一目了然。惟苗傜之移殖云南，乃最近一二百年之事，彼等与卡瓦人、崩龙人、安南人、柬埔寨人、大良人 Talain 之隔离，殆已数千年。是与苗傜语与卞瓦语之相似，万不能若崩龙语与卡瓦语之相似。故戴氏谓：吾人不可视此种相似纯属偶然，而忽略其亲属关系。

丁文江及李方桂二氏，皆另立苗傜语为一组。李氏列孟吉蔑语于南亚系（Austro - Asiate Family）。从语言之特点观之，孟吉蔑语与苗傜语显然不同，于苗傜语未作更进一步之研究以前，姑从李氏之说。

二、苗傜语之地理分布

苗族或苗子云云，乃汉人所加之称谓，因此彼等亦自名其族为 Mhong，掸族因汉族之命名，称之曰 Meov，或 Hka - Movo。

苗傜移殖云南最晚，苗人由贵州移至云南东南，更向西南迁移，同时又有苗人之一部，迁至安南之东京及老挝。苗族移殖之迹，戴维斯述之颇详。其言曰：“苗人之老家为贵州省与湖南西部，因此此二省之中国人与苗血相混合，殆无可疑。苗人之入云南及西部四川，乃为近代之事。大多数苗人离其老家贵州，不过三世或四世以前之事。（戴氏书成于一九〇九年）彼等人数在滇蜀者，并不甚多，故在极宽之疆土中，往往不见有苗族，其在各县中，偶有苗族，皆不过少数人之群聚而已。”

“苗人仅居于云南南部，由云南东南进至北圻与掸族之景栋邦（Keng Tun，北纬廿一度又十五分，东经九十九度又卅五分）。苗人之移于极西者，以余所遇见者言，以陶尼附近为限（北纬廿三度又四十分，东经九十八度又三十五分），在云南之中部、北部，不见苗人踪迹。……贵州之苗人，以好勇斗狠著，然入云南后，散居各处，有强大邻人以围绕之，故不能有所作为，苗人在云南者，露胆怯之状，避居山巅，少与人接触，故苗人村落，绝少在人行大道之上。”

傜人来自广西，沿滇越边界向西南移住，另有傜人之一部，迁至东京及老挝之北部。关于傜人之移殖，戴维斯述之颇详，其言曰：“傜人之大本营为广西，然附近之省，如贵州、湖南、广东，亦为傜人之居地。傜人之入云南，乃近代以来之事，其出没处为云南之东南及南部。多数傜人，近来散布于北圻之山地，其名称曰曼 Mans，然亦有少数人居掸族之景栋邦，即澜沧江之西岸。傜人之居所，常在山中，较之其他邻人，彼等文化程度较高，亦较聪慧，若能稍识汉字，亦以之自夸。”

三、苗傜语之特征

苗傜除借用汉字外，皆无独立之文字，流俗所谓苗文，乃浦拉德所造。

云南境内之苗族，皆散处丛山中，其语言之特征为：声调多至五类至八类以上，韵尾辅音除－ng及少类－r 尾之外，余皆脱落。其声母 k 与 g 迥然有别，且有先鼻化声 mp－，nt－，ɔk－等，而复辅音 pl－，pr－，tl－，kl－等，今尚保存。

傜人散处于粤北、黔南、广西各处山地，印度支那、暹罗等地亦有之。在云南山地间，仅偶或发现。其语言之特征为：尚保存－m，－n，－ng，－p，－t，－k 等韵尾辅音，且较苗语所保存者为多，此种语言受汉语及掸语之影响甚大。

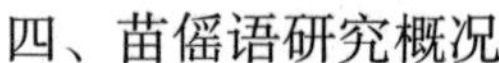

四、苗傜语研究概况

《峨山青苗调查》，卅二年高华年撰。

云南境内之苗族，多散处于山地间，因发音人寻求不易，故近年所得苗语材料甚少。卅二年八月，高君受南开大学边疆人文研究室之委托，于峨山化念乡莫石村，求得青苗发音人一人，共记录语词千余，故事二十则，山歌二十首。高君发现此种苗语之特征为：（一）舌根及小吞阻之塞音分为两套。（二）有鼻音及塞音合成之声母。（三）有复辅音。（四）鼻音、边音、擦音三类，皆有送气音。（五）有声调八类，惟其中二短调，可并入长调之中。

西人研究云南境内之苗语者除萨维拉外，有下列二书，颇著成绩：

（一）贺西氏（Hosie）《居华西三年》。

（二）克拉克氏（Clark）《贵州与云南》。

关于云南境内之傜语，则材料尤少，据戴维斯云，惟奥里恩氏（Prance Henrid Orlens）曾得少数词汇于云南耳。

第六章　孟吉蔑语

安南语（Annamese）、柬埔寨语（Cambodian）、吉蔑语（Khmer）、得楞语（Talain）皆属孟吉蔑语组。惟在滇境说孟吉蔑语者，仅蒲人支之蒲蛮及瓦崩支之卡拉、卡瓦、崩龙而已。

据清《皇朝职贡图》所载，蒲蛮分布于顺宁、澄江、镇沅、普洱、楚雄、永昌、景东七个旧府属地域。近数十年来，因同化较速，所占区域乃日渐缩小。大抵原来分布于澜沧、怒江二水之间，北纬二十七度以南，日后乃逐渐向东及东南移殖。

卡拉与卡瓦二支语言差别甚微。现代分布区域，西以怒江，东以怒、湄二江之大分水岭为界，南北界限在北纬二十二度至二十四度之间，即英人所谓“卡瓦地”是也。或云，在镇康、龙陵、腾冲等地曾遇汉化卡拉。可知其昔日分布区域大于今日。

崩龙语分布在云南极西，约当东经九十九度以西，北纬二十五度以南一带。

孟吉蔑组语言之一般特征为：无声调，以词头及词尾形成语词之变化，字根普通为单音，语词之顺序为主词在动词前，动词在宾词前。例如崩龙语，即无声调，词头又或成音缀，或不成音缀。如 p－，pan－，若加于 yam（死）之前，则 p－yam 之义变为“杀”，pan－p－yam 之义变为“杀人”或“被杀者”，且有 bl－，br，hm－，hn－，tn－，nk－等特别声母。

关于孟吉蔑组语言之调查研究工作，因无法深入所谓“葫芦王区”，又难寻觅适当之发音人，故国人于此尚无成绩。戴维斯《云南》一书中，亦仅列举此组语言中之少数单字。详细之调查与系统之著述，尚有待于国人之努力也。

第七章　民家语

民家语为滇境分布广泛而重要之语言。其族自称“僰子”，或曰“白子”。现代分布之中心，在滇西环洱海各地，即东经九十九度五十分至一百度三十分，北纬二十五度三十分至二十六度四十分之间。然而西至东经九十九度三十分，云龙县境澜沧江沿岸各地；西北达北纬二十七度，维西县地；东起自凤仪，沿大理至昆明交通大道之上，祥云、弥渡、镇南、姚安、楚雄、广通、禄丰、安宁各县，以迄东经一〇二度三十五分昆明县境，每县均有民家村落，惟数量不甚多。在北纬二十五度以南，仅红河流域之元江县境之远坝有民家。其分布之北界则无超越昆明、大理之交通大道者。

民家分布区域虽如斯之广，然其系属终为学者聚讼未决之问题。戴维斯、凌纯声、陶云逵均将其列入孟吉蔑系；丁文江列入掸人类与摆夷同属一组，而李方桂又列入藏缅组之倮倮支。

戴氏列民家于孟吉蔑系，法人拉古不理（Terrien de Laconperie）亦表同意。拉氏尝谓就民家词汇考之，其中大部分系自孟吉蔑语假借而来，其原其孟吉蔑语之痕迹，今犹可考见。戴氏曾就民家语百字分析之，其结果为：

中国语源　四十二字

藏缅语源　三十三字

孟吉蔑语源　二十三字

掸语　二字

其语言所以如此混杂，殆由于民族混合之故。依戴氏推测，民家实出于孟吉蔑，因其所接触者为藏缅族之麽些、倮倮等，故其语言颇受此等邻族之影响而大变。重以与汉族杂居，其大部分词汇乃借自中国云。然戴氏从语词顺序察之，又觉形容词在名词前，所有者在所有物前，主词在动词前，动词在宾词前，正与汉语相同，而与孟吉蔑语相反，故终于举措不定。既谓“此种语言能否视为孟吉蔑语系，自成问题。此事之终局结论，惟有听各人自为主张而已。鄙意如民家语难划归于一语系之中，不如听其自成一类，不必有所隶属。”又谓“至拉克伯里认民家语属于孟吉蔑语系之意见，亦属可采。”戴氏此种犹豫彷徨之意见，实令人有无所适从之叹。而丁、李两氏虽不从戴氏之说，然亦未尝举述应属于掸人或属于倮之明证。

余抵滇以来，所调查之民家语，先后已不下十单位（见下）。音系虽互有参差之之处，尚难一概而论，然就其大要观之。民家语当为藏缅语与汉语之混合语，且其中百分之六十以上为汉语成分。惟全部调查材料整理完善尚有待于来日，故于此一重要问题，暂不欲多事论列。

于民家语作系统之研究者，当首推赵式铭之《白文考》。此书新云南通志已收入，亦有单行刻本，近年来民家语之调查研究工作，颇多成绩，惟均待整理发表耳。兹举其要者：

兰坪拉吗语调查（三十一年）　罗常培　未发表

注：余庆远《维西闻见录》夷人章云："那马本民家，即僰人也，浪沧、弓笼皆有之。地界兰州，民家流入，已莫能考其时代，亦多不能自记其姓氏。麽些谓之那马，遂以那马名之。语言，实与民家无异。"余意拉吗为未汉化之白子，民家为已汉化之白子，实系同源。

大理民家语调查（三十一年）（三十三年）　罗常培　未发表

注：所调查之大理民家语共三单位：喜洲、上甸中、上马脚邑，尤以喜洲之材料为最多。

宾川民家语调查（三十一年）　罗常培　未发表

邓川民家语调查（三十一年）　罗常培　未发表

洱源民家语调查（三十一年）　罗常培　未发表

剑川民家语调查（三十一年）　罗常培　未发表

鹤庆民家语调查（三十一年）　罗常培　未发表

剑川民家故事记音（三十一年）　罗常培　未发表

云龙民家语调查（三十一年）　罗常培　未发表

泸水民家语调查（三十一年）　罗常培　未发表

此外，中央研究院张琨君曾于二十八年至二十九年间，受中英庚款管理委员会之委托，久居大理，于民家语亦曾作多方面之调查，惟其结果亦尚未见公诸于世也。

第八章　结论

云南地形复杂，既富绵亘高峻之山脉，复多深急蜿蜒之河流，益以交通工具缺乏，梯航维艰，乃造成各种不同之部落与风俗，而语言尤为歧出，浅学之流，鲜察本源，辄妄为歧视，目为夷族，号为夷语，不知此种操夷语之宗族，溯其本原皆汉族之支流苗裔也。特因流转播迁，屏居荒陬，文化久湮，遂睢盱如徼外耳，外人不察，又往往以一部落之称号而为诸族之共名，使环伺吾侧者得乘间抵隙，妄企离析我民族，分裂我版图。如近时暹罗改称泰国，并依附掸族，妄谓欲收复故土，建立掸族国家。蒿目时艰诚恐欧洲民族之纷争，将重演于东亚也。七七抗战以还，中原人士，避地来滇者，何可数量。其或因道义人情、交通、经济，各种约束，未克或不愿离滇者，实繁有徒。志在研究语言文字之士，曷利用此现实环境，大量搜集此土所有之语言材料，以奠定汉藏语系比较研究之基石，论其意义，又岂徒添新页于中国语言学史而已耶？中国之命运曰："我们中华民族是多民族是多数宗教融合而成的，融合于中华民族之宗族，历代都有增加，但融合的力量是文化，而不是武力；融合的方法是同化，而不是征服"。凡对中华民族或国族成长之历史，有深切之认识者，量不致否认斯言。惟所谓文化者，其涵义实甚广泛。或谓文化为过去社会所遗传之习惯及信仰之总合；或谓文化为一极复杂之总合，凡知识、信仰、艺术、道德、法律、习惯以及人类以社会一员之资格所获得之其他一切能为与习惯，皆在其中。文化所包括之方面，既复杂如彼，因此融和之步骤，自须积渐而致；融和之方法，应从移民、通婚、传教、兴学、贸易、屯垦等项，分途并进。而融和二种文化之主要媒介，则首推抒情达意之"语言"。

语言与文化，互相协助，互相启发。语言不能离文化而独存，语言之历史与文化之历史，实相辅而行。欲融和二种文化而不以沟通语言为首要之任务，是犹入室而不得其门也。我中华民族成长迄今，本已形成浑然不可分之整体。而在边地少数宗族间，乃因语言之隔阂，教育推行之不力“亲民之官”之不善扶绥，时至今日，有待于中央或地方政府努力融和之处尚多。就余见闻所及，方今滇境若干边胞，或已精通缅语、英语及欧西文化史事，而于国语及本国文化历史，竟茫然无知。似此情形，就总动员及抗战建国之意义言之，皆未可乐观。是以欲增加宗族之向心力，使整个中华民族愈益精诚团结，首宜由“语政”之推行急起图之。

中华民族之语言，除极少数之宗族外，皆属汉藏语系。此系之共同特征：一为单音化之倾向，二为声调系统之类似，三为古浊音之清音化。吾人恃此三大共同之特征，即可由语言上维系中华民族之亲缘，不致误中敌人挑拨离间之诡计。是以苟能推行语言研究，即可使各宗族间益形融和，全民族之意志益形集中，抗战建国之力量，自可扩大矣。

所谓“语政”之意义，乃藉语言之研究传习与沟通，以促进文化广被，政教实施也。至其推行之具体方案，可分两纲十目言之：

一、族语之研究

抗战以还，国内政治家、教育家以及人类学者、语言学者，对于各宗族之语言，虽浸渐注意，而究其实，人云亦云者实多，沉潜研究者仍寡。姑就滇境各种语而言，远在数十年前，西洋传教士或外交家，即已对云南境内各种族语广加研究，其中颇著成绩者，如邓明德（Paul Vial）及黎耶达（Lietrd）之于倮倮语；马伯乐（Henri Maspero）之于台语；库兴（Cushing）之于摆夷语；萨维拉（Sivina）之于侬语及苗语；傅能仁（J. O. Fraser）之于傈僳语；韩孙（O. Hanson）之于山头语；巴括（Bacot）之于麽些语……惟吾人若持“科学之纪录”与“系统之整理”二标准以衡量之，则觉惬意之处实少，盖上列诸人，除一二家外，皆非专门语言学家也。近数年来，国内人士，侈谈边地族语者可谓风起云涌，盛极一时。惟就其已刊行之关于族语之成绩而论，堪称超越上列诸西人者尚不多见，是以吾人苟欲认真研究族语，并举中华民族之共同文化广被于各宗族间，则不可忽略下列五项工作：

（一）严格训练调查人材

凡大学文法学院之毕业生，而曾选学语言学方面之各种基本课程者，再经一年以上之训练，并随导师实地调查二次以上，经考验合格后，始可任其从事独当一面之调查工作。

（二）制定一致之标音符号

滇境各种族语，惟倮倮、麽些、摆夷本有文字，其余皆无文字。流俗所谓苗文，乃浦拉德所造；所谓傈僳文，乃傅能仁所造；所谓山头文，或蒲蛮文，乃韩孙所造。吾人欲调查各种族语，必先制定一种精确之标音符号，以资应用。国际音标虽甚精确，然因不便印刷，对于印行族语读物，仍感困难，近有主张根据注音符号之原则，增制国音符号者；亦有主张迁就罗马字母，而酌量扩充者，吾人若着眼于实用之便利，自觉后说较当。

（三）编辑各种族语之常用字汇及语法纲要

精确可靠之族语材料获得以后，即宜分头整理，务将各种族语之常用字汇及语法纲要，编排刊行，以便下列二目工作之展开。

（四）以族语编译发扬中华民族共同文化之读物

此乃融和宗族之进一步工作。以余观之，目前急切需要之读物，如国史概况、国族与宗族之关系、党义浅说、日用会话等，皆宜着手编译。

（五）训练边地政教人员通晓族语

一切误会，往往由语言之隔阂而起。边地政教人员，皆所谓“亲民之官”。如欲深知民瘼，并调查宗族间之感情，发扬国族之文化，皆非通晓族语不可。中央或地方政府于上述第三、第四两目之工作完成后，即应特设训练机关，或于地方行政干部人员训练班增设此项科目，凡未受是项训练者，皆不得从事于边疆行政或教育工作。

二、国语之推行

国语与族语之关系，本属同源异派。此种事实，不惟上文所述三大共同特征可以证成，即从词汇之比较上，亦可获得佐证，是以国语为整个中华民族抒情达意之工具，族语为各宗族间融洽感情及探讨共同母语之媒介。二者相因相成，不可偏废。关于推行国语所须注意之事有五：

（一）传习注音符号

注音符号之有今日，乃经过三百年之孕育，与三十年之推行之结果。欲使各宗族之同胞通晓国语，注音符号实良善而必须之工具。务求各宗族皆能认、能写、能拼，其功始毕。

（二）训练国语师资

遴选各宗族中之优秀青年，施以国语师范教育后，使返本地积极推广国语，冀边胞辗转传习，致精通国语之宗族日渐增多，则整个中华民族自益形融和，对于移民、通婚、兴学、贸易、屯垦……各项边政之实施，亦可轻而易举矣。

（三）编辑国语及族语对照之读物

是项工作之目的，在求双方了解力之增进。

（四）教授基本国语

俟国语相当熟练后，更教以基本国字千余，以注音符号标音，以国语及族语释义。务求各宗族之同胞，对于已学之国字，皆能写、能读、能用。

（五）循序授以国字之读物

俟基本国字运用纯熟之后，乃逐渐增加其字汇。务期各宗族之同胞，由浅入深，由被动而自动阅读国语读物，于是各宗族之国语教育，始告完成。

上述两纲十目之工作，如能切实进行，则语言之隔阂化除。行见如《中国之命运》所预期：“由于生活的互赖，由于文化的交流，各地的多数宗族，到此早已融和为一个中华大民族了。”

附识：

民国三十三年秋，莘田师受云南省立昆华民众教育馆之请，拟撰《云南之语言》一文，以入该馆所编《云南史地辑要》。旋以赴美讲学，匆匆去国，不克成编。行前以材料相授，嘱与陈士林、赵毓英两兄分任其事，而由定负其总责。其中台语、苗傜语、结论三章，由士林兄执笔；藏缅语一章，由毓英兄执笔；叙论、汉语方言、孟吉蔑语、民家语四章，由定执笔。目次皆莘田师所自定，未曾有所增减移动。文中所用音符，因顾及印刷困难，一方面尽力省减，又多方避免特殊音标。过于生僻之专门术语，非不得已，亦不引用，以求通俗易晓。文中如有错误，皆由各执笔人分任其责。体例或有参差不纯之处，则定难辞其咎，敬希阅读诸君亮察是幸。

第六篇　云南地质史

张席禔

第一章　通论

第一节　地质学研究的范围

地质学者，乃研究地球之科学也。例如地球上各种现象及各种作用，以及地球自形成以来，直到现在，他所经过的情形；海陆的变迁，生物的演化，气候的转变，火山的活动，和其他动力的工作及其结果。以上诸项问题，统属于地质学研究范围以内。研究这些问题，全赖于地质学者，审慎观察，并从组成地壳的地层里边，采集资料，加以正确的解释和研究。

地质学家应当采集的资料，一、各地质时代的岩石种类、厚度和分布的区域。二、各时代的地层里所保存的动植物化石。三、各时代的火山活动所造成的喷出岩石和侵入岩，它的种类和分布。四、变质岩的种类、时代和分布的区域。五、因地壳变动，所发生的褶皱，断层和其他地质构造。

第二节　地质学的历史

地质学成为一门专门的科学，不过近二百年的历史。希腊罗马时代的思想家，间或有对于地球上各种现象的叙述，多系抽象的、片段的，并非是由于观察所得的事实。直到十八世纪的初叶，地质学始在欧西诸国，成为一种专门科学，分出若干部门，如地史学、地层学、矿物学、岩石学、经济地质学及古生物学等。中国人对于地质思想，肇端甚古，例如《禹贡》言土壤最详，当时九州，不啻以土壤为区分，又如《诗经》有云，高岸为谷，深谷为陵，与风化轮回之说，若合符节。唐朝颜真卿作《抚州南城县麻姑仙潭记》，中有海中扬尘，东海三为桑田一语，因由麻姑山东北，获得贝壳类化石，而推论及此。朱子语录，言化石生成之理，尤为精当。从以上的记载，我们可以知道，中国地质思想，发端甚早，不过是片段的，无系统的，我国真正的地质科学，系由欧西各国输入。学校设有地质专科，开始于清末，而地质系及地质调察所的成立，始于民国初年。因此，中国地质科学的历史，不过三四十年，说起来，非常幼稚，较之欧西诸国，远有逊色。现在跋山涉水，真正从事于地质事业者，不过二百余人。此后中国地质前途的发展，全赖政府的奖励提倡及中国地质界同仁的努力。

第二章　地球概论

第一节　地球原始

地球的原始，和太阳系中的太阳，及其他各行星，成因相同。这许多星体，最初本为一个极大的星云团，系一个发光放热的大气球。因旋转甚速，发生离心力，星云团的一部分，遂分裂而成各行星。形星重行分裂而成卫星，星云团的核心，未曾分裂者，即为太阳，占在太阳系的核心，这是太阳系的原始。

地球的原始，乃由大星云团分裂出来的一个小星云团，逐渐凝固冷却，最初成为一个发光放热的流动球体，和太阳相似。嗣后经年久远，表面的温度，向各方分散，遂造成一个极薄的外壳。地球到了这个阶段，遂仅含内热而不放光了，它的内热，继续向外放射，逐渐冷凝，外壳遂因而慢慢地加厚。

关于地球的次一个阶段，我们也只可以想象，根据地质学者达纳的主张，我们的地球，约可以分为以下各阶段：

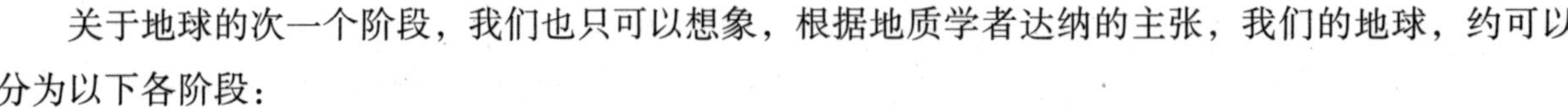

一、星体时期的地球。在此时期，地球成为一个发光放热的星体。

二、无生时期的地球。表面造成薄壳，从这个时期开始，地球就仅含热而不放光了。它的这个阶段很长，可再分为两个小阶段。甲、无水时期。乙、海洋时期。从此时开始，地球上已有原始海洋，但因水的温度极高，生物无生存之可能。

三、太古生代亦名太古代。地球上始有原始生物发生。

第二节　地壳

地壳究为何种物质所组成？那些物质如何排列？地球内部如何？这些问题，为地质学者的先决问题。地壳为地球外面之一薄层，为吾人能直接观察者，组成地球内部的物质，由火山活动时期，喷出的物质，吾人亦可略知其梗概。

地壳为各种岩石所组成，乃为有秩序的排列，并占有一定的位置，并非堆积一处，杂乱无章，那些岩石，为一种或多种矿物组合而成，矿物又为各种元素的化合物。

地壳之物理性质。地壳可分为固体、液体、气体三部分。固体物质，称为陆界，为造成地壳之主要部分。液体部分称为水界，占在地壳的底凹部分，但成为不相连接的外围。气体部分，称为气界，连续包围于陆水二界的外面，厚度约有二万英里。但是地壳上的物质三态，并非绝对不变，水不仅流动于地面上，且可流入地壳深处，变为泉水，复流出地表，当火山喷发时，可由地壳内部，喷出多量的水及水蒸气。大气内常含有多量的水，高悬天空，成为云雾，依同样情形，大气中的气，可溶于海洋和湖泊的水内。组成地壳的岩石和矿物质里，常含有水分，而地壳的岩石，风化后，变成碎块，或溶解于水中，或被水漂流。

比较水与陆的高度，可用海拔为标准。地壳上最高的山，达海拔二万九千英尺，最深的海，约略相同。但地球上平均的高度，仅为海拔二千二百英尺，而平均海的深度，则可达一万二千英尺。根据最近的统计，地球上陆地的面积，仅占全面积百分的二十八。水的体积，比较高出海面的陆的体积，约大十五倍。此点对于地质学者研究海陆升沉时，特为重要。

地球的比重为5.5，地壳之平均比重，仅为2.7，相当于总比重的半数。因此，我们知道地球内部的物质，比重甚大。根据地质学者的推测，内部必为铁和镍较重要物质。水界的比重，较地壳的比重少三分之二。地面上大气的比重，仅为地壳之1/1930。而高空气之比重，尚较此为小。

地壳内部温度的分布。从地球表面升入大气里面，越向上升，温度愈下降，但降至何种程度，现尚无法测验。由同样情形，海水愈向深处，温度亦愈降低，即在高温度区的海中，海水的温度，达相当的深处，温度仅在百度表零度以上。海底的凹陷处，温度极低。我们如在固体的地壳内，作同样的测验，则所得的结果，适与上相反。即愈向地壳深处，温度愈高。关于温度增加的速率，各学者的测验，微有不同，平均计之，每深入地壳内三十公尺，摄氏表增加一度。由此试验，地壳内部的岩石，至某一深处，均成溶质。

地壳化学成分。空气为氧和氮二者组合而成。氮约占百分之七十九，氧百分之二十一。二者系混合体，非化合体，此外尚含有少量的二氧化碳、水气和氩。固体的物质（尘沙），亦含有少量。水界为氢和氧二者所组成。尚含少量溶解的盐质、气体和固体物质。组成地壳的物质，颇为复杂，但其中最重要者为氧化物，尤以氧化矽为最要，占大部分。次者为铝、钙、铁、镁、钠、钾和氢的氧化物等。就岩石的化学成分而言，地壳的组成，一半为氧，四分之一为矽，十四分之一为铝，余为其他元素。

美国地质调查所化学家克拉克近年来曾作岩石分析八百余种，将组成地壳各种元素之平均数，详为确定，并假定地壳的厚为十英里，此将其分析结果，列如下表：

		地壳（93%）	海洋（7%）	加大气的平均数
氧	O	47.29	85.79	49.98
矽	Si	27.21	—	25.30
铝	Al	7.81	—	7.26
铁	Fe	5.46	—	5.08
钙	Ca	3.77	0.05	3.51
镁	Mg	2.68	0.14	2.50
钠	Na	2.36	1.14	2.28
钾	K	2.40	0.04	2.23
氢	H	0.21	10.67	0.94
钛	Ti	0.33	—	0.30
碳	C	0.22	0.002	0.21
氯	Cl	0.01	2.07	0.15
溴	Br	—	0.008	—
磷	P	0.10	—	0.09
锰	Mn	0.08	—	0.07

续　表

		地壳（93%）	海洋（7%）	加大气的平均数
硫	S	0.03 +	0.09	0.044
钡	Ba	0.03	—	0.03
氮	N	—	—	0.02
铬	G	0.01	—	0.01

除上表所列的元素外，尚有少量的氟、硼、镍、钡、金、银等，分散于岩石中。

第三章　岩石概论

第一节　岩石分类

造成地壳固体的物质，即为岩石。组成岩石的各种矿物，有时肉眼可以辨识，但有时须切成薄片，利用放大显微镜，始可鉴定。根据生成的来源，岩石可分为水成岩、火成岩和变质岩三类。作简略说明于下：

水成岩。由沉积作用，在水底而成者，但亦有借用风力或冰川的主动力，停积而成者，前者如砂岩、石灰岩；后者如中国北部的黄土和冰积层。水积岩常具有层理，并含有化石。

火成岩。由地壳内部高热度的岩浆，因火山作用，喷出地面以上，或侵入地壳里面，逐渐冷却而成。普通无层理，不含化石。惟地面上喷出的岩石流内，间有含化石者。火成岩大致可别为两类：其喷出于地表冷凝而成者，名为火山岩，亦名喷出岩。其在地面以下地段深处冷凝而成者名为深造岩，亦名侵入岩。根据化学成分而言，火成岩可别为酸性或基性火成岩，前者含矽氧二（SiO_2）的量颇多，含铁镁矿物质较少，基性火成岩，恰与上者相反。酸性和基性之间，名为中性火成岩。

变质岩。由于水成岩或火成岩，受过高温度、大压力及水汽作用后，所含矿物的全部或一部，经过变质作用，变化而成。例如石灰岩变质后，即成为大理石，砂岩变质后，即成为石英岩。变质岩的构造，可分为结晶质，片状或片麻状及层状等。更就变质时的地位、区域的大小和作用的不同，可区分为三大类：一、接触变质，当围岩（火成岩或水成岩）受其他火成岩体侵入时，接触带常起变质作用，并产生多种新矿物，此类变质，范围较小，仅限于接触带较近处。二、热液变质，火成岩上升后，当冷凝时，常放出多量的热液，若与围岩相遇，即发生热液变质作用，而产生新矿物。此类变质，范围亦甚狭，但多数矿脉均由此而生。三、区域变质，地层埋没于地壳深处，受上面极厚地层的压力及温度的影响，经年久远，下面埋没地层，因而发生变质作用。此类变质的区域，范围甚广。

第二节　水成岩的构造

一、层次。水成岩常呈层状，有时成层极厚，有时成薄层，但亦有厚薄相间，自远观之，层次井然，其所以成层之厚，不外下列数端：（一）因砂石泥土，被水携带，速力大时，搬运力亦大，无论粗粒或细粒，皆可因水的速率，搬运而下，但因速率减小时，搬运力亦随之而减，其颗粒大而重者，即先行沉积，颗粒小而轻者，仍继续漂流而下，到搬运力弱时，再行沉积，岩层有粗细之分，因此，遂有显著之层里。（二）流水中所含之物质，化学成分，每有不同，故沉积亦有先后之分，以致地层常有层理，例如砾岩及砂岩先沉，页岩次之，石灰岩最后沉积。（三）因各地层岩石性质之不同，故色泽各异，风化之后，常有暗淡或鲜美之别，因地层颜色不同，因此，地层之层理，亦特别显明。岩层接触之面，称为层面。

二、水平。湖海之底，常高低不平，当泥沙沉积时，普通皆为水平，因当水流动时，泥沙先将底凹之处填平，以后沉积，均成为水平，因此，水成岩所造成之山，当未受过造山作用时，岩层之层面，均为水平。

三、假层面。水平层面之间，时有多数假层面，排列成行，造成假层面之原因，或因潮水及波浪之力，或湖海之边缘，原有倾斜面。

四、波纹及交错纹。水成岩中，时有波纹或交错纹之现象，因波浪发生时，水底之沙土，往往受其波动，造成高低不平之面，然后被上层之泥沙所掩盖，即可保存而成波纹，此项现象，为浅水沉积之现象，沙漠区域，因风力吹动，亦时生波纹，但鲜有保存者，水力或风力转变时，岩层中常发生交错纹，但水力与风力所造成者，构造微有不同。

第三节　化石

何谓化石？古代的动植物死亡以后，它们的遗体或遗迹，当时被湖海中的泥土所掩埋，这类生物的遗体，被水中溶解的矿物质，逐渐渗透于体内，经年久远，变成化石。但是这些化石，如保存完美时，生物的各部分，尚可辨识。含有化石，为水成岩特征之一，对于地层时代的鉴定，功用甚大，生物是依照进化的程序，由简单而复杂，由下等而高等，当时沉积的地层，即将当时生物的遗体，保存起来，变成化石。因此，利用化石，鉴定地层之年代，非常准确。一部地质史，主要时代的割分，即根据古生物，这亦是水成岩的特点之一，而为火成岩或变质岩所无者。火成岩流或火炭，间亦含有化石，但比较稀少。深造火成岩，绝对不含化石。水成岩变质后所成的变质岩，间或亦含有化石，但因该项变质岩，因受有高温度和大压力的影响，岩石完全变质，故其中遂含有化石，亦均受变质作用，而不易辨认。

化石不但可以鉴定地层的时代，并且可以用来区别岩相。何谓岩相？水成岩之在海底而成者，谓之海相；其在湖底或河流之底而成者，谓之陆相。海相地层中，常含有海生动植物化石；陆相地层中，相含有淡水产或陆生的动植物化石。我们研究生物或古生物，根据他们的构造，或生活情形，可以知道，哪类生物是海生，哪类是淡水产或陆生，因此，我们在地层里采集的化石，就可以证明该地层为海相或是陆地相，非特此也，某一地层，系海滨沉积，浅海或深海沉积，我们统可以用化石来辨别。因此，化石对于地层上的功用，非常重大。

第四节　水成岩分类概论

依据沉积物质之来源，水成岩可分为三类：

一、冲积沉积亦名机械沉积。陆上风化物质，如沙砾、泥土，被河湖中水力的搬运，当速率减小时，其搬运力降低，沙砾、泥土等，即行沉积。此类所造成者，统名谓冲积沉积。

二、化学沉积。各种矿物质，溶解于水中，当水量蒸发或渗透后，或当溶解的物质到饱和量时，物质即行沉淀。同时两种溶液相遇，常发生化合作用，而起沉淀，此亦为化学沉积之一例。

三、生物沉积，亦名有机物沉积。此类沉积，多为动植物的遗体，死亡后沉积而成。以石灰岩为最普通，例如纺锤虫石灰岩、珊瑚石灰岩、货币虫石灰岩和放射虫软泥等，例不胜举。此外如海滨或沼泽区所造成的石油和煤炭，以及岩洞或海岸的鸟粪沉积等，均属此类。

依据化学成分而言，水成岩亦可分为三类：

一、矽质岩。此类大部分为沙砾，成分为石英质。砂之成圆颗粒者，大都因风力摩擦而成。水中冲流的砂，均有棱角。花岗岩分解后，长石、石英、云母，均成为碎砂，名为花岗岩砂。长石分解后，造成之沙，称为长石沙；云母所成者，称为云母沙。

依颗粒大小，可分为细沙、粗沙和沙砾。用胶结物质固结后，可造成砂岩、砾岩，具有棱角的石子，固结以后，谓之角砾岩。砂岩因含炭、铁、钙、铝等杂质的多寡，又可分为炭质、铁质、钙质和泥质砂岩等。

二、泥质岩。此类为铝土、矽和水的混合物，其最纯者为陶土亦称高粱土，含矽百分之四十六、铝百分之四十、水百分之十四。陶土可供瓷业作，我国以江西省产者，最为著名，火泥为黏土和砂粒的混合物，微含铁、镁等质，富耐火性，冶金业常用之。火泥和陶土，常和煤层共生，我国各处的大煤田，每产有之。

泥质之已胶结，变成坚固之岩石，如页岩、泥岩等。页岩中常含有炭质、钙质、砂质和云母等，故称为炭质或云母页岩。炭质页岩中，含氢、炭质较富者，称为油母页岩，当蒸馏时，可提出多量之油。

三、灰质岩。此类为碳酸钙所组成，间含有少量的碳酸镁。普通均为有机物质所组成，但亦有经化学沉淀而成者。较纯洁者，名为石灰岩，含镁质较多，则名为镁质灰岩，含有定量之钙与镁之石灰岩，名为白云岩。

石钟乳、石笋和石灰华等，为化学沉淀而成之石灰岩。切为薄片时，常显同心圆构造。

石灰岩普通为生物所造成，前已述及，例如纺锤虫石灰岩、货币虫石灰岩等。白粉为多孔虫组成之石灰岩，英国之白垩纪地层，多为此岩所造成。鲕状（鱼子石）石灰岩和定状石灰岩，常显圆粒状构造。切成薄片，显微镜下观之，具有同心圆和放射线组成，此或为水中藻类作用而成者。

石灰岩因含有各种杂质，可分为泥质、矽质、炭质石灰岩等，因变质作用而成结晶者，名为大理石。

除上述之水成岩种类以外，尚有其他少量之岩层，常夹杂于水成岩内，例如磷酸钙，为动物的骨骼或牙齿分解而成者，但成层甚薄。

石膏为含水之硫酸钙，有时分布颇广，成层较厚。石盐为氯化钙，亦为水成岩层之最普通者，常夹于砂岩、页岩层中，我国川、滇、康等省，石盐层分布颇广，产于中生代之地层中。

煤炭亦为水成岩之一，种类繁多，例如泥炭、褐炭、有烟煤（软煤）、无烟煤（硬煤）等。煤为古代森林，因地壳变动，被土或岩层所埋没，植物纤维中，所含之氧、炭、水等易挥发物之物质，即被排挤而出，其中所含之炭质，逐渐集中加富，历年久远，即变成煤炭。我国产煤，号称丰富，尤以华北之晋、陕、冀、豫及东三省为最，南方诸省如湘、川、滇各省亦产煤炭，但产量远逊于华北诸省，因当时多为海相地层，不适于煤产也。

我国产煤之时代，以古生代的石炭纪及二叠纪最为普通，次之为上三叠纪，及侏罗纪地层。滇之一平浪煤田、开远之乌格及个旧之火把冲煤田，均为上三叠纪；可保村煤田，属下石炭纪；宣威煤田，则属于二叠纪之乐平煤系。

第五节　地层的层位和地层变位

当水成岩沉积时，下层先行沉积，上层后行沉积，因此下层者时代较老，而上层者时代较新，这个原则，是研究地层的最重要的根据点。在未受到地壳变动的区域，各地层均成水平，延展颇广，并无所谓走向和倾斜。地层原来沉积的层序，自下而上，层理井然，很易辨认。

但是地球自形成以来，地壳发生过许多变动。有些变动，仅是上下移动，例如海陆的变，从前的海底，上升而为陆，或者从前的陆，下降而成海。这类地壳的变动，它的主动力，是上下垂直的，并无侧压力的排挤，这类变动，名为造陆运动。

但是地层上升时，时常发生侧压力（亦名横压力），地层受横压力的排挤，常发生褶皱，造成向斜层或背层的构造，原来水平的地层，变成倾斜地层，地层面和水平面所切的方向，叫作走向，他所成的倾角，叫作倾斜度，这种横压力的变动，名为造山运动。

地壳受到剧烈变动的区域，地层常造成伏卧褶皱，非但岩层的次序重复，并且上下层次颠倒，设遇有逆掩断层时，因一边侧压力的推动，老的岩层，反覆于新岩层之上，研究地层时，特别注意。

地壳破裂之处，常发生大断层。同时代之地层，因断层之关系，每在不同之平面上，断层发生后，经常风化，将地面削平，同一平面之地层，时代往往不同，调查时，亦应留意。上述之地层变位诸现象，均位于地质构造中。

海相或陆相沉积的岩层，原来在海底或湖中，沉积而成，因地壳发生变动，逐渐上升，露出在地面，岩层表面的一部分，因受风化和侵蚀作用的结果，被侵蚀掉。经过若干时期后，地壳又发生变动，原来的地层，又被水淹没。沉积作用的新轮回，复行开始，经过若干年后，岩层复上升露出地表。地质学家如有机会，研究这个地层剖面，即可以察觉，岩层两个轮回的中间，当有一个间断，这个间断，就代表第一个轮回的岩层，露出地表时，受侵蚀的时间。

两次轮回岩层的层面，彼此平行，我们称这个间断，为平行不整合，或简称间断。假设第一套岩层，当受有地壳变动时，不仅上升，同时并受有侧压力排挤，发生褶皱，在这种情形下，两套岩层的层面，非平行而成有角度的斜交。这个间断，称为不整合。前者仅为垂直的力量所造成，发海陆升沉的现象，普通称为造陆运动。后者（不整合）除直压力外，尚有极大侧压力的排挤。使地层发生褶皱，使之隆起而成山，因此，这种作用，称为造山运动。

第四章　地层分段与地质时代

最初的地质学家，对于地壳上各岩层的地质时代，尚无确切的观念，同时代的地层，分布于不同的地点，尚不能认定。认地层为同时代者，直至十八世纪的初叶，地质学家始具有地层层位的观念。地层层位的比较方法，总括起来，有下列四种：

一、地层层位的定律。地层沉积时，下层先停积，时代较老，上层复行停积，时代较新，这是地层的原则。但某处地层，若受有地壳变动时，地层的次序，可能上下颠倒，这个原则，就不适用，比较层位，须用其他方法来协助。

二、岩石的性质。用岩石性质，比较地层，在小区域内，尚不致发生错误，但使用于广大的范围内，殊不可靠，例如中国南部，震旦纪地层中，常含一冰碛层，此冰碛层，应与杨子峡的南沱冰碛层相当。其他如震旦纪地层的最上部，常有一含磷层，下石炭纪地层中，常有一铝土层，分布颇广。凡此含有特别性质的岩层，名曰标准层，对于比较地层的层位，功用甚大。

三、根据化石的内容。化石是有时代性的，用以鉴定地层的时代，前章已有叙述。因为化石是由古代生物变化而成者，一切生物体依据进化的程序，向前演化，由简单而复杂，由下等而高等。因此，他们的生存时期，在地史上是由一定的，所以用来鉴定地质时代，是相当准确的。

四、根据地质构造。地质构造，对于鉴定地层的时代，有时借助甚大。例如地层的中间，每有间断，和不整合等。

上述数端，为比较地层时代的基本方法。有时利用一种方法，地层的时代，即可解决，有时须用数种方法，互相参证，方可决定，情形不同，全赖地质学家之利用耳。

地层的单位，我们名为“层”，例如沧浪铺层、龙王庙层等。所谓层者，即是一套地层，它的岩石性质相同，岩石中含有一定的化石，层名通常以地命名。比较大的地层，我们名为“系”，如乐平系、新滩系等，普通亦是以地命名。

根据世界地质学家研讨的结果，地史之可得详而察者，可分为六大界，每界又分为若干纪，而每纪中又各就当地情形分为系、统、层、带等区分。此将地史系统表，与其重要之生物列表如下：

地史时代表

代（界）	纪（系）	世（统）	主要动物	主要植物
灵生代	第四纪	全新世	人与猿人	—
		更新世		
		多新世		
新生代	第三纪	上新世	哺乳类	显花植物 双子叶植物 现代植物
		中新世		
		渐新世		
		始新世		
		初新世		
中生代	白垩纪	未详	爬行动物 菊石类 骨质鱼始祖鸟	显花植物 单子叶植物 （苏铁科、 松柏科）
	侏罗纪	未详		
	三叠纪	禄丰层 火把冲煤系 开远层 虹溪层 飞仙关页岩		

续 表

代（界）	纪（系）	世（统）	主要动物	主要植物
古生代	二叠纪	乐平系 阳新系	腕足类 两栖类 甲胄鱼 笔石类 三叶介类	隐花植物 （羊齿类及封印木、鳞木等）
	石炭纪	乌拉系（统） 黄龙石灰岩 丰宁系		
	泥盆纪	一打得层 曲靖层 婆兮层 南盘江石灰岩 西洱层		
	志留纪	玉龙寺层 马龙层 人和桥页岩		
	奥陶纪	上横水塘 下横水塘 红石崖层		
	寒武纪	上寒武纪—保山层类 下寒武纪—龙王庙、沧浪铺、筇竹寺		
元古代	震旦纪 五台纪	灯影石灰岩 澄江砂岩 昆阳系	下等动物遗迹	藻类
太古代	泰山纪	大理变质岩系	—	—

地球的年代，虽经地质学者，利用各种方法计算，但结果悬殊，未能一致。美国地质学者贝雷儿最近的估计，约定灵生代及新生代的长为五千五百万年至六千五百万年，中生代的长为一万三千五百万年至一万八千万年，古生代的长为三万六千万年至五万四千万年，太古及元古代的长为十二万万至十四万万年。地球年龄的总计为十七万万至二十一万万年，此种估计，亦难视为定论。但我们可断言者，灵生代与新生代的年代最短，中生代的长约三倍于前，古生代的长约四倍于中生代，而太古代与元古代的长尚倍于其余的总和数也。自有人类始到现代，约略四百至五百万年，而猿人的时代，则较此为更长。但与地质时代的总数相比较，反微乎其微矣。

第五章 云南地层

云南省内，各时代的地层，均甚发育，就目前所知者，分别述之如下：

第一节 太古界

滇西之大理苍山一带，此时代之地层，颇为发育，造成此系之主要岩石，为片麻岩和片岩二者。其较为普通者，为辉石片麻岩、角闪石片麻岩和角闪岩等，片岩则以黑云母片岩、绿泥石片岩为主，间亦有滑石片岩。此时代之地层，因时代久远，屡受地壳变动。和基性与酸性火成岩之穿插，故变质极深。

苍山之大理石，色泽秀美，花纹繁多，经磨光雕制之后，可作为装饰品，久已著名遐迩。此大理石之地质时代，从前地质学者，曾认为太古代所产者，但近年来经西南联合大学米士之研究，确定其为下古生代之石灰岩，因受大力之排挤，变质之后，重行结晶，而成大理石，苍山一带，曾发现两个逆掩断层，构造相当复杂。

滇西之高黎贡山，根据布朗之观察，亦有片麻岩和片岩之分布，布朗将此类变质石，与中国北部太古代之泰山杂岩相比较，滇西之陇川，此系之变质岩，分布亦甚广。

太古代之变质岩系，就岩石构造上观察，其岩石之来源，多由于时代很古之火成岩变质而成者。

第二节 元古界

中国元古代之地层，可分为二系，一曰五台系，一曰震旦系，前者较老，后者较新。云南省内，五台纪之地层，其确实可靠者，尚无所知。震旦纪之地层，滇省分布颇广。云南中部，如昆明、澄江、玉溪、安宁、易门、武定、罗次诸县境内，均甚发育。兹将震旦纪之分层，略述于下：

上震旦纪：此部可概分为二层，上层名为燧石层，下层名为灯影石灰岩。燧石层之下部，为紫色页岩，与灯影石灰岩相整合，其上为绿色页岩，再上为页状砂岩，顶部即为燧石层，组成此层之岩石，为薄层状矽质、镁灰质和灰质页岩及矽质灰岩所造成，常含有黑灰或灰色之燧石层，夹杂于其中，常成层中或扁豆状。此层中含磷质量甚多，故亦名含磷层。含磷层分布区域颇广，昆阳之中邑村，特为发育。资源委员会，曾划定矿区，拟开采磷矿，此外澄江、晋宁、江川、玉溪、昆明、安宁诸县，均有露头，厚度各处不同，其最厚者达百五十公尺。

灯影石灰岩为造成上震旦纪主要之一层，岩石为灰色块状，厚层或薄层，多为矽质石灰岩，其一部为矽质镁灰岩及石英岩，风化后成为白色砂粒，可为玻璃砂之用。

灯影石灰岩之厚度，约四百五十至五百公尺，但有时较薄，分布区域甚广，滇东东川一带，亦甚为发育。

中震旦纪：此部名澄江砂岩，主要岩石，为坚硬之石英质砂岩，通常为中粒、厚层、色蓝，或紫，或绿，有时夹以薄层之页岩，色深红，或绿间亦有细粒之砂岩，成各种颜色，最初发现于澄江，因名澄江砂岩。概括言之，此砂岩系，质甚粗，常含交错纹和波纹并砾岩层。

澄江砂岩之厚度，各处不一。澄江附近，下部未露出，仅七百公尺，玉溪西北部，达二千五百公尺。

此砂岩系，根据岩石性质，系为陆相，当时气候，非常干燥，此层应与杨子峡之南沱层下部之砂岩、砾岩时代相当。

云南中部，澄江砂岩层，分布颇广。抚仙湖周围各处，均甚发育，湖之东面，海口、西乐和青龙街等处，向北延长至南盘江流域，湖之西面，晋宁、江川、玉溪各处均有此系之露头，昆明附近，仅在白鱼口一带，有小部露头出现。

下震旦纪：此系之标准地点，发现于昆阳，因名昆阳系。组成此系之主要岩石为板岩，时间以千枚岩和石英岩，千枚岩风化甚深，风化后颇似黄或紫色之页岩，因此，调查时常误认为页岩，昆阳板岩，呈灰黑或黑色，有时呈黑绿灰色，板岩常为千层状，薄层。

昆阳系变质颇深，褶皱剧烈，劈开面极多，与岩层之层面，常成交叉或各种角度，间亦有与层面平行者，褶皱非常显著，大小均有，倾角甚大，有时小褶皱，非常复杂，走向普通为南—北向，但亦有时变为北北东或北北西者。

昆阳系分布之区域亦甚广大，昆阳、玉溪、晋宁、易门等县，均甚发育。昆明之西，龙潭街附近，亦有小露头。昆阳系之厚度，可达五千公尺，此系之来源，系为大陆沉带沉积而成者，应属海相。

玉溪石灰岩：此石灰岩，普通为纯洁，致密，块状石灰岩，呈浅灰色或深灰色，但有时呈蓝灰或微黄色，相间相层。与灯影石灰岩之含多量矽或镁灰岩者，显然不同，间亦有成不纯之石灰岩者。

玉溪石灰岩，变质亦甚剧，常成层状构造和撕裂现象。受压力大者，时呈结晶或半结晶质，此石灰岩，首先发现于玉溪境内，因以得名。易门县境内，亦有露头。此石灰岩之厚度，约五百公尺，常夹杂于昆阳岩之下部，普通有两层。

震旦系之分布，上述诸系外，武定、罗次及峨山，均有此纪之分布，滇之东北部东川一带，此纪地层，亦甚发育，著名之东川铜矿（汤丹、落雪），即产生于下震旦纪之灰岩中。

安宁、易门、武定及罗次一带之铁矿，均产生于下震旦纪之昆阳系地层中，东川一带，澄江砂岩系，分布较小。此外下震旦纪之昆阳系和上震旦纪之灯影石灰岩，均甚发育。澄江砂岩之下与昆阳系，其上与灯影石灰岩，均有显著之不整合，滇中相同。

第三节　古生界

古生代之地层，依据时代之先后，可分为寒武、奥陶、志留、泥盆、石炭及二叠六纪，分别述之于下：

寒武纪滇省寒武纪地层，特别发育，分布甚广。惟仅有下寒武纪，中上寒武纪之地层，则罕有之，仅在滇西之保山及滇缅接壤处，会有记载。此纪之地层，最先研究者，为法人戴普拉氏，研究此纪之古生物者，为曼修义氏。

昆明附近之寒武纪地层，经西南联合大学同事卢衍豪先生之研究，颇为详细，卢氏将此纪之地层，分为三层，并依据三叶介类化石，分为四带，自上而下，分别述之于后：

1. 龙王庙层

此层在滇池边缘之龙王庙附近，最初发现，因以得名。整合于沧浪铺层之上，龙王庙层之主要岩石，为厚层或薄层不纯石灰岩，夹有薄层之砂岩与页岩层，厚度达一百五十公尺。阳宗海、汤池附近，和沙朗一带，均有此层之露头，龙王庙层之上，与泥盆纪之石英砂岩，或下石炭纪之地层相接触，中含有一大间断，此层含一种标准之三叶介类，为一化石带。

2. 沧浪铺层

此层原为丁文江先生所命名，代表滇省之下寒武纪。此后卢衍豪加以限制，仅用以代表下寒武纪地层之第二层。组成此层之岩石，主要为砂岩，间以页岩层，上部为富云母质之砂岩或页岩，及灰绿色之页状砂岩和薄层石灰岩，沧浪铺层之上部，含三叶介类化石，非常丰富，下部含化石较少。此层之总厚，约百四十公尺，包含二个化石带，均为三叶介类。

此层分布之区域，滇省境内，非常广大。昆明附近，以及邻近各系，均有露头，筇竹寺公路旁之山坡上，产化石特为丰富。

3. 筇竹寺层

此层因西上之节竹寺得名。组成之岩石，以页岩为主，呈灰、黄色，风化后变为黄绿色，常间以较薄之砂岩层。筇竹寺层之底部，有黑色页岩，厚可达十数公尺，此层中含三叶介化石，亦颇丰富，其种类与沧浪铺及龙王庙层中者，均不相同。筇竹寺层，含有一化石带。

此层之总厚，约百八十公尺，其下与震旦纪之上部，灯影石灰岩顶部之燧石层，成整合接触。

以上所述三层，均属下寒武纪，最上之龙王庙层，约与中国北部之馒头页岩相当。

安南北部之东京与滇交界处，以前戴普拉氏虽有中上寒武纪地层之发现，主要之岩为石灰岩，砂岩与页岩间亦有之，含化石甚富。

除上述地点外，滇省其他各处，老地层露出寺，均有寒武纪地层之分布。已见诸报告者，如宜良、路南、弥勒、武定，以及滇东之东川一带，均有此纪之地层，惟上寒武纪地层，则仅在保山县境内，有露头出现耳。

奥陶纪。滇省之奥陶纪地层，已知地点，尚不甚多，1880 年，洛川氏在保山之西，蒲缥一带，首先发现此纪地层。其后布朗氏，复加以研究，并在施甸附近，发现同时代之地层。组成之岩石，以黄色及绿色砂质页岩为主，中夹以不纯之石灰岩层，页岩中含有化石甚多，主要者为三叶介类及笋石类。施甸一带，多为石灰岩，中夹以板岩，厚度达二百余公尺，含三叶介及海林擒化石甚富，此外又于施甸南之拉蒙，发现同样地层。

尹赞勋、路兆洽研究施甸地层之后，将奥陶纪地层，分为两层。下为施甸层，以黄色、灰绿色页岩为主，并夹以砂质页岩，厚约百四十公尺，中含三叶介类、笋石类、腕足类及斧足类等化石，颇为丰富。上为横水塘石灰岩，厚约九十公尺，化石以海林擒类，最为重要，施甸层属下奥陶纪，横水塘石灰岩，或属于中奥陶纪，其上层应属于上奥陶纪。

昆明附近之奥陶纪地层，其发育较佳者，为距昆明西十八公尺里之沙朗及二十二公里之二村一带。组成之岩石，以黄绿色或灰绿色及紫色之页岩为主，中夹以薄层砂岩。最上部为砂岩层，成层较厚，质坚，常造成峭壁，页岩中含化石甚多，主要者为笋石类及三叶介类，坚硬之砂岩中，常含有三叶介类及腕足类，总厚约二百八十公尺。二村附近之奥陶纪地层，郭文魁名为红石崖层，应属下奥陶纪，其下与寒武纪有一间断，抚仙湖附近之凤鸣村及可保村一带，亦有奥陶纪地层之露头。

滇东川一带，最近亦有奥陶纪地层之发现，中含三叶介类，颇为丰富。

志留纪。云南志留纪地层，昆明附近之抚仙湖一带，以及滇东滇西，均有其分布。惟就岩相及所含之化石而言，颇有不同之处。滇东之马龙、曲靖、沾益一带，此纪之地层，均甚发育，组成此纪之岩石，下部以页岩及砂岩为主，中部多石灰岩，上部砂页为主，页岩次之，所含之化石，以腕足类及珊瑚类最为丰富，而三叶介及腹足类亦常有之。

民国三年，丁文江先生首先研究曲靖、马龙一带地层。嗣后民国十九年，王曰伦又来此，作再度之研究。根据西南联大近年来研究之结果，该一带之地层，可分二层：下部为马龙层，相当于中志留纪，上部为玉龙寺层，相当于上志留纪。前者完全为海相地层，含腕足类、珊瑚类及三叶介类化石多种。后者其下之大部为海相，而较上之一部为陆相砂岩所组成，含有甲胄鱼化石及淡水介类，其他海生动物化石，则均缺如。曲靖、马龙一带，下志留纪化石，迄今尚无所知。

滇西之志留纪地层，保山境内之施甸一带，发育最完全。最先研究者，为布朗氏，嗣后尹赞勋、路兆洽二先生，复作详细研究。组成之岩石，均以页岩为主，间有页岩经变质而成板岩者，地层中所含之化石，主要为笋石类，种属繁多，其他海相化石，则罕有之。依据化石之分层，施甸一带之地层，应属下志留及中志留纪，而上志留纪，则应缺如。

抚仙湖周围及路南、宜良、弥勒各县，均有露头出现。滇东东川一带，此纪之地层，亦颇为发育，含化石甚富，就岩相及化石而言，与曲靖、马龙者，大致相同。与滇西者，则为异相耳。

泥盆纪。泥盆纪地层，滇省内分布颇广。法国地质学家戴普拉氏早已研究之地点，为滇越路线之婆兮，此处地层自下泥盆纪至上泥盆纪，无不俱全。迨近年来，西南联合大学迁滇，往婆兮一带，曾作数次之详细调查及研究工作，更为明了。此就该处泥盆纪之分层，及海浸情形，叙述于下，以作标准地点。

婆兮之泥盆纪地层，可分为六层：一、西洱层；二、南盘江石灰岩；三、下婆兮层；四、上婆分层；五、曲靖层；六、一打得层，共六层。

一、西洱层。此层为微红褐色之薄层砂岩与紫色页岩所组成，有时夹以薄层之泥灰岩。厚达二百九十公尺。西洱及小河口，露头甚为发育。此层中仅采得沟麟鱼片化石。西洱层之上，为南盘江石灰岩。

二、南盘江石灰岩。此层之上部为黑灰色或黑色之坚质厚层石灰岩，下部为灰质页岩及泥岩。厚度仅十四五公尺。此层中含有腕足类及珊瑚类多种化石。此述两层，均属下泥盆纪。西洱层为陆相沉积，而南盘江石灰岩，则为海相沉积。前者与丁文江所称之翠凤山层相当，后者则与广西之四排页岩相当。

三、下婆兮系。为砂岩及泥质灰岩或砾状石灰岩所组成，中含植物及沟麟鱼化石。厚度由一百八十五至二百八十五公尺。

上述前三层，均属于中泥盆纪，除下婆兮系为陆相为海滨沉积外，其余二者，均为海相沉积。

四、上婆兮系。此系全部为石灰岩。或为薄层黑灰色之石灰岩，或为结晶质之石灰岩，中含拖鞋状珊瑚，为中泥盆纪下部之标准化石。厚度达二百八十公尺。

五、曲靖层。为页状岩及块状不纯之结晶质石灰岩所组成，二者相间成层。中含珊瑚及鹦鹉介类化石，厚达二百三十公尺。

六、一打得层。下部为页岩、页状灰岩，上部为石灰岩，中含棱角石、珊瑚及腕足类化石甚多。棱角石为上泥盆纪下部之标准化石，此层之厚度达三百公尺。

婆兮之泥盆纪地层，除下部之西洱层，含化石较少，其余各地层中，含各种化石，非常丰富，因此，对于鉴定地层之层位，颇为准确。婆兮一带，可为云南泥盆纪地层之标准地点。

此外滇省泥盆纪地层，分布颇广，据所知者，海口附近，含沟麟鱼层之陆相泥盆纪，特为发育。该处岩层，均为坚硬之粗砂岩，色黄或褐，该处为产甲胄鱼最丰富之地点。昆明西一带，蛇山之东坡，岗头村附近，及呈贡县城东北十里许之官山，亦有此沟麟鱼之层露头。

曲靖、沾益一带，武定及禄劝诸县境内均有泥盆纪地层之露头，惟仅有一部分露出耳。

滇省东北之昭通，此纪地层，亦颇发育，含化石颇为丰富，东川一带，亦有一部分露出。

此纪之地层，滇西尚毫无所知，当时滇西或无此纪之海浸，但此一推断，尚待来日之证明，方可成为事实。

石炭纪。石炭纪地层，滇省境内，分布亦甚广，如昆明之西山、蛇山、可保村煤田及大板桥一带，均甚发育。此纪地层，普通亦分为下、中、上三层。下石炭纪地层，可保村一带，分布颇广，该处地层，自下而上，可分为：一、宰格石灰岩，二、万寿山煤系，三、西山石灰岩三层。根据化石之研究，上述各种，应属于下石炭纪之下司及上司三统。

中石炭纪地层，名黄龙石灰岩。昆明之西山、蛇山及大板桥等处，均甚发育。组成之岩石，为白色、灰色或黄色结晶质石灰岩，及白色块状石灰岩，下部为灰色及黑色不纯之石灰岩，含有珊瑚类及纺锤虫化石。厚度百二十余公尺。

本层在马街子、大普基、李子坪等处，均有露头。

上石炭纪之乌拉层，亦名船山灰岩层。根据曾鼎乾之调查，昆明附近，似无存在。但在滇东之曲靖、沾益及东川、宣威各地，此层则颇为发育。岩层之厚，各处不同，自三十公尺可达一百五十公尺。中含有圆球状之大纺锤虫化石。

石炭纪地层中，除产煤（可保村煤田及杨林喷水洞煤矿）以外，尚有一值得叙述者，即铝土层是也。此层分布颇广，常成黄绿色或灰黄色坚致之铝土，有时成球状小体，中含铝质质量颇富，可以提铝。惜我国电解技术，尚不精确，至今无法提炼，诚属货弃于地。

二叠纪。此纪地层，滇省分布情形，与石炭纪略同。惟各处发育情形，微有不同。昆明附近，及滇西各地，大致相仿。滇东之二叠纪与黔西者，约相类似。兹分别述之。

昆明附近及滇西各地，仅有下二叠纪。上二叠纪，则完全缺如。下二叠纪地层，可分为三层，最下为栖霞石灰岩，厚一百五十至二百余公尺，底部含有煤层，昆明附近，不甚发育。但在滇东之宣威、东川一带，此煤系颇为发育，岩层可达六七十公尺，薄者亦有二三十公尺，岩石以砂岩、石英岩及页岩所组成，煤层厚度，到处不同，煤质甚劣。此层名为矿山煤系，因在东川之矿山厂，较为发育故名。上部为栖霞石灰岩，色灰，成层状，常含有燧土核。岩层内含珊瑚类及纺锤虫化石甚多。

中层为茅口石灰岩，黑灰色，中含白云石，风化之后，常成虎皮装，因明虎皮石灰岩。亦含有珊瑚类及纺锤虫化石甚多，厚达六七十公尺。

上层为峨眉山玄武岩，最厚可达六七百公尺。此系之下部，常夹有石灰岩数层。该玄武岩下部，系在海底喷出而成，昆明附近之石龙坝，曾采得腕足类及珊瑚类化石，可为明证。上部则多为凝灰岩，质粗，多滹隙（汽孔），应为陆上喷发而成者。

此玄武岩层，在昆明附近及滇西各地，为二叠纪最高之一层，其上即覆以三叠纪地层，中有一极大之间断。二叠纪上部之地层，完全缺如。

滇东各地，下二叠纪（栖霞、茅口及玄武岩）地层上，仍有上二叠纪之一部，即宣威煤系，亦称乐平煤系，此系以黄绿色、灰黑色矽岩，页岩为主。厚可达二百余公尺，含煤层三四层，每层厚一公尺许。煤质甚佳，可作炼焦之用。宣威之煤，即产于此层中。宣威煤系，滇东分布颇广，如弥勒、平彝、宣威及东川各地，均甚发育。宣威所产之煤，为无烟煤，质优良，可供炼焦之用，现由宣明公司计划开采，为滇省重要产煤区。

宣威煤系中，重要化石，为大羽羊齿植物，此外尚有其他羊齿类，封印木及鳞木等化石。此层在昆明附近及滇西各地，均属缺如。

第四节　中生界

一、三叠纪

滇省三叠纪之地层，分布甚广，概括述之，可分为陆相及海相两大类。陆相地层，为当时湖沼沉积而成者。海相地层，则为当时被海水浸入之地域，或为浅海沉积，或为海滨沉积，深海之沉积则罕有之。故就各项岩层分布之情形，可将当时海陆之分布，略知梗概。

滇省当三叠纪时，被海水占据之区域，可分为东西两带，海相地层。曾经调查者，南自蒙自、个旧、开远，向东北延展，至丘北、罗平、弥勒，再北至平彝、宣威、东川、永善等处。上述滇东一带，东面与黔桂、二省西部之三叠纪地层相连接，成为一个海浸带。

滇西一带，其已经调查，确有记载者，亦为南北向之一海浸带，南起镇康、顺宁、云系，向北延展至蒙化、祥云、邓川、剑川、丽江永胜而至中甸。均为海相三叠纪之分布区域。

此二海相带之间，中有一较宽之陆相带，昆明、禄丰、一平浪，向南迄元江、墨江一带，均属陆相三叠纪之分布区域。

滇中之陆相带，在三叠纪时，为隆起之陆地，当时无海水浸入，仅有陆相岩层之沉积。因此，岩层中，绝无海生动物化石，仅有陆生动物、植物或淡水介类化石等。禄丰及墨江之恐龙，即产于此陆相地层中。滇省最有价值之盐矿、硝矿、石膏及一平浪与开远乌格之煤矿，均产于此陆相地层中。

兹将云南三叠纪之分层，分述于下：

三叠纪之海相地层，可分为五层。自下而上，一、斯西替克层。二、安尼西克层。三、拉丁尼克层。四、卡尼克层。五、诺列克层。第一层属下三叠纪，第二第、三层属中三叠纪，第四、五层属上三叠纪。依中国南部海相三叠纪之分层，第一层名为飞仙开层，此层之分布于滇省境内，已经调查，有化石证据者，滇东为丘北、平彝及宣威诸县。滇西为丽江一带。此下三叠纪地层，均为页岩所组成，砂岩亦间有之，色紫或黄，页岩中含化石甚富，以斧足类最为重要，多数均为标准化石，对于地层之鉴定，颇为重要。

中三叠纪下部之安尼西克区，滇东、滇西，亦均有发现。滇东者为弥勒之竹园、虹溪等地，岩中为结核状石灰岩及块状石灰岩，中产斧足类及六射珊瑚化石。滇西之安尼克层，仅见于丽江之西南及邓川之东北北部，其他地点，尚无所知。

中三叠纪上部之拉丁尼克层，开远、个旧一带特爱发育。开远系城之东，往乌格之途中，摸衣白一带，分布颇广，大部分为千层状页岩，夹以薄之石灰岩。页岩中含斧足类和头足类（粗面菊石）化石甚多。个旧一带，大部为白云岩或矽质岩所组成，含化石较少。三十二年秋，作者曾采得藻类及腹足类化石数种。滇西丽江、兰坪等地，亦有同时代地层之分布。

上三叠纪下部之卡尼克层，滇之开远、弥勒、个旧，及东川各县境内，均颇发育。此层相当于川、鄂嘉陵江石灰岩之一部，大部为矽质石灰岩，或白云石所组成。东川一带卡尼克层，白云岩外，尚夹有砂岩及页岩，厚达八十余公尺，中含斧足类之标准化石数种。

滇西之兰坪、祥云等地，较为发育，含化石颇为丰富。

滇省上三叠纪之诺列克层，许德佑名为火把冲煤系，因首先发现于火把冲故名。该地层下部为石英底部砾岩，厚十公尺至四五公尺不等。其上即为粗砂岩及页岩，并含有煤层，故又名为火把冲煤系，但以煤层甚薄，煤质较劣，无经济价值。但在开远之乌格，煤层较为发育，现由锡矿公司开采，以为炼矿之用，此两处之地层，颇相近似。岩层中含斧足类标准化石，可确定其他地质时代。火把冲及乌格煤系，即相当于滇东东川、昭通一带之桃子树煤系，及滇西之一平浪煤系，一平浪及祥云之干海子一带，煤系较为发育，产量较多，并可炼焦，为滇西之重要煤矿。地层概为砂岩及页岩所组成，中含植物化石多，滇西之鹤庆、丽江一带，亦有此同时代之地层，以薄层石灰岩，较为普通。

上述之诺列克层，海相与陆相者，相间成层，为滇东一带，则仅有陆相之地层耳。

二、侏罗纪—白垩纪

滇省之海相侏罗纪地层，仅在保山以西，潞江东岸之太平寺及大把箐两地，发现黑色不纯之石灰岩及页岩，中含腕足类化石甚为丰富。根据布朗氏之观察，应属于石炭—二叠纪，嗣后瑞德氏详加研究，证明上述地层之时代，属于中侏罗纪。此外海相侏罗纪地层，滇省境内，尚无所知，陆相之侏罗纪地层，因无标准化石之发现，是否存在，尚成问题。

白垩纪海相地层，滇省已不复有之，因当时均上升而为大陆，无海底沉积之建造矣。

第五节　新生界

一、始新统

新生代之地层，滇省境内，只有零星分布，面积不甚宽广。该时代之地层，仅在内陆盆地中间，四周被山环绕，始新世之地层，路南盆地，较为发育。路南石林，久以风景著名，石林为石炭二叠纪之石灰岩所造成，该石灰岩之上，即为始新世地层，组成之岩石，为砂岩、页岩及泥质灰岩，呈灰白、黄绿各色，自石林高处遥望，好似颜色带，颇为美丽。此纪之地层，在盆地之中心，大致为水平，或现五六度之倾角，但在西面之狮山附近，倾角可达六七十度，此因断层而使然，由砂岩及泥质灰岩中，采得哺乳动物及鱼类化石数种，根据化石鉴定之结果，应属于始新世上部，与蒙古之沙拉木兰层相当。

曲靖之东南，蔡家冲附近，亦有此纪地层之分布，下部为石灰质角砾岩，其上为细粒暗红砂岩，常夹有角砾岩层，再上为泥质灰岩及淡水石灰岩，厚度约四百五十公尺，地层之倾角，约十五度许，岩层中亦含有哺乳动物化石，鉴定之结果，下部应属始新世，与路南者相同，上部应为渐新世之沉积。

沾益之东山，桃园附近，亦有第三纪下部地层之分布，岩石为灰白色泥质灰岩，质轻而松，含有近代植物化石碎片甚多，根据该类化石，亦应为始新或渐新世之产物。

二、上新统

上新世之地层，滇省分布较广，其较为重要者，为小龙潭（开远）、可保村、凤明村等处之褐炭层，最厚者可达六十公尺，下部为泥质灰岩及砂岩层，含有淡水产之腹足类化石，岩层之倾角，仅六七度。

此层中所产之褐炭，质量均佳，可供炼油及家庭燃料用，颇有经济价值。

滇东东川之拓布卡及昭通一带，亦有褐炭层之发现，情形与上述者相同，并采得腹足类及植物化石，其时代亦应属于上新世。

滇西之云系，亦产有同时代之地层，并含有褐炭，但煤层之厚度，则远逊于前述之诸地点。元谋境内，此纪之地层，为固结尚未坚硬之砂，厚达七八十公尺，色呈紫或灰绿，但有时呈黑色，颗粒甚粗，风化后，变为红、白、黄、绿各色，非常鲜明，此层中含有剑齿象、马与鹿之齿与肢骨，根据化石鉴定，此层应为上新世之上部。

第六节　灵生界

第三纪以后之地层，凡冰川沉积、岩洞沉积以及湖泊、河流与冲击沉积等，均包括于此时代之地层内。

石灰岩洞，中国西南诸省，石灰岩山区域，到处皆有之。滇省境内，其已经考查者，为富民之和尚洞，内为沙石，泥土及灰质泥岩，岩层中常含有介壳类及哺乳动物化石多种，此类岩洞中，尚可含有猿人类及人类化石，各种石器，亦常有发掘之可能，该项发掘，为研究人类进化史最好之资料。

湖泊及河流沉积，与现代者大致相同，岩层大致水平，常含有介壳类及哺乳动物化石，人类及石器等，亦时有之，滇省尚未发现。

第六章　云南地形沿革史

从地史学家的眼光来看，云南的地形，自古迄今，其演变的情形，不知凡几，沧海桑田，桑田沧海，经过了多次的演变，才造成现在的地形。这些变化，和中国其他地方相比较，虽然无不同的点，但是就大体上看，却是大同小异。此章之作，根据各时代各项地层分布的情形，来推论滇省各时代地形的概况，以冀得一地形沿革的概念。

第一节　古生代以前的地形

古生代以前，如太古代及远古代，因时代悠久，那时代的地层，露出于地表者颇少。因此，我们对于当时地形的状况，不十分清楚，我们仅仅知道，滇西大理的苍山一带，高黎贡山和陆川等处，元古代的变质岩系，分布颇广，片麻岩和片岩，种类繁多，那些变质岩，多半是从火成岩变质而成者，但是其中亦有一小部分，显然是由水成岩变质而成，并且那些变质岩，常受到花岗岩或其他基性岩体的穿插，从这一点，我们知道，那时代并有火山活动。

元古代前期的地形，因为缺乏岩层的记录，我们知道的亦很少。但是元古代后期，所谓震旦期，该期的岩层，滇省分布颇广，可以供给我们许多研究的资料，如前章所述，震旦纪可分为三期：一、震旦纪下期，或称昆阳期。二、震旦纪中期，或称澄江期。三、震旦纪上期，或称灯影期。兹将这三期滇省地形的概况，分述于下：

震旦纪下期。滇省许多地方，为海水所占据，可用当时所造成昆阳系的地层来证明。此系的地层，分布颇广，但是有露出于地表者，有被其他地层埋没而未会露出者。当时云南被海水淹没的地方，范围甚广，自昆明起，东至东川，西至一平浪一带，都为海水泛滥之区。但是到昆阳期之末，地壳逐渐上升，海水撤退，造成震旦纪中期的地形。

震旦纪中期。根据澄江系岩石的性质和种类，我们知道，该项岩层，确系大陆建造，并非海底沉积而成者。并且该砂岩层中，常须有波纹和干裂等现象，确为陆上浅水中所造成。当时的气候，且甚干燥，澄江砂岩系的分布区域，比较昆阳，范围较小，一则因为此项大陆建造，是区域性的，有许多地方，根本没有沉积，二则因为有的地方虽有沉积，露头尚被掩盖，未曾暴露在地表。

震旦纪上期。滇省当此时期，又有海水浸入，并且范围很广，凡昆阳期海水到达之处，此期亦全被海水所淹没，灯影石灰岩的分布，可资证明。这个时期的海浸，不仅限于云南，中国南北各省以及扬子江流域诸省，当时均为陆沉，被海水所淹没，古生代以前，这算是一个最大的海浸，我们可以名为上震旦海。

第二节　古生代各期的地形

照前章所述，古生代可分为寒武、奥陶、志留、泥盆、石炭及二叠六纪。研究该时代的地形，亦应当依照这个分期，分别述之于后。

寒武纪的地形。当下寒武纪时，滇省各处，连续地被海水浸入。那时的海，可以名为下寒武海，根据岩层的厚度和性质来看，下寒武海应较上震旦期的海水较浅，但是分布的区域，亦非常的广大。调查所得的事实，告诉我们，自昆明东至东川，西达保山，当时均为下寒武海所占据。昆明市的周围及邻近诸县，当时海水一片汪洋，那时候海底所沉积的岩层，许多露头，现在出见于地表，可以供给我们的研讨，那些岩层里，含有海生动物化石多种，可以作地层层位的鉴定，和古生物的研究，当时最重要的古生物，为三叶介类，其次为腕足类动物。

下寒武纪以后，大陆上升，海水撤退，滇省境内，除滇越接壤处，有中上寒武纪，保山附近有上寒武纪的海相地层外，其余各处，完全上升，变为大陆，但此次陆地的上升，非仅限于云南，黔、川亦复相同，因名为云贵造陆作用。

奥陶纪的地形。下寒武纪以后，滇省各处，变为大陆，当中上寒武纪的时候，受侵蚀风化的作用，陆地逐渐消平，至奥陶的初期，海水复浸入滇省境内，滇西保山一带，为一较深的陆沉带。奥陶纪的岩层，沉积较厚，时间较长，地层比较完全。大理洱海的东岸，亦有此纪的地层，昆明附近及滇东一带，则为浅海或海滨的沉积，地层较薄，代表的时代，仅为下奥陶纪与中奥陶纪的初期，那时候的海生动物化石，最主要者，为笔石类和三叶介类。

志留纪的地形。志留纪的初期，海水又浸入滇省，其分布之区域，和奥陶海大致相同，惟滇西保山一带的陆沉带，和滇东东川一带者，岩相不同，化石亦迥异。前者以笔石类为主，多产于页岩中，而后者则以腕足类、珊瑚类及三叶介类为主，常产于角砾状石灰岩或页岩中，马龙、曲靖、沾益等地，此纪之地层，亦甚发育，岩相与东川一带相同。

泥盆纪的地形。滇西方面，至今尚无此纪地层的发现，当时成为大陆，未被海水淹没，但此项事实，须待来日之证明。滇东方面，如弥勒、寻甸、曲靖、沾益、东川、昭通等地，当时则为海水泛滥之区，此时之泥盆海，按岩层分布的情形，似亦为南北向之一陆沉带，弥勒之婆兮，地层最为完全，弥勒、武定境内，亦有泥盆纪之海相地层，但仅为中泥盆纪之下部耳。当时滇省除海相地层外，尚有陆相地层，产甲胄鱼化石，颇为丰富，与苏格兰之旧红岩石系相当，滇省境内，分布亦颇广，其中尤以海口所产者，最为丰富。

石炭纪的地形。石炭纪的海，滇省境内，泛滥颇广。滇东及滇西，海水较深，所停积的岩层较厚，滇中昆明附近，海水较浅，岩层较薄，煤层及铝土矿，即为此纪海滨的停积物，直至上石炭纪，有些地方，海水撤退，但有些地方，仍为海水所淹没。

二叠纪的地形。此纪的地形，可分为二期。当下二叠纪时，滇省各处，海水泛滥，火山活动，亦随之而发生，喷出的岩浆，造成玄武岩流，最初的一部，仍系在海底凝固而成，常和茅口石灰岩，相间成层，玄武岩中，并含有海生动物化石，后期的玄武岩，系喷出大陆表面，凝固而成者，此玄武岩系，滇省分布甚广。

上二叠纪时，因地势上升的关系，滇省全部变为大陆，仅滇东一带，尚有海滨或陆相沉积，由南向北，延展成一带状，如弥勒、平彝、东川、昭通等地，尚有宣威煤系陆相沉积，其余云南各地，昆明附近及滇西各县，非特上升而为大陆，毫无岩层沉积，且为一极长的侵蚀时期也。

第三节　中生代的地形

三叠纪的地形。三叠纪时，滇省许多地方，又发生陆沉，当时被海水浸入的区域，可分为东西二带。滇东与黔、桂接壤处，为一陆沉带，海相地层，分布颇广，南自蒙自、个旧、开远，向北延展至丘北、罗平、弥勒，再北至平彝、宣威、东川及永善而达川境。上述之滇东一带，与黔、桂西部之海相三叠纪相连接，成为一个海浸带。滇西一带，其已经调查确有证据者，大致亦为南北向之一陆沉带，南起缅宁、镇康、云县、顺宁，向北延展，至蒙化、祥云、邓川、剑川、鹤庆、丽江、永胜而达中甸。缅宁之南如双江、镇边等地亦应为海相带之延长部分，但未经实际调查，现尚未敢断言也。

滇东与滇西二陆沉带的中间，有一极宽之陆相带。此陆相带，当三叠纪时，为隆起之陆地，无海水浸入，仅有陆相地层的停积。岩层中仅含有陆生动物，淡水介类或植物化石等，绝无海生动物化石。禄丰及墨江之恐龙类化石，即产于陆相的地层中。滇省最有经济价值盐矿（一平浪、墨江等地）、硝矿、石膏矿以及一平浪、乌格的煤矿，均产于此陆相三叠纪的地层中。

侏罗—白垩纪的地形。当三叠纪的末期，造陆作用，非常普遍，滇省境内，仅在保山以西，潞江东岸（太平寺、大把篝等处）会发现小区域的海相侏罗纪地层。滇省云县各处，均隆起而为陆。当时有无陆相地层的建造，因未采得标准化石，迄今尚未敢断言。此造陆作用，非仅限于云南一省，中国南部诸省，非常普遍，自今以后，我国本部各省，均成大陆，不复有海相地层的存在。惟有喜马拉雅区域，仍为海相带，直延至新生代的中期，始隆起而为世界著名的高山。

当白垩纪时，滇省有无陆相岩层的建造，或完全成为侵蚀时期，因缺乏证据资料，未敢断言，当时滇省全部为大陆，则毫无疑义也。

第四节　新生代的地形

滇省地势，自中生代的末期，直至新生代，逐渐继续上升，大型的断层和小规模的褶皱，随之而生。因此种种作用，遂隆起而为高山，山和山的中间，成为山间盆地，盆地中心低陷之处，湖泊因之而生。湖泊与河流的沉积，造成新生代的地层。新生代的下部，名为古新生纪，上部名为新生纪。

古新生纪的湖泊沉积，其已确知者，如前章地层篇所述，仅为路南及曲靖（蔡家冲）、沾益（桃园）等湖相地层，含有下等哺乳动物及植物化石，地层的时代，应属始新统与渐新统。渐新世的末期与中新世的初期，喜马拉雅山，始全部上升而为高山，云南与中国西南各省的地势，亦因保持平衡，随之而上升。

上新世云南的山间盆地极多，因此湖相地层分布颇广，其较为著名者，如开远的小龙潭、可保村、东川的拓布卡及昭通等地，地层中产有多量的褐炭，即为上新世的湖相沉积。

冰期时代及现代的地形。东川的汤丹落雪，大理的点苍山等处，高山之巅，冰川的地形，颇为清晰，山峰被冰川摩擦的结果，造成陆峰，挺拔峻峭，显然为冰川作用所造成者。而冰川造成的山谷，每成 U 字形，与寻常 V 字形的山谷，显然不同。

云南现代的地形，与黔省合称云贵高原，根据地形上的分类，宜称为山脉高原，方为恰当。因云南地形主要因子，为盆地（上称坝子）和山脉所组成，盆地的面积，约占全省面积十分的二三，而山脉的面积，约占十分的七八。比较大的盆地，如昆明、保山、宜良、路南、昭通、东川等。这些盆地的高度，约在海拔二千公尺上下，实在说来，盆地的本身，已成为高原。加以盆地周围，山脉环绕，低着三五百公尺，高者达三四千公尺。因此，云南的地形，实为一山脉高原，而非寻常一般高原可比。

云南山脉高原的形成，溯自中生代末期，即逐渐升高，始新生代时，仍继长增高，经年悠久，遂形成现代的地形。沧海巨变，盈虚相循，云南山脉高原，此后理有消平之一日也！

第七篇　云南地形

张印堂

第一章　地形之一般

云南地形向称为一切割急剧之高原山地，东北高起，而西南低下，要以滇缅公路沿线一带为最高，由此分向南北倾斜，江川因而南北分流，北入金沙，南注南洋。地势大部海拔二千公尺左右，其中沟谷、盆地、平原等负地形，多在二千公尺以下，愈南愈低，至与缅越沿边常低至数百公尺，沿边之山岭，亦鲜有过一千五百公尺者，北向金沙江一面，下倾亦然，海拔亦多降至一千至一千五百公尺之间。丘陵、山地等地形，则多在二千公尺以上，于西北横断山地且常超出四千余公尺。在地形上，可分东西二部，中以洱海与红河所成之西北东南大纵谷为其分界。东部地形，以受新生代初期南岭造山运动为最，风化侵蚀较久，地势稍微开展，而岩石以水成岩为主，西部则以新生代中期之喜马拉雅、横断、云岭造山之影响为最，造山运动较新，而岩石则又以坚硬之变质岩为主，风化侵蚀较近，形势险峻。前英人达维新氏亦会以红河分云南为两大区，红河之东，为高原区，西为横断山地。南北之形势亦异，东区之南部多山，而北部较为开展，例如碧色寨、蒙自、个旧之南，地形崎岖险峻，正如芷村劳开间滇越铁路沿线所示，谷深岸高，攀登不易，但北部开阔，为盆地山岳相间之地形，如滇黔与滇川公路沿线所经之地域，山间坝子很多，杨林、曲靖、沾益、昭通、彝良，不一而足，而昆明、开远尤为要者。至洱海、红河以西之横断山地区，便为伟大雄险之崇山峻岭，惟于尖高山之南，高黎贡山之西，腾龙西南之盈江、连山、瑞丽、潞西、芒市一带，形势又见开展，正如迤东然。

第一节　东部形势

东部虽以水成岩为主，但火成岩与变质岩有时亦可见到，惟所占面积不广，只见于少数较高之山地，如昆明西山西坡之玄武岩、易门东山之千枚岩、姚安南白土坡之片麻岩、鸡足山之玄武岩等，均系出现于最高之分水岭上，海拔多在二千公尺以上，亦有达二千五百公尺者，除多为水成岩所构成，如昆明附近之蛇山、西山、杨老哨、祥云之西山，红崖西之定西岭，洱海东岸之山岭等尽为石灰岩。其地盆地周围较低之山巅，多为砂岩与页岩，总称之为红色岩系，如阳宗海、澄江与昆阳、玉溪间之山地，尽为砂岩，盆地之本部系由石灰岩、砂岩、页岩及玄武等所风化之红土冲击而成，分新旧两种，旧者为第三纪，余多为第四纪。石灰岩所形成的地形有三种，受震动剧烈的部分，或因断裂，或因掀起，或因河流的下切，多形成断崖深谷，险峻奇秀之少年山地，如昆明西山三清阁之陡崖峭壁，杨老哨附近之奇峰危壑，定西岭之断崖等，均为均为险峻之少年形势。其未经断裂深切者，多呈老年形状，如祥云城西之低微浑圆之石灰岩丘陵，为最老之桥顶山期地形之遗迹，如岩层平行，而过去因气候干湮变迁，或水位上下升降，因溶蚀的结果成特殊之“卡斯特”地形，成路南之石林状。砂岩所成地形有两种，各不相同，硬的灰砂岩，如在一平浪附近所见者，断裂切割，亦成险峻之少年山地，硬的红砂岩，如在禄丰东山顶上作成盖层，下部虽然属软砂岩及页岩，但因顶部硬的红砂岩不易侵蚀之故，断裂后形成一排断层崖，像帽缘式的指向陷落的禄丰盆地，摆列得整齐美观。其他较软的各色砂岩、页岩，因易于风化侵蚀，都成低微圆滑之丘陵与低山，供围在多数盆地的边缘，如安宁、禄丰、楚雄、镇南、姚安西南部、祥云东部、云南驿等地，均可见到，其中包有若干南北向、西北东南或东北西南之宽展的山谷平原与陷落盆地，此种盆地多为已干涸或未尽干涸之湖泊，俨然为江湖冲击之平原，土质肥美，在北半部者，以气候适合，为县城重镇之所在，人口密集，为云南文化最发达之精华区，但近缅越边境者，以低洼温高，瘴疫盛行，于人生活，不甚适宜。

第二节　西部形势

云南西部，洱海以西之地形构造与东部迥异。东部之石灰岩、砂岩、页岩等，在永平、保山一带虽可见到，但以全部而论，所占面积，不若其在东部之重要。西部岩石亦变质岩为主，如苍山、怒山、碧罗雪山、高黎贡山等，尽为变质岩，包有结晶片岩、大理石、板岩及片麻岩等，由于岩石的坚硬，不易侵蚀，复由于新的掀起，与江河急剧下切，形成最雄壮伟大的山岭，称之为中国阿尔卑斯山，山岭形成的时代与动力及山势的险峻，或与欧洲阿尔卑斯山同为新生代的产物，但其构造，显然自成一格，阿尔卑斯山褶曲最盛，具种种之褶曲形势，此与滇西之横断山，截然不同，点苍山、怒山、碧罗雪山及高黎贡诸山，因地壳震动所受断裂升降之影响至大，褶曲形势之完整者不多，所以除局部因挤多形成的小曲褶外，大规模的曲褶未曾见到，反之到处都有剧烈的断层，形成崇山深谷，陡高陡降的形势，山顶与河谷，海拔常差数千公尺，俨然为一大峡谷地。此种伟大的横断山地，间有澜沧江、怒江及伊洛瓦底江的上游，贯穿其间，走向与之平行，由此而南，形势之雄伟，举世无比，德人李希霍芬称之为“伟大的南北纵谷地”，此区西部，以花岗岩与新鲜的玄武岩为主，如尖高山之南北，腾冲、片马两地，尖山之北，片马江心坡一隅，以江流切割急剧，已成谷深岸高之山地区，而尖山之南，腾龙一带，宽展的盆地与狭长的河谷平原，相间分布，形势开阔。

第二章　地形之分类

云南一般之地形虽为高原山地，但细察之，又可分为高原、山地与盆地三种。

第一节　高原

云南之高原，以未受新生代造山运动急剧掀起之东部为主，海拔多在二千公尺左右，高原的边缘，以河流之切割、侵蚀成崎岖的悬崖深谷，互相对峙，显呈少年之山地形势，即所谓金沙江期之切割地。惟山之高首，坡度缓和，迨至顶部，则成开阔的高原地，上有低微山丘，点缀其上，表示一种更老的地形，此平坦高原，在地形演化上，属桥顶山期，与华北之北台期同。此种高原地要以东部盆地四周之高地尽属之，如平彝、沾益间，马龙、杨林间，昆明、富民间，安宁、杨老哨间之广平的高地是，于此高原地域，人口聚落的所在，多分布于坦平之顶部与和缓的高坡上，在沿边深切之崎岖地带，耕地几无，人口稀少，村落不见。

第二节 山岭

云南之山岭，多为伟大雄险之少年山，如点苍山、怒山、无量山、大雪山、碧罗雪山、高黎贡山、尖高山等。分布于北部者，尽在二千五百公尺以上，其最高峰常有突出四千公尺者，如苍山之中和、兰峰等，均高达四千二百公尺左右。在南部者，以地势由北而南之下倾，海拔稍低，约在一千五百至二千公尺之间，多分布于澜沧与怒江的两旁，成南北向，河谷深奥，峰顶崇高，悬殊异常，在地形上属金沙江期所拱起，与华中之三峡期巫山同，为极端之少年山。在这些巍峨高耸的大山之北部，因地高气寒，加以地形险峻的限制，不适人生，田舍村落几无，但在南部者，以地势较低，又接近热带，气候调和，适于人生，尤为汉家所乐居。

第三节 盆地

盆地即云南所谓之坝子，为山间之低地，此种盆地有为地壳变动陷落所成者，有为断裂所成者，有为江河之左右侵蚀所成者，故其形势广狭不一，又可分为盆地坝、河谷坝、丘陵坝与山麓平原坝四种，海拔自南部之四百公尺至北部之二千余公尺不等。总之，其在东北部者较高，西南部者较低，兹分述如下：

（A）盆地坝

盆地坝纵横比较辽阔，形势开展，多分布于东部与北部，如昆明、曲靖、嵩明、富民、元谋、大姚、祥云等，其在西部者除保山一处外，别无所见，此种盆地略呈南北向，东西稍短，多为陷落所成。

（B）河谷坝

河谷坝为狭长之河谷平原，多在西、南二部。河谷坝常成段状，上下为峡谷所限，多由断裂与侵蚀所成，复有冲击，狭长自数里至数十里不等，宽自数里至十数里，如宜良南之狗街，易门东山下米槽乡及南丁河的孟撒、孟定、户板和顺宁得党间的孟底、孟黑以及怒江坝等，海拔之变化与盆地坝同，多随南北而异。河谷坝的水道与流向，恒与坝子的走向同，盆地坝中的河道流向，则常与之成正角，多西流穿山而出，如昆明盆地中滇池出口的螳螂川、禄丰的星宿河与腾冲的叠水河等。

（C）山麓坝

山麓坝即山麓平原，多在西部横断山脚下，如大理、得党、六库等，皆倚大山，顺着山脚有一带由冲击扇形丘连结而成的宽展斜坡，其对面或为湖海，或为沟谷，山麓坝的走向与其所倚之山顶多成南北向，或西北东南向。

（D）丘陵坝

丘陵坝多在少年山与其他地形变换的地方，如杨老哨山地与昆明盆地间之安宁丘陵坝，高黎贡山与芒市坝间之龙陵丘陵地，及大雪山北端之顺宁丘陵坝等。

第三章　典型之地形

上述各种地形的分布，常是相间不已，但一般而言，高原与盆地坝多在云南之东、北二部，而山地、河谷坝与山麓坝等，要以西南为最，类同之地形，随地相似，无大差异。兹特择举各种地形之典型为例，详细如下，以供读者对于云南各种地形进一步认识之参考。

第一节　横断山地貌与冰川地形

(A) 苍山形势

苍山乃横断山之典型，耸然隆起，峙立如屏，高出大理洱海二千余公尺，海拔四千余，山有十九峰，层峦叠嶂，形势雄伟，险峻异常，为典型的横断山形势。间有十八溪，悬泉飞瀑，水流湍急，排列整齐，尽注洱海，冲积沉淀，造成一带山麓平泉，地形特殊，且仍在上升中，故大理平原乃由山脚向洱海，徐徐东倾，呈一大山麓平原。苍山新隆起后，于第四纪冰期时，山上有冰川发生，故于二六〇〇公尺以上，冰蚀地形遗迹分布甚广，苍山之象征，尤为显著。如地震之频生，即为地壳不稳，山岭上升之一例。苍山的上升加强了山间溪流之下切作用，沟壑因而越来越急狭，下部尽成峡谷状，山脚为一带扇形砾岩丘，为洪积期盛大冲刷由山上搬运而来，但同时以上升又遭急剧之下切，地形有复幼状，自此上行陡然高起，成若干之岩级，直至上峰，于半山及三八〇〇至三九〇〇公尺之高首，均见有冰蚀地形，形势较开展。岩级台地之下部者为新旧之湖积台地，中部者多为旧洪积物与次成冰锥积所成，其上部者或为溪流旁支侵蚀剩余之岩级，或为旧的冰川地形，或者为岩层坚软之不同所致，综之由下而上成若干阶段，于片岩、大理石、片麻岩相互接触处，地形之变化，尤为陡峭，攀登匪易。

(B) 洗马塘与花甸

点苍山上之洗马塘与花甸乃滇西横断山地之典型冰川地形，且各代表一时期。往昔点苍山气候较为寒冷，究其地形推之，曾经两次冰川之侵蚀，一在第四纪之初，一在第四纪之末，前者冰蚀之遗迹，多分布于海拔二六〇〇至二七〇〇公尺之半山，以花甸为代表，后者则多在海拔三八〇〇公尺以上之顶部，以洗马塘为代表。上部之冰川地形，分布较广，保存亦较完整，如中和峰下之洗马塘，兰峰下之黄龙潭，三阳峰下之马鹿塘等，均为冰蚀圆形湖，海拔在四千公尺左右，洗马塘周径约五十公尺，三面均为陡峻急起之山坡，一面开展，形成一大圈椅形图，是冰川造成的特征。相传唐尉迟敬德曾到此洗马，因而得名。此外凡U形谷、悬谷、圈椅等开展之平阔地形，均为旧冰川侵蚀之明证，以此维度之雪线，应在海拔五千四百公尺，较上部之冰蚀地形，尚高一千五百公尺。下部之冰蚀地形，除花甸之大U形谷之外，余多分布零星，惟在海拔二千六百至二千七百公尺一带之半山上，残余之片段U形谷、圈椅、悬谷等冰川地形，到处可见，如于中和无为两寺之背后积感通寺波罗崖间所见之片段U形谷，均为花甸坝冰川同时等高，其中要以花甸之U形谷，为最显著，谷宽约二公里，长约二十公里，呈西北东南向，谷西之罗平山为苍山北伸之正支，属片麻岩，东为古生界石灰岩，逆掩断层，两山高出花甸地平，西为七百余公尺，东为五百余公尺，两旁山坡向坝倾角，东侧几近九十度，西面亦在七十五度，坝内冰积砾岩层，显而可见，厚达五百公尺以上，粗细部分，下部稍细，上部之角砾岩，直径自数公分至一公尺余不等，且于南段地平上有特大巨石一块，形如一大坦克，孤立坝内平原上，距其来源约二公里，石系由两侧半山上为往昔冰川所搬运而来，冰融之后，弃置于平原上者，绝非江河洪流之冲击物。外于坝之西南沿边冰川之侧堆积所成台地与坝子东北沿山之悬谷及坝子北段由侧堆积堵塞所成之湖塘等等之冰蚀地形，至为明显，到处可寻。

第二节 山麓扇形丘与坡地

山麓扇形丘与山麓平原坡地之地形，在云南盆地坝边山脚下，或沿横断山之山麓一带，发展甚为普遍，形势多随山势之大小而异，要以大理苍山脚下一带为最显著。扇形丘近山临溪口处，为山溪急流于溪口堆积之巨砾大石，系洪积世急流冲下之堆积，宽约二公里，分布自山根至上下关间之旧大道与公路之附近，以下关至县城附近一段为最宽大，倾角在三十度，惟县城北湾桥周城间，不甚发达，盖扇形丘之大小与有无，和溪流之长短，山势之高低，坡度之缓急，及岩石之易于风化与否均有密切之关系。苍山走向即为西北东南，其干部脊岭由鹤阳峰起即行偏西成盐井山与罗平山，冲下之巨石大砾，堆积于花甸坝中，而北部之五台、沧浪、云弄诸峰，分布于花甸之东，海拔尽在三五〇〇公尺以下，山低水短，侵蚀搬运俱属有限，且岩石有为易于溶解之石灰岩及易于风化颗粒细微之火成岩，以是之故，北部之扇形丘无南部之发达。上阳、万花两溪口一带，湖积之坡地梯田，直抵山根，上阳村海拔仅二〇五〇公尺，较诸青碧溪口山神庙之海拔二一五〇公尺，约低一百公尺，无显著扇形丘之存在，故北部沿山村落较多者，其原因亦即在此。至周城上开间所见之扇形丘亦尽为新成者，无往昔洪流冲下之苍山干部之巨大砾块。反之，在县城西北三公里半兰峰山脚下，在扇形丘深二十公尺处，挖出之巨大麻岩石砾及在青碧溪口外河旁开出者，长均四公尺，与观音堂之大石庵同，俱为洪积世急流所搬运，非今日溪流之所能推动者，此扇形石砾以土质太贫瘠，不宜种植作物，故尽开作坟地，以减少下部生产土地之占用。喜洲长登附近，以万花溪口无显著之扇形丘以资利用，故该处坟地，多分布于红圭山上。

坡地分布于扇形丘带之下，自旧南北大道下行过公路，直抵南五里桥下河底村上兑间之南北小道，宽约二公里，为一斜坡地带，倾角约在十五度，溪流穿行，引力灌溉容易，多开为梯地水田，此带河床之石砾较小，坡上土质为细砂壤土，轻松肥沃，为往昔旧湖积台地，此种坡地梯田地形，于扇形丘不显著处，不甚发达，倾角和缓，如上阳溪周城间之一段，上下变化甚微，于太和村亦然，过去洱海水位高时，洱水曾直达坡地之最高处，故现存齐《大理县志》，曾载“大理古时洱水漫至山脚，由天生桥池出后，一望森林，人莫敢近，忽有二鹤飞入林中，试踪迹之才得平地……地方多榆树，故称为叶榆”云，所言与大理坡地平原之变迁颇甚吻合，故择录之。

第三节 盆地与湖泊

云南盆地即滇人所谓之宽广坝子，多为构造所成。如滇池盆地然，盆地之西边，西山为一断崖，高出湖面三百余公尺。开阔的盆地，初则积水成湖，继而因湖河之游积变为平原，冲击侵蚀演变不已，有为半湖半平原者如昆明坝之有滇池，大理坝之有洱海，石屏坝之有异龙湖，通海坝之有杞麓湖，澄江坝之有抚仙湖，杨林坝之有嘉鹿泽，不一而足。有为干涸之盆地，平原者如腾冲、保山、云南驿、禄丰、玉溪等，湖海为盆地之前身，而坝子又为云南之精华所在，关系致巨，兹特就其典型之滇池盆地，详为论列，以作此种地形之代表。

滇池乃云南最大之海子，水深自低水位之五公尺至高水位之八公尺不等，海拔最低为一八八六公尺，流域面积共约三二三五平方公里，注入之河流，大小数十余，要以昆明之六河即海源、金汁、盘龙、银汁、宝象、明通是与呈贡之五河曰马料、洛龙、涝鱼、梁王、南冲为主，其中以盘龙江为最长大，源出嵩明县，于滇池之东北部注入湖内，故盆地之湖积平原亦随之以东北部为最广，整个盆地为云南最大者，计南北长四十余公里，东西宽自十至二十公里不等，沿湖平原设县有四计昆明、呈贡、晋宁与昆阳是，均位东北与东南二部，较阔之湖积平原上。盆地平原上之河流，多受人工之影响，为渠式水道，以资灌溉，近湖处可引用湖水，湖水倒流之沟渠本地人称之为海沟，两侧之圩田曰海田，北部草海，以水浅草多而得名，草海之北有平原约六十方公里，外环山岭，近草海处，以河流夹带之泥沙盛大，冲积之陆而年有增加，水面逐渐退缩，此种河流冲积与湖水退却之速度，极为显著。例如突出草海形如半岛之积善村及大尾河，皆在河渠之三角洲上，其历史距今不过百年，从此可知，百年以前，此带不为沼泽，即为卑洼，不堪住居，殆可断言。滨湖一带，新成之田，每值雨季，湖水上涨时，常有被浸之处，三十四年秋大观新村之被淹，尤为明证，以滨湖平原低平，而滇池水位有三公尺之升降也。

呈贡境内，西部之平原，亦为湖河之新冲积地，此带新成之游积平原，沿河上溯，直抵东部山地区沿旁之石灰岩断壁下，成东西向之带状河谷平原，间布于中部丘陵台中地，且洛龙河谷平原之形势，愈东上溯，愈渐开展，直达水源之黑、白二龙潭处，于石灰断崖山脚下，反成一带开阔之南北向平原低地，观其成因，或原为一南北向之旧接触带河谷遗迹，或则为若干石灰岩陷穴连络而成，或则以石灰岩断壁悬崖之崩解后退所致，或为以上数个不同原因共同所造成者。此种带状河谷平原，于龙潭山脚下，海拔反为一九二〇公尺，由此西倾，逐渐下降，成一级缓和之斜面平原。

云南之湖泊，首推滇池与洱海，滇池与上述之滇池盆地以略言之。兹在将洱海之形势，进而详言，以示云南湖泊之形成与演变之真相。洱海汉朝以前称叶榆泽，至隋唐则称西洱河与昆弥川，降至元朝复称洱海与昆明池。湖之南北长约四十五公里，东西宽近十公里，以其形似新月，像人耳，故得名。

洱海水源有三，东支曰大营河，出鹤庆黑泥哨山中，西南流至洱源系城东北七十里处，注入洱源湖，中支曰洱源河，西支曰凤羽河，源出洱源系西之罗平山，于洱源县城注入洱源湖，三支汇流始称洱河，南流经邓川东西二湖至上关注入洱海，复绕大理城之东南至下关天生桥，破苍山峡，急流西转，至平坡入漾濞江，转入澜沧，

洱海位大理苍山下，大理苍山为上升之古老山地，而洱海之东则为较新之地层，在构造上洱海为下降之低地，为陷落之湖区，水储湖成，因湖河之侵蚀及东部石灰岩溶解，而范围展宽，乃至穿山西流，峡谷之阻力发生，于是水积成胡，水满则外溢，上层遗留谷即过去江河时代所造成，西部沉积之谷地，及东部石灰岩岸之陡峭壁立，俱为湖积与溶蚀之明证。综上所述，洱海之成因，不外构造、侵蚀与溶解三方之相互作用而形成。

洱海之两岸既有升降之不同，照例近上升之西岸，海水较浅，以十八溪众水盛大沉积之泥沙，故有沙洲、海舌、沙嘴、海埂、自然堤等湖海沉积之象征，为沙岸形势。而东岸以属陷落带，水深

岸高，为下降岸，岸线曲屈，港湾错纵，为若岸形势，沿岸有淹没之岛屿，故县志所载之金梭、赤女、玉儿三岛，即尽分布于近东海岸一带，金梭濒临海之东岸近塔村，赤女原在东北岸，靠近挖色，以凤尾阱挖色二河之淤积较盛，现已与陆地连接，无往昔之岛屿形势，而玉儿则临东北岸，在双浪街附近，与陆地有桥相连。东岸一带，除挖色与东南近凤仪处，稍有沉积之外，水短流急，泥沙有限，无西岸盛大沉积之象征，故东岸湖水较深，约十公尺，洱海西浅而东深，湖底之大部平坦，为一陷落湖之证据。

洱海为具有出入口之淡水湖泊，故名虽湖海，贯同巨流，而在构造上东西两岸又有升降之不同，故上升之西岸，实为洱海之凸岸，其下降之东岸，则为凹岸形势，在地形上，近凹岸之水流，往往较快，侵蚀力大，故岸线陡峻，冲积物不易存在，湖水因而深遂邃，近凸岸一方，则水流较缓，侵蚀力小，海岸平坦，冲积物易于堆积，故海水较浅，以是之故，洱海之水道，理应濒东岸，较濒西岸为速，但一般言之，流速均甚较缓，以上下两关间之倾斜不甚大也。

洱海未来的结局，以为具有出入口之内地湖泊，现在之水面虽甚远阔，计有四十八万市亩，较大理平原为大，未来之演化，以不断之沉积，大理平原当继续向海扩张，而海水之面积，亦必因而不断缩小，乃势所必然者，汇入之诸水，籍其冲下之泥沙，将渐渐使湖淤塞，而流出之洱河，当以其继续的下切，直至湖水尽量流出，使之干涸变为旱地而后已。此种变化能将湖中沉积量与洱河下切之速度计出，当可计日以待，此种天然沧桑变化，固可增加大理之晨田地亩，惟对于苍洱间风景将不无影响。

第四节　江河流域与河谷形成

云南之江河，约可为分为珠江、红河、金沙与澜沧、潞江及伊洛瓦底六大流域。略而言之，一于滇黔公路昆明至沾益转宣威一线之南与沿滇越铁路由昆明至开远转文山、砚山以至富州一线之东，属南北盘江，为珠江主流西江之发源地。二沿滇缅公路由昆明至祥云一段之北，河流尽注入金沙江，三此线之南则为红河流域。四由哀牢山北上经红岩、鹤庆，接于丽江之大雪山，此线之西属澜沧江。五自怒江南下经昌宁至镇康东之大雪山，以接缅宁双江间之邦马山，此线之西为潞江流域。六至高黎贡山以西之水道则尽为伊洛瓦底江水系。珠江、红河与金沙江三流域之河道，尽流经东部之高原地区，沿河多为广阔之湖盆地，各道或则为开展之谷坝，或则为不太深奥之峡谷，地形变化较缓。谷底与岸旁之山岭相差多在二至三百公尺，鲜有过五百公尺者，谷之深狭者，以滇越铁路芷村劳街一段所经之南溪为最，而谷坝可以宜良与狗街二坝子代表之。宜良坝子，系一地堑，为东部典型之河谷坝，为南盘江上游汤池与加伦二河冲积所成，为沿谷之狭长平原，东西宽约八公里，南北长达十二公里，海拔一五四〇公尺。坝子边缘，地势略高，为旧冲击层，杂以砾石，再外为山岭，坡度稍大，海拔在二千公尺左右，县治之狗街谷坝形势尤为显著。

澜沧、怒江与伊洛瓦底三江流域之水道，除陇川与太平二支流域之腾龙一带，多为谷深岸高，奥遂异常，主流河道，地形变化大为急剧，河床与谷旁之峰岭，高低悬殊，相差自一千至二千余公尺不等。如潞江坝，街子海拔八百公尺，而西岸高黎贡山，则突至两千四百余公尺，即流入潞江之南丁支流，沿河之谷坝如孟定、户板等坝子，狭长深奥，河旁之平原，海拔仅五百公尺左右，而两岸之山岭，高出地平亦在一千公尺以上，形如地槽，与东部之谷坝，形势开阔者迥异。

第五节　高原与丘陵

盆地之四周，及谷坝之两旁，多为高原与丘陵，高度相等，形势平阔。如滇池盆地周围之丘陵，如北部之吉基山，东部之白泥坡、金殿、葫芦山，以及呈贡之三台、海宝等，海拔均在一九○○至一九三○公尺之间，此类丘陵，当初或相连而成一平面，嗣经陆地上升，遂使地形复幼，侵蚀再起，以风剥水蚀，与岩石坚软疏密之异，造成今日各自分立，宛若丘阜之形势，罗列平原之边缘，丘陵之外，常为屏障平原之山岳如滇池四周之太华、蛇山、鸡叫、王瓜，海拔概在两千二百至两千三百公尺之间，而高度相同，又成一平面。即为掀起之准平原部分，此南两大平面地形，可以呈贡县境东部之高原丘陵代表之。呈贡东部除抬起最高之梁王山海拔达两千七百尺之外，余多在二千二百至二千三百公尺之间，如鸡叫、灰土、蘑菇、大旗、王瓜、石塘、通猫诸山，皆属之。山之顶部坦平广阔，如马寨子以西碗花旧洞一带，山顶多为玄武岩，下部间有为石灰岩者，此一侵蚀面在云南东部占面积最广，以为河流所切割，多已侵蚀成为等高之山地形势。于此高原山地与湖河冲击平原之间，有一稍低丘陵地带，在呈贡境内，此种地形分布亦广，如城内之三台山，海拔在一九八○公尺，位此同以高度之山丘计有卧龙堡山、龙街东之李家山、回子营山及其西南之方山等，尽为下寒武纪之砂页岩所成，亦有为玄武岩者，如海宝及寻化东北之碗花诸山，上曾覆有第三纪之砾岩堆积于上新统之红土层，虽多被冲去，仍偶而有保存者。此一侵蚀面，原甚辽阔，但现已多为江河所侵蚀，切为丘陵，成不连续之等高地形。总之，此种高原丘陵，若断若续，排布齐整，至为清楚，为云南东部地形之大体，到处可见。

以上所述之几种典型地形，比比皆是，如出一辙，兹以篇幅所限，举一反三，不难推知云南全部地形之梗概。

第八篇　云南矿产

何　瑭

第一章　总论

第一节　矿产丰富之原因

云南天然物产，以矿产为最丰，盖滇省境内，山岳纵横，层峦叠嶂，历历皆是。高峰峻岭，绵亘耸立。平均高出海面一千三百公尺以上，西部最高之高原，竟达三千四百公尺以上。而环抱于此等山岭之间者，虽有盆地或平原，然面积狭仄，至多亦不过百里，如昆明平原，即全省最大之平原也。据最近云南省政府之调查，全省面积共计一百一十万一千〇五十方里，可耕之地仅占总面积百分之三有奇，约合三万六千〇二十七方里而已。故以地形而论，云南农业之发展，殊受天然之限制，植物随地势之高低而分布，大抵滇省北部地势较高，多产寒带植物，如麦荞等是。南部思普沿边一带，地势低洼而气候较热，多产热带植物，如稻米、木棉等是。但因限于地形，产量不丰。故欲谋农业之发展，必须多施肥料，改良土质，以促进农作物数量之增加；并须竭力提倡林垦，广植林木，以利用天然之地形，使荒山成为有用之地。至其余百分之九十七之面积，大都为崇山峻岭，与夫深邃陵谷，难于耕种之区。其面积之广，共达一百〇六万六千〇二十三方里之多，在此等广大山谷之间，蕴藏矿物极丰。储量之巨，甲于全国。种类之繁，难于枚举。

云南矿产以金属矿为最丰，如个旧之锡，即最著者也。此等金属矿床之生成，与地层构造有密切之关系。据法人德普拉及英人布隆二世所创学说：云南全省地质构造呈一弧形，称曰云南弧。云南弧东枝之方向与滇池、抚仙湖、异龙湖之引长方向相符，自北北东而南南西，至建水盆地，渐渐转向西方，稍偏西北西。褶皱及逆掩断层之方向大体与山脉、水系约略平行。其西枝在大理、保山、维西一带，构造线与洱海之引长线一致，自西北向东南，沿红河水流之方向而至蛮耗。褶皱及断层之方向均大致方向。因东西二部构造方向之不同，及中部岩层走向之近乎东西，遂构成弧形构造，此之谓云南弧。个旧恰当云南弧形结构之尖顶处，适为地壳变动剧烈之地带。因其变动剧烈，于是花岗岩基乃得侵入，而丰富之锡矿亦随之生成。至开远锑矿、文山锡矿，均莫不与此弧形构造有关。又如鲁甸之铅锌银、会泽之铜铅、永胜之铜，则大部为在云南弧内部而生之矿床，与云南弧亦有关系焉。

第二节　矿产之种类

云南全省有产地可稽之矿产，非金属有煤、硫黄、砒、水晶、石棉、云母、石膏、明矾、硝、滑石、瓷土、石盐、大理石等十三种，金属矿则有铁、铜、金、铅、锌、银、锡、钨、锑、汞、钴、锰、铋等十三种，共为二十六种，其种类不可谓不繁矣。又据地质学者近年调查，则又发现油页岩、磷灰岩、辉钼矿、镍矿、铝土等五种，若在增加计算之，共得三十一种之多。但因滇省面积辽阔，调查未周，倘能再加以详细之查考，将来定有发现新种之可能也。

第三节　矿产之分布

矿产之生成，与聚矿作用有密切之关系，所谓聚矿作用者，即物以聚类之作用也。同类之矿，有互相吸引之力，常聚集于一处。而聚矿作用之适宜与否，又悉依地质环境以为定。故不论地质时代或地理方面，其分布具有一定之规律。换言之，在悠久之地史中，成矿之时期常集中于数时代；在广漠之大地上，矿产常富集于数区域，谢家荣氏将云南矿产区域依照地质情形，分为六区。兹摘录如下：

一、依照地质关系，可将云南矿产分为六区

（一）变质岩黄金轴心区——自金沙江、澜沧江、怒江上游，经过大理之点苍山、猛郎、缅宁、哀牢、无量诸山，以达元江、蛮耗、红河南岸，有时断时续之片层岩出露，组成云南最古之变质岩轴心区，而金矿无论沙金或脉金，似有依此轴心而分布之趋势。但此并非谓所有金矿皆产生于寒武纪以前，盖已有多数含金石英脉确证其成于古生代之后，或中生代之末也。

（二）震旦纪铁矿区——震旦纪及包朗氏之高良系，在云南分布甚广，较大者为：（1）会泽巧家区；（2）易门峨山区；（3）保山龙陵区。此外，与古生代地质成紧密褶皱而出露者尚多，不及悉载。在易门、峨山区之震旦纪地层中，产铁矿者，即所谓易门氏之铁矿者是也。

（三）红色岩盐区及其附生之石膏、雄黄、煤及石油。云南之红色岩层，包括二叠、三叠纪，甚至侏罗纪或更新之地层。现知之分布为北起永胜、永仁、兰坪，西至永平，南达思茅、澜沧，东迄安宁。此数处者合组成一大盆地，但其中常为较古地层所阻隔，因而划成为许多小盆地。在此区中常产岩盐及卤水，如滇中、迤西及迤南各盐井，即位于此大盆地之边缘者也。此外又副产石膏、雄黄雌黄、石油及煤（三叠纪或侏罗纪），偶亦有金、铜及铅锌，其成因未明。又有铁矿则当属风化残余一类，如镇南之沙桥，蒙化大仓之西山街是也。

（四）玄武岩中铜矿钴矿区——云南之二叠纪玄武岩流及其有关之基性侵入岩，如辉长岩等等，分布几及全省。因之与之有成因关系之铜矿及钴矿，亦到处可见。而分布尤广者，厥为滇东，如昆明、富民、澄江、路南、宣威俱是。滇西如顺宁、永胜，亦有与玄武岩有关之铜矿。

（五）石炭纪及二叠纪煤田区。石炭纪及二叠纪煤层，就今所知，似俱限于滇东，而二者又似各有领域，如石炭纪煤田分布于昆明、宜良湖区及叙昆铁路沿线至曲靖一带；二叠纪煤田之集中于宣威及圭山一带是也。在滇西之古生代地层褶皱区中，论理亦应有石炭纪或二叠纪煤田，以调查未详，今尚不能确指也。

（六）与酸性或中性侵入岩有关之岩浆矿床区——大部分金属矿床，皆系由地内岩浆经过分解作用而成，凡此种名曰岩浆矿床。各种岩浆矿床，常因其结晶时温度之不同，对于与母岩之位置，遂有远近之别。因是金属矿床遂有层带之分，大抵锡钨俱属深造高温矿床，其距火成岩之母岩也最近，铜、铅、锌次之，锑矿及雄黄及雌黄皆属浅层低温矿床，故距母岩最远。此项层带分布之规律，在云南似亦相当发育，而就火成岩分布之区域，似又可分成三系如下：

（1）西南部花岗岩区域——北起腾冲，南迄南峤、佛海，花岗岩出露甚广，组成云南西南之花岗岩区域。由此发生之金属矿床甚多，依其与花岗岩相距之远近，造成层带。如初为最近在龙陵发现之锡，次为顺宁宁台厂之铜，及滇缅边界之铅、锌、银带，继为维西宝隆及云县之汞带，再次为凤仪及蒙化之雄黄雌黄带。

（2）中部花岗岩区域——西北起维西，中经大理、祥云，东南迄个旧、马关，花岗岩断续出露，是为中部花岗岩区。在此区中，金属矿床层带之分布最为显著。如自个旧起，初为锡钨带，继为铜铅锌带，最后则为平彝锑矿及汞矿带。此带分布最广，其中尚难有白钨矿及铅锌，则因潜伏或小规模侵入岩之影响，因而形成局部之层带者也。

（3）东北部闪长岩区域——与闪长岩有关之会泽、巧家、鲁甸等县铜铅锌矿床，似有另成一系之趋势。永胜东山之铜铅锌矿亦与闪长岩有关，似与会泽矿区遥相呼应，惟调查未遍，故金属矿床层带之分，尚难确指也。

二、依照地理上之天然形势，可将云南矿产分为三大区域

（一）滇南区——包括思普沿边及滇越铁路沿线各县。在此区中，矿产极为丰富，其最著者，当首推个旧之锡，每年产锡九十余吨，居世界第三位，全国第一位。班洪炉房之银铅锌矿，为亚洲首屈一指之银矿，较之缅甸邦海老银厂之银矿，储量尤为丰富。锑矿则产于开远、屏边、文山、广南及丘北，每年共产纯锑五百余吨，当亦不容忽视。钨矿则产于个旧之卡房，及文山之玉树乡母鸡冲二处而以。铁锰矿则分布于昆阳、曲溪、峨山、玉溪、河西、龙武等六县。铜矿不多，仅路南、玉溪、金平、弥勒及元江之青龙厂等处产之，昔俱曾开采，今则俱已停采矣。金矿则产于红河南岸老么多及墨江坤湧二处，年有相当产额。铝土矿及钴矿则分布颇广，昆明、呈贡、澄江一带，近年均已发现，储量甚丰，具有经济价值。嵩明及宜良之烟煤，储量达二千六百万吨之巨。现由明良煤矿公司开采，年产煤约十万吨，为全省最大之煤矿。圭山之烟煤，储量尤丰，全部约计五千三百二十万吨，煤质颇佳，可炼冶金焦，堪称质优量丰之重要煤矿。开远乌格之烟煤，储量约七百三十万吨。小龙潭之褐灰，厚达六十余公尺，储量概算为一亿三千万吨，为全省富厚之褐灰，诚应予以注意者也。宁洱之磨黑井及石膏井、镇沅之按板井、景谷之抱母井、香盐井及盆香井，均盛产岩盐及石膏，尤以墨黑及按板二处，盐层厚达十余公尺，堪称滇省最富之盐矿。油页岩则仅路南大村产之，无大价值。磷灰岩分布于昆阳、呈贡、澄江等处。储量约一千五百万吨。黄铁矿产地颇多，而尤以个旧卡房所产者为最丰。辉钼矿亦发现于个旧。

（二）滇东区——包括东北部及叙昆铁路沿线各县。本区矿产，以会泽、宣威、巧家等处之铜为最著，为全国产铜最富之区。现为资源委员会滇北矿务局开采，年产铜六百余吨，电工器材厂所需之铜，全数由滇北矿务局供结。又曲靖、寻甸、嵩明、平彝等县，均发现铜矿，其次为鲁甸乐马厂之铅锌银矿，及会泽矿山厂之铅锌银矿，均为久负盛名之矿产。在前清康熙、乾隆年间，乐马厂每年产银二十八万三千余两，仅次于滇南之茂隆银厂。据明末宋应星所著《天工开物》载，曲靖亦产银矿，又昆明北乡之阿居鲁，亦产铅银矿，为云南大举开采，今已停办。罗平、平彝二县亦产铅银矿，本区之锑矿，仅平彝一县产之，但其藏量之富饶，则为全省之冠，现为企业局开采，有相当产量。宣威、平彝、罗平三市俱产硫黄，宣威玄武岩区域内，则钴矿甚多，本区矿产，除铜、银、锑外，当以煤为最丰，全省煤矿储量，当以本区为最富，嵩明、寻甸、曲靖、沾益等区，均产烟煤，共约有四五百万吨之储量，宣威及沾益建新村煤田所产之烟煤，属二叠纪，质优量丰，可炼

焦，共有三亿三千三百二十三万吨之惊人储量，现已划为国营矿区，由资源委员会宣明煤矿公司开采。将来之发展，最有希望。昭通、盐津二县之二叠纪烟煤，煤田面积甚广，储量亦有一亿两千三百余万吨之巨，质亦优良。镇雄亦产二叠纪烟煤，储量共有一亿三千二百万吨，煤质亦佳，可炼冶金焦。本区烟煤总计约有五亿九千七百四十六万五千吨，为全省烟煤储量最富之区，毫无疑义。按烟煤为煤矿中用途最广之一种，国防工业上极为需要，将来开发滇省矿产时，对于本区煤矿，应首先注意者也。又昭通之褐灰，储量亦达一亿吨以上，可以炼油或煤气。为全省第二丰富之褐炭，当亦不容忽视之矿产也。又沾益、曲靖二县之交界处，有油页岩，或竟有产石油之可能，详情尚待调查。

（三）滇西区——包括西北部及滇缅铁路沿线各县，所占面积最广，矿产种类颇繁。只以调查未周，交通梗阻，矿业未臻发达之境，就今所知，昆明、富民、昆阳、安宁等县产中石炭纪之烟煤，以富民老煤山最有价值，煤层厚达四公尺，大部可以炼焦，挥发物甚高，含百分之三十以上，制造煤气尤为相宜，藏量约一千万吨。广通一平浪之煤田，藏量亦达一千万吨以上，地质时代属三叠纪，煤质为上好之高级焦性烟煤。至如镇南、蒙化、弥渡、宾川、祥云、顺宁等县所产之煤，则多为无烟煤，藏量共一亿二千六百万吨之巨。褐炭则在盐兴、腾冲、云县、蒙化等境均已发现，共约有六千四百万吨之储量。易门铁矿甚为著名，有一千三百四十九万吨之储量，现为资源委员会开采，其他如蒙化、武定、禄劝、罗次、牟定、双柏、鹤庆、昆阳、安宁、镇南、保山、双江均有零星铁矿，以罗次所产者最有开采价值。本区之铜矿，就今所知共有三处。一即永胜，约有铜六千三百七十吨。二即顺宁宁台厂，在清康熙、乾隆时，有相当产量，仅次于东川，为全省第二大铜矿。永胜及顺宁之铜矿，均产于三叠纪页岩内，成因相同。三即易门，铜矿储量约有九十三万余吨。本区产金之地颇多，而以中甸、维西、阿敦子及永胜之金江为最显著。本区产银铅锌矿之地，尤为广大，不胜赘述，其重要者有双柏之石羊厂及马龙厂、鹤庆之北衙、中甸之黄草坝、云龙之白羊、保山之黑龙洞、顺宁、耿马之悉宜厂、腾冲之小新街诸厂，最近西南联合大学张席禔教授在龙陵花岗岩内，发现锡石，结晶甚完全。由此可知本区以内，有发现锡矿及钨矿之可能。吾人极应注意详细探勘，或有发现第二个旧之希望。日前曾有友人杨君以辉钼矿见示，亦谓系采自龙陵，想必与锡矿伴生。汞锑二种矿物，最近亦曾发现于保山、云龙、兰坪、蒙化、镇康等县，盐、石膏、硝矿在本区以内产地甚多，每年有相当产量，当亦本区之重要富源也。凤仪及蒙化均产砒矿，俗名石磺，雌黄雄黄俱全，为本区之特产，可作为工业及医药上之原料。楚雄、武定、姚安、禄劝、镇南等县均产石棉，而以楚雄所产者为最佳。丽江及鹤庆均产云母，以丽江所产者为佳，系晶片甚大之白云母，储量亦丰有开采价值。大理点苍山所产之大理石，质最优美，磨之成器，现各种花纹，极其美观，实为世界上不可多得之特产。其他如昆阳及楚雄之硫黄，楚雄之萤石，永胜及易门之瓷土，龙陵之金刚砂，蒙化之碱矿，元谋之明矾，片马滇缅边界之翠玉，均为本区著名之矿产。

三、云南三大区域矿产之比较

滇南区以个旧之锡，班洪之铅锌银，小龙潭之褐炭，墨黑井及按板井之盐，最负盛名。滇东区以宣威、昭通、盐津、镇雄之烟煤，会泽及巧家之铜，鲁甸之铅锌银，平彝之锑，昭通之褐炭，最为富饶而著称。滇西区以凤仪之砒，大理之大理石，丽江之白云母，顺宁及永胜之铜，阿敦子之金，顺宁、保山一带之铅锌银，易门及罗次之铁，最为著名，而大理石及砒为云南之特产。综观三大区域之矿产，其与国防工业有关之煤，当以滇东区储量最富，质亦最佳，滇南区次之，滇西区仅一平浪及老煤山二处为烟煤，储量并不甚富。褐炭以滇南区为胜，无烟煤以滇西区为多。铁矿以滇西区为较优，而滇南区最为贫乏，但锡钨则为滇南区之特产。铜矿以滇东区为最盛，滇西区次之，滇南区最贫。铅银矿以滇南区为最丰，盐膏诸矿亦较丰富，磷铝诸矿则产于滇省之中部，三区均有产地。总计三大区域各有所缺，各有所裕。惟在此广大区域以内，因调查未周，未经发现之矿产，不知凡几。若能详细勘测，定有发现新矿之可能也。

第四节　成矿时代

云南矿产之成矿时代，除水成矿床已确定外，金属矿床可分为三期：（一）中震旦纪前之成矿时代，例如东川、易门之铜，易门、峨山、罗次之铁，应属高温至中温矿床。（二）海西宁期成矿时代，为二叠纪后三叠纪前之一时期，主要矿产为银铅锌钴镍铜等，如乐马银厂及顺宁、永胜铜厂是。（三）燕山期之成矿时代，系指三叠纪后侏罗白垩纪前之时期而言，主要产物为汞锑，如平彝之锑，保山之汞是也。

第二章　分论

云南矿产种类之多，已如第一章第二节所述。其有产地可考者，共达二十六种，近年调查渐精，又发现辉钼矿、铝土矿、镍矿、油页岩、磷灰岩、重晶石等六种，总计共有三十二种。兹就云南境内之重要矿产，按照种类之不同，但又按照矿物共生之关系，将数种矿产合列为一节，如铅锌银三种列为一节，锡锑铋钼四种列为一节，钴镍两种合为一节，汞锑两种合为一节，石膏岩盐及硫酸钠三种又合为一节而论述之，皆以其在自然界中常相共生故也。其他各种矿产，则每种列为一节，依此论述如下：

第一节　铁矿

云南铁矿产地，分布极广，几乎无县无之。据调查记载，以易门、腾冲、峨山、龙武、丽江、鹤庆等地所产者较有价值。抗战以前，全省每年产生铁约在五千吨至一万吨之间，供铸锅及制农具之用，自抗战以后，本省顺成后方国防工业中心，铁之产额，颇改旧观，忽增至五倍有余，而仍有供不应求之势。是以新式钢铁事业，有如雨后春笋，相继产生。其规模较大者，如易门铁矿局、云南钢铁厂、云南电器炼钢厂、昆华煤铁公司等是也。就矿床情形而论，云南境内之铁矿，可分为下列之四类：

一、水成变质铁矿

此类铁矿可以易门、安宁、禄劝一带所产之铁矿为代表。据《地质论评》第八卷第一至六合期谭锡畴氏所著之报告载：易门、安宁、禄劝三县境内，铁矿分布散漫地点颇多，但迄今所知，矿床较大而经人注意者，为军哨、槐杉庙、沙场、东山、檀香箐、阿德、杨兴庄、梁王寨、滴水崖等处。军哨铁矿在易门县东约三十里，东北距昆明八九十公里。矿床所在，范围较大，南北长约一千五百公尺，东西广约二百公尺，大致成南北方向。铁矿露头断续无定，但有互相连接之势。槐杉庙铁矿在安宁县城西南约一百里，矿床范围较小，露头所在，东西长约五百公尺，南北广约二三百公尺，大致成东西方向，沙场铁矿在安宁县城西南约一百里，矿床范围亦广，东西长约一千公尺，南北广约三四百公尺。露头若断若续，向西延长颇远，直至槐杉庙矿区之南。东山铁矿在易门安宁两县交界高山上部，南距易门五十里，东北距安宁七十里，矿床所在，高出海面两千二百公尺，范围不大，长宽约数百公尺。檀香箐铁矿在易门县城东北二十余里，范围颇小，露头亦短。阿德铁矿在易门县城北五十里，露头颇小，长不过数公尺，宽不过半公尺。滴水崖铁矿在易门县城东稍北约五十里，梁王寨西北约八里滴水崖陡壁上，露头所在，攀登不易，长数公尺，宽一公尺余。槐杉庙西稍北杨兴庄以南之山坡上，亦有铁矿露头，向东南延长颇远，至槐杉庙矿区附近，此矿床分布之情形也。

上述各区铁矿，大部均产于下震旦纪十枚岩或页岩中，间亦有生于上震旦纪石灰岩中者，矿体成晶片形，但不成规则平整之形。不但原生形体厚薄大小有无，可不一律，且生成以后，又经区域变质作用，角砾作用种种影响，矿床形体构造，均有改变。因地层受动力挤压而生弯曲褶皱及角砾构造。矿床亦然，左右上下均表示弯曲之状。如受剧烈挤压作用。亦常局部增厚减薄，故自矿床露头观之，踪迹所在，不呈平整直线之形。甚至有局部褶皱剧烈，矿床重叠露出，无法比较或不易追寻者。矿床由铁矿物、锰矿物及数种矿璞矿物而成：铁矿物以赤铁为主，有时结晶成镜铁矿，有时水化成褐铁矿，以前沉积时与泥质杂生而成泥铁矿。锰矿物有硬锰矿、软锰矿。矿物以石英为多，方解石亦常见，泡沸石类亦有数种。矿床所含矿物不同，组分不同，矿床构造自不一律。且受各种地质作用之影响，各处矿床构造亦不相同。矿质以镜铁矿为最佳，含铁成分有在百分之七十以上者，赤铁矿稍次，褐铁矿质较劣。铁矿储量据谢家荣氏估计共有五百万吨，但据谭锡畴氏之探勘，则认为此数相差甚多，不足为据。实际之储量绝不止此。希望当较以前为大。

易门一带铁矿矿床之成因，丁格兰氏误认为硫化矿脉风化之铁帽。包郎氏则谓易门铁矿成晶片状，产高良系之板岩中。谢家荣氏根据各家之报告，论斯其为震旦纪地层中之层形铁矿，而与美国之上湖铁矿之成因相似，创立“易门之铁矿”之名词。近人论易门铁矿之成因，虽有种种推论，然大都语焉不许，其最详尽而可靠者，当首推谭锡畴氏之论断。谭氏论定易门铁矿实为水成变质铁矿之一种，其显著之证明为：（一）主要矿体上下，每有小矿体，夹于地层内。而互相平行，厚度不等，成薄层或晶片状，向两端延长不远，没于围岩，表示水成，毫无疑义。（二）矿体内常挟泥质物，矿石与泥质夹杂而成泥铁矿，在军哨平顶山及庙儿山沟东均见之。铁矿与泥质岩石有时交互成层，在东山西矿坑见之。均显示水成。（三）矿体内有时含锰质颇多，在军哨平顶山有硬锰矿、软锰矿，在庙儿山南沟坡有软锰矿，在沙场杨梅山有硬锰矿。矿体内毫无原生锰矿物之迹，如菱锰矿、蔷薇辉石等。此等氧化锰矿物，多随水成岩沉积而成，伴水成铁矿而生。（四）矿石多为赤铁矿，成块状或土状，多不结晶，有时夹泥沙物质，并现层状。实为水成赤铁矿，其后受变质作用，一部结晶成镜铁矿，受水化作用，一部变为褐铁矿。其有矿体大部或全部为褐铁矿者，为原沉积而生，亦为水成。（五）矿体中除次生石英后成方解石及风化结果所成矿物外，无原生脉含矿物如硫化物、碳酸物等，毫无矿脉之证，非水成矿床不足以解之。（六）矿床角砾构造，为矿床生成以后，受区域变质挤压作用之结果，与矿床无生成关系，不能据以推定矿床为火成或矿脉，而与矿床上下之角砾岩成因相同。

云南产矿地点颇多，而以前久经采炼，分布建成广大区域者，为滇中易门、安宁、禄丰，南至昆阳、玉溪、峨山、元江、河西、龙武，北至广通、牟定、富民、罗次、武定、禄劝、元谋等处，为元古代地层分布最广之区，亦即含铁矿层所在。易门一带铁矿仅占此区域之一小部。近闻罗次、富民二县交界处，发现质优量丰之铁矿床，其储量之多与易门相伯仲，或且过之。作者于民国二十五年，在澜沧磨刀河及元江县红河两岸，均曾见元古代地层中，夹有铁矿床，露头成层状，延长颇远。此三处铁矿均属于水成变质矿床。按吾国铁矿储量不多，而最大铁矿，多生于元古代地层内，如辽宁察哈尔河北铁矿是。云南元古代地层分布极广，此类水成变质铁矿当属不少。若能详细勘探，定有发现新矿区之希望。滇省钢铁事业前途，殊未可厚非也。

二、接触变质铁矿

此类铁矿在云南分布甚广。据包郎氏纪腾冲北滇滩开铁矿，谓附近有花岗岩，赤铁矿露头长六十英尺，宽十至十五英尺，矿质坚密，成分甚高云。观此记述，滇滩关铁矿显属接触变质一类。尹赞勋氏之观察，亦与此同。查滇滩关为滇省土法冶铁业中心，所产铁锅铁器，行销甚广。其铁矿价值或仅次于易门，实为此类矿床中之最重要者。除此外，尚有龙武洒红白及落水洞铁矿，矿体生于二叠纪石灰岩三叠纪红色砂岩与第四纪砾石层中。矿石以致密之赤铁矿为主，菱铁矿及褐铁矿次之。尚有少量之黄铁矿及软锰矿与之共生。马希融君对于本区矿床成因之解释，认为与附近花岗岩体有成因上之关系。又鹤庆县北衙铁矿，据路兆洽君调查，矿体生于二叠纪灰岩三叠纪红色岩系及第四纪砾石层中，并在附近见有黄斑岩及大块花岗岩之侵入体。矿石除大量赤铁矿外，偶见黄铁矿之存在。由此观之，北衙铁矿类属接触矿床。

三、水成铁矿

真正之水成铁矿，产于下石炭纪、二叠纪或三叠纪之煤系或红色地层中。成不规则之晶片层或结核层，矿物种类有菱铁矿、赤铁矿种种。分布甚广，但大都零星散漫，鲜有重视之价值。考其成因，系铁质最初溶解混合于流水，随波迁徙，或由力学作用，或由化学作用，或由有机作用，沉积成层，其后为较新之岩层所掩盖。据昆华煤铁公司潘承祥君报告："路南圭山一带之铁矿，生于上二叠纪圭山煤系中，而位于煤层之上，与页岩成互层。矿体呈层形，厚者六七公寸，薄至尖减。矿石以褐铁矿为主，赤铁矿及菱铁矿皆能见之。矿层既薄，而昔日开采者，多系矿层风化后，而在残余与富集红土中采之。"作者在宜良县可保村至嵩明县杨林一带之下石炭纪煤系中，屡见水成铁矿之薄层，来于煤系类之页岩或中石灰岩之底部。又在富民县老煤山及呈贡县水塘、昆明烟子哨等处之中石炭纪煤系底部，亦见有同类之铁矿。矿石多以赤铁矿为主，呈结核状，即亦有褐铁矿。但矿量甚微，不足重视。

四、风化残余铁矿

此类铁矿系由于玄武岩或富于铁质之石灰岩，风化腐烂，岩石之一部，溶解流失，其余部分，残留而成海绵状或多孔状之矿床。矿石大都为褐铁矿，闻亦有赤铁矿。作者在蒙自盆地，马祖望君在圭山东部及南部，均见蜂窝状之褐铁矿。其成因大抵属于此类。

朱熙人氏将此类风化残余铁矿更分为：（一）昆明式铁矿，二叠纪玄武岩流本身所含之铁质，经剧烈之风化后，成为赤铁矿、褐铁矿砾块，散布于未经风化玄武岩之上或其底部之石灰岩风化面上。例如昆明鱼街子、风摆山、筇竹寺、呈贡白龙潭、广通新庄等处之铁矿均属此式。（二）峨山式铁矿，矿源来自元古代地层中之层形铁矿，经风化后，遂被搬运至较低之处，造成许多次生矿床，据来源近者，为铁砂及砾块，远者为褐铁矿及锰矿。例如峨山西舍迭、山后庙、塔达、昆阳老矿山、龙武铁厂、蒙化铁厂箐等处之铁矿，均属此式。

此类风化残余铁矿，大部分布零星，储量较小，难作大规模之开采，仅可供小本经营之用而已。

第二节　铜矿

云南铜矿，产地最多。据建设厅统计，达八十七县，占全省之大半。开采最盛而为人所注意者，当首推东川铜矿。自前清乾隆年间，产额即甚丰，为全国冠，可谓极一时之盛。至咸丰八年，回乱时，杀伤矿工大半，余皆星散。至同治初年，始奉令复业，然工人不多，隧道年久毁坍，年产铜不过二三十万斤，约合一百八十吨。至光绪元年，年产铜五六百吨，专供京用。光绪九年，招商承办，十三年仍归官办。至民初，改官商合办，更名曰东川矿业公司。至民国二十七年，乃由资源委员会滇北矿务局接办。自雍正年间至民国二十六止，其年产额，皆有记录可考，平均每年产铜三千八百至四千六百公吨。在此一百九十七年间，共产粗铜七十五万一千至九十一万四千公吨。其次为顺宁府属之宁台厂铜矿，前清乾隆年间，开采亦极兴盛，其年产仅次于东川，据《顺宁府志》载："清嘉庆十六年以后，宁台厂年产铜三百八十万至四百二十万斤。"约合二千四百五十公吨。实为当时第二大铜矿。后因战乱停办，今尚有人作零星开采，就地炼成粗铜，运至昆明销售，可获厚利云。又次为永胜铜矿，开采甚早，在前清乾隆年间，年产粗铜千吨左右，为滇省第三大铜矿，民国二十七年尚产铜二百七十余吨。再次为易门铜矿，曾于明清之季，开采甚盛，产额亦丰，为滇中第四大铜矿。现已划为国营矿区，由滇北矿务局开发云。此外丽江、维西、云龙、蒙化、楚雄、路南、建水、蒙自、元江诸县，俱有铜矿，相继开采。在前清乾隆、嘉庆年间，采冶者达三百余厂，全省年产铜七千余吨，供全国造币之用。近年产额，全省每年仅产铜六百余吨，尚不及昔时产额百分之十，但云南全省之纯铜可能储量，至少亦在二十五万吨以上。当此中国工业化声浪高唱入云之大时代，铜之需要量，年有增加。据兵工署之估计，年需精铜一万余吨，按我国铜矿，以云南出产最丰，然年产不过六百余吨，于是铸造及一般工业原料所需，几全仰给于外铜之输入。是故，吾人果欲使中国工业化，使云南工业化，则对于滇铜之发展，岂可忽视哉？

就矿床之成因而论，可将云南境内之铜矿，分为三大类，兹分论之如下：

一、与闪长岩有关之铜矿

此类铜矿，与中性之闪长岩有成因上之关系，成网状细脉或不规则之交换矿体，产于震旦纪石灰岩中。因共生矿物中有电气石微晶，谢家荣氏谓此类铜矿，应属于高温气化至中温热液一类，而非如一般人所想象之尽属中温矿床也。此类铜矿，可以东川及易门之铜为代表，故可名之曰东川式铜矿。

东川铜矿位于滇省东北部，金沙江之东南。在会泽之西南，巧家之正南，产矿地点距昆明约三百公里。矿床分布于汤丹、白锡矽、落雪、因民、茂麓诸地，皆属巧家县境。附近地质悉属褶曲甚烈之震旦纪，自下而上为页岩、千枚岩、石灰岩及页岩，共厚一千四五百公尺。在页岩或灰岩中，常见有闪长岩或辉长岩之小侵入体，凡矿床附近，俱有其迹，其为铜矿之源，不言而喻。铜矿脉几皆产于石灰岩中，成六十度或近于直立之线脉，厚自一公分至五公分，闻亦有甚大之矿体。矿石以斑铜矿为最多，辉铜矿及黄铜矿次之，气化后则成孔雀石、赤铜矿、蓝铜矿、硫酸铜，偶亦有自然铜。脉石为方解石及石英，但为量不多。本区之铜矿储量，据李洪谟君之估计，可能有纯铜二十万吨。现由滇北矿务局开采，手选之上等矿石，含铜约百分之十六，其次者约百分之十一。民国二十八、九年时，年产铜三百余吨，最近产量减少至二百吨以下。

易门铜矿位于县城之西，毗连双柏县境，分布于绿汁江之两岸，附近地质为震旦纪板岩、千枚岩、砂岩构成。矿石以斑铜矿为主，黄铜矿、孔雀石、蓝铜矿、赤铜矿等次之。本区以内著名之铜厂有万宝、大潦塘、香树、三家等厂，自民国初年至今，曾有盈泰公司开采，年产铜十余吨，最盛时年达百余吨。本区纯铜储量，据黄懿估计，约五千三百吨。

云龙宝石甸铜矿在县城西南约二十五里，距澜沧江边甚近。其地位震旦纪千枚岩、砂岩构成，含铜石英脉生于千枚岩中。矿石有黄铜矿、斑铜矿、孔雀石、辉铜矿等。脉石为墨晶、锂云母、绿泥石等。矿床成因，似与东川式铜矿相同。本区铜矿，为近年所新发现，因交通不便，尚未开采。如元江青龙厂，铜矿脉亦产震旦纪岩层中，似属此类。

二、与基性岩有关之铜矿

此类铜矿在云南分布甚广，若永胜之姚钱河，顺宁宁台厂之一小部，路南之老旺厂及桅杆山，建水之回头山，俱属之。大致皆与一种基性岩，如玄武岩、煌斑岩、辉长岩有成因上之关系。铜矿成脉形，或网状细脉，产于火成岩本身，亦有穿越其附近围岩，如石灰岩或红色砂页岩，成细脉或其他不规则形状。此类矿床大致均属于中温热液至浅温热液之一类。普通脉薄而储量不丰，其堪以开采者，皆属氧化与次生富集二带，成层状或结核状，则其成因，又似有水成之可能，当于“三”类详论之。兹先就属于本类之铜矿，略述如下：

永胜姚前河帚竹箐铜矿，矿脉生于玄武岩之裂缝中，成纵横交错之细脉。含铜矿物多为次生之孔雀石、蓝铜矿等，偶亦有黄铜矿及辉铜矿。虽经开采，尚少成效。

顺宁宁台厂铜矿之一小部，如临江厂、打盹山等地，含铜矿脉亦产于二叠纪玄武岩中，成细脉状，故在乾隆初年，开采不久，出产不多，遂告厂衰矿绝，幸又发现次生矿床，终发展为滇省第二大铜矿。

路南老旺厂及桅杆山等铜矿，据民国三十一年冯景兰氏调查报告谓：老旺厂之含铜矿脉，生于二叠纪玄武岩或其他之基性岩体中，与石英及方解石共生。脉壁感受矽化及碳酸化作用。应为上升之中温或低温溶液所造成。含铜矿物为黄铜矿、斑铜矿及其他之氧化物。桅杆山铜矿见于志留纪灰岩中，呈倾斜陡坡，歧出分散之脉状。矿物以黄铜矿、黄铁矿及石英为主，次生矿物甚少。矽化作用，颇为剧烈，致脉石坚硬，淋湿困难，或为次生富化矿物少见之原因。此类矿床，应由中温上升之水热溶液所造成。昔日开采，前者产铜不多，后者较盛。

建水回头山铜矿，矿脉皆生于玄武岩流中。脉宽数公分，矿石为黄铜矿、斑铜矿、黄铁矿等，与石英共生。在清末时，年产粗铜约六十吨。

三、水成铜矿

云南境内，三叠纪红色岩系分布极广。此红色岩系，直接覆于二叠纪基性岩流之上。凡滇省三迤之区，莫不见有此系之露头。此系为红色粗粒砂岩及页岩所组成，层内时有波浪痕迹，盖属浅海或湖沼沉积。其中往往有含铜矿物之存在，或成结核状，或成不规则形，散嵌于围岩中，更有成层状而产于黑灰色页岩或砂岩中者。其铜质之来源，当与二叠纪之玄武岩流，有密切之关系。致其矿床之成因，系由于二叠纪基性岩流喷发时，造成湖沼或海淀等，同时岩流本身经剧烈之风化，其中原有之铜矿脉或矿物，成为含铜溶液，或交换一簇微生物之细胞，而成结核状，或交换一条或数条之细胞，而成脉形，或沉积而成层状，遂成今日所见之水成铜矿。此类矿床，因易于开采与冶炼，故采冶甚盛。如顺宁之宁台厂，永胜之米里厂，宣威之倘塘厂，路南之绿铜矿，会泽之自然铜，皆其著例也。此类矿床，不特易于采冶，且矿层之下，常有二叠纪质优量丰之煤，可供燃料，对于采冶工程，辅助发展之功甚大，诚不可不注意也。

顺宁宁台厂铜矿，在县城东北五百二十里，产铜地区以硒获、水泄、芦塘最为著名。民国二十四年，作者曾偕孟宪民及陈恺两先生至其地调查，含铜矿脉几全产于红色岩层中，矿床露头分布颇广，自东南向西北延伸颇远，昔日铜矿几已倒塌，无法考查，矿石多以斑铜矿为主，据《顺宁府志》载：宁台厂系乾隆九年开采，年产铜七十余万至三百余万斤不等。四十六年定年额铜二百九十万斤，内紫板铜九十万斤，据外省采买，蟹彀铜二百万斤，专供京运。嘉庆十六年以后，产铜尤盛，年达三百八十万至四百二十余万斤之额，约合两千四百五十吨。当时开采之盛，可以想见。后因回乱停采，迄抗战军兴，滇省顺成工业中心，云铜极需，遂有士人作零星开采，炼成粗铜，运昆销售，可获厚利。由此观之，本区铜矿储量，尚极丰富，仅次于东川，若再加以探勘，其储量或有胜过东川之可能，实不容忽视之铜矿也。

永胜米里厂铜矿位于县治之西北，附近地质，除局部之二叠石炭纪石灰岩因断层露出外，大部为三叠之页岩、砂岩及石灰岩所分布，铜矿大部，即产于此系下部之页岩中。火成岩有玄武岩流，位于二叠石炭纪石灰岩与三叠纪地层之间，露头分布长达百余公里，凡重要铜矿，无不在此带内。含铜矿物产于泥土状黑灰色炭质页岩中，成充填节理之脉络或椭圆形之结核。此类矿床，冯景兰氏名之曰米里氏，除米里厂外，大宝、宝坪诸厂之矿俱属之。矿石多为斑铜矿，含铜量平均约为百分之二十，产量最多。统计全区诸铜量约为六千三百七十吨。查永胜铜矿，开采甚早，乾隆年间，年产粗铜千吨以上，其产额之多，居滇省第三位，此后减至数十或数百吨不等。近年以来，年产铜二百七十余吨，其中百分之九十五以上，皆产自米里厂。矿床成因，朱熙人氏认为属于水成之一类。

宣威倘塘铜矿位于县治之北略偏东，其含铜岩层，为滇东水成铜矿中之最厚者。矿石以孔雀石为主，含铜约在百分之四左右，且碳酸铜易于溶化，故昔年发达甚盛。

路南绿铜矿位于县治东南约二十里，据民国三十一年冯景兰氏之观察，认为系路南铜矿中最重要者，冯氏特名之曰绿矿铜式。其特点为含铜矿脉统在二叠纪之茅口灰岩及栖霞灰岩中，其上被覆之玄武岩层，多已被侵蚀除去。矿石以黄铜矿为主，风化富集，为辉铜矿、蓝铜矿及孔雀石等，与方解石共生。脉形殊不规则，两旁围岩或脉壁无感受水热变化之影响。矿床成因，冯氏认为应属于下降溶液沉积，而非由上升之水热溶液所造成。

会泽之自然铜矿位于县治之东及东北。自然铜每年生于玄武岩本身气孔裂隙内，或砂岩裂缝中。其生于气孔内者，多呈鸽卵形，又如气孔周围有裂隙时，则其鸽卵外达一小脉，显示次生成因。其生于裂隙中者，或成薄片，或呈树枝状，当属次生矿床。其铜液之来源，乃系盐基性岩流中原来之含铜矿脉及矿物，经剧烈之风化后，其含铜溶液流入气孔及裂隙间，重行沉积而成。此类铜矿，通常分布散漫，储量有限，鲜有经济价值，前清中叶，所采之自然铜，大部直接用以打制斑铜器具，花纹奇异而美观，至今成为贵重饰品。

第三节　锡钨铋钼矿

锡钨铋钼四种矿产，常相共生，产地颇为密迩，在矿产区域之位置上，又占同一之层带，故合论之。云南境内之锡矿，以个旧产额最多，年产纯锡九千至一万二千吨，居全国第一位，世界第三位，占我国锡产额百分之九十以上，为滇省出口货之最多者。云南钨矿，就已发现之产地，有个旧卡房、文山玉树乡母鸡冲、龙陵等三处。铋钼二矿，现尚无人开采，不过偶见于锡钨矿体中，如个旧卡房白沙坡，即见有氧化铋及辉铋矿，与钨矿共生。又如龙陵境内及个旧卡房老磨岩，则有辉钼矿之晶片，与钨矿共生，而以龙陵所产，晶片较大，有径达三五公分者。兹将此四种矿产，分别详论如下：

一、锡矿

云南境内产矿之区，以滇南之个旧为最著称。个旧矿产之开发，始于何时，无记载可考。传闻开采之初，只知有银不知有锡。故康熙以前，为银厂时期，乾隆以后，始为锡厂时期。至光绪三十一年成立个旧厂官商公司，三十四年改称锡务公司，招收官商股款，订购机器，是为新法开采之始。其后厂务日繁，产量日增，在滇越铁路未成之前，年达二三千吨。自宣统二年铁路告成，运输便利，矿业益盛。而锡务公司在马拉革所凿之直井，个旧至马拉革间之架空索道，以及民营之个碧铁路，亦先后建设完工，交通尤为方便，锡产量年有增加。民国二十年，省政府又组设个旧炼锡公司，改良冶炼，划一成色，直接出口，运英美销售，于是产额激增，年达九千至一万二千吨。民国二十六年中央政府派孟宪民创办云南锡矿工程处，选定老厂为矿区，在新湾子开发直井二口，装设新式机械，并修筑由老厂至蒙自县城长达三十五公里之公路，个旧采矿工程，顿改旧观，大有进步。迄民国三十年，省政府与中央合作，将锡务炼锡两公司与锡矿工程处合并改组为云南锡业公司，冶锡专家陈大受又将原来炼锡公司之炼锡方法加以改革，炼成百分之九十九点九七五纯锡，为现在世界上含锡量最高之纯锡。同时省政府又创办矿业公司，从事开采松树脚瓦房冲一带之锡矿，并在开远建设水力发电厂，供应采冶工程上所需之动力。近年以来，个旧采冶工程，可谓已具规模，不难大量生产。虽战时产额锐减，然个旧终属滇省矿业中心，将来必有复兴之望也。

个旧为一呈喀斯特地形之石灰岩高原，东与东北为蒙自盆地，北与西北为石屏、建水盆地，其西南则为元江大断层。在此高原之上，三叠纪之个旧石灰岩厚一千五百至二千公尺，与上三叠纪之火把冲煤系，成不整合之接触。组成东西向或东北西南向之平缓褶皱，而又为纵横交错之断层所切割。在个旧与建水间，大路所经山楂树附近，则三叠纪灰岩下之玄武岩，石炭纪灰岩与泥盆纪灰岩出露甚清。而在元江之西岸则有震旦纪之片麻岩，与个旧石灰岩高原成一大正断层之接触。在白沙冲、卡房及县治之西，俱有花岗岩露头，侵入于石灰岩中。个旧锡矿即产于花岗岩与石灰岩之接触带，而大部矿脉则产于石灰岩内。

就个旧地质构造而言，个旧恰当云南弧形构造之尖顶处，适为地壳变动最烈之地带，因其变动剧烈，于是花岗岩基乃得侵入，而锡矿亦随之生成焉。查个旧产锡最富之区，大都在围岩倾斜缓平而成背斜层构造之处所。如老厂全区即呈一穹状构造。矿区南，岩层倾南，矿区北，岩层倾北。而此穹状构造之中，又有多数之小褶曲，此等小褶曲之轴部，往往为矿脉富集地带。如黄茅山一带及耗子厂等处，约适位于背斜层之轴部。个旧之其他矿区，如松树脚、六方寨、卡房、陡岩、马拉革等处，凡矿脉富集之所在，均莫不适居于背斜层构造之轴部，或背斜层之两翼附近，吾人研究岩层构造，当可作为探寻新矿区之根据，不可不注意也。

个旧锡矿，可分原生与次生二种矿床。原生矿床又可分为二类：（一）汽成变质岩，由于富含成矿剂之高温岩浆，侵入于石灰岩裂罅中，发生云英岩化作用变质而生成。其特点在于汽成变质岩石之呈叶片状结构，此种矿床可资开采者甚少，因矿脉之所在，多限于石灰岩与花岗岩接触之顶部或陷入其中之石灰岩。储量有限，不能供长久之采掘故也。（二）深造热液矿床，由于富含各种金属化合物溶液之岩浆，通过周围既冷却之岩石裂隙而上升，渐渐遇冷结晶而生成。当岩浆上升，温度渐减时，矿物中溶解度小者，如钨锡等，必先沉淀于深处。其溶解度大者，如铜铅锌银等，则沉淀于距矿源岩较远之地点即浅处。矿脉多呈混合脉而产出，或呈多数管状脉错综而成网状脉。矿石为锡石、磁铁矿、赤铁矿、蓝铜矿、孔雀石、钨锰铁矿、闪锌矿、含银方铅矿。脉石为石英、电气石、粗云母、高岭土等。此类矿床之浅处，多有铅银与锡石共生，愈深入，则锡石愈增，矿脉愈大，储量愈丰，须降至花岗岩，则矿量减少。个旧锡矿，以此种深造热液矿床最为重要。除原生锡矿外，现时开采甚盛者，大部属次生一类。含锡矿体，受风化作用后，锡石往往混入红土中，散布于山顶、谷底或石缝以内。个旧全境纯锡之储量，据作者估计，约在一百五十万吨以上。如每年产锡一万五千吨，尚可开采百年以上，不至尽竭。

云南境内产锡之区，除个旧外，最近西南联大教授张席禔先生，在龙陵采获锡石标本，晶粒粗大，可知龙陵定有成为新矿区之希望。又滇南之蒙自、屏边、马关一带及滇西之龙陵、潞西、南峤一带，花岗石断续出露，恐不难有发现新矿区之可能。

二、钨钼铋矿

云南产钨矿之区，已知者共三处：

（一）个旧卡房白沙坡，产钨锰铁矿，俗称黑钨。矿脉生于石英脉中，或成为晶花岗岩脉，生于花岗岩中。矿石除大量钨锰铁矿外，尚有辉钼矿与氧化铋锡石及黄铜矿。作者在卡房附近之个麻冲，见有大量之黄铁矿与锡石及钨锰铁矿共生。又在个麻冲下之老鹰岩，则见有辉钼矿之晶片产于石英岩脉中，故卡房一带，钨钼铋三种矿物俱已发现。钨矿由云南钨锑公司开采，年有相当产额。铋钼则尚弃而不采。就矿床成因而言，卡房一带似均属于深造热液矿床。

（二）文山县玉树乡老君山，据金耀华氏之报告，附近地质为花岗岩与三叠纪之个旧灰岩接触变质带，其临近花岗岩之灰岩，殆完全变为石榴子石及阳起石之结合体，白钨矿及辉铋矿之晶粒，散嵌于此结合体间。此种矿床盖由于接触变质交替而生成，白钨矿与花岗岩有成因上之关系。钨铋矿之富集带，或限于接触变质带中部及下部，储量有限，而钨矿之成分不过千分之一，似无甚大价值。钨矿曾由云南矿业公司开采，共产白沙坞二十五至五十吨，后因缺乏资金停办。惟老君山一带，花岗岩与石灰岩接触带分布甚广，若能详细勘探，当有发现新矿区之希望云。

（三）龙陵境内，曾有人发现钨锰铁矿与辉钼矿石等共生。钨矿质纯而晶体粗大，辉钼矿之晶片亦有径达三五公分者。又就张席禔教授所采获之锡石标本观之，晶粒亦颇粗大。似属于伟晶花岗岩脉一类矿床。

第四节 银铅锌矿

银铅锌三种矿产，必相共生，故合论之。在云南分布甚广，据建设厅统计，达七十二县。产地虽多，但现今俱已停采，其有相当产额者，今只有会泽矿山厂一处，年产铅三百吨，锌二三十吨。银则全省境内，无人采办矣。云南之铅锌银矿，据谢家荣氏之研究，可按其分布情形与地质之关系，分为下列之三带：

一、中缅边境银铅锌矿带

银铅锌矿分布于滇西及思普沿边，矿量之丰，非惟为全国之冠，抑且为亚洲第一。本区有大块花岗岩侵入于震旦纪或较新之地层中，矿质渊源有自，大量矿产之发生，自较有望。据现所知，如腾冲北之明光、班洪炉房焦山之茂隆厂、西盟新厂、募乃老厂等，俱为著名铅银矿，至今遗滓堆积甚多，是为昔时曾有大量生产之证。又如龙陵、顺宁、保山等县，耿马之悉宜厂、澜沧孟连追公鸡厂，车里、佛海、南峤等县，亦具有铅银矿，有曾经开采者，亦有尚系处女矿地，未经开采者。故北自明光，南迄澜沧、佛海，西及中缅交界，东至兰坪之富隆厂、顺宁之涌金厂，沿西北东南之方向，为云南最重要之铅银带。此矿带与缅北之老银厂相距不远，遥相呼应，而成为中缅边境花岗岩侵入体之左右两平行矿带之趋势。

明光附近之大洞厂，传闻昔存产银甚多，附近土窿密布，遗渣累累。美国宝福士于民国八年组织探矿队，工作两年，曾于大洞内发现铅银矿之小矿带，但未见大矿。其后屡经勘探，终只探犹小矿体，遂认为无大探之价值，停止试探。据徐宽甫氏谓：遗滓中含银每吨可达三四两云。

班洪之炉房、焦山二矿厂，古籍统名曰茂隆银厂。民国二十四年冬，作者偕孟宪民、陈恺两氏，曾随中英两国政府会派之滇缅南段勘界委员会，亲临中缅边境调查。炉房在班洪之西，相距约九十里。焦山则在班洪之西北，相距约四十里。附近地质属震旦纪之淡红、黄色板岩，灰色千枚岩及其所夹杂之块状矽质石灰岩，大致走向为南北，倾角甚平。北起南大，经亮山孟林山至金厂坝，有花岗岩侵入体。在老厂寨之西沟及焦山南腊之间，亦各有小侵入体数处。矿区位于一大山坡之半腰，在金号沟西头，见铅锌矿脉，呈厚层状生于石灰岩中，平平由山伸出，外露部分厚达十公尺，宽约二十公尺，向山里延伸至若干深度，尚未估计。矿石以含银方铅矿及闪锌矿为主，脉石以石英为主，石英晶粒甚大，往往可采获长三四十公分之六方柱。脉壁变质程度亦深，石灰岩大部变为大理石。此类矿床之生成，与花岗岩有密切关系，为高温至中温热液侵染于围岩中变质而生成，就矿床露头观之，其矿量之丰富，实为中缅边界所仅见。考之史乘，茂隆厂在明时，即已开厂甚旺，但较缅北之波隆厂（又名邦海老银厂）实已稍晚。在清康熙至乾隆初年，吴尚贤开办时代之茂隆厂，年产银在三十万两左右。当时实为中国第一大银矿。按明末宋应星所著之《天工开物》，其五金章中有称中国所产之银，合八省所生，不敌云南之半。又檀萃茂隆厂记有云：银出不赀，过于内地之乐马。至嘉庆五年封闭时，年产银仅一万五六千两。据化验结果，矿砂每吨含银十八两至三十六两，平均约二十五两，就今所知，应为中国含银成分最高之矿石。现在该厂矿区以内，废铜尚有八处，遗滓则遍地皆是，堆积如山，约略计之，尚有遗滓一百二十万吨，其中尚含银三百四十余万两，锌八万四千吨。就地设炉，稍加冶炼，即可获得偌大资源，无探采工程之费用，诚不可忽视也。

募乃老厂属澜沧县，在县治佛房西北六十里。附近地质层属下二叠纪石灰岩，平斜向西，构成募乃背斜层之西翼。此层常构成锥形尖丘，悬崖峭壁，及落水洞，故亦标准之喀斯特地形也。厂地之北有基性侵入岩，使接触之石灰岩层变成大理石。本厂封闭已久，矿铜遗址，不能详考，惟铁帽甚多，遗滓累累。矿床大都呈袋状、盾状或块状，其径有过一公尺者。矿石为方铅矿与黄铁矿之细密混合物，多产石灰岩中。据分析，矿石每吨含银约十八两。堆滓约共六十万吨，其中尚含银三百余万两，铅五十六万吨。盖亦滇边重要之资源也。查本厂于雍正六年开采，嘉庆十五年封闭，当时情形无从考据。今尚有工人四五十人，设炉炼铅，年可产铅一百五十吨。

西盟新厂银矿，在南项河上流东岸，西盟之北六十余里。附近地质属震旦纪之板岩及石灰岩，矿脉生于变质极深之石灰岩中，脉厚约一公尺，含银方铅矿与黄铁矿、黄铜矿等共生。矿石含银甚富，每吨约十七两，但不适于土法冶炼，故遗滓每吨尚含银四两至十二两之多。按新厂创设于咸同之间，在募乃老厂之后，故名。至光绪初年，工人已集至万余，后因孟连土司作乱，残杀厂丁，遂即关停。

澜沧西南之公鸡厂铅银矿，向归孟连、猛马土司管辖，位于南卞江之东岸，故应属中国领土。附近地质与炉房新厂等处相同，矿脉产于震旦纪变质石灰岩层中，矿石为含银方铅矿与闪锌矿石英共生。晶粒细微，含银颇富，每吨达二十二两。附近石洞及铁帽甚多，山上森林特甚，似为未经开发之处女地，具有探勘之价值。本区矿床，为作者于民国二十六年四月所调查。

澜沧南一百七十里之猛福寨，亦有铅银矿。附近地质属中生代之紫红色砂页岩，皆向西倾斜，山腰以上为花岗岩侵入体，富于节理，矿脉即充填于节理之中。所见矿脉俱属伟晶岩脉，中含长石、石英及方铅矿，互结成文相结构。此矿含银不多，据其伟晶结构，似应属高温一类，而与前述各类不甚相似云。

按上述西南带内银铅锌矿床，以炉房之露头最为显明而丰富，似非同老矿竭者可比。吾人初履其地，见此露出之铅银矿及堆积如山之遗滓，不禁为之惊叹。滇省有如此之富源，矿业家竟未注意及之，吾人初亦以为奇异，但考之史乘，及土人传说，茂隆银厂之开，实稍后于波隆老银厂。约与吴尚贤同时经营波隆者，为明永明王后人自称贵家宫里雁，当时二人及其盛名，深得人心，即最野蛮之卡瓦人，亦莫不拥护之，故均极兴盛，惟自尚贤被杀，矿工星散，茂隆忽告停顿，其后虽仍续办，然因厂地适在蛮荒，人人视为畏途，厂情渐衰，以至封闭，至今仍为废厂。波龙则于 1891 年归英人办理，初从提炼，遗渣着手，至今成为亚洲第一大银矿。由此可知滇缅边境，地下蕴藏之矿体必非寻常可比，其为中国唯一重要之铅银矿富集地带，盖无疑义。如能详密探勘，则大矿体之发现，乃意中事也。

二、云南中部银铅锌矿带

在滇中如永胜、大姚、姚安、双柏、昆明、新平、石屏、建水、个旧、文山、马关一带，俱有铅银矿，与中性或酸性侵入火成岩有成因上之关系。此中时有铜锌，含银亦富，组成自西北向东南之矿带，与西南边境带约略平行，是之谓中部带。

此带中业已调查者，有新平之水黑箐银矿，位于太和乡，始采于咸同年间，至光绪中叶，渐著成效。办理五六年得银二万两。双柏之石羊及马龙厂，俱在南区表下乡，明末俱已开采，清季甚盛，石羊厂曾日产银二千两，现均停闭。个旧之龙树脚银厂，康熙、乾隆时开采甚盛，矿脉生于三叠纪个旧灰岩中。又个旧老厂之陡石阶及黄岗山之铜洞，俱有含银方铅矿，与锡石共生。文山之母鸡冲，亦有铅锌矿，矿脉产于石炭三叠纪灰岩与花岗岩之接触带。据作者及金辉华氏之调查，个旧、文山之矿床，俱属高温矿液一类，与酸性之花岗岩有成因上之关系。昆明二十余公里之阿居鲁亦产铅银矿，矿脉生于二叠纪石灰岩中，成脉形者宽三公寸，成袋状者宽达一公尺。民国初年由东陆大学集资开采，但无成效，现由云南大学保管。

三、云南东北银铅锌矿带

在滇北另有一铜铅锌银带，此中铜锌较多，而含银似少，其甚者则成为铜矿，如东川铜矿是也。此带与中性火成岩如闪长岩有成因上之关系，北起永善，中经巧家、鲁甸，南迄会泽，走向北北西至南南东，是为东北带。

在此矿带中以鲁甸之乐马银厂最为重要。产矿地点位于县治西南三十五公里。矿体分布于古生代地层所构成之背斜构造范围以内，矿源来自二叠纪之玄武岩，矿脉大部生于石灰岩中。主要矿物为含银方铅矿，锌矿则不常见，其次为辉银矿，含银之铜矿、斑铜矿等。矿砂含银成分特高，每公吨含银六十四两至二百五十二两，较之炉房尤佳。矿床属于中温至浅成热液交换一类，本区之矿，明末清初，即行开采，年产银二十八万四千余两，为全国冠。历来皆以炼银为主。咸同年间，因隧道过深与战乱影响，遂至中断。光绪时，又复开采，成效不著，亦告停顿。然斯矿分布甚广，银之含量又特丰富，实中国最大银厂之一，不容忽视者也。

会泽矿山厂、麒麟厂之锌铅矿在县治东六十里，矿脉产二叠纪石灰岩中，厚自一公尺至二公尺余，矿脉分布达一公里半。主要矿石为方铅矿及闪锌矿，属中温热液矿床，与东川铜矿为同式同期之产品。查本矿之开采，始于明时，以提银为主，咸丰年间出产最旺，厥后渐衰，光绪中叶复大振兴。现由滇北矿务局采炼，年产铅约三百吨，锌二十余吨。

第五节 铝矿（铝土及明矾）

铝为制造飞机所不可缺少之原料，其在国防工业上之重要性，不言而喻。含铝矿物，堪以炼铝而为国人所知者，为铝土矿及明矾石二种。前者为铁铝矽三原质之氧化物混合体，堪以炼铝者，氧化铝之成分须在百分之六十以上，而氧化矽及氧化铁之成分则以愈少为愈妙。后者为钾铝之硫酸盐，可以制造硫酸钾及氧化铝，再由氧化铝提炼金属铝。云南境内，元谋之那化，景东之城北，昔皆产明矾石，惟地质情形，尚未调查。至铝土矿则系新近发现之矿产。近数年来，国立西南联合大学教授孙云铸及米士博士等，因测制昆明附近各县详细地质图，在滇池沿岸发现铝土矿甚多。最近资源委员会矿产测勘处谢家荣处长，又在富民老煤山，发现质优量丰之铝土矿，矿层产于中石炭纪煤系，煤层上下，俱有铝土页岩一层。在煤层上者质较优，含氧化铝之成分特高，有达百分之八十者。矿石呈白色致密状，出露部分则因久经风化之而呈蜂窝状。富矿成堆，盖于山巅，露天开采，即可获得富矿，无施工上之困难。富矿储量，至少亦在一千万吨以上，而矿质稍次之铝土，可作耐火材料者，尚未估计在内。就现实所知，老煤山区之铝土，实滇中最佳者也。

此外，作者在昆明北乡沙朗附近，以及嵩明宜良可保村至杨林一带，均见铝土层，夹于石灰岩层中，而铝土层底部石灰岩之下，则为石炭纪之下煤系。故此层铝土即上煤系之代表地层也。又孙云铸、王恒升、米士诸教授在滇池沿岸，如马街子、三清阁下、黄茅嘴、海口一带，俱见同样之铝土层。又许德佑、边兆祥二君在宜良五亩山及石灰窖，呈贡一朵云及龙潭山，朱熙人氏在昆明北门外，亦曾发现铝土层。近年调查渐精，发现新矿区愈多。查滇中一带，石炭纪上煤系分布极广，凡有煤系露头之处，莫不可见铝土层覆于其上。由此可知铝土矿之储量，当有惊人之巨数。将来云南铝矿之开发，诚大有厚望焉。

第六节　金矿

云南产金之地达四十县，迹其分布，大部分与前寒武纪变质地层密迩相随，而组成滇省中部成西北东南向之黄金轴心带。最近一二年来，全省年产金一万七千余两。重要产金区域，计有下列之三区：

一、墨江元江金平顺宁一带金矿

红河之西南岸，西北起自顺宁、云县，中经景东无量山及哀牢山，继经墨江、元江，东南迄金平河口，为寒武纪前古老变质岩层分布最广之一带。沿此一带产金之处颇多，如墨江之坤湧，蒙自金平之金河流域，均产脉金及沙金，最为重要。坤湧厂之含金石英脉穿越于石英岩层中，脉厚达五公尺，延长数公里。矿石除自然金外，尚有黄铜矿、黄铁矿、绿泥石、蛇纹石、石英与之共生，开采已久。近年以来，每年能产金二千两。坤湧厂下之水癸河则产沙金，其金沙之来源，盖为脉金破碎分解后由雨水及河流之搬运而富集者。蒙自逢春岭之南，老摩多马店等处，亦以产脉金著称。上述两处金矿，与花岗岩之侵入有关，围岩交换情形，均甚显明，似同属中温热液矿床一类。

二、中缅边境金矿

中缅边境西北起自腾冲、龙陵，中经澜沧、西盟，东南迄南峤、佛海，约略成西北东南之方向，为寒武纪前古老变质岩层分布之区，同时亦为大块花岗岩体侵入地带。在此带内，产金之处亦数见不鲜，惟大部未经调查，地质情形尚未明了，就现所知，仅澜沧江木鼓、席鼓之小河，产有沙金，西盟附近则产脉金，自然金微片生于水成片麻岩之石英脉内，闻友人从事试探，尚未见效。

三、金沙江澜沧江一带金矿

金沙江、澜沧江一带，以产沙金著称。产额最丰之处，以永胜境内一段为第一，年产沙金四千五百两。盖金沙江上游，原自西北向东南流，至丽江境转向北流，至永宁又折而南流，至永胜金江复转向东流，河流中所带金砂，多沉积于转弯之处，故永宁、永胜二县沙金特多也。丽江、中甸、维西、兰坪、大理、凤仪、顺宁各县所产之沙金，则多产于砾石层中，即在金沙江、元江二水之分水岭，亦不无金沙之存在，此或可为金沙江会向南流入元江之一证与？

第七节　汞锑矿

云南汞矿（即水银）及锑矿，俱属于低温热液浅成矿床，常相共生，故合论之。此二矿产分布之区，大抵可分为东西两矿带：（一）东矿带以产锑著称，北起平彝，南达马关，西至石屏，东及广南，组成一约近南北向之辽阔的锑矿区域。在此区内以产锑为主，汞矿次之。如平彝之余家老厂锑矿，开远之果花都比及文山之茅山锑矿，建水之银厂，丘北之洗马塘汞矿，皆较著者也。（二）西矿带以产汞较为重要，北起维西、兰坪，中经云龙、永平、保山，南达顺宁、云县，大致成一南北向之直线，与澜沧江平行，或者为一大断层构造，亦未可知，此矿带内以产汞为主，如保山之大田头帮粮山，云龙之哨垭口，皆较著者也。

据苏良赫、周泰昕二氏调查，平彝余家老厂锑矿，在县治东南约八十公里，附近地质属上二叠纪乐平煤系，锑矿脉产生于矽化颇剧之灰色砂岩中，往往富集于背斜层构造轴部之附近，脉厚达八公尺。矿石以辉锑矿为主，属低温水热矿床，其产状约有二式：（一）曰面山式，矿体多见于乐平煤系之最下部，充填于岩石裂隙中，母岩矽化极剧，矿体成脉形，常集结而为极富之囊形。辉锑矿成美丽之柱体结晶，晶长可自一公分至四公分。脉石有石英、萤虫等。（二）曰革布厂式，矿脉亦产于乐平煤系中，围岩强烈矽化，辉锑矿皆作放射排列，发状，细小结晶，脉石中仅有极少量之萤石而无石英，在耗子寨，则见有雄黄及雌黄产出，此二式锑矿以前者较有注意之价值。总计全区纯锑储量，约为二万八千余公吨。第一次世界大战期间，锑价大涨，本区矿业，曾盛极一时，甫乃、光华两公司相继成立，从事冶炼，旋因战乱告终，遂告停闭。现时由云南省企业局平彝钨锑公司采炼，已产纯锑二百八十余吨。方今抗战已获胜利，锑价又将下落，若不亟谋发展工业，推广锑之用途，则锑矿前途，不可乐观也。

民国二十六年，钨锑公司成立，就茈村宝华公司旧址，设分公司，并于开远、文山、广南、西畴、屏边等县分设办事处，恢复锑矿采炼事业。现该公司开采锑矿之矿石，计有开远果花、都比，文山之茅山，广南之革夺韭菜坪及九克，西畴之小锡板，屏边之苍房及茶特白等处。以上各矿山产量最多者为茅山、革夺、苍房、果花、都比等区。据马希融氏调查，果花、都比、磨盘山等处，则有石英斑岩侵入于红色地层中。锑矿成脉形，厚自数寸至二尺许，产于灰岩中。脉石有石英方解石，矿石除辉锑矿外，偶含黄铁矿、黄铜矿、方铅矿、辰砂等。本矿显属低温线成矿床，而与石英斑岩或有成因上之关系。

据建设厅统计，产汞之县有十，建水、文山、泸西、丘北等产锑之县皆兴焉。保山之汞分布于县治西北之大田头、帮粮山下剌铺一带。附近地质属二叠纪石灰岩，辰砂产方解石脉中，或成浸染状而产于灰岩内。脉厚有达一公尺者，质量俱佳。云龙之哨垭口汞矿在县治西北二十五里。附近地质为二叠纪石灰岩及乐平煤系之黄色页岩，汞矿即生于页岩或页岩与石灰岩之层面间，或其他裂缝之内。矿脉露头不甚鲜明，仅见辰砂之细粒，黏附于页岩之层面及石灰岩之裂隙内，盖亦低温线成矿床也，保山、云龙一带汞矿，开自何时，无据可考，现尚有当地居民，于农暇时采取辰砂，设炉炼成水银，运至产金地区销售，以作淘金之用。查我国湘黔汞矿，每沿背斜层轴部或断层而生，云南汞矿之位置，亦颇相合，故有重视之价值也。

第八节　钴镍矿

云南境内，在东北部，尤其昆明附近，于玄武岩风化后之红土中，常有结核状之氧化钴，俗称碗花矿，供陶瓷原料之用。考钴之来源，当自玄武岩，后经风化，钴乃氧化而成结核状之块粒，钴矿分布极为零星，如昆明之苏家村、龙头村及大板桥，安宁之高山，富民之河东村，呈贡之大红山及马寨子，晋宁之大红山，路南之文笔山及阿子龙山，会泽之东北境，嵩明之罗登山，寻甸之小梁山，沾益之大湾箐，宣威之阿角村，皆产钴矿，昔年俱曾开采，以散布零星，仅能小规模采掘，无足重视。近年以来，外洋颜料输入渐多，滇产钴矿，遂一蹶不振，现均停顿。然钴之用途甚广，除作碗花外，尚能充化学上各种接触剂，与炼高速度钢之用，滇省分布虽散漫，而储量尚多，且采掘较易，此其优点也。

据化验结果，凡有钴矿之处，皆有镍之存在，然含量极微，仅牟定之玄武岩流风化残余镍矿，成分较高，约在千分之二三，居民常熔化而掺以铜，铸成白铜行销甚广，平津京沪等所产白铜器皿，其所用之原料，要皆以云南所产镍铜合金为之，故有云南白铜之称。

第九节　锰矿

滇中易门、安宁、禄劝一带，不惟以产铁著称，且亦富产锰矿，凡产铁之区，几乎皆有锰矿夹杂而生，矿石有硬锰矿，软锰矿二种。硬锰矿常为块状、粒状，亦有肾状、鲕状构造，色棕黑，见于平顶山铁矿层之东北端。软锰矿呈黑色土状，在庙儿山下沟坡暴露显著，他处亦常见，与赤铁矿、褐铁矿夹杂而生，在平顶山南部探矿铜中，曾采取大量松软黑土，内含锰质颇多，亦属软锰矿。查锰矿既与铁矿共生，则此类矿床，当属水成变质一类，现由易门铁矿局开采，所获锰矿，大部供炼钢之用，一部则转运出口，行销海外，至其他产矿区。想亦有锰与之共生，惟地质情形，尚未调查，兹不具论。

第十节　煤矿

云南煤田，就地质时代论，可分为四大系：

一、石炭纪煤田

石炭纪煤田又可分为两系：

（一）石炭纪上煤系——本系煤田位于中石炭纪黄龙石灰岩之顶部，与二叠纪阳新灰岩成分界线，如昆明、富民、昆阳、安宁、呈贡、澄江、嵩明、寻甸等县之煤田属之，可采之煤，似仅一层，厚自半公尺至一公尺，偶亦有厚数公尺者。如富民老煤山及昆阳海口附近是。煤质属半烟煤，至高级烟煤，但亦有成无烟煤者，硫分尚少，偶亦能炼焦。据作者调查，本系煤田以富民老煤山为最佳，矿区位于昆明之北北西三十公里，煤层厚四公尺，煤层之上下，均为铝土页岩、砂岩及石英岩，煤系特别发育，总厚五十公尺。煤质为高级烟煤，挥发物达百分之三十七以上，一部能炼焦。煤系露头东起老煤山茨塘村，中经三村，西迄旧城，计延长十公里。仅以老煤山至三村之一段估计之，已有一千五百万吨之储量，而三村至旧城之一段，尚不与焉。地层构造又极简单而有规律，倾斜缓平，施工开采，已见成效。实为离昆最近质量最丰之煤田，诚宜亟谋开发者也。此外，如昆明之烟子哨，昆阳之海口，呈贡之水塘麂子坑，澄江之老鸦洞，寻甸之三皇山及羊街，煤层均较厚，俱各有相当储量。就现时所知，本系煤田总计约有五千九百万吨之储量，惟大部煤层太薄，如滇池沿岸，煤系分布极广，交通虽便，但因煤层薄而劣质，无足重视。

（二）石炭纪下煤系——本系煤田在下石炭纪宰格白云石灰岩之顶部，亦即中石炭纪石灰岩之底部。煤系露头南自宜良可保村起，中经宰革、万寿山、洗羊塘、喷水洞，北达嵩明之杨林老猴街后山为止，延长三十五公里，其中间之煤系，棉互不断，是曰明良煤田，堪采之煤，共有三层，上中二层常合二为一，下层较薄，不足重视，上中二层之总厚自一至二三公尺，偶亦有厚达七八公尺乃至十余公尺之处，如万寿山、洗羊塘、喷水洞等处是也。煤质属半烟煤或高级烟煤，大部能炼焦，但硫分特高，不能作冶金之燃料，如能加工选择，则或可炼冶金焦。惟固定炭之成分特高，有达百分之七十者，发火力强，作蒸汽机之燃料，最为适宜，此则本系煤矿之优点也。据苏良赫氏等之调查，可保村至宰革一段，煤系受剧烈褶皱及断层之影响，构造极为复杂，倾角自三十度至七八十度，甚至成直立地层，以致煤层构造错综复杂，采矿施工，常感困难，由宰革至喷水洞一段，煤系所受断层褶皱之影响较为缓和，由喷水洞至老猴街后山，影响亦小。据谢家荣、王曰伦二氏之统计，明良煤田全部储量约二千六百万吨。其北延之部，自易隆西北之麦郎，经寻甸鲁冲而达沾益松韶关，有时断时续之煤层出露，煤矿储量约有五百万吨。本系煤田现由资源委员会明良煤矿局开采，自可保村至万寿山，筑有公路及轻便铁路，以利运输。万寿山凿有平洞一口，土窿十数口，喷水洞凿有平洞、土窿各二口，每日能产煤二百吨，每年计产煤七万余吨，大部供滇越及川滇两铁路行驰火车之用，一部供昆明湖电厂燃烧蒸汽机之需，为现时滇中规模最大之煤矿，洗羊塘附近及喷水洞至老猴街后山一段，又麦郎至松韶关之一段，则均由居民土法开采，产额不详，现川滇铁路公司为获得大量燃料增强运输效能起见，已动工兴修由四营车站经老猴街后山至喷水洞之一段公路，一俟公路完成，则此一带矿业，当日趋发展也。

综上所述，石炭纪共有烟煤九千万吨。

二、二叠纪煤田

煤层位于二叠纪杨新石灰岩及玄武岩流之上，二叠三叠纪红色砂页岩之下。煤系本身含大羽羊齿类植物化石，故应属中二叠纪。通常含煤三层至九层，各厚自半公尺至十二公尺，总厚四至二十公尺，普通厚一至三公尺，煤质属焦性高级烟煤，挥发份高至百分之二十二以上，固定炭在百分之六十八左右，灰分、硫分均低，可炼冶金焦，为云南全省质最优良之煤矿，在滇东及滇南二部，分布最广，就现时所知，可将云南二叠纪煤田，分为四大区，述之如下：

（一）圭山煤田——位滇越路狗街车站东南一百六十里，矿区西南起弥勒，中经路南、泸西二县境遇，东北达师宗，成为东北西南之走向，延长约十八公里，广约二公里。据王竹泉氏之调查，可采之煤，共有四层，总厚六至十公尺，最多时可达九层，最厚处可至二十公尺，全部储量约为五千三百二十万吨，为云南现知煤田中最重要者之一。主要产煤地点为拖白山、小阱田、新哨、雨竹、雄必各地。地质时代属中二叠纪，煤质优良，属中级至高级烟煤，含硫灰均低，可炼冶金焦。惟交通不便，出产有限，现时俱土法开采，概行炼焦发售。查本区煤田，实为滇南不可多得之优越资源，诚不容忽视，而亟谋大规模开采者也。

（二）宣威煤田——包括宣威近郊、打锁坡、倘塘、小竹箐、查格及沾益建新村南北二部等处，俱属上二叠纪。普通含煤三层，总厚二至三公尺。煤质甚佳，灰硫极微，可炼冶金焦。本区全部储量约有三亿三千三百二十三万吨之巨，为全省烟煤之冠。按本区离川滇铁路线不远，交通便利，质量俱优，将来大量生产，不但铁路所需燃料可资供给，并可运销沿线各大城市，以供日常消费及工业上之应用。现本区全部煤田已划为国营矿区，由资源委员会宣明煤矿公司从事开采，预定日产煤百吨，惟以铁路未通，尚未能大量生产，将来铁路筑成，则本区矿业前途，自有发展成为滇省第一大煤矿之可能也。

（三）昭通煤田——昭通、盐津区，二叠纪之烟煤煤田分布甚广，自彝良、盐津之间起，向北计有盐彝二县间之小凉山，盐津城西南之尼山顶，与筠连附近之双河场，城北之米椎子，苻庆、盐津间之许炎山，昭通城东南之坡头等处煤田。煤质优良，蕴藏甚丰，据李承三、叶连俊二氏之估计，有一亿二千三百余万吨。

（四）镇雄煤田——镇雄县城之北两路口及城垣近郊，城东二龙关及野各等处，皆有二叠纪煤田，煤为烟煤，分布甚广，据黄汲清氏之调查，储量甚丰，共有一亿三千二百万吨以上。

以上四烟煤田储量，合计为六亿四千一百四十三万吨，煤质优良，大部可炼冶金焦，诚滇省最重要之煤田也。

三、三叠纪煤田

云南三叠纪红色岩系分布极广，几乎到处可以目击，三叠纪煤田即分布于红色岩系盆地之中，故其分布区域，亦极广阔，兹分为四大区，述之如下：

（一）开个煤田——包括开远之乌格、矣那味、大窖寨三煤田及个旧之火把冲煤田，煤系为黄色、灰色砂质页岩，煤层及灰质砂岩所组成。王竹泉、路兆洽二氏在乌格，孟宪民、陈恺与作者三人在火把冲，均发现菊石化石及淡水介壳化石，故其地质时代应属上三叠纪。主要之煤似均仅有一层，厚半公尺至一公尺半，煤质为烟煤，可炼焦，惟含硫较高，似为缺点。煤储量估计为乌格五百三十万吨，矣那味二百万吨，大窖寨二百万吨，火把冲三百七十万吨，合计之开个煤田共有一千三百万吨。现乌格煤田已由锡业公司开采，自乌格至滇越路大塔车站，筑有公路，交通尚称便利，火把冲煤田则有当地居民土法开采，产量不多，大部供个旧锡商日常之需。

（二）广通煤田——广通县城东三十公里之一平浪煤田，作南北向之分布，北自舍资起，南由一平浪、羊桥箐、烂泥洼、干海子、福德山以达新庄，延长约有十五公里，东西宽处约有五公里，滇缅铁路及公路均由煤田经过，交通便利。堪采之煤有三层，上层厚一公尺，质较逊，中下两层各厚一公尺五，质较优，硫灰通常甚低，挥发物有高至百分之三十以上者，黏结性强，为上好之高级焦性烟煤，可炼冶金焦。据王恒升氏之调查，本区煤田之地质时代应属于上三叠纪之瑞替克期，与上述开个煤田为同期之沉积物。煤储量约一千万吨。现由云南省企业局开采，所产之煤，一部供煎盐之用，一部炼成焦炭，供钢铁厂化铁之需。

（三）滇西煤田——滇西蒙化、弥渡、祥云、宾川一带，有广大之上三叠纪煤田出露，略作北北东南南西之方向，长达一百公里，并有向北延长至华坪之势，中部宽约二十五公里，大体言之，成一向斜层构造。煤层有三，各厚约一公尺，每二层之间，为厚仅二公分之白色砂岩所隔，故此三层之煤，可合并采之，厚在三公尺以上。宾祥一带之煤，不幸为火成岩侵入，致使此等烟变煤质而成无烟煤，煤田价值因之大为减削。虽然，无烟煤仍有其自然之用途，并不能因此而失其重要性也。惟向北至华坪，则煤质转佳，挥发物既高达百分之三十九，又能炼冶金焦，包郎氏认为滇省最佳之烟煤，惜交通不便，尚未开采。又牟定县境亦产三叠纪烟煤，质尚不恶，堪以应用。本区煤田储量约计宾祥一带之无烟煤一亿二千六百万吨以上，但蒙化、弥渡之无烟煤，因调查未周，尚未列入计算也，华坪之烟煤储量，据常隆庆氏于民国二十八年调查，约有一亿吨以上，概为上好焦性高级烟煤，即包郎氏认为全滇最佳之烟煤也。

（四）思普煤田——滇南思茅、普洱、镇沅、景谷各县，三叠纪煤田分布甚广。思茅县境之煤田，据朱庭祜氏调查，地质时代属上三叠纪，煤质为无烟煤，约有一千一百万吨。普洱城南之文笔山亦见上三叠纪煤田之分布，可采之煤有四五层，总厚三至六公尺，煤质属低级烟煤，可炼焦。仅就文笔山一段估计，约有五百万吨之储量，但普洱境内，煤田分布颇广，储量绝不止此也。镇沅、景谷一带，上三叠纪煤田分布亦广，煤质为高级焦性烟煤，储量约计五千万吨，查思茅煤田现均尚未开采，地质情形亦因调查未周，不能十分明了，惟本区域内，为红色岩系分布最广之地，除煤田外，尚有丰富之盐矿，如镇沅之按板井，普洱之磨黑、石膏二井，景谷之香盐、益香二井，皆为滇南最富饶之矿产，若能开采煤矿，以作煎盐之燃料，或移卤就煤，或移煤就卤，则滇南之矿业前途，固未可厚非也。

综上所述，云南三叠纪煤田计有高级焦性烟煤一亿七千八百万吨，无烟煤一亿三千七百万吨，合计之，共三亿一千五百万吨，但因调查未周，遗漏过多，实际上绝不止此数也。

四、第三纪褐炭田

云南境内第三纪褐炭田分布甚广，就已所知，可分为三大区：

（一）滇南褐炭田——计有三处：最重要者为开远小龙潭，产炭地点位于县治西北十五公里，滇越路横穿炭田之东北部，交通便利。炭田全部适居于布沼坝盆地，故应名之曰布沼坝褐炭田，盆地长六公里，宽约二三公里。褐炭一层，厚达六十至六十八公尺，性质佳美，挥发分高达百分之三十九，可以炼油及制造煤气，并为日常燃料之上品。据王竹泉氏估计，全部储量达一亿二千万吨之巨，诚滇南不可多得之动力富源也。本炭田现有大同、煤业、开明三家小公司从事开采，较盛时三公司共仅产炭四十吨，运个旧、开远、昆明销售，以个旧消耗最多，因个旧矿工全赖此褐炭为日常所需之燃料，而锡业公司又需此褐炭作煤气发电机之主要燃料也。宜良之可保村褐炭田即位于滇越路可保村车站，产炭地区距车站近者二三公里，远者亦不过十公里。据王镇屏君调查，产炭地区计有凤鸣村、吴海营、禾登村、宝蓝村等四处，储量约计四千五百万吨。但王曰伦氏估计，则仅有一千万吨，相差甚大。在未钻探以前，不能确定也。澜沧之景冒、猛滨、猛朗三处，亦产第三纪褐炭，厚一公尺至四公尺。炭中含挥发物极高，据化验结果，都在百分之六十以上，全部储量未详。且地近边陲，交通梗阻，恐难利用耳。

（二）滇东褐炭田——滇东昭通、曲靖、沾益、寻甸、嵩明，俱有第三纪褐炭。就中以昭通褐炭田最为重要，据马祖望君调查，褐炭均掩覆于冲积层及土山之下，厚自二公尺至八公尺。矿体分布仅限于昭通盆地西北及东南之边缘，水井湾则另成一小盆地。炭质以三善堂所产者为最佳，炭成大块，经久不碎，与小龙潭之褐炭性质相似。全部储量约一亿吨以上。现仅土法采掘，产额不多云。其次为曲靖之茨营褐炭田，据周德忠、谭飞两君调查，炭田长十公里，宽十七公里，炭有五层，总厚三至七公尺，全部储量约八千四百万吨。嵩明之杨林，寻甸之潘所及金所，嵩寻二县间之结界村，作者与王鸿桢君曾作初步调查，均见褐层产于湖积层白色粘土下，近因川滇铁路适由杨林经过，而结界村、金所潘所等处，又有公路可通，交通尚称便利，颇有详细探勘之价值也。

（三）滇西褐炭田——滇西盐兴、腾冲、蒙化、云县、镇康、镇南、禄丰等县，俱各产褐灰，就中以前四县较为重要，据调查，盐兴大红坡褐炭储量约一百万吨，腾冲南甸等处共有六千二百万吨，蒙化大窝塘及碗厂共有二百万吨，云县那撒坝有五十六万吨。总计已知者有六千五百五十六万吨，然炭层最厚者不过一两公尺，较之开远、宜良诸大褐炭田，则不逮远甚。

综上所述，云南第三纪褐炭储量，滇南有一亿六千五百万吨，尚有澜沧褐炭未列入计算；滇东有一亿八千四百万吨，而嵩明、寻甸、沾益之储量不在其内；滇西有六千五百五十六万吨，而镇康、镇南、禄劝之褐炭不与焉。其炭层最厚而最有价值者，则当首推开远布沼坝褐炭田。

由此观之，滇省之动力富源，计有石炭纪烟煤九千万吨，二叠纪烟煤六亿四千一百四十三万吨，三叠纪烟煤一亿七千八百万吨，三叠纪无烟煤一亿三千七百万吨，第三纪褐炭四亿一千四百五十六万吨。试将石炭、二叠、三叠纪之烟煤合计之，则全省共有烟煤九亿〇九百四十三万吨。查煤之用途，当以烟煤为最广，褐炭次之，无烟煤又次之，仅能供日常之需。全省煤矿总储量为一十四亿六千〇九十九万吨。故烟煤占总储量百分之六十三，褐炭占百分之二十八，无烟煤则仅占百分之九。云南之煤，幸以烟煤为最多，可供发电及蒸汽机之用。且近代科学昌明，劣质之煤亦可利用，作为发电之燃料，今后云南境内之褐炭，当可尽量利用。统计之，滇省境内，可以用作发生动力之煤矿，计有一十三亿二千三百九十九万吨之巨，占全省煤矿总储量百分之九十一，故今后建设新云南，举凡工业上及电力厂所需之燃料，皆可尽量供给，而不致缺乏。方今抗战已获胜利，建设工作正在开始，煤矿之开发，岂可忽乎载？

第十一节　岩盐及其附生矿物

云南之三叠纪红色岩系，分布最广，北起永胜、永仁、华坪，西至兰坪、云龙、永平，南达普洱、思茅、澜沧，东迄富民、安宁。此数处者合组成一大盆地，但其中常为较古地层所阻隔而划成为数个小盆地。就大体言，如以滇中红色盆地为此大盆地之中部，即因点苍山之阻隔而划成滇西之各小盆地，因哀牢山、无量山之阻隔而划成滇南各小盆地。在此红色岩系中，常产盐及卤水，并副产石膏、雄黄雌黄、石油、硫酸钠等矿物。此即谢家荣氏所称红色岩盐区也。

一、岩盐及卤水

云南盐矿大部俱系岩盐，卤水则较少，而后者即系前者之化身，因含岩盐地层，被地下水渗入，溶解而成卤水也。产盐之地层属三叠纪之紫红色砂页岩，分布甚广，大致可分为三区：

（一）滇中盐区。旧称黑井区。分布于禄丰、盐丰、盐兴、广通、安宁各县。内有元永、黑井、阿陋、琅井、安宁、汪家坪等盐场，年产约四十万担。此中以元永井产盐最盛，黑井盐质最佳。元永井地层，走向大致南北，成一背斜层构造，盐层生于红色页岩中，厚自数公尺至二十公尺。现有灶八十八家，采取岩盐或卤水煎盐，所需燃料，概用柴薪，以致附近伐林无度，柴薪日贵。近年以来，遂由省政府创设一平浪制盐厂，自元永井砌筑卤水沟以达一平浪，移卤就煤煎盐，燃料问题，乃告解决。黑井即盐兴县治，亦成一背斜构造，所产之矿，概属卤水惟盐质特佳，含硫酸钠最低，为本区各井之冠，人多乐购食之。本区所产之盐，销昆明等三十九县。

（二）滇西盐区。旧称白井区，分布于剑川、兰坪、云龙等县，内有白井、乔后、云龙、喇鸡、丽江等盐场，年产三十万担。地层属三叠纪砂页岩，盐层之下，每有石膏与硫酸钠之存在。本区各盐厂，大抵与卤并产。俱以柴薪为燃料，质不佳，以含硫酸钠较多故也。本区所产，以大理、保山、腾冲等二十三县为销场。

（三）滇南盐区。旧称磨黑区，分布于普洱、景谷、镇沅、景东等县，内有磨黑、石膏、按板、香盐、益香、抱母、凤岗等盐场。年共产三十万担。各井之中，以磨黑按板之盐层为最富厚，以石膏井之开采历史为最久。传闻石膏井之开，始于清乾隆初年，至咸同年间，矿业极盛，降至光绪，始渐衰，民国十八年又复探获岩层，渐复旧观，今犹有相当产额。场地在普洱县东南三十里，附近交通丛难，交通不便。地质属三叠纪之红色岩系，下部为淡红色粗粒硬砂岩，上部为红页岩，露出之部，厚达一千公尺。岩盐产于中上二部之砂页岩中，成不规则之层状，薄者一公寸许，厚者二三公尺。本场东山盛产石膏，故有石膏井之称。磨黑井在普洱东北约四十公里，地质情形与石膏井同，惟盐层特厚，据作者在宝兴洞内所见，厚达十五公尺，质极纯粹，呈半透明白色厚层状。当作者下洞时，仅携油灯一盏，洞内即照耀甚明。盐层顶部，尚未见及，其厚度想不止十五公尺。磨黑井拥有如此富厚之盐层，故自民国初年以来，产额日增，矿业日盛，今已成为滇南区之首井矣。

上述三区盐产，俱产自硔卤二种。卤系由直井或斜井，用竹筒拉吸而得，硔则系自矿洞采掘而获，再泡成卤。煎熬而成盐块。煎盐所用之灶，大约可分二式：一式系排列成行之直灶，每行装圆锅六口，多者可装十余口，每口较高二三公寸，自最低处烧火，则全行锅中之卤水皆沸腾；其他一式曰梅花灶，用圆锅五口，装成梅花形，烧火于中央，则周围锅中之卤水沸腾矣。煎盐所用之燃料，三区俱用木柴，以致盐场附近，伐林无度，柴薪日贵。惟查产盐地区，大抵皆有三叠纪之煤矿，可资利用。苟能仿照一平浪制盐场之办法，移卤就煤煎盐，成就产盐之地，建设大规模制盐灶，由他处开采煤矿，移煤就炉煎煮，亦无不可，要皆视地形之高下，以及交通之情形而定，则燃料问题不难解决矣。又查盐政制度，各场皆设有盐务机关，硔卤运拉出洞后，即由官分配与各灶炉煎煮，制成盐块后，各灶炉不得私自出售，须交还盐场公署，由公署发售与盐商转运至各县推销，灶炉可向公署支领煎盐成本。此种官采民煎公卖办法，利弊兼而有之。盐价公卖，恒有一定之价值，不致被商人操纵忽涨忽跌，影响民食，此其利也。但盐务机关之官员，向例皆以行政人员充之，而不延聘矿业专家或技术专家，在前清政治黑暗时代，一般均视盐官为肥缺，竟往往有卖鬻之举。因主其事者非矿业人才，于是所开盐井，俱全沿用土法，产额难望增加。而民间办法，往往一场即有灶炉数十家，亦未免嫌其过于散漫，燃料消耗过多，效果反而不大。苟能由各灶炉合资组织公司，延聘技术专家，对于采硔煎盐方法，加以改革，以期增产，则全省人民，可无淡食之虞矣。

二、石膏矿及硫酸钠矿

石膏为制造洋灰不可缺少之原料，又可制造模型、肥田及制豆腐等之用。硫酸钠俗名芒硝，可作溶剂及防腐剂之用。石膏、芒硝常与岩盐共生，凡产盐之区，每兼产石膏与芒硝。但有时因地形关系，岩盐及芒硝被地下水溶解，淋漓他去，或因硝盐未曾沉淀，以致盐之存在量甚微，而专采石膏者亦有之，如蒙化、富民、路南、双柏、澄江等处是也。滇省所产之石膏，大部呈纤维状，以石膏井所产者为最佳，但亦有少许之硬石膏，农民常取为肥田及制粉笔、豆腐等之用。至于芒硝，有时含有成分甚高，含芒硝在百分之十五左右，如元永井之卤水，琅井有数井之卤水，芒硝之成分尤高，食之作泻，仅能供咸制火腿之用。其中一二井所产，全为芒硝，故昆明化工厂常派人购买之。

三、油页岩

云南产油之说，传闻已久，惟据地质学家考查，迄未见有石油之存在，仅发现油页岩数处而已，油页岩之含油成分较高者，本亦可提炼石油，但云南所产者，成层不厚，油量不丰，恐无重视之价值也。油页岩之产地，以蒙化为最著。含油岩层属三叠纪之杂色页岩。分布于盐层之上，在大窝塘、段家庄等处，出露甚清晰，含油页岩，共有四层，每层厚仅二至五英寸，各层之间，均夹有白色及灰白色页岩，自第一至第四层岩层总厚三十五公尺。据化验结果，含原油不过百分之五。此外，路南之大村，沾益之大象山，均产油页岩，地质时代均属泥盆纪，详情不悉。

第十二节 砒矿

云南所产砒矿矿石有二：一为毒砂，属高温深成矿床，产于个旧，常与锡石共生。一为雌黄雄黄，则为低温浅成矿床，产于三叠纪红色岩系，故谢家荣氏将此矿列于红色岩盐区之副产品，云南所产以后者为富，而尤以雌黄为特丰。雌黄又名石璜，其产地计有下列之三处：

一、凤仪砒矿

凤仪城西二十公里之凤尾山，以产砒矿著称，所产矿石以雌黄雄黄为主，年产四五公吨，由腾冲出口，而销缅甸、印度，作防腐剂及医药品之原料。据路兆洽君调查，凤尾山位于漾濞河支流一南北向河谷之附近，地质属三叠纪之紫红色砂岩、页岩，中夹灰色石英质砂岩或黑页岩。雄黄雌黄成不规则之细脉或囊块，最厚可达一尺，延展最长可达四尺，似俱限于此灰色石英质砂岩及黑页岩中，而与之交换。矿体作南北方向之分布，范围颇狭，长不过七百公尺。矿石以雌黄为主，雄黄及黄铁矿次之，脉石则仅石英一种。已经昔人开采之产量，约有四千公吨，而所余未经开采之磺矿，亦约有三四千公吨之数。

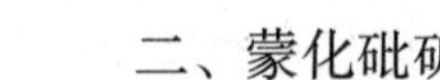

二、蒙化砒矿

蒙化西部铁厂箐之西约五公里，田口村附近产雌黄及雄黄，矿体呈细脉，生于三叠纪紫红色地层之上部，灰色页岩裂缝中。储量颇多，现年产不过六百公斤左右，运至缅甸销售。

三、普洱砒矿

滇南普洱西南二十余里之拉黑河雄黄箐雄黄洞一带，地质属三叠纪之红色砂页岩系，于底部有硬砂岩及石灰岩。雄黄矿产于硬砂岩之裂隙中，成不规则之细脉状，亦有浸染于砂岩中者。本矿于百余年前，经附近村民发现，于暇时采掘，尚无正式开采者。

第十三节 磷灰岩矿

磷矿为制造肥田之磷酸肥料及制造火柴药品等用，我国自国外进口之赤磷年达三百余吨，约值海关金单位三四十万元。云南磷矿概属磷灰岩矿一类，系王曰伦、程裕淇二氏新近发现之重要资源，滇省所产之磷灰岩，质极优良，含氧化磷之成分特高，常达百分之二十至三十八，可与世界最佳之磷矿相比拟。蕴藏之富，为全国第一。分布于昆阳、昆明、晋宁、呈贡、澄江、嵩明、华宁、安宁等县境，几全产于寒武纪之地层中，大部属海水生物沉积之原生矿床，矿质较优，小部为地面水浸刷搬运重新凝结之次生矿床，矿质较劣，即俗名白泥是也。磷之来源，据王曰伦研究，概为生物来源。兹将云南各磷矿区之情形略述如下：

昆阳中邑村大巍山一带之磷灰岩矿，为最先发现者，质量亦最佳，磷层似有两层，厚自一至五公尺，产于震旦纪石灰岩之上，下寒武纪最底部淡黄色页岩之下，为纯正之水成矿床。就化石观之，其地质时代应属下寒武纪。中邑村至歪头山间一段矿量约七百余万吨，若将歪头山至大巍山间，合并计之，其矿量必甚可观。矿质甚佳，含磷二氧五特高，在百分之三十至三十八，若以磷酸钙表示之，则俱在百分之六十至八十以上。足可与世界最佳之磷矿相比拟。本区矿层倾斜缓平，大部皆可露天开采，无施工上之困难，且地位优越，距滇池不远，可有水道运输之便，运费低廉，诚宜亟谋发展，以应工业农业之需要，裨益于国计民生，并可出口推销，以发展经济，不可忽视者也。

昆明东乡大龙潭附近之寒武纪地层中，产磷灰岩矿，质极松散，厚约五十公尺。含磷成分，并不一律。似属次生矿床。乡民任意采掘，作为肥田之属。本区磷矿为朱庭祜氏于民国十五年所调查，实为最初发现者。

晋宁磷矿在县东北二十余里之杨柳青，磷矿有二层，分产于下寒武纪顶部之灰岩及下部之页岩中，后者厚约三十公尺。澄江磷矿，产城东旧城、二甲村、跨马村一带，本地人名曰土灰，掘取肥田之用，似为原生矿床之经风化者。安宁磷矿，在石坝附近，其产状层位与昆阳大致相同，矿质甚佳，含氧化磷百分之三十二。此外如嵩明之官箐及二龙戏珠以东之寒武纪地层中，呈贡之鸡叫山，及华宁之盘溪等处，均有磷灰岩矿层之出露。此数区之矿量，尚未计算，若合并计之，当有惊人之储量。诚我国首屈一指之磷矿也。

第十四节 石棉及云母

石棉为今世工业要品，具有纤维组织，柔而能织，且可避火避热，以故机器上或建筑上，凡一切防火保温之物，皆可用之。云南所产石棉，以楚雄礼社河鸡街所产者为最佳，属角闪石棉，纤维甚长，质白而柔，可与加拿大石棉媲美。此外如禄劝之西村狗圈山、武定之狮子山、镇南之大古木，俱产石棉，概产于震旦纪地层中。又丽江、景东、缅宁、澜沧、宣威、峨山等县，俱发现石棉，因无销路，无人开采。

云母用途亦广，其薄片之透明者，可作玻璃之用，又可为电器之隔电物。研之成粉，可作糊墙壁印花纸之涂料。云南产云母之地，计有丽江、峨山、龙陵、景东、澜沧各县，大致俱产于震旦纪以前之古老变质岩内，作者曾见丽江之云母标本，系透明薄片，径长四五公寸，似为全省质地最纯者。近年因工业发达，需量甚巨，已有人向建设厅呈领矿区，从事开采云。

第十五节 大理石

世界上之大理石皆由石灰岩变质而成，计有两种：其一系由于石灰岩受火成岩侵入体热力之熏烤，变质而生成，名曰接触变质大理石；其一系由于石灰岩受造山运动之影响，其上下之岩层发生极大之压力，经极长久之挤压变质而生成，名曰动力变质大理石，普通之大理石俱属于前一种，惟云南大理点苍山所产之大理石，则属于后一种。为举世有名之饰品，并可以作建筑及工业上之原料。云南境内，仅大理一地产之故名，俗名称曰楚石。点苍山东楚之居民，多赖开采楚石，琢磨各种饰品为生。石料系由点苍山高处采取，运至东麓村琢磨，石色白而质极致密，切面上现美丽花纹，花纹之色或褐，或赭，或黄，或绿，或淡黑，以淡黑色之花纹最为名贵，偶有成淡黑山水古画者，价值颇昂。考大理石之花纹，为各种矿物浸染而生成，如褐铁矿常成褐赭色花纹，绿泥石、角闪石等则成黑色或淡黑色花纹。大理石产于震旦纪以前之变质岩系内，岩层大致走向为西北东南，底部为水成片麻岩、云母片岩、角闪石片岩、绿泥石片岩等，中部为千板岩、板岩、石英岩等，有时常挟有薄层大理石，上部为页岩及砂岩。大理石即产于此变质岩层之中部，想系薄层石灰岩变质而成。

第十六节　其他矿产

一、硫磺

硫磺为制造火药及医药上之要品。产地计有个旧之兰蘇冲，平彝之补乃，罗平之松树沟，保山之三台坡，昆明之革马里，宣威之倘塘，皆以产硫铁矿著称。其他如昆阳、楚雄、镇南、富民、呈贡、嵩明、宜良各地之煤系内，均含有黄铁矿，若选集至，量亦不少，可以烧制硫磺，全省年产额约在一百五十吨左右。此外，腾冲、保山、洱源之温泉内有沉淀之自然硫磺，量甚微，呈鳞片状晶体，俗名天生磺，以供药用。

二、硝矿

云南所谓硝矿，包括芒硝、火硝二种。芒硝即硫酸钠，已详第十一节。火硝即硝酸钾及钠酸钠。火硝之生于田野或屋内潮湿地面者曰地皮硝，其生于石灰岩洞穴中者曰洞硝。皆由于氧化细菌，摄取空中之氮气，与土壤中或石灰岩中之钾钠等质，化合而成。滇产硝磺，以洞硝为盛，产地以禄劝、富民、沾益、武定、宣威、会泽、文山、广南诸县为著。全省年产约三十吨，用以制爆竹及采矿所需之土药等用。

三、瓷土

永胜瓷器颇著盛名，瓷土来源为由伟晶花岗岩内之长石风化而来，有大厂、新碗厂、薄荷坪三矿区，据姚庸君估计约六万八千吨。建水瓷器亦极著名，而所产之汽锅及花瓶等，颇属精美雅致，尤为海内著称，其原料之瓷土，质细而腻，色分赩白二色，近年设有新式大规模瓷厂，并在个旧设有分厂，有利用个旧卡房之长石以作瓷釉之意。此外腾冲、曲靖、易门、安宁、镇南、蒙化等县，闻亦有瓷土，详情未悉。

四、其他

水晶产地甚多，以昆明棋盘山所产墨晶及无色水晶，班洪炉房所产白色水晶，晶体最大。又昆明、昆阳均有石英砂，质极纯净，可作玻璃原料。

金刚砂产于龙陵镇安，运至昆明、腾冲二地销售。石榴石产于腾冲之猛典新那芝丹山，佳者可作宝石，劣者可作研磨料。个旧之马拉革照壁山西北坡顶上，作者曾发现石榴石组成之大块岩体，结晶颗粒甚大，储量甚丰，颇有开采之价值。至于宝石翠玉，则产于滇缅北段未定界片马一带。

萤石产于个旧、龙陵、楚雄。长石多生于伟晶花岗岩中，在大理、个旧、安宁等县均已发现，可作瓷釉之用。滑石产地以普洱、楚雄为著，其他各县亦多产之，中国医药上常用作泻剂，故各中药铺均有发售。

自然碱亦名曰土碱，即苏打，或碳酸钠是也。产于蒙化之热水塘，永胜之大厂，当地人取之制成土碱，运销各镇市，作洗衣去垢腻之用。

陶土即黏土，各县均产之，多用作制造缸体及土碗。耐火材料产地其广，昆明、呈贡、安宁、昆阳等处之石炭纪煤系内之铝土矿，质佳者可以炼铝，其次者可制耐火砖。最近滇池西岸之黄毛嘴地方，设有长城公司，采取铝土矿，制造耐火砖，其产品可与舶来品媲美云。

建筑石材种类甚多。昆明附近各县，普通皆以二叠石炭纪之灰岩为墙基。滇西各县则取自三叠纪之砂岩，及石炭纪之灰岩，滇东、滇南亦复如是。复有采取震旦纪之千枚岩或板岩，以覆屋顶，在金沙江巧家及元江一带，多能见之。至印刷机上所用之印板石，烧石灰所用之石料，以及水泥厂所用以烧制水泥之原料，则多采二叠石炭纪之石灰岩焉。

第三章　结论

云南矿产之概况，及其分布之规律，产生之原因，已略述于前两章，兹进而略论云南矿业之展望，及开发之建议，以作本篇之结论。

第一节　云南矿业之展望

前已言之，云南正当横断山脉之冲，山岭多而平地少，且地质构造复杂，断层褶皱特多，火成岩之侵入历历皆是。故各种矿产极富，而以金属矿产为尤丰。在抗战期间，全省所产矿产品之价值，已占我国大后方对外贸易百分之八十以上，其于抗战之获得胜利，实有莫大之功效。由此愈知云南矿藏资源之重要。概言之，全省蕴藏最富者，当以个旧之锡为第一，出产最多，居全国第一位，世界第三位。铜矿储量极占重要，为全国第一位。银铅锌矿蕴藏极丰，前清时曾有极大产额，居全国及亚洲之第一位。煤矿亦有相当藏量，虽不能与华北或东北相比拟，然尚不失为西南各省之冠。铝矿及磷矿为新近发现之重要资源，质优量丰，就今所知，皆为全国首屈一指之矿藏。砒矿及大理石为滇省特产，全国各地，无与伦比，而大理石尤为举世所罕见。岩盐、石膏、硫磺及硝磺储量俱丰，年有相当产额，可以自给自足而有余裕。金锑钨汞亦有相当储量，惟均不及其他各省之富饶，似属次要。其他稀有金属，如钴镍钼铋等，亦曾屡经发现，即制造原子弹所需之铀矿，传闻云南亦有蕴藏，但尚未经发现，产地尚不能确指也。

第二节　开发云南矿产之建议

云南矿产之富饶，前已言之屡矣，其价值之大，各省罕与伦比，关乎全省之经济命脉。为建设新云南培养国力起见，自有倡导开发之必要。然此伟大工作，经纬万端，殊非易易。必先有缜密之计划，详细之探勘，然后集中人才，集中资本，用科学的合理的方法，从事采掘，方可渐趋发展，而收宏大之效果。爰就作者一得之见，对于开发矿产应注意之要点，分别概述如下：

（一）复兴个旧锡矿业——个旧锡矿在极盛时，年产锡万余吨，为全省出口货之最大宗，其价值占出口货总价值百分之九十，其关系于全省人民经济之重要性，不言而喻。但自滇越铁路中段，交通阻塞，大锡滞销，矿业遂一蹶不振，幸未全部停采，尚有小部续办，若对于开采、洗选、冶炼方法，加以整理改善，自不难渐复旧观。同时，宜在龙陵、路西、屏边、马关一带，努力搜寻新矿地，以继个旧之后。盖龙陵县境，已发现锡钨钼矿石，极有希望也。

（二）开发煤铁——此二种矿产，为现代工业之母，欲建设新云南，自非着重于开发云南煤铁不为功。查云南煤藏，共有一十四亿六千余万吨，但实际所储，绝不止此。此数虽仅占全国煤藏总量千分之七，惟其中有九亿零九百万吨，概属烟煤，大部且可炼焦，又有褐炭四亿一千万吨，可供发电或炼油之用。而质优量丰之煤田，以宣威、圭山、一平浪、镇雄、华坪、明良等区之烟煤，及开远、昭通二区之褐炭为最著。此数区之煤，亟应集中资本，或归国营或由省营，从事大规模开采，以供铁路及工业之需。铁矿储量尚未统计，以易门一区而论，即有五百万吨，谭锡畴氏则认为绝不止此。其他如罗次、峨山等区，铁藏亦丰。今后工作，宜详细探勘，统计储量，并以易门铁矿为基础，再建立较大之炼钢厂，就地采炼，供应各项工业之用，并应制造钢轨，以供建设铁路发展交通之需要。

（三）振兴铜矿——会泽、巧家、永胜一带之铜矿，在前清极盛时，年可产铜三千八百余吨，现归国营，年产铜不过六百余吨，按即现时全国铜产额之总数也。但全国工业则每年需耗铜万余吨。以产额与消耗量比较，相差甚巨。故为供应国防工业之需要计，滇铜实有振兴之必要。查顺宁县宁台厂铜矿，实为全滇第二大铜厂，其产额在前清盛时仅次于东川，年达二千五百吨之数。后因战乱，忽告停顿，而非洞老矿竭者可比，蕴藏想尚极富。方今我国需铜至殷，何不注意及此耶？

（四）重开银铅锌矿——此三种矿产，常相共生，故昔之银厂，均兼产铅锌。滇省境内，银铅锌矿藏极富，自元、明即已开采，至清康熙、乾隆时，矿业最盛，为全国之冠。其中以边疆之茂隆厂及鲁甸之乐马厂出银最多，前者年产银三四十万两，后者年产银二十八万两。就现在之情形观察，茂隆厂藏量最富，较之亚洲第一大银矿缅北邦海老银厂，或且过之。而滇边其他各厂，如募乃、西盟、悉宜等，亦有富厚之藏量。且考之史乘，滇省各大银厂，大部俱于咸丰时，因受回乱之影响，忽然停开，以迄今日，绝非硐老山空者。国内银铅锌矿除常宁水口山外，尚无巨大产额，水口山之矿，行将采尽，而新矿体又未发现，需要之切，可以概见，故云南之银铅锌矿，亟应力谋重开，尤以边地各矿，具有重开之价值。盖此一带，适居中英边界，矿业如获复兴，非惟边民直接受其福利，而国防亦将赖以巩固也。

（五）兴办铝矿磷矿——此二种矿藏，为新近发现之重要资源。铝矿分布于昆明、富民、宜良、嵩明及滇池周围各地，储量虽尚未估计，然由其分布情形观之，当有惊人之巨额。就今所知，以富民老煤山之铝矿，质最优良，含氧化铝百分之八十，储量约二千万吨，且地位优越，距昆明仅三十公里，为制造飞机发展航空事业巩固国防起见，应首先注意及之。磷灰岩矿分布于昆阳、昆明、呈贡、晋宁、澄江、安宁各地，就中以昆阳之中邑村大巍山一带蕴藏最多，约一亿数千万吨，若再将其他各县磷矿，合并计之，其储量必甚可观，质亦最优，堪与世界最佳之磷矿相比拟。产地亦极优越，距滇池不远，可有水运之便。诚宜与工大量开采，提炼纯磷，以供工业之需而塞漏卮，制磷肥，以供肥田之用，改良土质，促进农产。果能若此，则农业、工业与矿业，自有相得益彰之效，共同发展之益，其关系于国计民生之重要，有过于此者乎？

（六）改良探采方法——云南矿产，虽年有巨大产额，然生产方式，除少数已用新法外，大部仍沿用土法，所开矿硐，工程颇属简陋。地下运输，极感困难。选矿概用工人，损失甚大。冶炼所需燃料，亟全用柴炭而不用煤，殊违经济原则。此种土法生产，难望大量生产，对于矿业之发展，非惟无益，反有妨碍，故探采方法，今后实有改良之必要。首应延聘矿业专家，第一步先作普遍之地质调查，以期发现新矿。第二步应用科学探矿方法，勘测矿体之所在，估计矿量之价值。第三步实行钻探，测定井硐之位置。第四步尽量利用机械，开凿井硐或窿道。第五步用合理的方法实行采矿，第六步利用机械选矿，以省人力而免损失。第七步用适当之新法冶炼，以获精良产品，如能逐步推进，则矿业可望发展矣。

上述六端，为开发云南矿产应注意之要点。此外，如金钨锑汞砒大理石等矿产，云南均有相当产额，今后均应继续开发，对于采选炼方法，亦应加以改进，自不待言，抑尤有进者，交通与矿业，关系至为密切，盖矿业全赖运输以推广销路，而谋发展，铁路、公路又必须运输各种矿产物资，方能维持，而谋交通事业之发展。云南境内，现仅有滇越铁路为已成之铁路，其沿线矿产以个旧之锡，小龙潭之褐炭，可保村至二龙戏珠之烟煤，圭山之烟煤等最为重要。现时除个旧已有个碧石铁路可与滇越路联络，锡矿得以大量出口，小龙潭为滇越路线经过之区，无需建筑支线外，吾人以为应再建筑：（一）宜龙支线，即由宜良至嵩明二龙戏珠，以便运输明良煤田之烟煤。（二）南圭支线，即由路南狗街至圭山，以便运输圭山二叠纪之烟煤，因圭山之煤，质量俱丰，南圭支线似较有价值。计划建筑中之叙昆铁路、滇缅铁路及石佛铁路，实有亟谋动工兴修之价值，因叙昆铁路筑成，则宣威、盐津之烟煤，可以大量出产，以供工业之需，并宜建筑：（一）镇雄支线，以便运输烟煤。（二）昭通支线，以便运输褐炭。（三）鲁甸支线，以便运输乐马厂之银铅锌。（四）会泽支线以便运输东川之铜。滇缅铁路如果完成，则一平浪之煤，滇中区之盐，凤仪之砒，祥云、弥渡一带之无烟煤，宁台厂之铜，以及募隆厂之银铅锌，均可因交通之便利，而使矿业渐趋超发展。并宜建筑：（一）禄峨支线，即由禄劝经易门而达峨山，以便运输铁矿。（二）兴胜支线，即当盐兴经永仁、华宁至永胜，以便运输铜煤盐等矿产。（三）滚佛支线，即由滚弄经沧源、募乃、南峤而达佛海，以便运输沿边之铅锌银及各项丰富农产品。石佛铁路如果完成，则墨江之金，镇沅、普洱、景谷一带之盐及烟煤，皆可大量出产。至若东南各县之钨锑，西北各县之金，则应多筑公路，以便运输，而期矿业之发展。总而言之，贵重金属矿产，如金银钨锑等，以其产额较少，可由公路运输，至煤铁铅铜盐磷灰岩等，以其产额多，则非假铁路运输不为功，此于开发矿产之先，应加以注意者也。

第九篇　云南农村

杨　堃

第一章　引言

云南研究参考书目，虽已出有专书（注一），而云南农村研究，却颇幼稚。可用之书，寥寥可数。而最大困难，乃在缺乏精确统计数字。例如“中国国民经济研究所”张肖梅氏所编《云南经济》一书（注二），全书共一千六百余页，约三百万言，可谓洋洋大观。书内所录统计数字颇多，其与农村有关者，约在半数以上。然若详细核校，真正可用者，殊不多见。而该书尚正式声称：“内容资料，仅供参考，请守秘密，勿予发表”，真不免使吾人啼笑皆非矣！

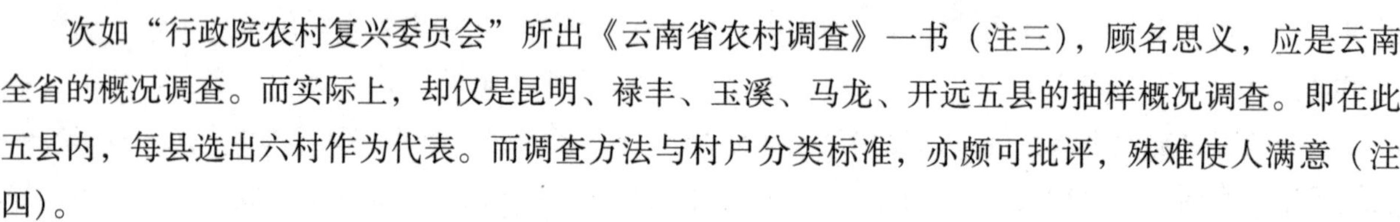

次如“行政院农村复兴委员会”所出《云南省农村调查》一书（注三），顾名思义，应是云南全省的概况调查。而实际上，却仅是昆明、禄丰、玉溪、马龙、开远五县的抽样概况调查。即在此五县内，每县选出六村作为代表。而调查方法与村户分类标准，亦颇可批评，殊难使人满意（注四）。

国立清华大学社会学系陈达教授在呈贡所主持之“国情普查研究所”，曾出有《云南呈贡县人口普查初步报告》（一九四〇年八月）、《云南省户籍示范工作报告》（一九四四年二月）、《云南省户籍示范工作报告附录 10（B）》（一九四四年六月）、《云南省呈贡县农业普查报告》（一九四四年十二月）、《云南省呈贡县昆阳县户籍及人事登记初步报告》（一九四六年六月）及苏汝江著《昆阳县农民经济之研究》（一九四二年）、《昆阳的风俗》（一九四二年）诸书。资料精确，颇可珍贵。惜除第二种为铅印外，余则概系油印，字迹模糊，流传亦未广。

国立云南大学社会学系吴文藻、费孝通两教授，自一九三九年创社会学研究室，并接受中国农民银行及罗氏基金之资助，对云南省境内农村社会进行调查，从其事者，皆系专家，受过专门训练，并以村为单位，范围既小，自易求精。所得结果，已经正式出版者，计有费孝通《禄村农田》，张子毅《易村手工业》《玉村土地与商业》，田汝康《芒市边民的摆》，史国衡《昆厂劳工》诸书（注五）。已油印出版者，计有李有义《汉夷杂区经济》，谷苞《化城村乡地方行政》，张子毅《洱村小农经济》《土地与资本》，胡庆钧《呈贡基层权力结构》诸书。惜吴费两氏相继离昆后，此项研究工作，即告停顿。

许烺光教授近在美国出有《在祖先庇护下之中国文化与人格》（注六）一书，其取材系以大理喜洲之调查为根据。惜作者尚未见到，故未参考。

作者去年到昆，承乏云大社会学系主任一职。除恢复社会学研究室外，并先后于昆明县夷胞区玉案乡大墨雨村及义合乡大蘼苴村，成立工作站，对两处附近村落，已开始有所调查，惜进行未久，即因种种关系，几陷停顿。所有资料，尚未加以整理。惟本系作风，社会学研究务以亲身调查及就地取材为主。而毕业同学之论文题目，更非此不予通过。如本年度毕业同学马恩惠之《赵阴官》一论文，即对昆明附近农村宗教之研究，在资料方面，不无贡献。又本系江应樑教授《滇南的一个回教农村：沙甸》与刘尧汉助教《一个农村底阶级关系之实地研究》两书，均系手抄稿，尚未付印。作者均能先睹为快，深以为幸。但作者到昆未久，所知有限。不完不备，在在皆是。尚希读者有以正之！

第二章　云南农村的分类

云南因境内山脉丛叠，平地极少，故全省总面积约为一百二十万方华里，约合六万万五千万亩，而已耕地面积约合三千五百万亩，荒地面积约合一千九百万亩。已耕地面积与荒地面积之和，即等于全省可耕地之总面积。若以百分比言之，则已耕地面积占可耕地面积百分之六四，荒地占可耕地面积百分之三五，足见可耕而未耕之地，为数尚颇可观。而已耕地面积仅占全省总面积约百分之五强，可耕地面积亦仅占全省总面积百分之八强。则云南之号称“山国”，耕地殊少，于此可想见矣。

云南全省人口，约有一千三百万。而农民人数，除昆明市及个旧、建水、河西、石屏等数县，比较特殊外，其余各县，大抵皆占百分之九十以上。尤以边区各县为甚，几乎百分之九十九以上，全是农民。全省共一百二十九县局，平均言之，农民人数约占全省总人口百分之八五以上（注七），故云南乃是一个完全道地的农村社区。

至云南全省人口分布之状况，据《云南户籍示范工作报告》所言，全省人口，因地势之不同，约可分为四类。

（一）市区：有街市，交通极便，人口密集，住户栉比，凡市镇人口属此类，一般的县城人口亦属之。人口密度每方公里约有五百人或以上。

（二）平原区：地势平坦，往往有河流，交通便利，陆路利用马骡或汽车，水路用船；村落繁多，人口密集，人口密度每方公里约有二三九人至四九九人。附近市镇的村庄，其人口情形因与平原区相似，归入平原区不另立一类。

（三）丘陵区：位于平原区与山区之间者为丘陵区，有山或丘陵，或虽无山与丘陵而交通不便，仅有小路；旅行专恃徒步或骑马，村落稀少，人口散居，人口密度每方公里约有（原书作“目”，根据上下文应改为“有”）一四一人至二四〇人。例如昆明县有丘陵区三，即义合乡、苍竹乡、西碧乡。

（四）山区：有山环绕，地势崎岖不平，山间只有人行小道，骑马者有时下马步行；普通无村落，即使有之，两村相距亦往往在数里以上。人口散居，人口密度每方约有一四〇人或以下。例如昆明县有山区四，即玉案乡、北新乡、板桥镇及龙泉镇（注八）。

该报告所言，虽仅指环昆明湖（滇池）四县一市，然若推而广之，及于全省，此种分法，亦属可用。惟云南南部及西南部，滇越、暹、缅边区深谷湿地，摆夷部族，皆营农业生活，聚村而居。自亦不应忽视耳。

但讲云南农村，吾人必须提到云南民族之复杂。若从民族观点而言，则平原区几全为汉人活动之地盘。丘陵区乃汉夷杂处之处所。山区则又几全属夷人生活之范围。因此，云南农村亦可分为汉人农村、汉夷杂处农村与夷人农村三类。

惟须指明，此处所谓夷村是广义的，指一切“非汉民族”或“少数民族”之村落而言。而所谓“非汉民族”一词，亦是相对的，仅可遵从习惯，从语言与文化两方面来看，不能从体质人类学方面来看。从体质方面说，汉夷全属于蒙古利亚种。从文化方面说，混合与互相取借之处亦多。仅从语言方面讲，确有不同。至此等“少数民族”究应如何分法，及其在本省内分布之区域如何？本书另有专篇论述（注九），此处恕不再赘。惟此类民族或部族，大半均营农耕生活，沦为佃农，生活极苦，则系事实。

若以农民生活之对象而言，有些农村，因为土地肥沃，产量丰富，全村人口，在一年四季之内，完全从事农业，即可维持生活。如费孝通氏所调查的禄村即是一例。另有些农村，土质较差，全村土地收益，不足以维持全村人口的生计，必须利用农闲，从事家庭手工业或作坊工业，如张子毅氏所调查的易村。或则在农闲时，大批人口，流亡他乡，或做佣工，或走边区，或赶马驮，或赶牛车，有如江应樑氏所调查的沙甸一样。从此看来，云南农村，又可分为两类：一是纯粹的农村；一是兼营工商业的农村。至此两种农村之分配比例与分布状况，则因统计数字缺乏，不能断言。惟中央农业实验所云南工作站，对云南七十县产稻量之自给情况与五十二县产小麦量之统计数字，均有调查，可作参考（注一〇）。另有张印堂教授著《滇西经济地理》一书（注一一），对滇西农作与居民之分布状况，略有介绍。惟吾人理想的《云南全省经济地理图志》，尚未出现，故不能做进一步的研究，殊觉遗憾！

若从农村的社交生活与经济生活方面来看，则又可分为有街子的农村与无街子的农村两种。在云南所谓的“街子”，犹如华北农村之所谓“集”，在岭南一带普通则谓之“墟”，然在四川、贵州、广西诸省又谓之“场”。而“街子”的日期，则是以日支为名，故有马街子、狗街子、羊街、鸡街等名称。大凡三天为一小街子，六天为一大街子，亦有五日一街的。这是买者和卖者定期集合，发生贸易行为的场所。卖者不必是专门以做买卖为职业的商人，任何人皆可在街子上出卖东西。这种贩卖方式，在交通不便，人口较少的农村社区内，最为需要。而且在经济活动之外，一切社交活动，亦全是在赶街子时举行。故农村若有街子，必较繁荣，社会生活必较发达。而且凡具有大街子的农村，一定也是交通比较方便，商店及手工业作坊往往兼而有之。在农民生活上，地位非常重要。比普通农村已高一等，或曰某街子，或曰某镇，已非纯粹农村可比。反而言之，凡无街子的农村，一定是交通不便，人口又少，在社会生活与经济生活上，往往要附属在附近某一大村内。故研究云南农村，对于有无街子一项，实不容忽视（注一二）。

若从人口数量或户籍多寡而言，当然又有大村与小村之别。惟在某些县内，小村又常称为“子村”。这些子村在地方行政上乃是附属于邻近的某一大村。一般说来，子村的成立，往往是从大村分出。而子村的居民，亦往往全是大村的佃户。时间长久之后，子村与大村间的主佃关系，可能已不存在。然而在传统习惯与地方行政上，却往往仍保留着一种从属关系，根深蒂固，不易改变（注一三）。

而且此类子村的数目不仅一个。一个大村附有三、五个子村者，亦属常见。子村在人口增多之后，自然亦可变成大村。惟土地所有权，却仍操之他村地主之手。因全村皆系佃户，故可称作佃户农村。佃户农村与地主农村，二者阶级不同，一切社会关系自亦因之而异。介乎其间者，则另有以自耕农占多数的农村，可称作中等农村。在物质享受方面，地主农村，有如封建主之采邑，交通必方便，亦必有街子，地主亦俨然一土皇帝。中等农村的农民，则终年勤劳，仅可免于饥饿。若佃户农村，则大半皆在饥饿线上讨生活。农闲季节，还需出外佣工，或兼作伐薪、负炭、贩盐、运输等苦工，生活极为悲惨。

再从宗族或亲族观点而言，不仅夷人农村全是聚族而居，自成村寨。即汉人农村，亦往往聚族而居，自成单位。一村之中仅有一大姓者亦属常见。此类宗族农村，在婚姻制度方面，自系村外婚制。在全村一切公共事业方面，其大权亦全操在族长手内。故在一般农村中，可谓自成一格。

次就宗教方面来看，如江应樑教授所调查之回教农村：沙甸，村内一切组织，一切风尚，均以宗教为中心。处处表现均与云南一般农村，大不相同（注一四）。回教农村如此，基督教农村亦可想见。看来，从宗教观点，来作农村分类，实亦不无理由。

总之，农村之分类，可从许多不同之观点，得有许多不同之分法。云南因民族复杂，习俗各异。农村类型，自亦复杂。一般农村调查家在作“范例调查”（sampling）时，必须注意及此，方可免除重大错误。惟云南农村，此类资料，现尚无人注意，予以搜集。统计数字，更谈不到。故本文不能作更进一步之探讨，殊觉遗憾！

第三章　云南耕地的分类

云南耕地因民族不同与文化不同之关系，须分为精耕与粗耕两类。所谓精耕，是指一切汉人农村，汉夷杂居农村与一切汉化已深之夷人佃户农村而言。耕种方法，大致与内地农民相同。主要农具，不外犁耙、锄头、镰刀、水车等物。主要动力，则为人力与耕牛。至于粗耕方法，则概行于边区夷胞之间。如莒蒲桶行政委员管地之曲子，其耕种方法，则是：

曲子因无农器，故栽植法甚简陋。大抵平常栽植，不用锄耕。惟将寻常树木茅草，砍伐晒干，焚之成灰。散灰于地，厚约数寸。于是以竹锥地成孔，点种包谷。若种荞麦稗黍之类，则只播种于地，用竹帚扫匀，听其自生自实，名为刀耕火种。然无不成熟。今年种此地，明年种彼地，将住屋前后左右之土地轮流种完，则将房屋弃而之他，另觅新地栽种。因土地一度栽种，则地力已竭，势非休息十年或八年，俟草木再行畅茂之后，可以砍伐燃烧成灰时，即不能再种也（注一五）。

另如葫芦王地之卡瓦，其耕种情况，则是：

种植事业，因天时地利的关系，以简单的耕作，即能得到很好的收成。其种植之物，以旱谷、包谷、小米、小麦等为大宗。种植的方法，每年一月间将树木茂密，野草丛生的地方，先行砍伐，曝后，用火焚烧。稍加人工，将土质弄松，于三月间，播种其上。不经芟薙，无须锄划，即能得到丰收。一人随便种植，即可供数人之用。因此土人多不以种植为主业（注一六）。

至云南精耕之农地，普通是分为农地与农田两种。农地或简称“地”，是指旱地而言，农田则指水田。普通全是种稻。稻在云南，俗名曰谷。旱地所产之作物，则以气候、土质之不同，不能一概而论。最普通者，则系小麦、大麦、黄豆（在云南俗名大豆）、蚕豆、高粱（原书作“粱”，应改为“粱”）、荞麦（俗名荞）等类。若更以一年内收获之次数言，则又有“一熟田”“两熟田”“三熟田”或“一熟地”“两熟地”与“三熟地”之分。一熟田每年仅能种稻一次，约于春间播种，秋间收获。收获后即须休耕，俟明春再为播种。两熟田则有春伐与秋伐之分。秋伐亦名大季，种稻。春伐俗称“小春”，普通均种蚕豆或小麦。能春秋两伐均种稻者，则不多见。三熟田更不多见，仅有气候炎热，土质肥沃之处，方有可能。如滇中元谋县斑果村，因系盆地，四周皆山，故气候较热，每年可收获三次。惟两次种稻，一称“五月黄”，系在阴历五月底收获。一称“二发谷子”，系在阴历九月中收获。另一次则称“小春”，系种豆或大小麦，约于阴历三月间收获。因冬季干寒，缺水，故不能种稻（注一七）。另如滇南江城、镇越、佛海、南峤诸盆地，因天气炎热，土质肥沃如能精耕施肥，年产三熟，当无问题。惟当地农民，概系摆夷，仅能粗耕，不知施肥，而且每年一熟之产量，即足供该地所有人口之食用。况交通不便，农产品不易外销，一熟之外，实属多余。故虽自然条件，适合三熟，而实际情况，每年秋伐收谷，一熟之外，种小春者尚不多见。三熟之说，更无从谈起矣（注一八）。至一熟地，则指每年仅能收获一次之旱地而言。惟河北省大名县一带之一熟地，普通均种小麦，俗称“杀旱麦”。系秋后播种，翌年夏季收获。而云南之一熟地则相反，普通均系春季播种，当年秋季收获，俗名秋伐。秋伐作物，系以包谷（通称玉蜀黍或玉米，北京俗称“棒子”）、荞麦、黄豆等为主。两熟地则有春伐与秋伐之分。秋伐多种包谷或黄豆，春伐多种蚕豆或大小麦。三熟地则极少见。如滇中元谋斑果村之田，虽可三熟，而旱地则为两熟或一熟。大约山地可种包谷或高粱，系于阴历五月播种，七月收获，年仅一熟。沙土地则可收获两次：如种西瓜，一在正月播种，五月收获，一在七月播种，腊月收获。仅有河边菜地，种大豆小菜者，则不分季节，随时播种，年可三熟，当无问题（注一九）。然田与地之分，在云南内地一般农村内虽颇流行，但若用之边区农村，即觉不甚适合。因田与地之分，大抵系以能否种稻为标准。而边区农村，如摆夷所经营之土地，即全系平野，全可种稻。惟有的称为水稻，有的称为旱稻而已（注二〇）。

以上所述，乃一般的耕地分类法。若详言之，则各县各村，均有不同。兹再略举数例，以供参考。

滇中易门县易村，村人根据该处自然环境，依地势高低，由上而下，将耕地分为四种。一曰干地，是村子附近靠山的土地，位置比其他三种土地都高，可种花生、黄豆、白薯、棉花和烟草，产量很少。二曰干田，位置比干地低一些，每年能种稻一次。当四五月天雨的时候，将山沟里的水引到田里，泡了相当时候，然后才能犁。冬天没有雨水，田里干着，一点东西也不能种。三曰雨熟田，亦名湿田，或车田。其位置更较干田为低，土性肥沃。大季种稻，小春仍可收豆。四曰沙地，是靠近江边的低地，土质颇肥，不虞水分缺乏。惟土质太松，不宜种稻。然种包谷、蚕豆、油菜、豌豆、芋头、大小麦和菜蔬，其产量价值，比湿田尚觉好些（注二一）。

滇中路南县尾村，农地亦是分为地与田两种。惟地是依土质与所植作物之不同，约可分为四种：一曰玉麦地或豆地，可种植玉蜀黍与豆。这种地土质较肥，坡度也小，每年可收两伐，即玉蜀黍收获后，可再种豆。次曰麦地，土质较豆地略差，但亦不太瘠，很适宜于种植小麦或大麦。每年亦可收获两次。即麦子收割后，仍可种豆或菜子。再次者曰荞地，土质很贫瘠，坡度亦大，只能种荞麦，而且每年仅能种一次。四曰间歇地，当地亦称作“生地”。这种地土质极坏，多半是新开垦的荒地。不但仅能种荞麦或菜子，而且每种一年即须荒一年或两年，以歇地力，不能每年连续耕种。至于水田，则系分为活水田与死水田两种。活水田是可以随时灌溉的田。因为利用附近小湖的水，建有水沟。凡是靠近水沟的田，皆可不很受雨水的影响，故收获较有把握。死水田则是利用低洼山地，开辟而成，受不到水沟灌溉的利益，完全依赖雨水，过旱或潦，均不能种稻。此外，又因土质的不同，所种水稻，亦分两类：一曰“掼谷”，即收获时可在田中将谷粒掼掉。须土质较肥，地形向阳之田，方宜种植。一曰“锅巴谷”，亦称“冷水谷”，其性比较耐寒耐冷，成熟期亦较短。凡地势较高，气候较寒之田，多种之。尾村之田，约有十分之三系种“掼谷”，十分之七系种“锅巴谷”（注二二）。

滇中镇南县沙村一带的耕地，亦是分为地与田两种。但地又可分为熟地、生地、二生地，荒地与二荒地五类。田则分为水田与旱田两类。“熟地”是指精耕的农地，值得在它上面多花劳力，多施肥料。该村生活所靠的主要农地，即属此类。“生地”是住宅附近的荒地，土面原长满了树木，已经被砍伐作为燃料，并经牲畜往来践踏，土皮变硬，不能用犁，须用人力，用锄深凿。至翌年春季，再用牛犁，始可种豆麦。生地种植一两年后，即须休耕一两年，以谋地力之恢复。俟地力恢复后再行垦殖，即叫作“二生地”。耕“二生地”所需的劳力，比耕生地为少，因用牛犁即可，不必再用人力挖掘。沙村的荒地，是在一支大岗的两斜面，是些长满树木并有腐质土层的森林地。当其初次被人开垦时，要经过许多困苦，费许多劳力，并经过“抄地”“杀地”等阶段（注二三），始能将原始的森林变作耕地。这样的工作叫作垦荒。这样的耕地，叫作荒地。荒地仅能种荞，每市亩可产荞粒三石（约合十公石），但每年仅能收获一次。而且在连续种植两年后，因地力已尽，即须休耕两年至三年，甚或四、五年。俟草木长满，利用农闲，再行垦殖。这样的耕地，叫作“二荒地”。“二荒地”种荞一年，收获之后，仍须休耕两三年。休耕后重新复垦殖时，仍称作“二荒地”。犹如“二生地”休耕后重新垦殖时，仍称作“二生地”一样。并无“三生地”“四生地”与“三荒地”“四荒地”之名。在此五种耕地中，仅有熟地，施肥精耕。农民大部劳力，均用于此。其收获年可两次。秋伐种包谷，称为大季。春伐种豆麦，称为小春。其余四种，概不施肥。利用农闲，粗放经营。仅有在人力及肥料（注二四）均有多余时，始在其余四种耕地中，选其优者，加工加肥，予以精耕。收获如好，不必休耕。如此继续，即可变成熟地。至该村所说之“水田”，系狭义的，仅指“活水田”而言。那便是不受天雨的限制，可从谷溪、龙潭、小河，或池塘灌溉的田。“旱田”亦命“干田”或“雷响田”或“雷雨田”，亦即以上所说的“死水田”。不能利用人工灌溉，只可“靠天吃饭”。天雨不来，即无办法。更因该村土质不算肥沃，水田旱田，每年仅能收稻一次，即须休耕，不能再种小春。又因佃农系以包谷为主要食粮之阶级，故均喜种“熟地”，而不喜种旱田。地主招佃，必须将田与地互相配搭，合成一单位，足供佃户一家之耕用者，始有人领佃。其搭配比例，地愈多于田，亦愈为佃户所欢迎。甚至将佃来之田，选一部分改作熟地者，亦数见不鲜。

从以上数例可以看出，云南农村的耕地，虽大别言之，分为田与地两种。然若详细言之，则各县各村，均有不同。名目繁多，不胜枚举。惟须指明，此类分别，皆系相对，而非绝对。荒地生地，一经加工精耕，多施肥料，即可变成熟地。生地之旁，开凿沟渠，予以灌溉，亦即成为水田。原为一熟之田或地，如经以适当之施肥或改良，亦不难变为两熟甚或三熟。反之，熟地任其荒废，日久之后仍变荒地。两熟之田，如不施肥精耕，则两伐所得，尚不如一伐为合算。此中情形，皆系常识，不必详述。惟云南耕地既有地与田之分，则地共有若干亩？田有若干亩？二者之百分比如何？田既有死水田与活水田之分，则其比例又若何？产量若何？以及每年冬季作物与夏季作物，其种类各若何？产量各若何？凡此种种，似均有一述之必要。惟精确数字，今尚缺如。至抽样之概况调查与统计，则有《云南经济》《云南概览》《云南省农村调查》与《中农经济统计半年刊》诸书，可供参考（注二六）。本文以篇幅所限，恕从略焉。

第四章　云南农民的分类

此处所说的农民的分类，不是依民族或语言来分，而是依财富来分。农民财富之唯一来源，在乎田地。故有无田地？或有多少？这乃是农民分类的标准。

本来，农民按其田地的有无，可分为自耕农、半自耕农、佃农及雇农四大类。而国人最常用的分类法，却是分为自耕农、半自耕农与佃农三大类。盖将雇农已包括在佃农之中。如前国民政府主计处统计局与中央农业实验所，即全是采用这样的三分法。而前行政院农村复兴委员会在《云南省农村调查》一书内，却是采用七分法。即是：自己之田完全出租而不耕者为地主。一部分土地出租一部分自种者为地主兼自耕农。自种自田而不租种人家土地亦不出租者为自耕农。自种自田又租种人家田地者为半自耕农。完全租种人家土地者为佃农。自己不租种农田，赖作雇工为生活者为雇农。既不耕种又不作雇工者为其他村户（注二七）。

但据作者看来，“自耕农”“半自耕农”“地主兼自耕农”与“地主”这些术语，已虽为国人所习用，然仍有予以讨论之必要。因有许多地主，眼见将田租出，所得太少，而又不愿居地主之名，乃雇工自营，而不外租。甚至有些地主，既不外租，又不自营，而系雇有“管家”，代为经营。如此地主，焉得以“自耕农”称之？另有地主，除将大部田地租出，委诸佃户租种外，尚保留一部分田地，名为自耕或“亲工”，实则征用佃户，代为耕种。而佃户之如此代耕，在我国农村间，并非例外。如在山西寿阳县，当地称为“拉工”（注二八）。在江苏泗阳县，当地称为“拿庄差”（注二九），在云南镇南县，则称为“帮亲工”（注三〇）。此显然是地主阶级，根据过去传统，封建残余势力，对于佃农的一种额外剥削。如将这样的地主，称作“地主兼自耕农”，岂非笑话？另如有些地主，兼为土豪，眼见租种村中公田（注三一），有利可图，乃利用职权，将该村公田租下大半。而又利用权位，强征佃户，代为耕种。自己并不亲耕，而仅居监视与监督之责。如此地主，岂得以“半自耕农”称之？与此相反，真正有些小地主，以土地太少，不能安于耕作，势必将之租出，而另谋他业。或因家中无人，势非租出不可。如此地主，其命运之悲惨，或较一般佃农，尚有过之而无不及。将之列入“地主阶级”，岂非冤枉？

费孝通教授在评《云南省农村调查》一书时，曾经指出，“自耕农”一词，实包括两种不同性质的对象，一种是雇工自营的地主，一种是自工自营的自耕农（注三三）。所论极确。惟因此，即谓禄村土地制度的基础是在雇佣关系，而不在租佃关系，似亦颇可商讨。因该书亦曾明言：

全村户数中百分之三十五所有田不到十六工，但只有不到百分之十六所经营田不到十六工。近一半的人家都经营从十六工到三十工面积的农场。这表明很多没有田和有很少田的人，靠租佃的方式得到经营较大面积的机会（注三三）。

这还能说租佃关系不重要么？且在作者看来，雇工自营下的雇农，若与一般佃农相比，则地主愈觉得把田租出给人耕，不如自己雇工经营为上算，亦即雇农愈不上算。佃农终年勤劳，尚可勉强维持一家之生计。雇农所得，却仅可维持一人，若想维持一家，即不可能。盖雇农亦可视为佃农之一种，其地位比佃农更为地下，其命运亦比佃农更为悲惨。故雇农之数目愈多，农村问题亦愈严重。费氏恐仅从地主方面立说，未替雇农设想，似失之矣。

在作者看来，农民分类，是应以财富之多寡为标准，而不应仅以租佃关系为标准。农民财富固以田地所有权为基础，然田地种类不同，土质各异，收获所得自亦不同。故讲农民之分类，似应从整个社会生活上立说，不应仅以地主、自耕农、半自耕农等名目为标准。

近来国人之谈农民问题者，往往以其田地及财富之多寡，而分为地主、富农、中农、贫农四类。其说颇可取。惟分类的标准，殊难确立。应用在云南，尤觉困难。因一般的标准，是以亩积的之多寡为据。而亩积一名之称在云南，却不普遍，或仅可视为纳税单位（注三四），而非真正农田单位。真正的农田单位，各处颇有不同。如昆明、禄丰诸县，是以"工"计算；路南一带，是以"驾"计算；蒙自一带，是以"石"计算。其以"工"计算者，工口大小各地不同，可以有很大的差异（注三五）。以"驾"计算者，如说"一驾牛"，这在当地，即是一个耕地单位，即指一驾耕牛在一天之内所能犁的面积而言（注三六）。这不仅牛力不同，而地势之坡度，土质之优劣，亦均能影响耕地之面积。至若以"石"计算，如谓买到二十石谷的农田，即是说买到之后，每年可收谷租二十石。至其实际面积若干，则根本不必过问（注三七）。试想，在如此情况之下，所谓有田若干亩云云，简直毫无意义矣。

退一步讲，即以亩积而言，亦因各处之气候、雨量、地势、土质等自然条件之不同，收获量之多寡，即因而大异。即以一村而言，水田与干田，大有分别。山地与平地，亦颇悬殊。故同在一村之内，有的良田五亩，即可称为小康之家。有的薄田二十亩，尚不足以维持一家之生计。此种事实，尽人皆知，无须多言。

若更从地主、自耕农或佃农等不同立场而言，则差别更大。因从自耕农之立场而言，一家五口，如有良田十亩，勤于耕种，即不难成为小康之家。如系佃农，因须将一部分收获物纳之地主，纵经营良田十五亩或二十亩，恐亦难免于饥寒。反之，如系地主，不自耕作，一切委之佃农，而处处尚要保持地主之身份与场面，纵有田地三十亩，恐亦不够享用。此亦人所共知，毋庸详言。

然无论如何，讲农民财富之多寡，仍须以土地所有权之有无及多少，作为主要之标准。若丢开种种差别而混合言之，有如统计学上之中数焉，即应先看一般农家所能经营亩数之多寡，然后再看所有权分配之情形，而农民分类之标准，即可看出矣。

据一九三四年中央农业实验所调查统计之结果，则云南农民每户所耕土地在十亩以内者占百分之五十八，十亩至二十亩者占百分之二十七点九〇，在二十至三十亩者占百分之六点八〇，在三十至五十亩者，占百分之三点四〇，在五十亩以上者，仅占百分之二点一〇。足证云南全省之农业经营，概系极小规模。其农业技术之低劣，不难想见（注三八）。

再从土地所有权方面来看，据云南省财政厅测量昆阳、宜良、富民、通海、河西、禄丰、罗次、安宁、峨山、双柏、弥勒、石屏、师宗、楚雄、马龙、建水、泸西、邱化、永仁、蒙化、宾川、漾濞、永平、邓川、洱源等二十五县土地所有权分配，所作之统计，有一亩以上至十亩以下之农户占总有地权农户的百分之七十一点三〇；有十亩以上至二十亩者，占百分之十七点〇五；有二十亩以上至五十亩者，占百分之七点八三；有五十亩以上至二百亩者，占百分之三点三六；有二百亩以上至五百亩者，占百分之〇点四五；有五百亩以上至一千亩者，占百分之〇点〇一；有一千亩以上至五千亩者，占百分之〇点〇一；有五千亩至一万亩者，占百分之〇点〇一。有一万亩以上者无（注三九）。

然此种统计数字之最大缺点，即未将佃农与雇农包括在内。

但另据云南民政厅，一九三二年户口总调查报告，得知全省共有自耕农一〇二二二九四人，半自耕农五九八七八八人，佃农八一六六〇二人（注四〇）。吾人若将自耕农与半自耕农全列入有地权者，而重新作一百分比，则佃农即约占全体农民的百分之三十三点五四。即在一万农民之中，共有三千三百五十四人，属于佃农。

若再根据云南农村之一般生活程度，而将佃农、雇农以及仅有十亩以内之小地主与半自耕农，全算作贫农，有十亩至五十亩者算作中农，五十亩至二百亩者算作富农，二百亩以上者算作地主（注四一）。然后再根据此种分类法，将上述财政厅所给之统计数字而重新计算，重新作成百分率，然后即知云南农村中之贫农，占全体农民的百分之八十点九三，中农占百分之十六点五四，富农占百分之二点二三，地主仅占百分之〇点三二。即在一万农民之中，约有八千零九十三人属于贫农，一千六百五十四人属于中农，二百二十三人属于富农，三十二人属于地主。此种统计数字虽不精确，然约略言之，则云南地权分配之不均与夫贫农数目之大，实均足使人惊奇。

但如上所述，仅根据亩积之多寡，犹不足以定贫富之等差。必须再从物质生活与社会生活方面，予以考查，方可得其究竟。

先从饮食来说，贫农大半吃包谷、高粱及荞，除过年过节及婚丧礼节外，很少食用大米，更累月不知肉味。富农则以大米为主食，鸡卵、猪肉等亦可常用。中农则介乎二者之间，以大米及包谷之混合食用为主，俗称“金银饭”。若地主，则不仅食大米，每餐亦必均有肉类。故贫农可称为杂粮阶级或包谷阶级，中农为“金银饭”阶级，富农为米食阶级，地主为肉食阶级。次看衣履，贫农均赤足，表服褴褛，补丁重重，每人能有冬夏衣服各一套，已颇难得。若中农，则着草鞋，平常衣服虽有补丁，但过年过节或作客办事，即均可着布鞋与新衣。富农则着布鞋，虽亦布衣，然极完整，且可更换，并有长袍马褂，遇事作客，有绅士风。若地主子弟，则必西服革履，或绸缎毛绒，不屑与布衣为伍矣。因此，贫农可称作赤足阶级，中农为草鞋阶级，富农为布鞋阶级，地主为皮鞋阶级。若再从住宅来看，则贫农或住草棚，或住土洞，或住破庙，或居无定处。中农则住草屋，然大半均有庭院。富农则住瓦房，庭院亦较宽大。地主则雕墙画栋，花木园林，俨然小王府矣。若再从婚姻状况及子女教育两方面来看，则贫农大半皆独身，无力讨妻养子。纵有妻子，亦必死亡率极高，且须全家动员，专为糊口奔波，其子女则绝少读书机会。中农均有妻室，子女亦可入村中小学。富农不仅有妻室，而纳妾者亦常有之，其子女亦全可在县内中学读书。若地主则必讨妾，而且不仅一人，其子弟亦常出于大学之门矣。若更以高利贷一项而言，则高利贷的债权人不是地主即是富农，而其牺牲品或债务人，则是中农与贫农。因为地主与富农，具有此件法宝，来向中农与贫农进攻，故使中农之变为贫农者，累累皆是，而贫农之处境，亦愈悲惨，不堪设想矣！

总之，讲农民的分类，故应以财富之多寡为标准。然仅以亩积一项，实不足以作代表。而一般论者对于“地主”“自耕农”与“半自耕农”诸概念，亦未能予以精确之界说，致含混不清，颇多语病。盖十亩以下之小地主，其生活之困苦，往往尚较佃农为甚。四川有“绅粮三十石，不如一条扁担”之谚（注四二）。在云南亦正如此。故如此小地主，理应列入贫农。次如“自耕农”一项，应仅指自工自营之小农而言，而不应将雇工自营之中农或富农包括在内。因真正之“自耕农”，纵非贫农，亦仅能属于中农。而雇工自营者则大半均是富农，最低限度，亦应属于中农。至真正之“半自耕农”，或属中农，或属贫农，亦不能一概而论。作者此种意见虽为云南农村之研究而言，然其范围，或不仅限于云南一省。不知诸专家以为如何？

第五章　云南的租佃制度

租佃制度乃农村生活中的基本结构，亦一切农民问题的症结所在。大地主与富农为数虽少，然而地主阶级同时即属于高利贷阶级与地方政治之统治阶级，故其势力足以支配整个农村。而农民中百分之八十以上即属于贫农，亦即直接或间接，多多少少，均系租佃制度下的牺牲者。因在贫农之中，佃农与雇农，固系租佃制度下的牺牲品，而十亩以下的小地主，亦因入不敷出，不能逃脱地主阶级高利贷的剥削。

关于云南的租佃制度，在现有的知识之下，尚不能作一完备的报告。幸而云南与四川，大致相同。郭汉鸣与孟光宇两氏合著的《四川租佃问题》一书，尚可供作参考（注四三）。惟有若干术语，两省略有不同。如云南的耕地，有田与地之分。而四川则名地为"土"。云南的"干田"，或名死水田，或名雷响田。然在四川，则名"靠天田"。云南的两季作物，一名大季，一名小春。而四川则名大季为"大青"或"大春"。特别在租佃制度上，关于租佃期限一项，四川仅有定期与不定期两种。至永佃制则罕见（注四四）。然在云南，永佃制却仍相当普遍。且云南民族复杂，而地主皆系汉人，夷人多系佃农。因彼此语言不同，习俗各异，故租佃制度亦往往因之而特别复杂。并且过去土司制度，数百年来，根深蒂固（注五四）。今虽然行政制度已经数变，而封建的传统精神，却仍依然存在。如不先将此层认识清楚，对云南的租佃制度，即无法彻底了解。

江应樑教授在《云南西部僰夷民族之经济社会》一文内曾云：

"腾龙沿边诸区，虽有六设治局的设置，在表面上，地方的治权似已操之于政府。但实际上，经济及政治的实权却仍然握在土司手里，形成一种特殊的土司统治社会，即所谓封建的大地主社会。其经济组织及社会制度，有着如下的几个特点：

"A. 人民无私有土地制，全社会土地，皆土司一家之私产，全社会人民，也便是土司一家之佃户。

"B. 土司适当于此一区域内之封建诸侯兼大地主，本身：（甲）掌握全境最高行政权；（乙）有执行及制定法律之权。

"C. 土司之亲族，相当于大诸侯下分封之小诸侯，各领有固定之小采邑，而直接受制于大诸侯——土司。"

因为僰夷的经济生产，全部建筑在农业上，所以土地既为土司一家所私有，则社会经济也就成为一种畸形的组织。或者竟可以说，除土司外，社会上无私有财产制。从社会的组织上看，可以截然地分为两个对立的阶级：一是统治阶级，亦即贵族或大地主阶级，包括土司及土司的族属；另一个是被统治阶级，亦即平民或佃户阶级，包括全部人民。下一阶级对上一阶级，通常负担着如下的义务：A. 纳谷租；B. 纳门户税；C. 服差役；D. 供应土司署中之食用；E. 特殊征纳如嫁娶费、丧葬费、生育费、袭职费等。是以今日的僰夷社会，不仅是地主与佃户的对立，直是家主与奴隶的对垒（注四六）。

据此，可知在云南西部摆夷农村中的租佃关系，仍完全是一种封建社会的意识形态。在云南内地如路南、镇南两县，土司制度早已不存。所有夷人，已均汉化。然其租佃制度，却仍具有封建徭役之残余形态。如路南尾村，本是一个撒尼人（倮倮族之一支）所居住的农村。据该村传说，他们原住在盆地，土地肥美，生活优裕。约在五百年前，汉人才把他们赶到山上。原有田地，亦被汉人占有。汉人最初全是住在市区，后因人口压力，逐渐搬至该村居住。该村遂即成为汉夷杂居的农村。然地主全属汉人，夷人全是佃农。至其租佃制度，则有“份子田”与“私田”两种。“份子田”的特征有三：（一）永佃权：地主除收租外，不能随意收回土地或者更换佃户。有时在佃户同意之下，地主可将所有权让人。或在地主同意之下，佃户亦可将佃权让人。然租额均不能因此而改变。如新佃户不能按期缴租，地主可责令旧佃户赔偿。而佃权转让的范围，亦不得超出本社区。（二）服劳役：佃户除缴纳定额的田租外，尚须替地主服劳役。普通分作三种：一种是农事的劳役，即地主的私田，可召佃户代耕。惟有相当限制，每家佃户，依所耕“份子田”之多寡而定服役日期之日数。大约每一份子田须出十五工至三十工。在服役期间，地主照例供给伙食及烟草。另一种是建筑的劳役。凡地主家中有建筑工程时，如造屋、修理农场等等，即可召佃户服役。并可令其摊派材料，如木料、砖石等。第三种是特殊的服役，如地主家中有婚丧大事，佃户须来服役，并贡献礼品，如酒肉之类。惟此最后一种劳役，并无强迫性，佃户如太忙，亦可仅送礼而不服役，或须雇人代为服役。（三）人系于地：凡耕份子田的佃户，必须住在本社区内，不能自由迁徙。如有逃佃的事情发生，地主即可追他回来，并加以处罚。惟人系于地，系以佃户家庭为单位，并以家内个人为单位。至于租之种类，则为定额谷租。惟量租的量器，系用一种特别的“租升”，较当地市升为小。每市升七升，可抵租升一斗。此种“租升”系专为缴纳而用，日常交易无用之者。据说，这是原来倮倮人的量制，一直传了下来，没有改变。惟缴租时还要送地主一只鸡，当地称曰“随鸡”，亦有用酒以代之者。佃户中如有争执，亦可藉此机会，请地主给大家评理。凡此种种，皆系“份子田”之特有的租佃制度。习传已久，今仍通行。至于“私田”，其租佃制度，亦有三个特点：（一）没有永佃权，可以随时撤佃及自由买卖。其租额亦比“份子田”为高。（二）没有劳役。（三）佃户不受束缚。而且为佃户者，亦有汉人，并不全是夷人（注四七）。盖“份子田”之起源，当求之于土司时代之封建社会。“私田”之制，发生在后，已具有近代租佃制度之规模矣。

次如镇南沙村，亦是一个汉夷杂处的农村。该村以地缘之远近，又可分为彭村、官村、雨村、哈村四村。彭村系地主所在地，所属田地比较肥沃。官村内有自耕农两家及自彭村迁来之地主数户，余则概系佃农。雨哈两村，亦全系佃农。全区共有人口一五六四人。地主系一汉族大姓，虽曾分居两村，但人口仅有二〇五人。余则全是佃农。该区夷人，在数十年前亦有地主及自耕农，只以愚昧无知，屡受汉人压迫欺诈，今除他迁者外，已全沦为佃农，共一一九一，占全区人口百分之七十五。至该区之租佃制度，则概系永佃制，即佃农有永佃权。惟以土质肥瘠与旧有传统之不同，又可分为定租、包租与分租三种。定租为谷租，凡肥沃与精耕之田地皆行之。其方式为田与地相配搭成一单位，俗称“一角田地”。其田为一熟，种稻。地为两熟，大季种包谷，小春种豆麦。租额约占大季总收获量百分之二四至二七不等。小春所得，概归佃农。包租系钱租，土质较差者始行之。哈村田地，皆系包租。自抗战后，因货币贬值，捐税增加，地主所得无几。分租制大半皆指荒地而言。租额约为主一佃三。惟此乃正租。正租之外，尚有若干副租及义务，佃户亦须履行。如定租之外，必有“租鸡”，即每年须纳鸡一只或数只，而以重量三斤为度。包租之外，每年均有“小礼”，如香油三斤，麻两束（约一斤），鸡三斤等。而包租与分租两项，皆系地主亲往收租。地主派有“管庄”，经手其事。每届交租之期（阴历冬月十四日），“管庄”即于前一日派诸佃户分别至地主家迎候。地主于当日下午到村，至第三日早餐后回府。佃户共须招待四餐。此种费用，系由合村佃户分担。往往比正租数目尚大。此外无论定租、包租或分租，皆须为地主服劳役。劳役分为普通与特殊两类。普通者如替地主耘草，帮“亲工”，打杂（如护送子弟上学，等等）等项，每一佃户皆有一定日数或次数。特殊者如遇婚嫁丧祭，建筑修补等，每村佃户所负担职务，皆有传统规定。并有贵贱之分。譬如婚事，哈村负责抬花轿，雨村抬两架滑竿（即抬女傧相），官村出马两匹和马夫两名。彭村佃农，因与地主农村，故在一切劳役上，均居优越地位。哈村佃户全是夷人，故须抬花轿，以花轿为新娘子所乘坐，最不吉利，亦最下贱。因该村传统，夷贱于汉，故如此也。至官村之自耕农两家，因其取柴用水，均有赖于地主之山林泉水，故亦须为地主服役。纵欲以谷或钱代之，亦为地主所不许。因地主绝不贪图区区之谷或钱，而地主之身份与场面，则须赖此以维持也。除此之外，佃农在社会生活一切方面，亦均有受限制。第一，在称呼上，佃农无论如何高年，其称呼地主或其子弟，永远自己要低一辈或两辈。第二，主佃不能通婚。地主子弟如娶佃女，亦仅可作妾，不能作妻。且如此佃女，其称呼仍需依佃户身份，较地主家人，全低一辈或低两辈。第三，在衣食住行方面，亦均设有限制。佃农衣必土布，不得用绸缎，不能穿长袍。食不得用瓷器，不能用高桌。吸烟不能用象牙烟袋，只可用竹竿烟袋，而且不能太长。住必草屋，门窗均不得涂漆或雕刻彩绘。出门必须步行，不许乘马（但年老或病者例外）。路遇地主或其子弟，必须恭立路旁。至地主家，不得进正厅。地主不命坐，不得坐。纵命坐，亦不得坐高椅。死后埋葬，坟前亦不许立碑。凡此种种限制，皆系社会传统。任何佃农，均不敢有所违犯（注四八）。

纵此可以看出地主之压榨佃农，不仅在于正租。而正租外的副租与劳役，实更使佃农无法忍受。惜国人之治佃问题者，对此问题不是完全忽视（注四九），便是过于轻视（注五〇），实属遗憾。仅有郭汉鸣、孟光宇两氏，对此问题，颇为重视（注五一），此或因四川与云南，大体相同之故欤?

然作者在此，必须声明。永佃权制度之在云南，虽属相当普遍，然亦确有逐渐减少之势，不容否认。而抗战以后，演变尤烈。盖旧地主多被淘汰，新地主起而代之。新地主之作风，均具有资本主义之意味。租额多少，锱铢必争。然对此封建徭役之残余制度，却已不感兴趣，故甘愿放弃。惟佃农生活，却并未因此而改善。盖地主更换一次，佃农之负担亦即加重一次。

兹特录今日平民日报：《开远通讯》一则，以供参考：

开远佃农对田地多系“惰耕”或“粗放”。据确实的访问，因为是开远租佃制度的不合理，佃农的租佃没有保障。比方说，李家佃农租张家田耕种，如勤耕勤施，较往年生产增加了，田地耕种肥沃了，王家佃农就会私到张家田主那里加租夺回。田主为了多得收租，于是向李家佃户收回，另佃租王家耕种。弄来弄去，佃农都有戒心。又因告贷无门，生产资金缺乏，于是形“惰耕”“粗放”的现象，影响到生产增加，这是政府应当重视改善的问题（注五二）。

第六章　云南农村中的政治组织

云南农村中的政治组织，大体可以分为两类。一是边区式的，一是内地式的。在边区内，政治组织系仍以土司制度为基础。惟民族不同，习俗各异。各边区农村中之政治结构，自然亦不尽同。兹仅举滇西摆夷农村为例，以见一斑。

江应樑教授在《滇西僰夷的土司政治》一文内曾言：

"土司境内，以村寨为地方行政单位，故地方职官即是各村寨之负责人。惟司地村寨可分为两种，一是夷人村落，一是汉人村落。盖边地汉人与僰夷，并不杂居同一村寨，故土司治下的地方官吏又可分为管夷与管汉两种。"

甲、夷寨职官

夷人所居地，可大别分为三种：（一）村——人口少者十数家，多者百余家。（二）寨——较大村落或合数村而成一寨。（三）𪾢——合数寨为一集团，称为𪾢。地方官吏，便也依据此单位来委任：（一）𪾢头，或称老𪾢。总揽所有全𪾢中各村寨的行政实权。其主要职务有下数种：A. 征收钱粮课税，解交土司署。B. 调解及裁判人民纠纷事件。C 遣派夫役，承值司署。D. 采备供应土司之各项事物。E. 代土司宣达命令于人民。（二）𪾢尾，或称二𪾢，即副𪾢头。职责在协助𪾢头办理上列诸事。（三）老幸，即一寨之寨长。职务为：A. 秉承𪾢头命令，办理该一寨中之行政事项。B. 征收钱粮，解交𪾢头。C. 调解寨中人民轻微之纠纷事件。D. 指派人民差役。（四）头人，一村之村长，实即老幸之助手，直接向民间行使职权者。职务与老幸相同，惟仅限于一村。村中头人，尚有一种特殊任务，凡司署人员或汉官之过往该村者，头人负接待之责。故每一村之头人家也即是汉夷官吏之食宿站口。（五）客长，如陇川等司，在交通冲要，汉夷邻居的村寨，设有客长一人，专负责接待过往官吏。这是一种不常有的地方职官。

乙、汉寨职官吏

"汉人村寨之小集团，不称𪾢而称练，或称丛。管理练丛的不是夷人而是汉人。职别有两种：（一）练绅，相当于夷人中之村头，由土司委派汉人居住区域内之汉人任之，秉承土司之命，办理该区内下列事项：A. 人民居住迁徙之管理。B. 征收租税。C. 传达土司命令于人民。（夷区惯俗，凡土司有所征派及差役，均只限夷人而不及汉人，故练绅之职务，远不如航头之繁重）。（二）村长，同夷人中之头人。在练绅所辖的汉人村落中，每村有一人，由练绅求得土司同意而委派之。

在土司治下的行政人员，大体可以说仅此而已。表面看来，似非常简单，但办起事来，皆能唯土司之命是从。又因此种行政系统经数百年不变，当职之人，又皆熟知职责所在，所以，只要不是一种新制度下的新事件，大体总可以依土司之意旨，而顺利地办理着的。"（注五三）

至云南内地之农村，无论汉村、夷村或汉夷杂居之村，在表面上看，自一九三三年后，已均施行保甲制度，并有保卫队与常备队之编制（注五四），然而在实际上，每一农村，全是各自为政。因为每一农村，全有一套传统的政治机构，仍在活动着。必须认识此种机构，始足言真正的农村的政治组织。

关于云南内地各农村的政治机构，各处自然不同。然此类资料，向为学者所忽视。专刊研究，更不多见。兹仅举呈贡县化城村为例，以备一格。

呈贡县化城村是一个地道的农村社区。该区中传统的公共团体，是"大公家"与"小公家"。"大公家"是一个村落内最大的公共组织。它的组成分子，是村落以内的"铺民"。铺是村落的分区。该村共分为四铺。在北部者名上铺，中部者名中铺，西部者名白邑铺（因西方属庚辛金，为白色，故名）。第四铺名仓登铺（因系以土主庙为中心，故名）。铺民与村民不同。能作铺民的村民，共有两种条件：一为世袭，一为加入。所谓世袭，就是铺籍的传授要根据出生的权利。祖先属于某铺，子孙便永远属于某铺。如想更改则为习俗所不许。而且迁出外村的铺户，一旦搬回村来，即仍属于原来的铺。所谓加入，当地人称为"投铺"，就是外村人迁来本村，可任意加入四铺之一。但既经加入，便不得更改。而且在加入时须在神前“挂功德”。功德多少全视请者家产贫富而定。然组成“大公家”的分子虽是四铺的铺民，而其管辖的范围，却不仅以铺民为限。第一，对于村落内一切居民，无论有无铺籍，完全归其管辖。第二，在村落地界内有田的外村人与第三“子村”的居民，亦全归其管辖。而所谓“子村”，即是该村的附属村系，由该村佃户所组成。而“大公家”的公务，则约有两种：一是上级政府委办的公务，如征收田赋、捐税及一切临时摊派等等。一是本村的公务，又约可分为管理水利、调解争端、警戒匪盗、办理学校、筹祝神灵、管理地方财务六项。

“小公家”是铺的公共组织，亦即是“大公家”之下的行政组织。该村既有四铺，故有四个“小公家”。在村人意识中，“小公家”较“大公家”更为亲切具体，甚至以神灵来作象征。上铺是大佛老爷，中铺是天王老爷，白邑铺是帝释老爷，仓登铺是土主老爷。每个神灵都有一个庙宇。这庙宇所在，亦即是同铺人民聚会之所。每年均有定期的祭祀。全铺人民认为他们的命运就操在这位神灵手中。铺民是神灵的小民。铺民的团体意识，亦就这样表现出来。至其应办之公务，则仅限于本铺以内之公共事务，约可分为三项：

（一）“香灯会”。每年旧历正月十三日起至十八日止，每“小公家”的会期，约两三日不等。在举行前，所有租种“小公家”田地与租住房产之租谷及房租，均须缴清。而“香灯会”之社会意义，则有四项：一、求神保佑，二、铺民聚餐同乐，三、清结财务，四、各“小公家”共同联欢。

（二）铺民的出生，死亡与婚嫁。一个铺民的出生、死亡、嫁娶，不仅是当事人的私事，而且是牵涉整个“小公家”的公事。就出生来说，生了男孩，要在神前“上酒”。不生男孩，要在神前被打屁股。就死亡来说，一家死了人，全铺全要动员帮忙。而且丧事不在死者家中举行，要在“小公家”的庙内举行。一切应办事务亦全由“小公家”负责。如果死者没有子嗣或亲属，在办完丧事后，如有余产，便充作“小公家”的公产。而死者一宗的香火，亦由“小公家”负责供奉。

（三）财务的管理。化城村四个“小公家”全拥有大量公产。一切公务的开支，亦均取给于此。

“大公家”的办理人名为“大管事”，“小公家”的名为“小管事”。“大管事”的产生，是由全村绅士地主等所推选。而学历、经历、财富、年龄四项，均在考虑之列。“小管事”的资格，比较不算太严。但非地主或富农，亦须与之勾结，受其支援，否则当选无望。

自推行保甲制度以后，大管事往往兼为乡长，小管事亦多兼为保长。而乡保长的任务，在实际上亦是仅限于上级或县府交下的公务。至于该村的本村公务，却不论保甲之编制如何，而仍系以村及铺为单位。其实权亦仍操在“大公家”与“小公家”之手（注五五）。

总之，云南农村中的政治组织，可分两方面来说：一为现有的行政机构，亦即村镇保甲制度，一为旧有的社会传统，如“大公家”与“小公家”之类。近年来谈农村建设者，往往仅注意于行政机构之改善，而忽略社会传统之事实。故往往貌合神离，弊端丛生。作者非主保守，然此种传统势力，似亦应在考虑之列也。

第七章　云南农村中的宗教生活

云南农村中的宗教生活，系指云南农民的宗教生活而言。云南农民因民族复杂，习俗各异，宗教生活，自亦不同。惟吾人所注意者，系指一般农民之宗教生活而言。其仅为某一民族所特有者，如芒市摆夷的“作摆”，大理民家的“本主庙”与禄劝倮㑩的祭礼等，因在一般农民中，并不普遍，且已有人作过调查，出有专书（注五六），故均从略。盖农民宗教之属于“民间宗教”之范围（注五七），系一种多元的与混合的宗教。往往三教并列，九流杂糅。若从理论上考证，不仅毫无根据，而且张冠李戴，错误百出。然若从农民崇拜方面，细加分析，即觉其一切行动，一切仪式，又皆与农民生活之需要，密切相关。似不应仅以迷信视之也。

据作者调查所及，云南农村内的庙宇，其数目并不算多。然而土主庙则颇普遍。关于土主庙的考证，方国瑜与楚图南两教授，均有论文发表，恕不备述（注五八）。惟土主庙之在云南，虽不限于农村。然在都市者，其神已经失去作用，故其庙亦已改作别用。如昆明市华山西路之土主庙，今已改为华山小学，即是一例。然在昆明郊区诸农村内，每一土主庙，却仍均为农民崇拜之对象。每至庙期或节日，香火之盛，较往昔并未稍减。推考其故，每一土主庙，除供奉“土主老爷”为主神外，左有山神，右有土地，另外还有送子娘娘、文武财神、牛神、马神、青苗神、蝗虫神，等等。名目不一。总而言之，凡与农生活有关之一切天灾人祸，而无法解决之难题，在此土主庙内，皆可得到对象，向之祈祷，求其保佑。虽不必“有求必应”，然至少在农民心理上已得到一层保障，足以告慰于一时，故亦有其社会功能也。更如上述呈贡县化城村仓登铺之土主庙，一则为合铺民众聚会之所，一则为全铺村人团体意识之象征，使地缘团体与血缘团体之精神，二者兼而有之。则其社会功能之伟大，更显然矣。

在镇南县一带，不仅每村有土主庙，而且每一夷人佃农家中，亦均在屋宅背后，阴沟之上，供奉“小土主”或称“阴沟土主”。但汉人无供此者。故屋后有无“阴沟土主”，亦即是汉夷之分别之所在。据该地传说，蒙古鞑子（元朝）来云南后，每家住兵一人，监视夷家。此种兵士，对夷家妇女每多无礼，故引起夷家反感，乃相约于除夕之夜，群起动手，悉将鞑兵杀死，埋于房后阴沟内。后因恐其魂作祟，故每年除夕必祀之。祀时用鸡，未婚少女不得参加，亦不得分食。因恐其仍对之无礼也。此种仪式，必于夜深人静时举行，而且讳莫如深，不肯告人，以其为不名誉之事也。又因杀鞑兵，留有血渍，恐天明后，官兵看破，查究报复，故于除夕，每家必撒松毛（松针）遮地，即为此故。现汉人农家，虽不供此“阴沟土主”，然而每逢除夕，必以松毛遮地，却已成为习惯，在云南各处，并相当普遍云（注五九）。

又在镇南、弥渡、蒙化诸县，农村约可分为地主农村与佃户农村两类。自耕农为数极少。但地主与自耕农皆系汉人。佃户十之七八，皆系夷族。在宗教生活方面，即因此民族与阶级之不同，而亦颇有不同。盖汉人地主，皆信儒、道、佛正教。如“洞经会”之组织，在云南各处相当普遍，即系杂糅儒道两教而成（注六〇）。而当地之地主阶级，尤多崇拜道教之“玉皇大帝”。据称玉皇大帝，本姓张而名鸿钧。故年节春联常有“运转鸿钧”之说。但入民国后，鸿钧辞职，即由三国时代之关羽继位。关羽俗称关圣大帝，亦即现任之玉皇大帝，因其为人忠诚，富有义气，保皇嫂而夜读春秋，大义凛然，故极受人崇拜。至若夷人佃农，大半皆信巫教。粗俗卑野，迷信极深。所奉之神，来源亦颇不同。然对人死成神之说，则皆坚信不疑。主其事者，男曰“巫师”，亦称“香通”。女曰“师娘”，或“师娘婆”。大半皆系夷人，然汉人亦偶有之。而且地主阶级之亡，魂亦常被若辈祀为神灵。或以其生时有德，因感恩而崇拜。或以其生时霸道使佃农望而生畏，因恐惧而始敬之也。其神话传说，与作法仪式等等，各处亦不尽同。然“云斋”氏所著《巫教创始者：赵罗的故事》一书（注六一），虽以小说体裁出之，然亦确有所本，可供参考，似不应以齐东野语视之也。

镇南县文雄乡梅子树村系王姓地主所居。该村附近数十华里内，所有地主，均信奉“泰山大王”。据传，泰山大王，系明末，梅子树村人氏，曾于附近法空村，法空大洞内修行，并常至小激板村行医。死后屡显圣，后经巫婆何氏大娘之道法，始将其阴魂请至弥渡县密滴村泰山庙内供奉之，因而得到“泰山大王”的称号。现小激板村亦建有泰山大王庙，但不如密滴村庙之大。密滴村亦称弥底村，系汉族李、潘、白三姓地主所居。其四周村落皆系夷人佃农所居。潘姓地主有一夷人佃农，据传，生于清末杜文秀时代，系天上黑妈（癞蛤蟆）星临凡。因其肚脐特大，并生平喜拜龙王之故也。杜文秀率领蛮夷农民起义时，其人从杜，屡立战功，因被杜封为“大师防”之职，故后人常以“李大师防”称之。杜文秀亦称“第十八大师”，在杜文秀失败后，一日与清军岑毓英之部将李维述之义子，李三少爷相遇于镇南之草盖村。李三少爷，几遭大败。卒因泰山大王之显圣，始使李三少爷转败为胜，李大师防因而遇害。然其阴魂却被封为瘟神。该处附近四周百余华里内，遇有牲畜得温病，祷之土主庙而不验者，祷之李大师防则必验。因此，李大师庙在蒙化、弥渡、镇南一带，颇为普通。香火之盛，使该处土主庙，已均有逊色。惟其信男信女，初仅限于夷人佃农，后乃及于汉人佃农及自耕农。近数年来，汉人地主亦有崇拜之者。然而李大师防之原来地主，其少爷今犹在世，年七十余，对于泰山大王，虔诚崇拜，唯恐不谨，但对此李大师防，则目为夷教邪说，不屑一顾也（注六二）。

上述镇南农民之宗教生活，仅可视为云南农民宗教生活中的一个举例。吾人固不能说，云南他处概与镇南者相同，然若大体言之，或亦相类，而不至相差太远。譬如苏汝江氏的《昆阳的风俗》一书，因系一概况调查，范围既广，自难深入。然所述衣食住工作，喜庆伤葬、节会、信仰、日常信念和忌讳、兴娱乐诸章，十九皆与宗教生活有关。尤以“迎神或‘接老爷’（‘中三教’）”一项，叙述较祥，而其巫术意味，亦较浓厚（注六三）。足证巫术乃农民宗教生活之基本元素，此乃中国到处皆然之事实。特云南农民因汉夷难处，文化多元，故宗教生活中之巫术成分，亦愈复杂耳。

然吾人必须指明，在地主眼光看来，虽有正教与邪教或夷教之分，然在农民生活中，正邪之分，却不存在。昆明官渡毕希波，曾自谓系汉人（注六四），而昭宗夷人李希波，亦常进城，替汉人禳解雷火灾或执行其他宗教任务（注六五）。且李希波告余，夷教乃道教之一支。故希波亦称道士，而所奉神灵，则是“先天教主太上道德老君”（注六六）。此足证夷教来源，亦与我国固有之文化传统有关也。惟汉唐以后，我国传统文化即定型为儒教文化，对道教传统，尚卑视之，对此巫觋夷教，自不值士大夫阶级之顾矣。殊不知在儒教文化之前，尚有一历史悠久与内容丰富之上古文化。而儒、道、巫三者亦可能有一共同之来源。惟此当于先史考古学、民族学、民俗学诸方面求之。专靠文献，恐难为力。对我国社会史及文化史之研究，余向主此说（注六七）。今草云南农民宗教，拉杂及之，愿就正于滇省之博雅君子焉。

第八章　结论

若拿农村与都市相较，则农村看似简单而实复杂。因都市系已经分化与分工的社区，分门别类，各有专责。按图索骥，一目了然。农村社区则反是，一切制度全是混杂在一块，一切制裁亦全是根据传统，而无明文规定。乡长保长，本是政府承认的农村首长，然而多无实权，反不若家族长或地方绅耆，一言一行之富有号召力。在都市认为不成问题者，移在乡村，即可能大成问题。反之，在都市人看来，一场严重的问题，移在乡村之后，往往经乡族老者三言两语，即可解决。因此之故，若以研究都市的眼光与方法去研究农村，未有不失败者也。

作者对于农村的研究，一向均主张须将近代人类学家实际调查与研究的方法，要与阶级分析的观点与方法，二者结合起来。如以云南农村为例，即应以农村为单位，先从其地理环境、历史背景说起，次则及于村落、街道、庙宇与公共场所等等之地势与方位，再次则分析其人口社会与生产技术，然后始能依其经济生活、政治生活、宗教生活与娱乐等项，分别叙述。必须在此类专刊，积有相当数目之后，方可根据各种不同之社会类型及其演变法则，从而比较之，分析之，然后云南全省农村之动态的与综合的研究，庶有可能。今者一切准备，皆未完成，率而操觚，仓猝将事，欲不贻笑大方，岂可能哉？

但作者在此，必须声明：以上数章所述，全是从组织或结构方面着手，故偏于静态方面。然而社会生活，却全是在不断的演变中。农村虽比较富有保守性，然亦不能例外。而且社会变动的原因，大半是由于与外来文化的接触。凡外来文化来势愈强，则固有文化之受其影响而变动者，亦必愈大。云南农村，在抗战前，因地处边陲，与外来文化接触颇少，故在我国沿海一带，有许多封建社会之遗留，早经被淘汰者，如永佃权，徭役与社会身份，阶级之等差等等在云南农村中尚习见之。然而抗战以后，情形大变。昆明大理两处乃一蹴而成中国政治、经济、军事、文化等之重心。都市骤形发展，农村人口及物资遂均大量流入市区。更因征兵征粮，苛税杂捐，货币贬值，物价飞涨诸原因，则生活之压迫，既然日趋严重，故铤而走险者，乃愈来而愈多。地主阶级即不能安居于农村，乃相率携金钱与物资，而移居于都市。故都市人口愈为集中，农村生活乃愈为冷落，而农村问题，亦即愈为严重。

先从地主阶级说起。云南的大地主，约可分为新式与旧式两类。旧式者系封建社会之残余，因有永佃权，故田地不易出卖。因为既不能转佃，又不能增租。于利既无可图，买者自不踊跃。地价因而下落，地主自然大受影响。更以地主身份不易降低，纨绔子弟不事生产，与夫苛捐杂税之层出不穷，故其经济生活，出多入少，乃逐渐走入末运。至新式地主，乃往往与官僚资本主义结有不解之缘。所有田产，其永佃权虽已不存，然其剥削方法，却更巧妙。剥削程度，亦愈深刻。更往往借政治势力，为其护符。致使所有佃农，均敢怒而不敢言。故农村社会中之最大敌人，即此种新式大地主是也。

次如富农阶级，大半全是住在农村，而雇工自营之农人。此类农人，若从生产手段而言，自亦应属于剥削阶级之列。然若施以适当之限制与监视，亦不妨以农村的“民族资产阶级”视之，在合理范围内，而奖励其发展。惟在现状之下，一因政府之征兵与拉夫，致使农村壮丁，大为减少，工资因而提高，雇工自营，已不如以往之有利。一因政府征粮征实，使此类富农负担太重，故亦有逐渐破产之势。

再如中农类皆自工自营之真正的自耕农。此种农民，大抵皆勤俭刻苦，省吃俭用。而农村中之善良风俗，亦往往赖此辈为之保存。惟近十余年来，一因征粮征实太重，一因地主阶级之高利贷的压迫，致使此类农村内之中坚干部，在农民的分类中，乃属于最不稳定的一个阶层。故由自耕农而沦为佃农者，乃全国一律，比比皆是（注六八）。云南的统计数字，虽不完备。然而此种趋势，却亦极为显著（注六九）。故治农村问题者，不可不予以注意也。

最后，说到贫农。其数目之大，在云南全省农民总数中竟占百分之八十以上。此在我国任何他省，均未见之。譬如贵州省的人民阶层，据丁道谦氏所言，亦有百分之八十的人口，是属于饥饿线下的（注七十）。惟贵州土质太差，人所共知。而云南贫农数目之大，却由于地权分配之不均。此则不可不知者也。固然，云南农民的生活程度最为低下。其刻苦忍耐性，亦最有名。故往往终年生活于饥饿线下，尚可处之泰然。一旦遇着丰收，得着温饱，即颇庆幸而以小康之家自况矣。因其如此，故一家有田五亩或十亩以内者，依本地习惯而言，即不应视之为贫农。然若从国民生活之健康程度与营养状况而言，则如此小康之家，实属可怜。盖吾人既生于二十世纪，即应以二十世纪之生活水准为标准。故作者将贫农的范围略为放宽，想亦为识者所谅解也。

或曰，云南农村问题是一个民族问题。因为汉人居城，夷人居乡。汉人全是地主，夷人全是佃农。若汉夷之民族问题，得有合理之解决，则云南之农民问题，即可迎刃而解。然在作者看来，此说似是而实非，故亦不可不辨。盖汉人地主不仅是压迫夷人佃农，而且是压迫一切佃农。夷人佃农在旧式地主的统治之下，其地位固较汉人佃农为低下。然而新式地主的作风，却已改变。只要在利益上能占便宜，对于过去旧传统的身份、徭役等项，早已不感兴趣。故问题之症结所在，不是汉夷之对立的民族问题，而是地主与佃农之对立的阶级问题。过去杜文秀所领导的农民革命，其所以失败之原因，即在误认此阶级斗争为单纯之民族斗争。此种历史教训，不可不知也。

试看近十余年来，中国农村复兴委员会及本省地方政府，对于如何复兴农村与如何改良农民生活，早已定有许多方案。例如农地减租（最有名者为“二五减租”），兴修水利，垦荒增产，保护耕牛，改良种子，与办理农村合作，举行农贷等等，任何一项，皆属善政。如能行通，自应见效，然而实际推行之效果，则何如耶？

盖地主阶级之本身，即属于官僚资本阶级。村中政权，完全受其操纵。地方官吏与县内绅士，自亦乐与之勾结，以便朋比为奸，上下其手。如此，乃集土豪、劣绅、贪官、污吏，四者合而为一，结成一大集团。一切善政，一经若辈之手，其结果尚堪问乎？

若更进一步而言，帝国主义的侵略政策。如不排除，则“半封建与半殖民地”的社会类型与夫官僚资本主义的势力，即仍存在。此种大前提如不推翻，则一般贫农大众之翻身运动，即不可能。从此看来，不仅农村问题乃整个的阶级斗争问题中之一面，而云南的农村问题，实亦中国全国的革命问题中之一环也。

（校后附记）：按此文草成于本年十一月间，当时我“中华人民共和国”与“中央人民政府”，虽已于北京宣告成立，然而云南尚未解放，而且国民党反动派在当时正欲利用西南诸省作为反攻基地，以作最后之挣扎，故对云南大施压力，仅昆明一处，逮捕人士已在千人以上。而余所在之国立云南大学，亦已宣告解散。余个人亦正在被监视与被整理之列。在如此环境之下写文章，自不能无所顾忌。故文内所称之政府机关云云，犹皆指“国民政府”及其旧系统下之机关而言。今云南全省虽已解放，然本文付印已久，在最后之校对时，已不便多所更改。故谨记其经过如此，尚希识者谅之！一九四九年十二月十六日，河北省大名县杨堃，谨志于昆明国立云南大学，会泽楼社会学研究室。

附注：

注一：参看于乃义《云南文献》，本辑要第十篇；李小缘《云南书目》，金陵大学中国文化研究所书刊，乙种。又作者编有《云南研究西文书目》，未刊。

注二：按，系“西南经济资料丛书”之三，一九四二年六月出版，重庆，中国国民经济研究所。(以下简称《云南经济》)。

注三：一九三五年四月初版，上海，商务印书馆发行。

注四：参看费孝通《禄村农田》，页一〇〇至一〇七，一九四三年十一月初版，重庆，商务印书馆发行。(以下简称《禄村农田》)

注五：按，此数书均曾列入吴文藻主编《社会学丛刊乙集》内，重庆，商务印书馆发行。《禄村农田》系该丛刊乙集第一种，《易村手工业》系第二种，一九四三年十二月初版，《玉村土地与商业》一书未见，是否出版待考。惟此三书曾均由费孝通译成英文，合为一书，改名为《乡土中国》(*Earthbound China*)，一九四五年，在美国芝加哥大学出版（按，费氏另有中文本《乡土中国》一书，系上海观察社，《观察丛刊》第四种。一九四八年四月初版，内容与本书完全不同）。

注六：Francis L. K. Hsu：Under the Ancestor's Shadow：Chinese Culture and Personality，New York Columbia University Press，1948，xlv，pp. 317.

注七：按，据《云南经济》一书所言，云南省农民人数约占全省总人口百分之八三（参看该书，一零至一九）。但据作者估计，则当在百分之八五以上。至云南全省之户籍调查，请参考《云南行政记实》，第三册，民政，户籍。

注八：参看《云南省户籍示范工作报告》第二章，页六至八。

注九：参看本书第二篇，凌纯声《云南部族》及第五篇，罗常培《云南语言》。

注一〇：参看《云南经济》，A 六一至六五。

注一一：按，张印堂教授著《滇西经济地理》一书，系“西南研究丛书”之一，国立云南大学西南文化研究室发行，一九四三年七月出版。该书本有参考附图十四幅，其第十图系《滇缅铁路沿线主要植物及农作分布现状图》，第十一系《滇西人口分布图》，十二系《滇西人口密度分布图》，对本书颇有帮助。惟因故均未能制版插入，使吾人无法参考，深觉遗憾！

注一二：按，关于云南农村中的街子，请参看上引《禄村农田》，页四八至五二，及胡嘉编著《滇越游记》上编，页六九至七〇。一九三九年八月，上海，商务印书馆。

注一三：参看谷苞《化城村乡地方行政》，油印本，页二六至二七。

注一四：参看江应樑《滇南的一个回教农村——沙甸》，手抄稿。

注一五：引自李生庄《云南第一殖边区域内之人种调查》，载云南省立昆华民众教育馆编《云南边地问题研究》上册，页一六九至一七〇，一九三三年五月出版。

注一六：引自李景森《葫芦王地概况》，载上引《云南边地问题研究》下卷，页二四八。

注一七：据云大社会学系张炳钧同学口述。但张同学后又告余，即以斑果村而言，三熟田亦不如两熟田为普遍。两熟田之大季为“大穀子”，乃该村最普遍之主要农作也。

注一八：据云大社会学系江应樑口述，并参看周光倬《开发思普沿边的价值和意义》，载云南企业月刊，一卷三期，页六至十一，一九四九年四月一日出版，云南人民企业公司，云南企业月刊社发行。

注一九：据云大社会学系张炳钧同学报告。另据江应樑教授口述，呈贡斗南村所有农民概以种菜为生。所种菜地，亦系随时播种，不分季节，年可三熟，亦极常见。

注二〇：据江应樑教授口述。——按另据张子毅教授在《易村手工业》一书内所言，“当地人所谓田和地，是以种不种水稻来区别的。凡是种水稻的土地叫做农田，凡是不种水稻的叫农地”。（见该书第二章，页一三）。果如此说，是仅以种水稻者叫作田，种旱稻者仍应叫作地。惟据作者推想，云南一般农村，仅种水稻，不种旱稻。因旱稻太不普遍，一说及稻，即暗指水稻而言。故有种稻之地曰田之说。

注二一：参看上引《易村手工业》第二章，页一三至一七。

注二二：参考李有义《汉夷杂区经济》，油印本，第五章，页三九至四一。国立云南大学社会学研究室印赠，非卖品。

注二三：参考刘尧汉《一个农村底阶级关系之实地研究》，手抄本，第三章垦荒。——按此书已交香港，生活书店出版，想不久当可问世。

注二四：按镇南沙村一带田地中所习用的肥料约可分为三种。一、畜牲粪便或称“粪肥”亦即在此处所说的肥料。普遍全是用在熟地上。二、肥田叶，或称“绿肥”，是一种植物叶子，专用作稻田的肥料。三、灰肥，即树皮和薇蕨的灰烬。普遍多用在荒地与生地上。至人类粪便，则不用作肥料。参看刘尧汉上书手抄本，第二章第五节肥料。

注二五：参看刘尧汉，上书，第二章土地经营。

注二六：参看《云南经济》第十一章农业经济与农作产销，页K一至K一〇一；《云南概览》（一九三七年，云南省政府出版），第六章建设，页一至一三，三三至四八；《云南省农村调查》《中农经济统计半年刊》（中国农民银行经济研究处编印，南京，党公卷四号），特别参看六七两卷，《农业统计》栏，一九四六年六月三十日至一九四七年六月三十日。——按此半年刊所收统计数字及表格极多，而其资料来源，则概系根据《中央农业实验室》，比较可靠。在现在知识之下，乃研究我国农业经济最重要工具之一。

注二七：见《云南省农村调查》凡例，页一至二。

注二八：参看陈正谟著《中国各省的地租》第二章，页一一，一九三六年七月，上海商务印书馆。

注二九：见陈正谟，上书，页一二。

注三〇：参看刘尧汉，上书，第四章地租，手抄本。

注三一：按云南农村的耕地，除去各家各族所私有者外，每一农村，大半皆有公产公田，其数目亦相当可观。甚至有占全村所有田地总面积百分之三十左右者。此类公产，名为“合村大公”，实则均由村中耆绅、地主、土豪等少数人所把持。但一般习惯，耕种此种公田，均系村内之贫户，故租额仅有普通租额之半数，以示救济之意。参看《禄村农田》第四章，页六三至六七；谷苞《化城村乡地方行政》第一章，页一一，一五，二一。——按另据刘尧汉助教口述，滇西一带，所有回教农民，均系佃农，而无地主及自耕农。因自杜文秀农民革命（一八五五——八七三）失败后，回民所有田地，均被剥夺，收归公家。故回民所耕田地，均系公产。租额多系钱租，故较低。从此看来，公田一项，在云南耕地问题及租佃制度上，均应特设一章，详为论述，实不应忽视。

注三二：按费氏原文为："他们所列为自耕农一类中的村户，就包括了两种不同性质的对象，一种是雇工自营的，一种是自工自营的地主。"（见《禄村农田》，页一〇一）。但另据费氏《内地农村》一书（一九四六年七月出版，上海，生活书店发行）所言，即仅称："一是自工自营的，一是雇工自营的。"（见该书页一三）。并未将自工自营的，称为地主。因此，余在引证费氏时，乃改为"一种是雇工自营地主，一种是自工自营的自耕农"。此种改正，是否费氏意不得而知。今特声明，文责当由余负。

注三三：见《禄村农田》第七章租营，页九六。——按费氏所谓"工"，系滇中农村内所习用的一种农田单位。一工田，即指一个农民在一天内插秧所能插的面积而言。因为各人工作能力不同，故一工田之实际面积，当然要有出入。惟据传统习惯，三工即合一亩。另据费氏估计，一市亩合禄村二点六工。（参看该书第一章农作，页一九至二一）

注三四：按云南农村间所习用的农田单位，各处本不一致。但自一九三一年云南省财政厅成立清丈处，进行田地清丈工作以后，全省耕地，在清丈时，概以亩为单位。清丈后发给"清丈执照"，作为所有权之凭据。而政府征收田赋及一切附加捐税，亦均以此为标准。（参看《云南行政纪实》，第六册，第一篇财政·清丈耕地，或上引《云南概览》第五章财政，页三〇至五一）。然农民在实际应用上，却仍遵照传统，或说"工"，或说"驾"，或说"石"……而不说亩。

注三五：参看《禄村农田》第一章，页二〇，以及本书注三三。

注三六：参看李有义，上书第二章，页一〇。

注三七：据云大社会学系尹寿铭同学所口述。——堃按湖南、江西两省，亦系以石为农田单位。参看《禄村农田》第一章，页一九；毛泽东《农村调查》第二章兴国调查，页七及以后。

注三八：参看《云南经济》第六章第一节土地利用，页F一表一。

注三九：参看《云南经济》第六章第二节地权分配，页三至四，表四。

注四〇：参看《云南经济》第十一章第一节耕地面积与农民人数，页一〇。

注四一：按，一九四〇年，中国农民银行曾派人在澄江、华宁、江川数县，调查土地分配情形，亦系将农民分为地主、富农、中农、贫农四类。惟其标准是以自无田至有田四亩者算作贫农雇农，从五亩至三十九亩者为中农，从四十至六十九亩者为富农，从七十亩至百亩者为地主（参看《云南经济》第六章第二节，页五至七，表（七）、表（八）、表（九）。

注四二：参看郭汉铭与孟光宇两氏合著《四川租佃问题》第十三章，页一四七。——按此书系《中国地政研究所丛刊》，一九四四年八月初版，重庆，商务印书馆发行。全书共十四章，附表三十余种，材料丰富，题例完备。关于四川租佃制度之研究，此乃必备之书也。

注四三：参看注四二

注四四：参看《四川租佃问题》第三章第三节定期与不定期，页二三。

注四五：按土司制度在云南文化史上应占一重要位置。《云南史地辑要》未列专篇论述，似属遗憾。但此类材料，在《云南通志》《云南备征志》《云南行政纪实》《滇系》诸书中均有记载。至近人研究，可参看鲍锡瓒《云南沿边土司考》（水陆地图审查会刊，第三期）；童振藻《云南土司考》（新亚细亚月刊，十一卷六期）；江应樑《滇西僰夷的土司政治》（“西南边疆民族论丛”第四篇，页一〇九至一四二，一九四八年八月初版，广州，珠海大学出版社）；余贻泽《中国土司制度》（中国边疆学会丛书第一辑，一九四七年十一月沪一版，上海，正中书局）诸书。

注四六：见《西南边疆》创刊号，页六五至六六，一九三八年十月，昆明，西南边疆月刊出版社。——按，另据方国瑜教授告余，江氏所谓“僰夷”，实应写作“摆夷”。惟江氏对此，另有所见，详所著《摆夷的种属渊源及人口分布》，载边政公论，七卷三期，一九四八年九月，南京，中国边政学会边政公论社，周昆田，张承炽主编。

注四七：参看李有义，上书第二章，页九至一六。

注四八：参看刘尧汉，上书第八章阶级差别及刘尧汉《地主与佃农》（云大社会学系，一九四七年八月，学士论文）下篇第四章主佃间的距离。

注四九：按章柏雨与汪荫元两氏合著之《中国农田问题》一书（系一九四三年六月初版，一九四五年十月三版，重庆，商务印书馆发行），对此副租及劳役一问题，即未提及。

注五〇：按陈正谟氏在《中国各省的地租》内曾言：“云南路南县从前也盛行力租，现在减少十之六七了，由此可见中国力租制度正在消减的进程中。”（见该书，页一一）。又言：“另有佃户必须供地主使用，其工作日数也是漫无规定。……假如这种情形也称之为力租，其实行的地方，就我们调查的地方说，约占百分之七。”（页一二）“惟其因无强迫服役之性质，故祇得不认之为力租。……但无论如何，总算是力租制度的死尸。”（页一二至一三）这在作者看来，陈氏未免太乐观矣。

注五一：参看上引《四川租佃问题》第九章副租陋习与中间剥削，页一一四至一一七。

注五二：引自昆明《平民日报》，一九四九年十一月十三日，第五版，《农村漫步之二：租佃制度不合理，借债，还债!》（本报开远通讯）。

注五三：引自江应樑《滇西僰夷的土司政治》，页一二一至一二四。

注五四：参看上引《云南概览》第四章第四节警卫之第二项团保，页三九至五六，及《云南行政纪实》第十八册第二编团练。——按，关于保甲制度之一般介绍，童润之氏在《乡村社会学纲要》（社会科学丛书，一九四一年十月，渝初版，一九四六年十一月沪一版，正中书局发行）一书内有一简述，并附有参考书目（看该书第十二章，页三二四至三四〇）。至于云南推行保甲制度诸法令，请参看《云南省单行法令汇编》第三编民政（一九四七年十二月一日，云南省政府秘书处法制室编纂），页二及以后。

注五五：参考谷苞，上引书——按，谷氏此书，在云南农村政治组织之研究上，乃惟一可供参考之专刊。本文以篇幅所限，不便引证原文。又该书系油印，尚未正式出版。另有谷氏《传统的乡村行政制度》一文，载《自由论坛》，第一卷第五六两期合刊，页一五至二二（一九四三年八月三十日，昆明），即系此书之一部分。又闻此书之英译本，于一九四四年五月，已在准备中［参看本文注五；《乡土中国》（*Earthbound China*）一书《序言（Foreword）》，页一一］。惟至今已否出版，则待考。

注五六：参看田汝康《芒市边民的摆》；徐嘉瑞《大理本主庙考》（未刊），《大理古代文化史》（“西南研究丛书”之十，一九四九年七月出版，昆明国立云南大学西南文化研究室印行）；马学良《㑩文作斋经译注》（国立中央研究院历史语言研究所集刊，第十四本），《倮文作祭药献供牲经译注》（上刊第二十本，上册），《僳民的祭礼研究》（学原，二卷二期，一九四八年六月），《倮族的巫师》《呗耄》和《天书》（边政公论，六卷一期，一九四七年三月），及其他论文。

注五七：参看黄华节《怎样研究民间宗教?》，载《民间半月刊（一）》，第十期，一九三四年九月，北京，民间社出版。

注五八：按，方氏《土主庙考》，闻已搜入《云南通志》宗教类内，并未单独发表。楚氏论文，见所著《中国西南民族神话的研究》，载《西南边疆》，第七期。

注五九：据刘尧汉口述。

注六〇：按，"洞经会"之组织，在云南各县，大半皆有。而尤以大理一带，最为流行。云大文史系讲师缪鸾和氏著有《云南大理洞经会考》一书，惜未刊。

注六一：按，"云斋"系孟晋之笔名，所著《巫教创始者：赵罗的故事》一书，曾于一九四八年四月至一九四九年一月，在昆明正义日报副刊《星期茶座》连续刊登。

注六二：据刘尧汉口述——按刘氏拟根据此项资料，写成《大师防传》一书，现在在准备中。

注六三：参看苏汝江《昆阳的风俗》（国立清华大学国情普查研究所专题研究之二），油印本，第五章，页六四至六六。

注六四：参看江应樑《昆明境内的夷民》，载上引《西南边疆民族论丛》第一篇，页一九。按，江氏称希波为"西波"，并对毕希波"自谓系汉人"，表示怀疑。但在余看来，毕希波是否汉人，余因无证，自不便置可否。然而汉人亦可能做夷族希波，余则相信也。

注六五：参看江应樑，上文，页二三至二四，并根据李希波口述。

注六六：据李希波口述，并参看江应樑上文，页二二至二三。

注六七：参看拙作《民族学与史学》（中法大学月刊，九卷四刊，一九三六年九月，北京）；《葛兰言研究导论》（一九四三年，北京）；葛兰言著、津田逸夫译《支那人の宗教》（东京，河出书房，一九四五年）；许地山《道教史上》（一九三四年六月，上海，商务印书馆）。——又，本文（注五六）所引徐梦麟先生的《大理古代文化史》一书，对云南宗教文化之来源，分析颇详。在许多方面均可作本文之补充。望读者参考之。

注六八：参看上引《中国农佃问题》第三章，页二四至二七。

注六九：参看《云南经济》第六章第二节地权分配，F二至F八。

注七〇：参看丁道谦贵州经济地理第二章，页一〇四（一九四六年一月初版，重庆，商务印书馆）。

注七一：按农村内之政治权柄，完全操在地主阶级手中。此种事实，极为普遍。但在上引刘尧汉与谷苞两氏的著作内，均有详细的介绍。请读者参考之。

第十篇 云南文献

于乃义

在抗战结束的前一年，昆华民众教育馆馆长何少诚先生，鉴于大学、中学的史地教材，多系全国性的，对于乡土史地方面，应该有补充的教材与课外读物，以供师生使用。先就云南史地的专题，发起编印一部简明的云南史地参考书。约了几位专家，集会商讨，决定了体例，把最后一章《云南文献》嘱托我执笔。那时我正从事于《云南通志》的纂辑工作，性质相近，因此贸然的承担下来。经过长时期的搜罗材料，觉得范围过大，不是几万字的小册子容纳得下。先做一个长编，已到五十万字以上，与本书其他部分不相称。随因人事纷繁，迟迟没有交卷。中间经过了包、李两馆长，到现在王馆长，决定把这书及早印行，我才就初稿提纲挈领，分别为十章叙述，次第如下：

第一章　绪言

第二章　有关云南图书目录

第三章　考古文献

第四章　历史文献

第五章　地理文献

第六章　自然科学研究

第七章　人文社会的资料

第八章　考据思想文艺的书

第九章　传记

第十章　文献之整理传播与今后展望

此书自秉笔以来，已五易寒暑。整个世界，在急剧变化的今天，我们更感觉到文献的重要。正因为人类文化，不是建筑在荒漠上啊！写稿期间，得先师秦公璞安、吾兄伯安商定体例，方树仙、方国瑜、梁书农三先生给予很丰富的宝贵资料，藉此致谢。

第一章　绪言

第一节　文献界说

一谈到文献，就会使人联想到古董。一般人，以为那些收藏古花瓶、古字古画乃至一切古的东西，都有文献价值，或者说："古书所记载的事实，都是文献。"《论语·八佾篇》："夏礼，吾能言之，杞不足征也。殷礼，吾能言之，宋不足征也。文献不足故也，足则吾能征之矣。"古注解释文献："文，典籍也。献，贤也。"文献，似乎与"故国乔木世臣"同义，好像人与物，古老了，价值就会增高。一般好古的人，正因为好古，所以嗜好文献；相反的，又有一类人，极厌恨古老。谭嗣同骂"古"字，说古是最坏的，它"逢木变成枯，逢草变成苦……"。古是天下极不祥的东西。

更有一类变态心理，认为有文献价值的事物，说它是对人类发展过程当中的障碍物，必除之而甘心。那秦始皇的焚书，项羽的毁咸阳，董卓的烧洛阳，洪杨的毁金陵，他们以破坏为快乐，这是文献的厄运，也是文献的敌人。

其实，嗜古诚然不对，一定要毁古以为快，那更是人类的蝗虫。再说到文献的真义，绝不是古董。文献并不因古以为重。《论语》注上明明说：文献两个字分开来讲，只是可信的书与可信的人。合拢来，我们要得一个明确的认识：文献也者，是人类过去活动遗留下来，信而有征的痕迹罢了。人类由野蛮进到文明，进化的痕迹怎样？是有史数千年间，众人的心思才力，点滴积累而来，才会有今天的世界。这点滴积累的过程与成绩，应用文字记载，缕析条分，考究它的因果本末关系的，叫作历史。而历史的本身和史籍以外的一切资料，乃至实物等类，可以持久而保存前人活动迹象与意志的，就是文献。

在进化历程中，产生一些英杰贤哲，或表现于事功，或发挥于学术，每每使人类社会为之改观。从表面看，似乎出于一人或数人的力量，但实际考究，仍属于众人的心思才力所集，不能外于历史与环境的影响。即以科学上的发明说，好像纯出于创造了；但科学家作实验，必先研习前人所得的结果和前人试验而未成功者，乃能减少精力的无谓消耗，而后继续前进。譬如运动会的接力竞走，甲所跑到的终点，做乙的起点，丙又以乙的终点为起点。人的生命，虽为“百年大齐”所限，但这样衔接向前的原故，便不会停顿了。前人毕生研究的心得，我以数日数月或数年的学习，不必再蹈前人已行未通之路，自属于事半功倍。科学家重视文献，原故在此。

中国的史学家，对于典章文物制度，以及社会文化递嬗之迹，用“因革”二字来摹状，最为贴切。那些是适宜的，因袭下来，不适宜的改革了，要以真理为权衡。孔子说：“殷因于夏礼，所损益可知也；周因于殷礼，所损益可知也；其或继周者，虽百世可知也。”“因革”就是“损益”的扩大。读中外历史，人群的生活习惯、衣食住行、政治、社会、法律、经济以及文学艺术宗教等，是因时而异，因地而异的。或以交通发达而渐变，或以战争影响而突变，但无论渐变突变，即在世界新翻一页的边沿，仍然要有沿袭的部分。改造的部分，当然也有改造的部分，或为甲乙两国、两族所糅合，分析来看，还有因袭的成分存在里面。进一步说，每每有极端的变革，极大的破坏，固能使一切因袭成分扫净无遗；但此种现象，实人类的自我摧残，把革命的手段误做革命的目的，绝无良果可言。人类要理智的生活，不会受这种错觉支配的。

以做学问来说，必先博而后反约。凡是要研究某一种学科的，应该先行搜罗这种学科的文献；要研究某一国历史的，应该先行综合这一国的文献；要研究某一地文化的，应该先行搜访这一地方的文献，然后因革损益之故，才会明白。现在我们的对象是云南，所以写这一篇《云南文献》。

第二节　云南文化与文献

我们既知道文化演进的痕迹，要赖文献才保存传播下来，那么文献与文化的关系，至为密切，不言可知。现在要叙述土云南文献，应该就云南文化的形成，先事探讨。兹就地理、天候、交通、人民等项，分别研析如下：

（一）以地理言

黑格尔认为：“历史上成为重要问题的自然定性之普遍的关系，是海与陆的关系。”它又分别为三种：

一是无河流灌溉的高地。

二是河流灌注的峡谷所形成地带。

三是沿海地带。

第一种属于游牧文化，第二种属于农业文化，第三种属于工业文化。菲尔格林就断定中国境内有黄河、长江、珠江三条大河的灌注，是属于第三种地带的文化。但也只能指中原各省而言。云南呢？就有它不同之点：

（1）云南全省，山岳绵亘，占大部分。高黎贡山脉、怒江山脉、沙鲁里山脉、大雪山脉、大凉山脉等，均属横断山脉。

（2）云南地势，北高于南，如怒江、澜沧江、红河等，系由北流而南。长江发源青海，流入本省为金沙江，是由西北向东南。境内的江河，都与山岳相应。因为地势的陡峻，而水流亦属激湍，既无灌溉之利，且不能通舟楫，与他省的江河不同。

（3）江河有流于山谷间的，遇平原地区，多汇为湖泽。如昆池、洱海、星云、抚仙、异龙等湖，以及各大小泉潭，对于灌溉之利甚薄。

由上面看来，云南文化实介于高地与平原之间。即因交通之不便，在上古，往来较少，文化形成停滞状态。中原文物传入以后，能保持其优点，历久不变。刘叔雅先生曾说：“游思、普各地，其荒僻乡村寺庙的建筑，尚保存宋代的建筑艺术。”是其一例。

（二）以天候言

云南地跨温、热两带，西南东南，地势低洼。至于西北，崇山耸峙，具备各带中的物产。中部沿滇池一带，气候温和，有“四季无寒暑”的谚语。黑格尔以为“供给世界历史扮演之舞台是温带”，云南有此资格。动、植、矿物，出产虽不丰，而种类甚繁，尤为研究学术最适宜的区域。

（三）以交通言

文化传入云南的路线，在邻近各省中，四川关系最大。庄蹻来滇，《史记》载：“略巴、蜀、黔中以西至滇池。”秦通五尺道，也由巴、蜀。司马迁奉使西征西蜀，南略邛筰、昆明。张叔盛览从学司马相如，孟孝琚受《韩诗》，通《孝经》，问蜀郡何彦珍女。张道宗记古滇说：“喜洲人张建成朝唐，过成都大悲寺，叩钟八十声，学佛书，归授滇人。”历代在云南做官的人，经统计过，也以蜀人为多。中原文化，由蜀而滇，或由蜀而黔而滇，这可算明证了。中原文化而外，印度、西藏、缅甸的关系，亦属密切。如鸡足山的迦叶人定，阿育王子驰滇封为金马碧鸡神，这一些传说，不为无因。南诏与骠国，交涉频繁。《新唐书·骠国传》记载这事。《唐会要》记骠国乐说：“乐曲皆演释氏经论之词意。”云南方志中登录梵僧到云南的故事甚多。云南佛教盛行，喇嘛教及其他宗教，亦有佛教成分掺入，与印缅各地不无关系。

清季以来，滇越铁路既通，本省交通，又转南方。就是往来中原各地的，也取道越南。欧美文物，由此传入。抗战而后，铁路拆断，滇缅公路修通，曾有一时期，海上交通，须经过缅境。后来空运来往，迳由印度飞滇，但仅属于战时的现象，在平时仍以滇越一线为主。

交通关系文化甚切，如上所述。云南在古代由印缅藏的交通传入宗教，由川黔的交通传入儒学。（佛道教亦同时传来。）近代则越南与滇黔公路的交通，传入新文化。研析云南学术史，儒学与佛教，均占重要地位。即人民生活、习俗、政治、社会、经济都受它的影响。所表现的事迹，也同此例。至欧美文化，为时不久，只传到城市，乡村影响较小。大体民风朴质，重然诺，富于正义感，能继承前人的美德。如在大理后理诸国，那时的国君，每每禅位为僧，极似印、缅的风俗。元明两代，云南最后始被征服。民国以来，护国靖国，抗战诸役，竭全力贡献国家。于此可见滇人的性格，也可以看出云南文化的特征。

（四）以人民言

除汉人占大多数和满人已同化者外，蒙古人尚有元代遗族，在河西等县。回族因宗教关系，分居各地，人口亦多。邻近康藏边境，有藏人居住。此外则摆夷、罗罗、摩些为夷族之最大者。各有语言文字，其家庭和社会组织风俗习惯，也与汉人不同。换句话说：就是各种土著民族，各有他的文化。但他们受汉化及佛教影响亦多。如滇西卡瓦山、滇北巴布凉山等区域，聚族而居，已进入农业社会。其他山头，古宗、傈僳等则属少数民族。在整个国家看来，都属于中华民族的一部分。惟因民国以来，国家内忧外患，未遑顾及，以至各族文化，甚少进步。边区夷人，为外人所诱，施以麻醉教育，增加了他外向之心。而国人对于各族情形，反不如外人的明了。殊不知他们对于云南文化，还占重要地位。以故搜集云南文献，对这一部分，更不可忽视。至土司为特殊的组织，也与边疆问题有关。

综上所述，对云南文化的特征，得到下列三个概念：

（一）云南为农业社会文化——全省的大部分为农业社会。历代文化的进步，可说是农业的进步。庄蹻来滇时，已魋结、耕田、有邑聚。西汉益州太守广汉文齐，造起陂池，开边灌溉，垦田二千余顷。是垦殖的最早纪录。大规模的开垦，则以元代张立道、赛典赤·赡思丁，明代沐英、沐春，清代王继文、鄂尔泰，各时期，垦田甚广，也就确定了每一个时代治理的基础。至工商业，只属附庸。即在目前的商业，亦系畸形发展，工业方始萌芽。因为土地的广袤、民族的复杂和受历史的影响，文化应由多方面观察，始能得其全貌。

（二）云南有朴实之学风——因为民风的淳厚，学风也同样。惟因图籍传来不易，不免抱残守缺，贻人以固陋的讥诮。但治学之士，最为严谨笃实，不轻疑，不轻信，有朴学的精神。居乡的人，多能淡于名利，以诗文自娱。游于外省的，每每造成硕学通儒，凌驾中原。袁树五先生认为这是滇南独特的学风，颇有道理。

（三）云南文化具备发展的条件——因为地势和交通的关系，数千年来，在全国地位中，文化不免落后。丁文江《历史人物与地理关系》，比较云南人物，仅占全国百分之零至零点七九。梁任公《近代学风之地理分布》，占百分之零点二二。张耀翔《清代进士之地理分布》，占百分之零。朱君毅《中国历代人物之地理分布》实业人物，占百分之点九；军事人物，占百分之点三。余天休《中国近三十年人物之分析》，云南占百分之二点九。比较之下。云南在各行省中，尚次于贵州。这源于诸家所根据的材料，仅限于正史或科举缙绅录等，不足以概全体，算不得确实。但于此也可反证云南与中原相隔，虽有人物，而文献难于采集。即如历代诸家诗文总集，滇人的作品，甚少入选；即使有入选的，亦非上乘。云南并非没有人才，而是未为中原所见。况且滇人崇实际而忽宣传，以故于学术事功，纵然有发明表现，也不为人所注意。“有其实不必居其名”，“为而不有”，滇人之观念如此。而天候、地理、民风、物产等优越条件，假如今后交通发达，以科学克服天然障碍，使各种条件配合，那么云南的地位，不仅为我国西南边疆的要冲，就是中南半岛、缅、暹、越南、马来等地的学术研究，也将要以此地为中心。即在上列诸家学术之地理分布研究中，已证明中国文化逐渐由北方移向南方。桑原骘藏氏《由历史上观察的中国南北文化》一文，根据正史及他书的记载，统计历代户口数目，证明历代户数不绝向南进展，南方文化，将成为中国今后新的文化。就云南言，为时代所趋，必将负此使命而迈进。它的天赋本属优厚，发展自有可能。今后果能善于利用，云南学术文化，蔚起云兴，其条件具备，较之他省不为逊色。

上述三点，凡居住云南稍久的人，就能体察到这实际情形。瞻往察来，于过去的文献，加以整齐排比，略悉梗概，诚然是需要的。

第二章　有关云南图书目录

“目录”是“学术文化史”的前身，正如《汉书·艺文志》，我们认它为目录，同时汉以前的学术源流，也可藉此窥见。论到一方一隅的文献，我们首先要探讨的，也是目录。云南的书有没有完整目录供我们参考呢？——有的，虽然种数不多，但应该首先提出来介绍。

所谓“云南图书”，有两种解释：一是云南人所写作的，另外是不论本省人外省人乃至外国人所作有关云南的书。这两种性质的书，我们试就全国性的丛书中去找（如《四库全书》等）。真是太少了。为什么缘故呢？袁树五先生根据历史告诉我们有四个原因：一是蒙诏徙民而毁损了。二是沐英为愚民政策而烧了。三是清代修《四库全书》时候，总督李湖征集得的云南文献，他密收起来，反而呈报说云南边荒之地，没有著述。四是咸同兵乱的焚毁。天灾人祸，云南文献遭到的厄运，可算够了。所幸道光年间阮元修《云南通志》，有云南人王崧帮助他，在编录的《艺文志》中，新创体例，分为记载滇事之书和滇人著述之书两类，以后光绪《志》，光绪《续志》，民国《新志》都沿袭着它的体例。现在依次序述如下：

（一）道光《志》收录在卷一九一至一九四。记载滇事之书从汉陆贾《南中行纪》到清代的《思茅厅志》，计三一四种。滇人著述之书，汉代两种，唐代一种，元代四种，明代二七八种，清代五二七种。

（二）光绪《志》收录在卷二零八至二一一。记载滇事之书也是三一四种。滇人著述之书，唐、元、明与道光相同。清代七二六种。

（三）光绪《续志》收录在卷一六七至一七零。记载滇事之书计二零八种。滇人著述之书，经部一四五种，史部一零八种，子部二零四种，集部七七二种，又释道著述五零种。

（四）民国《志》改名为《艺文考》，收录在卷七十一至八十。滇人著述之书照经史子集四部分类，下面再分子目。经部一六零种，史部一四九种，子部三百种，集部七七三种。记载滇事之书共二七零种。

以上四种书目，道光《志》是创例的，同时它所搜集的材料可算是采铜于山。就著录的各种看，一小部分是编者亲见到原书的，有大部分只是知见的书，或由其他目录与笔记中录出，或由传闻登载，似乎不尽算为实录了。其实我以为这种作始的工作，至为难能可贵的。正因为当时虽不能见到，既然古人见过，岂能断定这书就不在人间呢？此后的光绪《志》，几乎是全录道光《志》稍为增补，至光绪《续志》虽有删节，不见怎样精彩，至于民国《志》编录在后，比较完备。原是晋宁方树梅氏等身著述，随后建水梁之相氏有所增补。方梁两氏别有单行著述如下：

方树梅：《云南艺文考》，稿本，是方氏写《通志》的初稿。

又：《明清滇人著述书目》，云南大学印。与编入《通志》里面“滇人著述之书”的目次大同小异。

方氏对于云南文献的工作，是用毕生精力萃集在上面的。除了上面两书外，尚有《滇南碑传集》《滇贤生卒考》《滇南书画录》，协助纂辑《滇文丛录》《滇诗丛录》，和钱南园、尹楚珍等人的年谱数十种。就以《艺文考》说，大部分都是方氏见到原书的。在民国二十五年曾到南北各省搜访一遍，获得明刻杨一清、石淙诗稿和影抄《密谕录》《谏纳稿》与方玉润“鸿鸿室丛书”等。方氏与云南文献，真是结了不解之缘。

梁之相：《云南经籍考》，稿本。梁氏仿朱彝尊《经籍考》、谢启昆《小学考》的体例，先就“云南丛书”所收各书加以提要著录，“云南丛书”只有一本总目，没有提要。除考订版本与登明卷数而外，并且详录目次序跋；至“丛书”未收过的书，也照例编订为第二辑。

梁之相：《云南方志考》，稿本。体例和《经籍考》相同，并参照天津任氏的《方志考稿》详录云南省、府、厅、州、县、乡志，就方志说已是集大成的功夫了。

提到方志，顺便介绍的是：

朱土嘉：《中国方志综录》，商务版。

又：《美国国会图书馆藏中国方志目录》。

以上两书，都有云南的部分，前面一种较为详备。此外还有：

《故宫方志目》及《续编》。

《中央研究院历史语言研究所方志目》。

《北平图书馆方志目》。

假使要考查云南方志的孤本，那一处还有的话，这一些书是必需参考的。

又：杂志中有关云南的论文，在《禹贡半月刊》曾做过一次索引，现在五华学院发起编一个更完备的论文索引，把范围扩充到各种日报期刊以至于文集杂志中，用分类的形式编录。将来书成，也可以帮助学者减少搜集资料的困难。

此外法国葛尔田，曾编过一部《西人论中国书目》。其中著录了外国人对讨论云南问题的介绍文字，也有数百编之多，我请冯伯眉君正翻译中。它告诉我们外国人来考察云南自然人文的记录，也是一部重要的书目。

第三章　考古文献

人们要晓得祖先活动的痕迹，全凭历来文字的记述，再缩小来说，几乎限于书本上的著录罢了。但是这种资料并不够我们的要求。由于科学的进步，我们把史料的范围，推广到地质学、古生物学、古器物学等，要靠地下发掘的实物，来和文字相比照，才能推断出史迹的正确性来。于是考古学从历史学里面抽出来蔚为大国。在中国，从历代石刻、西周铜器、殷墟甲骨、西北流沙坠简、敦煌遗书、周口店震旦人化石等先后发现，在中国历史上，放射光芒。在云南，也有几桩值得记述的事。

第一节　禄丰恐龙化石

根据地质的调查来推断历史，是由两方面看的：一方面由地层来看它的成长的年代，另一方面则是研究古生物。云南的地质，可供我们研究的资料，至为丰富。一九一二年，法国科学团由德普拉满苏等领导，在云南东部作过调查工作，又沿滇越铁道线下去，写有地质报告，在河内出版。又一九一三至一九二三年，英人戈金白朗，到滇西腾冲、保山、顺宁一带调查，也有论文在印度出版。民国十九年，中山大学组织地理考察队，由克勒脱纳率领，再到滇西考查。（分为两组，一组以大理为中心，一组在潞江以西）以后抗战军起，中央研究院地质研究所、经济部地质调查所和本省的经济委员会企业局，先后合作，考查地质。主持工作的有孙云铸、谭锡畴、孟宪民先生们，和德人米士（已故）等，做过一个时期的工作，于新生界、中生界、古生界、太古界等的地层，都有发现。至禄丰龙骨的发现，是属古生物化石最有价值的一种。我把杨钟健君的纪录，已编入《通志》卷二十一，现在再将原文录下，介绍给读者：

（一）禄丰龙骨化石之发现

中华民国二十七年，经济部地质调查所昆明办事处技士卞美年君，于禄丰县城北五里沙湾，又六里大冲，十二里二锁山及广通县一平浪北九里之蚂蝗井等处新红砂岩内，发现恐龙化石。得一整个骨架，许多零集个体骨骼，尚有共生之哺乳类化石一种。在我国西南各省，尚属首次发现，实为科学上一极大贡献。

已获骨件，至少有十个个体零星之骨未计在内。年龄自老至幼均有，最完整者，为一甫成年之恐龙。在沙湾所得之小恐龙，则为幼年，甚至初生者。各部骨骼，大小虽不相同，而其构造上，毫无差别，故种类同一。

从地层方面言，沙湾与大冲相距甚近，实代表相近似之层位为最下部。二锁山，为含骨化石层之最上部。且自底部以至上部，随在均有零星而比较完整之骨化石。故知此项恐龙，在本系地层，到处分布。

（二）禄丰龙骨化石之特状

头骨　与骨架比甚小，脑骨尤小。除眼孔外，具有上下二巨眼，及一大眼前巨孔。（鼻孔在最前不计）方骨向后坡，无松子状孔，但鼻骨后部似有一低凹部分。牙位于颚边之槽中，有眼硬轮，头骨总长二三五公厘。

牙齿　上下者均有。牙尖端扁平，根部之横切面，几为圆圈状。牙比较短直，并无显著之向后弯曲。前后之棱比较不显著，仅有少数牙之前后，具有微弱之锯齿状。

脊椎骨　载域骨与第二脊椎间之下部，具有一楔状骨。载域骨由半月状之间中心及二小与其他部分不连合之中心骨合成。颈脊骨十，背脊骨十四，坐脊椎三，尾脊椎四十三，共七十节。各脊骨，除尾后部之脊椎外，均为显著而不甚深之双凹式。肋骨双头，后部亦有插于肌肉间之肋骨。颈脊椎骨长一〇七〇公厘，背脊椎骨长一一二五公厘，坐脊椎骨长二三〇公厘，尾脊椎骨长二五〇五公厘，共长四九三〇公厘。

前肢骨　肩架骨末端，相当扩开。头端特别扩大。弯曲甚大。鸟啄骨为半月状。上臂骨短，顶端扩大，作高度之弯曲。桡骨及尺骨均甚短。手部骨五指，但仅一二三具尖曲之爪，而第四与第五已退化。

坐骨、肠骨、耻骨　均保存，均为上腿窝边缘之一部。坐骨后部庞大，前部缩小，与耻骨接触之突起特长。肠骨作棍状，其末端略扩宽耻骨，无尖端足状扩伸。

后肢骨　大腿细长。其第四突起特显著，较下腿骨特长。二后肢骨彼此分开。脚骨有五趾，但第五趾特别退化。爪尖猛，具有显著之弯曲。

（三）禄丰恐龙之属种

禄丰龙骨化石，经杨君钟健初步观察，由头骨与骨之构造，认归恐龙中之蜥龙类。又由牙齿之具有锯齿状与扁平，前后足之爪尖而弯曲，坐骨上部后部之扩大，及前肢之缩短等，知其必归于蜥龙类中之兽脚类，而为一肉食性恐龙。由颈骨与颈脊椎之位置，（颈骨为颈之延长而不成直角。）牙齿之不十分扁平，及躯干骨各部之特征（尤其后脚骨），鉴定归于兽脚类属三叠纪之具有短或勺状牙之一组。最后定名为许氏禄丰龙，为新属新种。

许氏禄丰龙之主要特性，为头小，颈较长，脊椎骨较粗大，具有骨化之胸骨，前肢较后肢特短，下腿特短，手足之指或趾之侧面退化特显著。

（四）禄丰龙之地史年代

依系统鉴定云南禄丰龙之地史年代，应为三叠纪上部。因其骨骼各部分之特性，如颈骨与颈脊椎之位置，牙齿之不十分扁平而短直，脊椎之双凹状，腹部肋骨之存在，坐骨中耻骨之无足状，伸出大腿骨较后腿下段之特别长，及前后脚之具有五指或趾等，均为原始性质，绝非侏罗纪或白垩纪恐龙所能具有者。

此外与恐龙化石同时发现者，尚有哺乳动物。经研究亦知为三叠纪产物，尤可予以上推论一有力之证明。所最饶兴味者，即与禄丰恐龙最相近各属，多为南非洲产物。而哺乳动物，亦为南非洲所特有。可知当三叠纪初期，南非洲与亚洲之关连，尚十分密切。于古地理上殊有意义。

（五）结论

此次在禄丰发现恐龙，在分布上，表示云南亦有丰富之恐龙化石。而所代表者，为兽脚类。中国东北各省及四川荣县发现之恐龙骨骼，均零碎不完，仅片段肢骨牙齿。而禄丰之化石，不但有一整个之骨架，且尚有许多个体代表不同之年岁，其年代最早特为三叠纪始期之恐龙。故不仅是中国最佳之兽脚类化石，即在世界各地所有兽脚类化石中，可为难得可贵之标本。

禄丰龙的发现，可算是云南史前史最宝贵的资料（杨钟健君有照片，附印篇首）。我们相信云南地下蕴藏的史料，必定很多，这一次不过是开端。但是谁来继续做研究发掘工作呢？我们不得不期望于云南大学的矿冶系，五华文理学院的地质系，昆明师范学院的博物系，建设厅的地质矿产调查所，人民企业公司与中央研究院合办的地质调查站能密切合作，作有计划的探究工作，必然会获得更丰富的资料。

第二节　苍洱境的发掘

民国二十七年，中央博物院筹备处派吴金鼎氏到大理调查古迹，特别注重史前遗址的寻求。在大理，已先有英人费子智做过考查，得着太和故城的陶器。吴氏根据这线索，以苍洱境为范围，做发掘的工作。计发掘三十八处，自二十七年十一月至二十九年六月始告结束。吴氏和曾昭燏、王介忱合写报告书，分为五章，附有英文提要和图。他们根据各种发掘物的观察，假定判断苍洱文化时代表如下：

（一）史前早期——壹式陶时期。

已发掘的有佛顶甲址、乙址，马龙遗址早期。未发掘的有小岑遗址。

（二）史前中期——贰叁式陶时期。

已发掘的有马龙遗址晚期和龙泉遗址。未发掘的有马耳遗址，中和甲址，莲花甲址和三阳、鹤云遗址，苍琅乙址、丙址。

（三）史前晚期或南诏初期——肆伍式陶昌盛与陆式陶萌芽时期。

已发掘的有白云遗址早期与晚期。未发掘的有下关西遗址早期，五台甲址、乙址，苍琅甲址、丁址、戊址，虎山遗址，捉鱼村遗址。

（四）南诏期或更晚——陆氏陶，带釉陶，有字瓦时期。

已发掘的有清碧遗址，中和乙址。未发掘的有下关西遗址晚期，万年桥遗址，太和城故址，南诏避暑宫故址，五华楼故址，一塔寺遗址，羊苴咩城故址，东岳庙，三塔寺，白五冢遗址，塔桥村故址，白云乙址、丙址，莲花乙址，史城故址，上关遗址。

他们由苍洱境遗物的发现，作如下的判断：

此次在苍洱境新发现之史前文化，其本质颇异于华北之仰韶、龙山两文化。虽与华北文化不无关系，而地方色彩甚重，最显著之特点，即断线压文陶与半月石刀。断线压文陶，在华北少见，今日所知者，只甘肃及热河有之。而在苍洱境则极为发达，占饰文陶之一重要部分。半月形石刀开刃法，苍洱境与华北不同。以弓为喻，华北刀刃开于弓弦，苍洱境所出者，刃开于弓背。在应用上，华北式适于割，苍洱式适于切。此种文化生长山地，进化迟滞，及迁至平原，乃大量接受汉族及印度文化。南诏民族是否为史前民族之苗裔，尚属疑问。南诏文化一部分，似承袭史前，然史前文化与南诏文化之关系至若何程度，仍为悬案。因此次考查，特重史前，于南诏遗址，未曾作彻底之研究。

就此次发掘所得，一项是遗址、水道、筑造物，一项是陶器、石器（有釜、锛、凿、刀、砺、垫、坠等类）与金属物，可以上溯到石器时代的情形。徐嘉瑞氏已采入《大理古代文化史》里面，并有详尽考释加以订正。它对于文字所不及的历史记载，补充甚多。

第三节　汉以后的铜器和其他金属品

中国金石书目中，有汉洗的记载。汉洗铭文中，有地名可考的，以“朱提”“堂狼”所造为最多。朱提即是现在的昭通，堂狼就是会泽。近年昭通出土的铜洗很多，张连懋氏有详细的纪录，《云南通志》卷八十二已收录。最早的是建初八年的双鱼洗，朱提造，是民国二十四年九月于氏子耕于斜坡上，牛失足，听见声音，挖出来，是小器装在大器内，内有枯木二三块，锡四五斤，现由张氏收藏。稍后的有章和元年洗及二年洗，出土较早。至永元五年洗，是民国初年出土的，堂狼造。永元八年洗是二十六年出土的。又永建元年、五年洗，与阳嘉二年洗、汉安元年洗颇为精致。昭通谢履庄氏得着汉安和、永建五年的两洗，自号“两汉洗斋”。此外，鲁甸得三洗，还有未刻年代的素洗，与罗振玉、吴大澂、阮元、端方、容庚等十余人的《金石录》中所收堂狼、朱提造洗，

计五十四种。(参考照片)

什么叫作“洗”?《仪礼·士冠礼》中提着这一件物品，郑玄注：“洗，所以承盥者，弃水器也。”马衡以为汉代的洗，相当于周代的盘。正因为云南东川一带的铜，质甚好，量以丰富，在清代铸制钱，还要到东川采铜。汉代的铜洗，成了云南的特产，流传到现在，不足为奇了。

此外，在昭通梁堆先后出土的铜器，有卣（款铸“长乐”二字)、三连杯、铜甑、铜镜、铜凤、铜罐、铜釜、铜瓢、铜觚。鲁甸发掘的有铜瓶、铜灯。张连懋氏有《西南古物目略》记载。又道光十年迤西铜厂掘山地，得石匣，内藏铜兵器。阮元考订为汉代物（见《道光志》)。至于“五铢钱”先后在昆明（明刘文征《滇志》所记)、腾冲（民国二十七年出土)、昭通（与《孟孝琚碑》同时出土)，又二十七年在昭通、鲁甸均发掘获得。至另有“大泉”，在昭通、澄江等地获得，“契刀”“错刀”“货布”“货泉”“直百五铢”“五行大布”“布泉”，在昭通出土，及明代在昆明筇竹寺附近得“大黄布刀”，这一些宝物和记录，足以供历史学家的参证。

云南土族，在古代多用“铜鼓”，历年发现甚多。昆华民众教育馆藏有一浮雕十二生肖环对十二支字的铜鼓，花纹与众不同，尤为名贵。铜鼓的来历，有人说是马援教土人做的，有人说是诸葛亮的遗制，都属传说罢了。方国瑜有《铜鼓考》一文，已收《通志》卷八十五，可以参看。

南诏时期，尚有大理崇圣寺观音铜像。至保留下来的金属文字，有崇圣寺钟款、崇圣寺塔的铜塔模（原置塔顶，民十四年震灾落下，今存昆明李氏)、弥渡的建极年号铁柱题款、永胜觉斯楼唐贞观四年钟款，备载《通志》卷八十八中。这一些金属品，我们若以艺术的眼光看，固然有价值，同时可藉以窥见那时代的文化，也是考古的重要资料。

第四节　元代石刻

中国金石之学，虽然远溯到宋代欧阳氏的《集古录》，但到清代中叶，才特别发达起来。云南，在以前史家，视为化外。王昶的《金石萃编》，附有一卷《南诏大理金石》，阮元之子阮福编过一本《滇南古金石录》，道光《云南通志》的金石附在《艺文志》下，所收种类已较多。光绪两《志》都沿例编录，民国《新志》，把金石提做独立的一门，由李印泉师主纂。曾有通函到各县征集拓片，很详尽的规定影拓或抄写办法，先编成《云南金石目略》，收集约在四千件左右，在苏州印行。考订的文字，编入《景邃堂题跋》中。由夔举先生的《定庵题跋》，也有很多是考订云南金石的。袁树五师编过《孟孝琚碑题跋》，云南图书馆印行。云南金石，到了印泉师的编订，可算是集其大成了。《通志》在后期审查的时候，金石部门，又由方国瑜先生再做过一次缜密的考订，现在已编印成二十卷（在卷八十一至一百)。在元以前的碑文，详录原文（并搜集一切学者的考订文字，附录于后)；明代以后，只列碑目和年月、撰写者、尺寸及所在地等。云南的古金属品件数不多，在上节已附带介绍过，重要的还是石刻，兹简要介绍如下：

（一）孟孝琚碑

是云南最古的石刻，光绪二十七年在昭通白泥井出土。上半截已毁损，每行缺了七字，今存昭通中学。龙志舟先生特为建碑亭保护着。

此碑发现，引起了全国考古学家、金石学家、艺术家的注意。《通志》卷八十一录有胡国桢、谢崇基、赵藩、黄膺、王仁俊、杨守敬、吴士鉴、罗振玉、杨宝镛、郑业斅、方树梅、刘颐、梁启超、陈伯陶、赵式铭等数十家跋语。因为上截残去了，无法认定它准确的年代。诸家推断，有认为汉魏之间的，有认为是东汉以前的，惟方国瑜氏据碑文“丙申”“十月癸卯”“十一月乙卯”等的记载，推断大约在东汉建武十二年或永元八年。但无论在何时，此碑总是云南最古的碑子。由孟孝琚的事迹，可以想见当时云南与中原的沟通。即就书法说，简朴古茂，在汉隶中，与五凤地节石相类，非永平褒斜石刻中岳泰室之比（袁树五师评语），附印碑文可以参看。

至于昭通发现的建初刻石、梁堆刻石，花纹也很古朴的。

（二）爨宝子碑

乾隆四十三年在曲靖城南七十里杨旗田出土，今存曲靖奎阁内。因为碑体较陆良的爨碑小些，所以俗称“小爨碑”。这是东晋安帝年间的石刻，爨宝子是晋振威将军、建宁太守，当蜀李势降桓温、宁州复归于晋的年代。叶昌炽的《语石》、康有为的《广艺舟双楫》，甚为推重。

（三）祥光残石

光绪三十四年在陆良出土，残破甚多。因碑首有“祥光”两字，所以名为祥光碑。字法与爨碑相似。

（四）爨龙颜碑

此碑流传最早。元大德间，李京《云南志略》有“今陆凉州有爨府君碑，载爨氏出楚令尹子文之后”云云。直到清道光间，阮元得着拓本，题记说“此碑文体书法，皆汉魏正传，求之北地，不可多得。乃云南第一古石”，以后为人所重视，今存陆良县东南二十里的贞元堡。碑文所叙述的爨龙颜，据推定，生于东晋太元十一年，死于刘宋元嘉二十三年。海内各家题跋甚多，袁树五师《滇绎》有《爨世家》一文尤为详尽。碑的作者是爨道庆，也可见爨氏时期的云南文物也。

（五）王仁求碑

题为《唐朝故使持节河东州辅军事河东刺史上护军王府君碑铭》，成都圆丘均文。在明代已有著录，清代王昶访王仁求墓，将碑文录入《金石萃编》，但剥落之字甚多。现《通志》所录，是方国瑜氏由《安宁州志》校订录入的。王仁求卒于唐高宗咸亨年间，而碑文是武后圣历元年所立的，所以碑额又题为大周刺史。今存安宁大石庄。

（六）南诏德化碑

这碑树立在大理，剥落的字很多，是南诏国郑回的手笔。约三千八百字，存者八百余字，叙述南诏阁罗凤以来，所以与中原隔绝的缘故。李中溪说“右碑虽出郑回，卒之说南诏归唐者，回之力也。读此碑，则有唐之处置失宜，边师之诛求无厌，可以为鉴。杨国忠、李宓负君误国，其罪不专在夷也”。这碑文可算是南诏的重要掌故了。法国的沙畹曾把碑文译为法文，并为考跋，载《亚洲学报》。伯希和的《交广印度两道考》曾引证过的。

（七）豆沙关袁滋题名摩崖

这是很怪的石刻，要从左到右读。唐贞元十年袁滋奉使到南诏册封异牟寻，途过大关，摩崖记下这一段经历。在明代曹学铨《蜀中广记》就有著录了。秦璞安先师赴日本时，曾过大关亲手摩索过。

又昆明圆通山有元封年间的摩崖，经考订并非西汉元封，而是南诏异牟寻时间的刻石。

（八）大理国石刻

大理国与中原隔绝，现在保留的石刻，重要的有段氏与三十七部会盟碑（在曲靖奎阁）、参考附图地藏寺经幢（昆明拓东路古幢公园）、护法明公德运碑赞摩崖（在楚雄紫溪山）、稽肃虚峰明帝记与兴宝寺德化铭（均在姚安兴宝寺）、皎渊塔之碑铭（在祥云县水目寺）、高生福墓志铭（在楚雄中学）、白王墓碑（在腾冲干峨山）。至于见诸纪录而并未见原石或拓片的，《通志》有《待访目录》，在卷九十一。

（九）元代石刻

在昆明的有赛典赤碑（碑未访获，《通志》系据景泰、正德《志》录入）、中庆路大成庙碑（郭松年撰，应在孔庙内，但未访获）、妙应兰谷塔记（在大西门外）、大胜寺修造记（在翠湖五华学院）、雄辩法师碑（在筇竹寺）、太华山无照禅师碑（在太华寺）、筇竹寺圣旨碑（是白话文）、皇元加号大成碑（在昆华民众教育馆）、圆通寺记（在圆通寺）、佛顶尊胜宝塔记（何小泉先生由太华山移在翠湖图书馆，金碧楼前）、人匠提举杜昌海墓志铭（也在图书馆）。

在大理的有儒学碑、文庙碑（均未获原石）、孔庙圣旨碑（在今文庙内）、世祖平云南碑（在城西三里）、崇圣寺圣旨碑（是白话文）等。

此外盐兴、河西等县均有元刻，备载《通志》卷九十二至九十五，兹不细录。

（十）明代以后的石刻

数量甚多，《通志》所收，只属一部分。年前友人石钟健君到大理喜洲访碑，开列目录就有几百种之多，别处的可以想见了。

第五节　其他古物

藉古物来看历史，除了金石文字寿命较长之外，其他物件，很不容易保留下来。近年来我们发现了云南的两画卷，一是大理国的，一是南诏国的。这两轴画，不仅有艺术上的价值，尤其可以参证历史记录，的确是瑰宝。

先介绍大理国画卷。

民国三十三年，国立北平故宫博物院在重庆两浮支路中央图书馆开展览会。陈列品中有一件宝物就是大理国的张胜温所绘佛教图书。长约十丈，六百二十八貌，百三十四开。首为利贞皇帝骠信像（利贞是大理国段智兴的年号，骠信是南诏以来方言称皇帝的名号），后有佛、菩萨、梵天、应真八部、西土十六国王、东土法系等像。原系全卷共为一轴，不知何时改装成册页；并有妙元、宋濂、宗泐、来复、曾英、清高宗等跋语。李为衡君曾检图做过一个详细的目录，李印泉师赋诗三十五章，题曰《胜温集》。一时脍炙人口，都知道七百多年前的云南宝物，还留传到现在。据跋语载这画卷于明洪武年以前归天界寺，乾隆时始传入清廷。

这书卷的布局设色，据罗膺中先生推断与敦煌壁书属同一系统（载《五华月刊》第二期）。正因为大理国与中原隔绝，文字的记载已属很少，这一轴画还保留到现在，可以补历史的阙略，不仅仅具有宗教史与艺术价值了。

张胜温画卷，已属难得的宝物了，不料今年又有新的发现。

三十八年六月，友人石钟健君自南京避难来昆，携带着一套照片给我看。是石君在中央研究院见到美国的《美术杂志》上所影印的南诏国画卷，并附有张胜温画的一图。作比较，它的时代固然比大理国为早，而艺术价值，更在张画之上。

画片计六张，是南诏主掌内书金券赞卫理昌忍爽王奉宗等画南诏国史图，献于南诏舜化贞。时间是中兴二年三月十四日（相当于唐昭宗光化二年）。徐梦麟先生有详细的考据，兹摘录如下：

第一图：画南诏舜化贞之先辈细奴逻的故事。细奴逻之妻名浔弥脚，有子名罗盛炎（又名罗晟），其媳名梦讳。细奴逻在大巍山耕田（巍山在蒙化，乃南诏发祥之地），浔弥脚与梦讳姑媳两人送饭给他。路上遇着梵僧，传说是观音化身。他们献饭给梵僧。图的题记，还有马踪、象踪、牛踪等。此段故事，是假托神话，做开国时期引起人的信仰。与《白国因由》（云南的一部神话书，苍山感通寺有板片，是清代康熙间刊本。最近赵诚伯先生翻印过）所记相同。但《白国因由》把梦讳当作姑，浔弥脚作妇（名字音同字异），应照图更正。图中两妇人，肌理丰盈，类古装美人，但是因为农家妇，所以画为赤脚。

第二图：是画梵僧在云气中，有仙女、天将、龙犬。徐梦麟先生说龙犬有西洋画风格，意在写龙天拥护蒙氏的意思。

第三图：题记为兽赎穷石村中邑主和明王乐三十人，伤害梵僧，未曾损害，王乐等骑牛乘马急追梵僧的故事。图中所率黑人，画得很精致而生动。

第四图：画王乐等追梵僧不及，梵僧置铁柱事。铁柱今在蒙化、弥渡之间。照《南诏野史》载，乃世隆所建（详上节金属品中），兹图所载当系传说。

第五图：是张乐进求等九人共祭铁柱和中兴皇帝等像。

第六图：是文武皇帝圣真。据徐先生考据，是大长和国的郑买嗣（篡了南诏的皇帝）。

此图出世，大要与《白国因由》和阮元声、杨慎的《南诏野史》所记载相同。以前有人曾疑心杨慎们杜撰南诏史，据此看来，他们也有所本的。

此外剑川的石坛造像（据李家瑞先生访见）和滇西火葬坟的发挥记录（亦李君言），与各地古代塔庙建筑（如大理三塔，据中国营造学社刘世能君考察，其建造法式与唐中原造塔法式相同。详《通志》卷一百二）和鸡足山等地的古书画等，都是考古的宝贵资料（鸡山各物，见李印泉先生《鸡足山志补》）。限于篇幅，不复详述。

第四章　历史文献

云南的历史文献，大别有四种：一是正史、编年史和《四库》中史部提到云南故实的记录；二是中国西南地方史或云南的古史与辑佚的本子；三是各种笔记、札记中提到云南的史事；四是经整理过的云南历史。在清代阮元编《通志》时，请浪穹王崧主编。王氏做过一次搜集史料的工作，曾编有《云南备征志》二十一卷。兹将目录提要如下：

（一）汉司马迁《史记·西南夷列传》。叙庄蹻南来以后的故实，是最早的史迹。

（二）汉班固《汉书·地理志》《西南夷传》。《地理志》是最早的云南行政区域和户口数字，《西南夷传》是继续《史记》而写的。

（三）晋司马彪《续汉书·郡国志》，刘宋范蔚宗《后汉书·西南夷传》。体例均承班书而来。

（四）晋常璩《华阳国志·南中志》。（下另有详文介绍）

（五）《山海经·海东内经》（只两条），后魏郦道元《水经注》，晋王隐《太康三年地记》（由辑佚本录出）。

（六）唐房乔等《晋书·地理志》，唐魏征等《隋书·地理志》。

（七）唐樊绰《蛮书》。（下另有详文介绍）

（八）宋欧阳修《新唐书·地理志》。

（九）宋宋祁《唐书·南蛮列传》凡三卷。叙南诏国史事。

（一〇）宋欧阳修《新五代史·四夷附录》。亦述南诏事。

（一一）宋司马光《资治通鉴》。录汉武帝迄后唐有关云南史事，曾检原书相校，缺略尚多，有待增补。

（一二）宋乐史《太平寰宇记》。计录《剑南西道》《四夷徼外南蛮》两章。

（一三）宋范成大《桂海虞衡志·志蛮》一段。述大理国事，今本《虞衡志》没有，于氏是从《文献通考》录出的。

（一四）宋马端临《文献通考》。录《四裔考》的《南诏略》和《西原蛮略》两章。

（一五）元张道宗《记古滇说》。（后有详文介绍）

（一六）元脱脱等修《宋史》。录《大理列传》《蛮夷列传》。

（一七）元李京《云南志略》。（详地理文献）

（一八）明宋濂等修《元史》。录《本纪》和《地理志》有关云南部分。正因为元建行省，云南又入中国版图之故，事迹较详。

（一九）明杨慎《滇载记》。（内容介绍详后）

（二〇）明高岱《鸿猷录》。记明初平梁王事。

（二一）明章潢《图书编》。略记云南沿革、交通、水利、生产等事。

（二二）明于慎行《榖山笔麈》。谈明初削沐藩势力的事。

（二三）明范守己《曲洧新闻》。只一小段记有关缅甸土司事。

（二四）明包见捷《缅略》。叙缅甸叛服事较详。

（二五）明诸葛元声《滇史略》。略述南诏史事。

（二六）明阮元声《南诏野史》。（另有详文介绍）

（二七）清张廷玉等修《明史》。录《本纪》《地理志》有关云南事迹。又《沐英传》《四川土司传》《云南土司传》。

（二八）清冯甦《滇考》。（另有详文介绍）

（二九）清孙承泽《春明梦馀录略》。略述云南形势历史。

（三〇）清王鸿绪《明史稿》。录永历奔缅及清兵入滇事。

（三一）清无名氏《求野录》《也是录》。均明末清初事。

（三二）清邵远平《续宏简录》。实即《元史》的云南部分。

（三三）清陈鼎《滇黔纪游》。述地方风土人情掌故。

（三四）清毛奇龄《云南蛮司志》。记明代云南土司始末。

（三五）清刘健《庭闻录略》。述吴三桂事迹。

（三六）清倪蜕《云南事略》。亦述明清之间云南史事。

（三七）清余庆远《维西闻见录》。述维西地方的民族、风俗等事。

（三八）清屠述濂《腾越州志》。录《李定国传》。

（三九）清王凤文《云龙记往》。述云龙的民族、风俗事。

（四〇）清毕沅《续资治通鉴》。也摘录有关云南的史事。

（四一）清赵翼《平定三逆述略》。记讨平吴三桂事。

（四二）清师范《滇系·事略》。（详地理文献）

（四三）清张履程《明黔宁王沐氏世袭事略》。

这一部书把云南的重要的史料网罗进去，咸同之乱，原书散失了。光绪间秦璞安先师积累了二十多年才完成了原样，又被日本人江部借去未还，后来抄副本排印，又后“云南丛书”处有翻刻本。璞安师又继续王氏之后编有《续云南备征志》三十三卷，兹提要如下：

（一）梁沈约《宋书·州郡志》。录益州越嶲、犍为二郡。

（二）梁萧显《南齐书·州郡志》。亦录同上二郡。

（三）北魏阚骃《十三州志》。张澍辑本。

（四）唐李泰《括地志》。孙星衍辑本。

（五）唐李吉甫《元和郡县志》。

（六）后晋刘昫《旧唐书·地理志》《西南蛮列传》。

（七）宋薛居正《五代史·外国列传》。

（八）宋王存《元丰九域志》。

（九）宋欧阳忞《舆地广记》。

以上各种，只录出有关云南部分的若干条。

（十）明张忱《云南机务抄黄》。这是明初入滇的军政公文，我在“惜阴轩丛书”内得着，送请璞安师加入《续备征志》。

（十一）明钱古训《百夷传》。原本是江苏国学图书馆所印，写滇西南夷族风俗。

（十二）明杨慎《云南山川志》。用函海本。

（十三）明田汝成《炎徼纪闻》。北平图书馆有影印本，名《巡边纪闻》，有一大部分和《南诏野史》相同。

（十四）明谢肇淛《滇略》。是周惺甫先生由《四库全书》影抄回来的。分为十卷，《版略》叙区域，《胜略》说名胜山水，《产略》述物产，《俗略》记风土人情，《绩略》记开拓者的功绩，《献略》录乡贤传记，《事略》摘要一些大事，《文略》编列历代的诗文著述，《夷略》述一些民族故事，《杂略》收尾，等于神话杂记。《四库提要》引杭世骏《跋》称为“善史”，我们在今天看来，确有参考的价值，和当时的图经体裁，迥然不同。

（十五）明黄宗羲《行朝录》。是永历的纪年。

（十六）清邵廷采《西南纪事》。有桂王由榔、沐天波、杨畏知、李定国、刘文秀、孙可望等篇。

（十七）清温睿临《南疆逸史》。连以下两种都是南明的史事。

（十八）清计六奇《明季南略》。

（十九）清汪有典《外史》。

（二十）清刘崐《南中杂说》。有六诏、山川、郡县、卫所、钱谷、兵制、土司、四封、彝情、边报等节。

（二十一）清孙旭《吴三桂始末》。由《甲申朝事小纪》录出。

（二十二）清嵇璜等《续文献通考》。录梁州南境。又《清文献通考》录云南省部分。

（二十三）清张泓《滇南新语》。也是一些山川草木风俗的杂记。

（二十四）清齐召南《水道提纲》。录云南所出的水，与有关部分。

（二十五）清王昶《征缅纪略》。清周裕《从征缅甸日记》。都是记乾隆间征缅甸事。

（二十六）清檀萃《滇海虞衡志》。计为《岩洞》《金石》（是产品的金石，非刻文）《香》《酒》《器》《禽》《兽》《虫鱼》《花》《果》《草木》及《杂志》《志蛮》共十三篇。

（二十七）清江浚源《于役迤南记》。

（二十八）清阮元《研经室集》。录《黑水图考》和几篇奏章。

（二十九）清桂馥《滇游续笔》。

（三十）清穆彰阿等《嘉庆一统志》。录云南统部。

（三十一）清洪亮吉《补三国疆域志》《东晋疆域志》《十六国疆域志》。又清洪齮孙《补梁疆域志》。

（三十二）清吴其浚《滇南矿产图略》。分为工器图和舆程图两部分。

（三十三）清王崧《道光云南志钞·封建志》。从滇世家起直到沐藩。

（三十四）清李诚《滇南山川辨误》。

（三十五）清魏源《圣武记》。录灭桂王、定三藩、征缅甸、抚安南、改土归流等记。

（三十六）清林则徐《林文忠公政书》。连以下十种，都是咸同汉回争斗的史料。

（三十七）清韩捧日《迤西汉回事要略》。

（三十八）清薛福成《庸盦笔记》。

（三十九）清张涛《滇乱纪略》。

（四十）徐元华《咸同野获编》。

（四十一）杨琼《滇中琐记》。

（四十二）顾视高《周氏宗祠记》。

（四十三）曹琨《腾越杜乱纪实》。

（四十四）李玉振《滇事述闻》。

（四十五）王安定《湘军记·平滇篇》。

（四十六）赵藩《腾永顺云·兵变篇》。

（四十七）许同莘等编《光绪条约·英国之部》和《法国之部》。多半是通商和书界的交涉文件与条约。

（四十八）清薛福成《滇缅画界图说》。

（四十九）清姚文栋《云南勘界筹边记》。

（五十）黄楙材《西徼水道》。录金沙江、鸦龙江、澜沧江、潞江、龙川江等。

（五十一）范本体《富良江源流考》。

（五十二）清陈灿《宦滇存稿》。

（五十三）柯劭忞《新元史》。录《本纪》《地理志》，赛典赤、张立道等《传》和《蛮夷列传》。

（五十四）沈祖燕《案事编》。录云南查办事件。

（五十五）赵甲南《纪周云祥之乱》。

（五十六）李坤《云南温泉志》。童振藻《云南温泉志补》。

（五十七）袁嘉穀《滇绎》。（后有详文介绍）

（五十八）清夏燮《明通鉴》。录有关云南部分。

（五十九）赵尔巽等《清史稿·本纪》《地理志》《云南土司传》。

（六十）刘锦藻《清续文献通考》。录《舆地考·云南省》。

《续云南备征志》共三十二卷，略如上述。是秦璞安先生积了几十年的功候所编订而成，每一部大书，璞师都逐字逐句看过，才把云南的史料摘出。我们拿来参考，方便得多了。此书正由五华文理学院校印中。

在这两部大书中，和两书以外，有几种重要史籍应再为详细介绍：

（一）庄蹻事迹——庄蹻开滇是云南历史上最早的故事，始见司马迁《史记》的《西南夷列传》中。包括庄蹻的名和事，在战国时代子书中曾屡次提到。杨志玖君著《庄蹻王滇考》一文载《治史杂志》第二期。其子目为：（1）庄蹻王滇之年代及其出师路线。（2）战国情势与庄蹻王滇。（3）秦汉诸子中之庄蹻。（4）滇地传说之庄蹻遗迹——附汉与楚。（5）庄蹻王滇与云南之关系。

（二）《华阳国志·南中志》。这是最早的一部云南史书。常璩在成汉李势时做官，他以四川人写西南史事，自属亲切。明顾廖祥曾刊于滇，清王崧又收入《备征志》，李调元刻《函海》，列为第一种。此外有《四部丛刊》影印钱叔宝的抄本和商务印书馆排印廖寅的刻本。

又有顾观光根据宋本旁引史部诸书和类书参证，做过一部校勘记。最近宣威缪鸾和先生，更悉心考订，写成了《南中志校注》的稿本（《五华月刊》曾登序例解题部分）。云南古史，得这一番整理，可以得到明确的认识。

此外尚有汉杨佟的《哀牢传》《论衡》和《史通》叙述过，清代倪蜕的《滇云历年传》引用书目内也有《哀牢世传》的名目，但是现在却不得而见了。又据《南中志》，说诸葛亮有《哀牢图谱》，《唐会要》和《后汉书》李贤注引有《南中八郡志》，《崇文总目》列有陆贾的《南中行记》，《一切经音义》卷十六引有嵇含的《南方草木状》（录方国瑜记），都只属于知见的书。

（三）《蛮书》，唐樊绰著。这是《南中志》后云南的重要史书。沈曾植、李永清有校注本，未见。溆浦向达先生（觉明）也做过校注，至为精慎。现在录他考订《蛮书》名称和散佚时代的一段文字，以见大略。

唐樊绰《蛮书》，大都得之目识亲觉。记六诏事，最为可信。《新唐书·南蛮传》及温公《通鉴》，记六诏始末，多以绰书为依据。惟樊氏之书，旧籍著录名称不一。《新唐书·艺文志》作《蛮书》，《宋史·艺文志》既录绰所著《云南志》十卷，又出《南蛮记》十卷。温公《通鉴考异》、程大昌《禹贡图》、蔡沈《书集传》引，俱作《蛮书》。《太平御览》引，作《南夷志》。苏颂《图经本草》亦引樊氏书，作《云南记》。晁氏《郡斋读书志》作《云南志》。《永乐大典》收樊氏书，又作《云南史记》。各书著录名称互异，而《宋史》之《云南志》与《南蛮记》俱为十卷，则疑是一书而误分为二耳。近人方国瑜先生著《滇中旧事》，其七《论樊绰云南志》，又谓应依晁氏《读书记》及《宋史》作《云南志》，莫衷一是，几于议礼纷纷矣。今案：樊氏于其书中曾两及撰著此书经过，俱见今本卷十末。其一云："咸通五年六月，左授夔州都督府长史问蛮夷巴夏四邑根源，悉以录之，寄安南诸大首领。详录于此，为《蛮志》一十卷事，庶知南蛮首末之序。”其二云：“臣去年正月二十九日，已录蛮界程途及山川城镇、六诏始末、诸种名数、风俗条教、土宜物产、六诏名号、连接诸番，共纂录成十卷。于安南郡州江口附襄州节度挥衙张守忠进献。”上文之去年乃指咸通三年而言。咸通三年，南诏世隆寇侵邕、交。四年正月，安南经略使蔡袭为南诏所攻没，绰为蔡袭从事跳免。三年绰为书记六诏始末，附张守忠献之于朝。安南陷，绰既免于难，避之郡州，从溪源首领耆老处借得故蛮王蒙异牟寻誓文一本、安南都护赵昌贞元十年真状白一本，遂又录附书末。咸通五年六月，绰左授夔州都督府长史，将前书重为写定，成《蛮志》十卷。上所引者，约略是其后序。今本《蛮书》辑自《大典》，误文脱简，不一而足。然细审卷十卷末之文，其先后次序，似犹可寻也。

据绰自记，其所著书应名《蛮志》，或者初名《蛮志》，后称《蛮书》，故欧公据以入录欤？若见于《御览》《图经本草》《读书志》《大典》诸名，疑俱出后人臆定，不尽可据也。

今本《蛮书》辑自《永乐大典》，收入《四库》，后刊之“武英殿聚珍版丛书”中，乾隆时之桐华馆刊，后来之“琳琅秘室丛书”本，闽刊“聚珍版丛书”耳，“渐西村舍丛书”本，以及《云南备征志》本，则又俱出自“武英殿聚珍版丛书”本。《四库提要》谓《蛮书》“自明以来，流传遂绝。虽以博雅如杨慎，亦称绰所撰为有录无书，则其亡轶固已久矣。”升庵卒于嘉靖三十八年七月。依四库馆臣之意，《蛮书》亡佚，最迟不能逾嘉靖之时。然万历《云南通志》卷二《地理志》大理府风俗引樊绰《云南志》曰：“高山大川，钟灵毓秀，代有人物。”又卷三楚雄府风俗引樊氏书曰：“土地肥饶，士人务学，盐井之利，瞻乎列郡。故其人裕而畏法。”所引两则皆不见今本《蛮书》，又《志》引绰书作《云南志》，不作《云南史记》，似不出于《大典》。则樊氏书万历时尚未亡也。岂万历《志》引之《云南志》为绰所著另一书，故不见于《蛮书》耶？抑四库馆臣辑佚书时，《蛮书》原本，固已久佚，《大典》所收亦有残缺，而万历《志》引者，适在残缺之中耶？又《志》所引诸语，与绰书文字殊不类，岂竟出于后人之伪托耶？凡此诸端，疑莫能决。（下略）

我们由向先生这一段考据，可略知《蛮书》的梗概。樊绰虽在安南做官，但是亲身经历，与南诏国密迩。全书十章，计为云南界内途程、山川江源、六诏、名类、六赕、云南城镇、物产、风俗、条教、接界诸国，尚属详明，宜为历代史家所征引。现在我们见到的有聚珍版全书本、琳琅秘室散书本、“渐西村舍丛书”本和《云南备征志》本，又在北平图书馆善本书乙库中尚有乾隆桐华馆本和嘉庆振倚堂本。此外唐韦皋的《开复西南夷事》，韦馆的《云南事状》，窦滂的《西南别录》，张云的《咸通解围录》等，为史志和目录中征引，方国瑜均有辑本。李德裕的《西南备边录》《西蕃会盟记》，袁滋的《云南记》，达奚洪的《云南风俗录》，韦齐休的《云南行纪》，徐云虔的《南诏录》，只有目无书，无从稽考了。

（四）宋代云南史籍有《至道云南录》，是辛怡显所撰。正因为宋和大理国的隔绝，所以大理国文献很难获得，辛怡显以宋太宗淳化年间入云南招李顺余党，至道元年归，写他的经历而成此书。《宋史·艺文志》和《郡斋读书志》《直斋书录解题》都列入。《容斋随笔》说怡显到过姚州，明代刘文征修《滇志》，就说是辛书绝无传本。至檀林的《大理国行程》，周邦的《政和大理入贡录》，邓嘉猷的《西南备边志》，更不得而见了。

（五）《记古滇说》，元张道宗撰。道宗，据说是滇人（夏光南先生以为张道宗即张立道，未知何据）。此书始唐虞到宋咸淳年间，叙方域、年运、谣俗等事甚详。《四库提要》以为此书年代恍惚，又是杨慎所校点，恐怕是杨慎伪造的。初刻本大约是在云南刻的，《四库》本又是由浙江采进，后来王崧收在《备征志》中，流传已甚广了。

元代史籍尚有郭松年的《大理行纪》，“奇晋斋丛书”有刻本（《丛书集成》翻印）。松年大约是元世祖至元时人，他由中庆至大理路程，就是现在的迤西大道。方国瑜先生说：“松年此书，虽甚简略，然其所记当日大理之文化，最有价值，今存云南游记之书，先于此者，多已散佚，尤觉可贵。”此书《滇系》亦曾收录，但修改甚多，已非原本了。又郝天挺有《云南实录》，张立道有《云南风土记》等书，曾载《千顷堂书目》等书中，书已不见。

（六）明代滇南文献，有杨慎的《滇载记》《滇程记》《滇南山川志》等（已收《函海》和《备征志》中）。更重要的有《南诏野史》，原题昆明倪辂集，成都杨慎标目，滇中阮元声删润。《四库提要》认为书内叙及万历十三年，杨慎不及见，实在是阮元声所为，假托倪辂、杨慎的名字。现在流传的有《云南备征志》本，是王崧集合各种抄本参互考订而成。又昆华图书馆另有单行刻本，是清乾隆间武陵胡蔚订正的。详略不同，叙南诏至大理、后理诸国直至段氏灭亡为止，首尾并具，胡蔚本多《蛮夷纪事》等条，又《野史》有“古今文艺丛书”本，未见。至田汝成《炎徼纪闻》与《野史》出书时间差不多，可参看。

（七）滇史以纪事本末体写的有清初临海冯甦所著《滇考》。冯甦在康熙元年任永昌府推官，考订云南史事自庄蹻通滇至清初事，凡三十七篇，有“台州丛书”本、“昭代丛书”本，《云南备征志》收卷十一、十二中。《四库提要》称为“较史传为详，足资考证。”我们读此书，对云南往迹可以得轮廓的认识。

（八）编年体的云南历史，有倪蜕的《滇云历年传》。倪蜕是松江人，到云南做幕府，落籍在昆明，就是有名的“倪三怪”。他写过一部《滇小记》，“云南丛书”刻过下卷，是入缅藏的途程。至于《历年传》，始唐尧戊辰五年到清雍正十三年，计十二卷。所征引的史料未免于庞杂，传闻亦有未能别择的。但有一些书，如《白古记》等，现已失传，得倪氏的征引，保存一部分，也属难能可贵。“云南丛书”收入史部。至于袁树五师所撰《云南大事记》，虽是为《新纂云南通志》而写，实是等身的著作。古史部分考订谨严，体例仿《考信录》，以下都以正史为准，附以传疑的记录，只是晚清一段比较从简，正待后辈继续搜讨增补的。树五师别著有《滇绎》，以随笔体，每著录一条，都经过极精慎的考证，尤其是《爨蒙世家》，根据古史和金石缕析条分，为学者所称道。至滇初昆明王思训的《滇乘》虽传诵人口，可惜久已失传，体例内容已无从知道。此外清代人所写的滇南史籍虽多，精当的甚少，不再一一介绍了。

（九）咸同之乱的史料，在《续备征志》中已收录多种，此外有官修的所谓《钦定平定云南回乱方略》五十卷，这和光绪《云南通志》的戎事都是站在官方的看法，文中加匪字，事实自有诬枉的地方。近年有白寿彝先生更搜集官书以外的记录，尤其是回教方面的文献，编为《咸同滇变见闻录》二册（商务版）分为咸同滇变文件和咸同纪事、咸同见闻杂记、咸同传闻杂记四部分。其乙部所收《碌云纪事》，是张星堂所著，稿本藏昆华图书馆。又向达、吴乾就、杨季生先生们，也注意这一方面的史料。希望他们早日整理发表出来，我们才有这一段征信的史书可读哩！（我在旧书肆曾购获咸同间关于军事的文化抄本五巨册，也是重要的资料）

（十）民国以来的著述，除《滇绎》外，还有下列几种：

萧石斋先生著《乌蒙纪年》。乌蒙是昭通的古名，萧先生根据史籍作编年史，自汉武帝建元六年至清雍正十年改土归流以后的大事都摘录在内，印过两次。

由夔举先生著《滇录》。计分八卷，录有关云南的边务、交通、矿产和史略，都属重要资料，云南省教育会印。

何小泉先生著《滇事拾遗》，稿本。何先生潜心云南文献数十年，由各种笔记、类书，或别种性质的书里头，得着云南的掌故资料，粹为一篇。

李印泉师所编撰的《永昌府文征》。这是一部大书，书名虽叫文征，但并不仅是地方性的骈散文总集，全书分为文录、诗录、纪载、传记四部分，共一百三十六卷。又区域虽以永昌为准，仍旁及滇缅未定界和缅甸方面的史地。其中尤以纪载部分，仍属于《备征志》的性质，有很多宝贵的资料。简单介绍如下：

卷一是由三代至宋，摘引《尚书》《史记》以来史籍中有关永事的一鳞半爪。卷二是元代。卷三至十一是明代，多属考古性质的。自卷十二至二十六是清代典籍。卷二十七至四十是民国间著述。清和民国部分因为年代近，我们极需要参考，特摘抄目录如下：

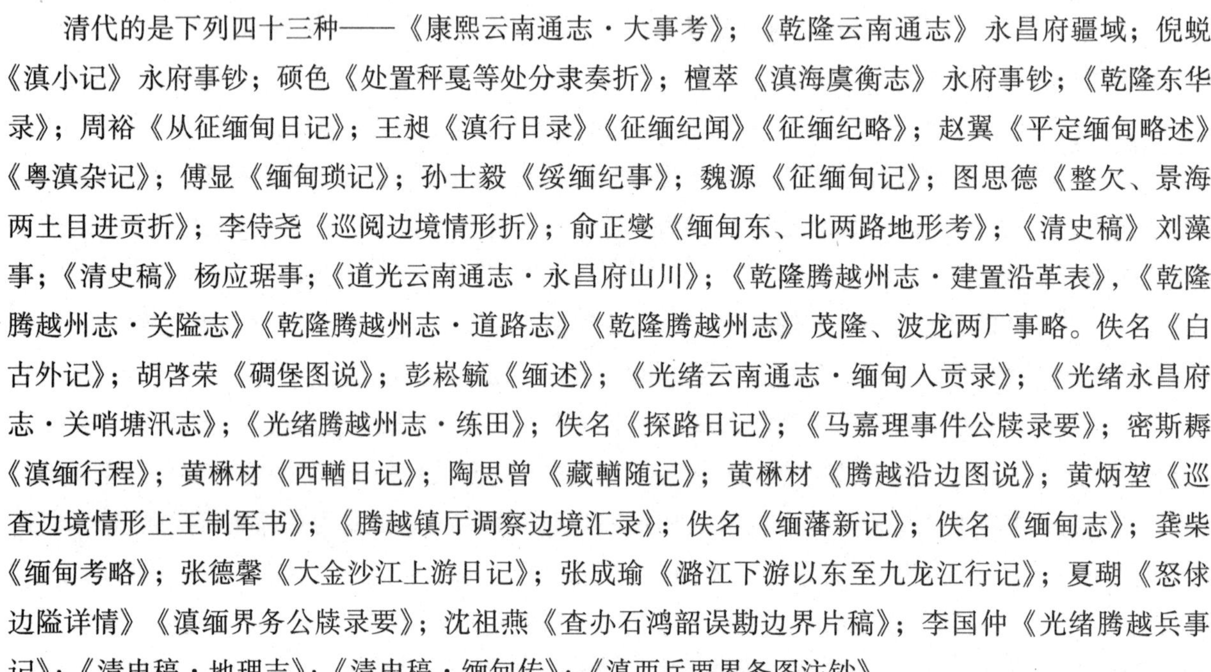

清代的是下列四十三种——《康熙云南通志·大事考》；《乾隆云南通志》永昌府疆域；倪蜕《滇小记》永府事钞；硕色《处置秤戛等处分隶奏折》；檀萃《滇海虞衡志》永府事钞；《乾隆东华录》；周裕《从征缅甸日记》；王昶《滇行日录》《征缅纪闻》《征缅纪略》；赵翼《平定缅甸略述》《粤滇杂记》；傅显《缅甸琐记》；孙士毅《绥缅纪事》；魏源《征缅甸记》；图思德《整欠、景海两土目进贡折》；李侍尧《巡阅边境情形折》；俞正燮《缅甸东、北两路地形考》；《清史稿》刘藻事；《清史稿》杨应琚事；《道光云南通志·永昌府山川》；《乾隆腾越州志·建置沿革表》，《乾隆腾越州志·关隘志》《乾隆腾越州志·道路志》《乾隆腾越州志》茂隆、波龙两厂事略。佚名《白古外记》；胡启荣《碉堡图说》；彭崧毓《缅述》；《光绪云南通志·缅甸入贡录》；《光绪永昌府志·关哨塘汛志》；《光绪腾越州志·练田》；佚名《探路日记》；《马嘉理事件公牍录要》；密斯耨《滇缅行程》；黄楙材《西輶日记》；陶思曾《藏輶随记》；黄楙材《腾越沿边图说》；黄炳堃《巡查边境情形上王制军书》；《腾越镇厅调察边境汇录》；佚名《缅藩新记》；佚名《缅甸志》；龚柴《缅甸考略》；张德馨《大金沙江上游日记》；张成瑜《潞江下游以东至九龙江行记》；夏瑚《怒俅边隘详情》《滇缅界务公牍录要》；沈祖燕《查办石鸿韶误勘边界片稿》；李国仲《光绪腾越兵事记》；《清史稿·地理志》；《清史稿·缅甸传》；《滇西兵要界务图注钞》。

民国以来的有下列三十四种——曹之骐《腾冲光复纪略》；蔡锷《滇省光复始末记》；谢树琼《复滇录》；李若曲《龙陵辛亥起义纪事》《龙陵沿革纪略》；蒋世芳《镇康改革始末记》《镇康县交通志略》；田钟农《漾濞设县记》；尹梓鉴《春草堂文稿》；李学诗《罗生山馆文稿》；尹家令《橘庵漫稿》；卓柏《茂隆银矿调查报告书》；尹梓鉴《缅甸史略》；尹明德《滇缅北段界务调查报告》；伯希和《贾耽所记云南入印缅路程考》《丽水及骠国考》；朱希祖《云南濮族考》；闻宥《哀牢与南诏》；方国瑜《班洪风土记》《卡瓦山闻见记》；宋达泉《调查腾冲土壤概况》；陆溁《腾冲茶业概述》；李立忠《腾越海关纪要》；蒋云峰《实查澜沧江拟请试航呈文》；王志斌《查勘澜沧江水道报告书》；陆鼎恒《腾龙边区之牧畜》；周绍模《腾龙边区之农业》；凌纯声《孟定之地理与气候》；周光倬《孟定概况》；张印堂《台族之体质与其地理环境》；徐益棠《腾冲附近之兵要地理》；杨体仁《英人经营滇缅边境之史实》；李拂一《滇边失地孟艮土司之考察》；李希泌《缅甸行记》；张相时《缅甸概述》；杜满《缅甸之经济地理》；陈思诚《中印通路勘察记》；严德一《中印通路经

济地理调查》。

很多不易的史料，可由此书见到。

（十一）清末民初的云南革命史和光复史，要远溯于清末的练团办学起。陈虚斋师实主其事，有《云南举办团保全案汇纂》，杨毅廷有《滇事危言》两集。开初是和光绪维新相配合的，后来倒助成革命的成功。至于革命运动的酝酿，有当时留日本学生所办的《云南杂志》所收论著，可见一斑。至如昆明杨振鸿、黄子和，腾冲张文光，思茅吕志伊，嵩明赵伸等革命先驱的功烈，有他们的传记（如《杨振鸿张文光合刊》）和李印泉师的《曲石文录》等，所收资料不少。丁石僧先生也有《云南革命史》的撰述。

至于光复史料，当反正后，周惺甫师曾应蔡公松坡之请，组织编纂局。当时参加工作的，有赵式铭（星海）、郭燮熙（理初）、张肇兴（景钟）、刘润畴（伯膏）等人。全书计分为《光复起源》《光复上》《光复下》《军事纪要》《建设》《迤西》《迤南》《援川》《援黔》《西征》等十篇。其第一二三篇系蔡公的手稿，书刚编就，蔡公入京，印刷的事就搁浅了，后来根本连稿本都遗失掉。幸好郭理初先生的一部分还在，笔者又由旧书店里陆续搜得一些初稿，还有当时的政务会议记录，刘存厚的《光复阵中日志》，庾恩旸的《云南北伐军援黔纪事》，赵逢源的《临安光复事略》，张开儒的《光复略史》等十余种。前年续修《通志》，姜亮夫先生担任大事部门，就采取了这一部分资料，编为两卷，分《起源》《光复》《军政府》《迤南》《迤西》《援蜀》《援黔》《建设》等八篇。至李印泉师安定迤西的事迹，别有《西事汇略》十一卷，详录当时改革军政与边备等有关文电，已排印行世。

（十二）护国史实，到现在还聚讼纷纭，总不外事后的争功。其实当时蔡松坡、唐蓂赓诸公，确是和衷共济的。滇人编撰的有庚恩旸编《云南首义拥护共和始末记》（我没有见过此书）、《中华护国三杰传》《唐会泽大事记》《会泽首义文牍》《护国精神蔡公传略》，李星槎先生所编《蔡邵阳年谱》，著者都是参与其事的人，见闻比较真切。又有刘达武编《蔡松坡先生遗集》，梁任公编《盾鼻集》，邓之城编《护国军纪实》和商务书馆所印行《军务院纪事》（此书亦遍访未见）。在姜亮夫先生编《通志》大事的护国部门，分为五卷，计有盗国始末、首义前纪、首义纪实、四川行军、两广行军、黔湘行军、军务院、军务、护国日表等九目。至白小松先生的《云南护国简史》，已编入“新云南丛书”中行世。

（十三）护国之役以后，尚有护法等役，在《续通志》中有《靖国》两卷。笔者又曾抄得顾筱斋先生的文牍两册，在唐顾交替的大事中，可窥见一部分事迹。

（十四）龙志舟主席主政时期的政治和建设事业，有《云南行政纪实》四编，记载甚详。至抗战以后，云南所贡献于国家的尤为伟大，郑嵘庐先生编印过一本《滇声》记述大略。至于出师中原抗战的资料，尚没有完整的书，笔者所得只有《第一方面军史要》和黄声远等五十八军抗日战史的《壮志千秋》两书。倭人寇南洋，侵入越南以至缅甸，再陷我腾龙各地，我国远征军初次失利，后来扼守着以至于恢复，如松山等战役，可歌可泣的史实有江肇基的《缅战随军回忆录》，吴致皋的《滇西作战实录》，孙克刚的《缅甸荡寇志》和驻印军所编《中国驻印军缅北战役战斗纪要》等书。惟在方国瑜先生担任《新通志·抗战》一篇的时候仍感到资料的缺乏，有一部分只能列出目录来，尚待征集补入。

抗日战事胜利后，第一方面军入越受降，有杨家杰编《第一方面军抗战暨在越北受降交防纪录》，计四册，甚为完备，现稿本暂由文献委员会保存。又朱偰著《越南受降日记》（商务版），是以私人立场所做侧面的笔记。

我以为历史文献，现代的比古代的还要重要。一则因为时代近，关联性大。再则古代的东西，可由古书中发掘，我们不去做，将来也还有人会做，而现代的事，一忽儿过去，在这时期，有谁肯把它保留下来？不得已而思其次，只好求之于政府档案与各种日报刊物中罢了。

第五章　地理文献

第一节　古代地志

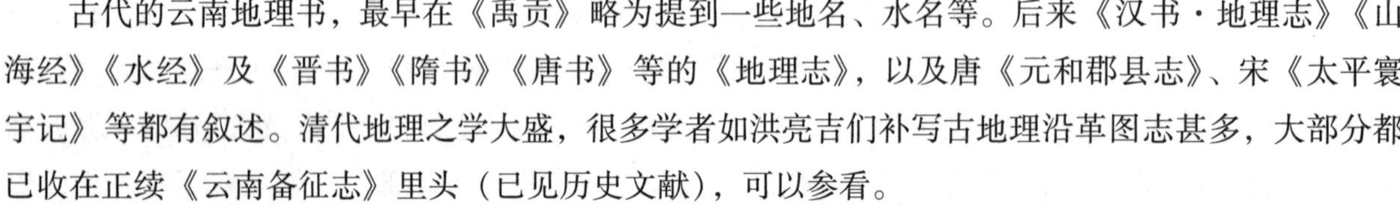
古代的云南地理书，最早在《禹贡》略为提到一些地名、水名等。后来《汉书·地理志》《山海经》《水经》及《晋书》《隋书》《唐书》等的《地理志》，以及唐《元和郡县志》、宋《太平寰宇记》等都有叙述。清代地理之学大盛，很多学者如洪亮吉们补写古地理沿革图志甚多，大部分都已收在正续《云南备征志》里头（已见历史文献），可以参看。

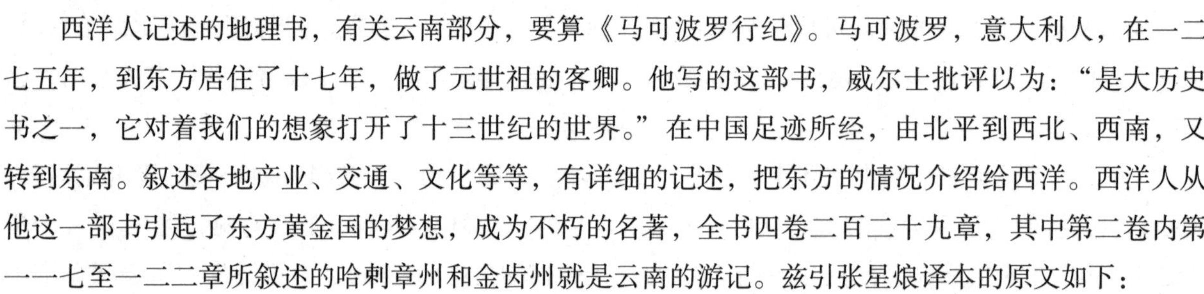
西洋人记述的地理书，有关云南部分，要算《马可波罗行纪》。马可波罗，意大利人，在一二七五年，到东方居住了十七年，做了元世祖的客卿。他写的这部书，威尔士批评以为："是大历史书之一，它对着我们的想象打开了十三世纪的世界。"在中国足迹所经，由北平到西北、西南，又转到东南。叙述各地产业、交通、文化等等，有详细的记述，把东方的情况介绍给西洋。西洋人从他这一部书引起了东方黄金国的梦想，成为不朽的名著，全书四卷二百二十九章，其中第二卷内第一一七至一二二章所叙述的哈剌章州和金齿州就是云南的游记。兹引张星烺译本的原文如下：

"渡过大河（笔者案：指金沙江）我们进入哈剌章省。这省地面很大，包函不下七国。（还有，我要告诉你们这中第一国，国名叫押赤）这地在西方，人民拜偶像，臣服大可汗。他们的王是大可汗的孙子，名叫也帖木儿。他是一个大王，又有钱，又有势力。他也是聪明和勇敢，管理他的国境极好。

"离开我方才告诉你们的那条大河后，我们骑马向西走五天。经过许多城市集镇，到了产马很好的地方，人民以畜牧及种植农产品为生。他们自有他们的语言，极不好懂。

"五天走完了，我们到一个顶要紧的城市，名叫押赤（笔者案：就是现在的昆明）。这城是这国的都城，城市很大而又繁华。城里有许多商人和手艺人。人民种类不一，有的信奉摩诃末，有的崇拜偶像，又有少数人是聂思脱里派基督教徒。他们有很多小麦和米，但在那地小麦做的馒头吃了不卫生，所以他们不吃而用米饭来代替。他们用米和香料造出一种很好清冽的饮料，喝起来很像酒。他们的钱币是怎样的，我即刻就要告诉你们了。

"他们用白磁做钱币。这白磁就是在海中找得的贝壳，正如我们挂在狗头脖上的一个样子。八十个贝壳值钱币一撒基，等于威尼斯币两罗梭，和你们必须晓得纯银八撒基是等于纯金一撒基。他们盐有井，从井里可以取得盐，足供全地方的食用。我郑重告诉你们听，这地国王从盐上收得不少利益。

"你们必须知道，他们有一个大湖，周围有一百迈耳。湖里产有世界最好的鱼，其数极多，种亦多，鱼身很大。另外我更要告诉你们，他们人吃生的鸡、羊、牛和水牛的肉。穷人走到屠宰房，买得方从兽身上取下来的生肝，切成小块，放在大蒜酱里就把它吃了。别种肉他们也是这样吃的，就是贵族也是这样吃生的肉。把生肉切成极小块后，放在大蒜酱里，更和上最好的调味香料。吃得极其快乐，正像我们吃煮熟的肉一样。

“离开押亦城，向西旅行十天，我们到了哈喇章国（笔者案：即今天大理）。这国的都城也叫哈喇章，人民奉拜偶像，臣服大可汗。国王名叫忽哥赤，他是大可汗的儿子。这省的川河里有金沙。在湖沼里和在山上，黄金可以大块的找得。他们有黄金甚多。我郑重的告诉你们吧：一撒基黄金竟换六撒基白银。在这省里，他们也用白磁壳做钱币，像我以前告诉你们过的样子。但这些贝壳不产在这国，他们全从印度来的。

“这省有大蛇。其大几不可量，见之使人惊呆。看起来同听起来，那种蛇皆能叫人恐怖。我要告诉你们是怎样大和怎样长。你要晓得，有的竟长到十步，粗如大桶，身体周围有几拾掌，这是最大的了。前面靠头地方，有两个短腿，并没有脚，但有三个爪，一个大两个小，像鹰同狮子的那样子。他们的头很大，两眼比大馒头还要大，嘴大能把全个人吞了，其牙也是非凡之大。那种蛇既如此无限的大而凶猛，没有人或畜牧见到不怕的，可以说是凡是生物皆怕他们了。也有比较小的，长由五步到八步的那样子。

“那蛇被捕的法子，就是像下面我所说的。你们要知道在白天时候，天气极热，蛇皆藏在地下，到夜里时候，他们出来吃东西，把所有抓到的走兽全吃了，再到河里湖里去喝水。他们的身体既如此的长重而大，夜里他们走出来，穿过沙上，去找东西吃或去饮水，在沙上留下大槽迹，看见叫人以为是一个盛满的酒桶在沙上拖的时候留下的痕子。在这些蛇走过的地方，捕蛇的人安置一种捕机。当他们看见蛇要喝水，常经过河边陡坡，他们就在那坡上竖立一个坚大的木头椿，深入地中，几不可见。木椿上头安置一把钢刀，快像剃头刀子或像枪尖子，刀在椿上凸出一掌，向蛇来的那一方略为倾斜。猎夫放置许多这类椿和刀在那里，到了相当时候，蟒蛇走下，向河里来喝水，到刀安置的地方，因坡陡的原故，蛇很快的滚下来，猛烈的撞在那些刀口上，由胸前一直到肚脐，全被刀割开，蛇就当场死了。猎夫听见鸟叫，这就知道蛇已死了，这才走到那地方，不然，他是不敢走近那兽的。猎夫就照那样的法子把这些蟒蛇捉到的呀！

“他们逮得一个蛇后，从他肚子里把胆拿出来，卖得很大价钱。你们要知道蛇胆在药里用得很多，例如一个人被疯狗咬了，给他一小便士重的蛇胆喝，他就即刻回复原状了。又如妇人难产，痛苦呼喊，他们也给他一点蛇胆，喝了后，妇人即刻就能生了。第三用途是医治肿疡，用蛇胆敷一点在上面，隔几天后，人又好了。因为这许多理由，所以蛇胆在那地方很被人宝贵的。还有，这些蟒蛇的肉，卖价是很贵的，因为蛇肉吃起来味道极好，人民很喜欢吃它。

“我更要说这些蛇也走到狮子、熊或别的野兽生产小兽的穴里。假如能逮到他们，就把那些兽的父母小兽一齐吃了。

“我更要告诉你们，这省里养了许多马，送到印度去卖。他们把马尾割去二三节，不使他能打到骑马的人。同马跑时候，不使马尾摇摆。他们想起来马跑的时候摇摆尾巴，是极不相宜的。你们也要知道，这省人民骑马，用长蹬子，像法国人样子。（我特别注意长蹬。因为鞑靼人以及所有其他民族，皆用短蹬。因为他们是引弓射箭的人，当他们射箭时候，他们习惯站在马身上）他们身上穿水牛皮的甲胄，又有枪盾及强弩，所有箭上皆涂毒药。

（中略）

“我们离开哈喇章，向西走五天，到了金齿省（笔者案：即今保山）。他们是拜偶像的人，臣服大可汗。这省最要的城市叫永昌，所有人民，皆有金牙齿。这就是说每一个牙齿，皆包以金片。他们制造小金套子，配在他们的牙上，上下牙床皆包起来。这只是男子做的，女人不做这事。此外，这里男子，在他们的臂腿上，皆有黑点环带，围绕一周。这黑点环带，是怎样得来的呢？他们拿五根针捆在一齐，就拿这捆针，刺他们的肉。等到血流出来，再拿颜料涂在上面，颜料不能洗下来了。他们以为有黑点环带，就是高贵美丽。还有地方，男子该照他们的风俗做绅士，什么事情不做，只出门从军，或打猎，或捕禽。妇人做各种事情。还有打战时候，逮来的俘虏，他们留作奴隶，也去叫他们做工。那这男子和妇女做所有需要的各种事情。

“妇女生了小孩后，把小孩洗涤包在襁褓里，女人的丈夫，即到床里把小孩留在身边看守。照本地风俗，他如此留在床里约二十天，或更长些，除非有要事外，他是不起来的，所有他的朋友亲戚皆来看他，陪他举行大礼。他们所以如此做作，因为他们以为妇人怀妊已非常痛苦，他们应当代替他二十天或一定时间，使女子不再有苦楚。因此女人生了小孩后，他就马上起来看管所有家庭事务，伺候他的留在床上的丈夫。

“他们吃各种生的和煮熟的肉，他们也吃米和肉同别的东西煮成的饭，烹调皆照他们的法子。他们喝酒，还是用米同别的香料酿出来的，其味极佳。他们用黄金做钱币，但是也用磁贝壳。我郑重的告诉你们，用黄金一撒基，只换银五撒基。因为距那地五月路程以内，没有银矿的原故。因此商人从别处带来许多银子，和这地人民交换黄金。五撒基银子换一撒基黄金，从这上商人获得很大利钱。

“这些人民没偶像，也没有教堂，只拜家祖。因为他们说：‘我们是从他生出来的’。他们没有字母，也没有别种文字。这事并不奇怪，因为他们生长在闭塞不通的地方，在大树林和大山里。夏季时候，无论用世界上任何方法，皆不能通过。在那时候，空气极坏，极不清洁。外方的人，绝不能在那里生活。他们同别人有商业来往时候，就取一块圆的或一块方的棒，把它劈成两片。这人拿这一半，那人拿那一半。未劈之前，他们刻两三个印记在棒上，或随他们愿要刻多少就刻多少。这人来付那人账时，他给他钱，或随便别的东西，他就可以得到那人所有那一部分的棒。

“你们必须晓得这所有我已经讲过的这些省里，如哈喇章、永昌、押赤等，到处皆没有医士。那地贵人有病，就去请教他们的魔术家，魔术家就是巫和看守偶像的人。魔术家来到后，病人告诉他们自己身体上感觉如何，魔术家听得后，玩弄他们的乐器，歌唱和环绕跳舞，直到他们人众中有一人跌倒在地上，或地板上，口中吐白沫，看起像死人一样。别的魔术家（同来的有几个人）看见他们的同伴有一人已倒在地上，他们就向他问那病人究有何病。倒在地上那人回答说：‘因为他如何得罪某鬼，所以那鬼打他。’同时也说出那鬼的名字。魔术家就说：‘我们请你饶他罢！病好后，你要什么有什么。’魔术家说了许多事情，并念了许多祈祷，藏在倒在地上那人身上的鬼就回答说：‘这病人曾经重犯某某鬼，他为人太坏，所以他无论如何不能饶他。’这就是那些将死的人所得到的回答。但是病人如能恢复健康，鬼在魔术家的身体里，就回答说：‘他的罪孽，实在很大，但可以饶他。病人假若要恢复健康，让他去拿二三只羊来，同预备十几样好而贵重的酒来。’以后回答里，再指定羊必须要黑脸的，或别种的；所有这些东西皆须献到某某偶像面前，请某某鬼来享受；祭的时候，必须有若干魔术家和专门侍候神的妇人到场参加典礼，颂扬祈祷礼敬鬼神。魔术家接得这回答后，病人的朋友，就去马上照做。他们拿来所要的羊和各种饮料，量的多少，同质的佳肴，皆一一照鬼所吩咐的办来。他们把羊宰了，血洒在各处，敬献某鬼，他们再把羊在病人家里煮熟了。所有指定的魔术家和人妇，皆在那里聚齐。人皆来齐，羊酒也预备好了，他们开始作乐跳舞，唱颂鬼的歌。洒了一些汤和一些酒，再到各处烧香和沉香。祭的时候，灯烛辉煌。这事做了片时，魔术家中又有一人倒在地上，别人就问他：'病人已经得饶了罢？康健能再恢复罢？'他回答说：'病人尚未得饶，你们应当再做某某事后，他就能得饶了。'他们听到后，马上就照做了。鬼后回答说：'供祭和各事皆已照做了，病人已得赦，不久就要好了。'他们得到这个回答后，洒汤洒饮料，大点灯烛，烧了许多香，皆以为最后鬼已帮助他们了。魔术家和侍候鬼神的妇女们，次乃欢天喜地，举大宴会，把所有羊、酒、饮料一起吃了。吃完以后，大家散回家去。所有祈祷事情做完，病人马上恢复康健。所答应的几乎常常灵验。但是假如病人碰巧不能恢复康健，他们说这是祭祀被损害的原故，尤其归罪于做饭的人，在鬼神未享用之先，他就先尝试的原故。这些礼节，不是为平常人做的，但每月只为少数有钱的贵人做一二次而已。这个风俗，在契丹蛮子各省，仍旧遵守。所有拜偶像的人，几皆如此。这是因为他们没有许多医生的原故。"

以下是叙述元人和缅甸战争的事，不再详引了。我们由他简短的记述中，可想见当时云南的情况。虽然走马观花，错误很大，即如他写大理国的大块金子和桶般粗的大蛇，简直是小说性的描写，解释金齿为人民爱装饰的假牙，尤属附会。剌木学们，就为他们做过校正本，但也留下一些亲眼见的事实。至于中国的译文，我见过以下三种：

《马可波罗行记》，冯承钧译，商务版。

《马可波罗游记》，李季译，亚东版。

《马哥孛罗游记》，张星烺译，商务版。

冯译附有沙海昂注（沙氏系法人，民国初年入中国籍），可以参阅。我想引动读者找全书一读的兴趣，所以不惮详引原文如上。

明代地理类的官书，有《大明一统志》，据说是根据各地方的图经编成的。李公度兄在四川图书馆见过一部，里头云南的一部分，就是洪武《云南图经》的原本。曾托人抄一份来云南，还未抄成。

明末清初，地理之学大盛。研究地理的学者，很多都亲自来过云南，但也有根据文献而纂辑的。几乎没有一部书不涉及云南，最重要的有下列几种：

徐弘祖：《徐霞客游记》十卷。从卷五至卷十，都是《滇游日记》。足迹由滇东的师宗、罗平，经过曲靖、沾益、寻甸、嵩明到昆明、晋宁、昆阳、安宁、富民、武定，转元谋、大姚、姚安、弥渡、祥云、宾川，再到鹤庆、丽江、剑川、洱源、邓川，又转大理、漾濞、永平，直上保山、腾冲，复到顺宁、云县、蒙化。他在鸡足山的时候较长，曾修过《鸡足山志》，也曾到过滇南的临安等地。《游记》中，除了里程、山川、风土、人情有所记述外，对于掌故，插入不少的资料。丁文江先生曾为此书精校，并编年谱。又由闻齐、赵志新两君照着《游记》，绘了一本地图。（商务版）

顾炎武：《天下郡国利病书》。这是顾先生的寄托作品。他的抱负很大，可是在政治上不得展其所长，于是就亲身经历所得，再参稽二十一史、天下郡县志书、章奏、文册，古今人所见到的全国形胜之险夷利病，罗列一帙。但流行的本子，讹脱甚多。昆山图书馆得黄荛圃旧藏先生手稿本，商务印书馆影印为五十册。其第四十四册即为云南，四十五、六册为云贵、交趾，四十七册为交趾、西南夷。有形势、沿革、陆路、水路、镇守等节。它是随读随抄的活页集合而成，并没有一定次序，大约录自谢肇淛《滇略》、包见捷《滇志草》为多。

顾祖禹：《读史方舆纪要》。此书比顾炎武的精密得多。全书中卷一百十三至一百十九是述云南的，开头有一篇序。后来有人专把他所写各省的序，辑为小册，可见其扼要。以下把全省建制、形胜、山川总述在先，分府的叙述于后。刻本甚多，我见到的是成都龙万育校刊本。

《清一统志》。有雍正、嘉庆两种，嘉庆本较完备。卷四七五至四九八，是云南部分。开首为全省总部，列地图及沿革表。内有分野、建置、沿革、形势、文武职官员额、户口、赋税，最后是名宦小传。以下分府州厅叙述，除图表沿革等目外，沿有风俗、城池、学校、山川、古迹、人物、流寓、列女、仙释、土产等目。已收《四部丛刊》续编，尚有附表别行。

以上是地理总述的书。到了民国《新纂通志》，方国瑜先生写的《地理考》疆域部分，计七卷（卷二九至三五），可算集大成工作，对古代地志订正甚多。

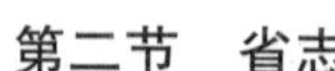

第二节　省志

地理书形成方志的体裁，虽说从唐代就有，但是赵宋以后，此风才普遍流行。在云南，应该溯源于元代。现在我们见到元明清三朝公私修纂的《云南通志》，计有元代一种、明代五种、清代六种、民国一种，尚有知见的明代四种、清代二种，已编未完成的民国一种，计传书十四种，知见的五种，未完的一种，共二十一种。以前修志的人，都没有过这样多的资料，现在我们居然可以收在一处，真令人畅快了！我依次序简明介绍如下：

元李京《云南志略》，《千顷堂书目》《补辽金元史艺文志》均作四卷。有《说郛》本（陶宗仪辑在卷三十六）和《云南备征志》本（昆馆均有）。京，字景山，河间人。大德间，来云南宣慰，写了这书，虞集、明善曾为他作序。可惜现在全书已不可见了，见到的只《总序》和《诸夷风俗》等条。方国瑜先生考订，断定《说郛》本比《备征》本可靠些。

明《洪武云南图经》，六十一卷，已失传。据说洪武修《明一统志》的云南部分是采录此书的。

《云南图经志书》明洪武二十九年，松阳王景常初稿，三十一年昆明平显等补成，已佚。

《景泰云南图经》十卷，庐陵陈文纂。云南省志流传到现在而尚完备的，要以此书为首。陈文在景泰间官云南右布政使（《明史》有传），曾修过《英宗实录》，但《明史》却没有提到他修《云南图经》的话。年前，周惺甫师由南京国学图书馆影抄一部寄滇，我们始见到全貌。卷一至六，述云南布政司、直隶府州司及外夷府州司共四十六处。每一单位，先之以建置沿革，次为事要，又别为郡名、至到、风俗、形胜、土产、山川、公廨、学校、井泉、堂亭、楼阁、寺观、古迹、祠庙、祠墓、桥梁、馆驿、名宦、人物、科甲、题咏等节，还相类于《一统志》的纲目。有关诗文，除录入各节之外，又于卷七至十综集元诗、元文、明诗、明文，计四卷。有很多失传的诗文，在此书中见到。

《云南总志》明弘治年间彭纲修，未刻，原本已佚。纲《自序》说：备载诸府州司建置、沿革、城池、形势、风俗、山川、土产、公署、学校、书院、户口、田粮、驿堡、戍哨、铺舍、楼台、关塞、寺观、祠庙、坟墓、古迹、流寓、仕宦、人物、科第、列女、仙释之类。实则后来周季凤的《正德云南志》，就以彭《志》为蓝本，我们见到周《志》，也等于读彭《志》了。

《正德云南志》四十四卷，豫章周季凤修。周氏官云南提刑按察司副史。《江西通志》有传说："周季凤，字公仪，弘治进士。授刑部主事，迁郎中，升四川按察副使。备兵建昌，抑镇守太监张辰之横，解土官水泰刺马琦之仇，以治办闻。改云南督学，历湖广左布政使，平嘉鱼寇贺章等，擢右副都御史。巡抚保定，进南京刑部右侍郎，以人言解职。起左都御史，总理漕储，巡抚应天，未上，卒。赠刑部尚书，谥康惠。著《来轩漫稿》《修江备考》《修江先贤录》。"

这传里没有提到他修《云南志》的话，但著录他的《修江备考》等书，可见周氏的留心文献。《云南志》是他根据彭纲的书增补成的，不在云南刊版。李元阳《通志・自序》略为提到，天启间刘文征修《滇志》，就不知道有此书了，清代更不用说。直到年前北平图书馆校印山东天一阁书目，万稼轩先生照原刻影抄携来云南，我又向万君借抄了两部，一存于昆馆，一存于五华学院。四百余年前的旧志，乃还归故土。

全书四十四卷。卷一至十四，依各府州司为次，每节之内有建置、沿革、山川、形胜、土产等二十余目，大体与《景泰图经》相同。卷十五为事要，以编年体录经史及古书中有关云南大事。卷十六至二十二为列传，分名宦、流寓、乡献、列女四目，开了后来人物志的例。卷二十三至三十三为诗文，卷三十四至四十四为外志，有寺观、仙释传、汉诸夷传、宋大理国传、元缅国传、明百夷传等目。

《滇志草》二十二卷，明万历间，建水包见捷修，似未刻过（惟顾炎武却引用过此书）。后来刘文征的《滇志》，就以此书为蓝本。

《滇略》十卷，谢肇淛修，已见上章《历史文献》，《续云南备征志》中引过。分为版略（叙疆域）、胜略（叙山水名胜）、产略（叙物产）、俗略（叙风俗）、绩略（叙外省人来云南做官的事迹）、献略（云南名人的传记）、事略（云南大事记）、文略（文艺略谈）、夷略（各民族故事）、杂略（相似于笔记小说）十目。颇属精审，为地志开一新的面貌，已由五华学院校印。

《万历云南通志》十七卷，李元阳纂修。李元阳是大理知名的学者，到八十岁的高龄，还为桑梓写成这一部通志。全书分地理志（包括地图、星野、沿革、疆域、形势、山川、古迹、风俗、物产、堤闸、桥梁、宫室、冢墓等十三目）、建设志（包括职官、治署、城池、仓储、驿堡、关哨、亭铺、养济等八目）、赋役志（包括进贡、户口、田赋、课程、盐课、差发、民役等七目）、兵食志（包括官数、军实、屯征三目）、学校志（包括庙学、科目二目，附书院）、官师志（包括名宦传、题名、流寓、政录四目）、人物志（包括人物、乡贤、孝义、列女四目）、祠祀志（包括祀典、群祀二目）、寺观志（包括寺观、仙释二目）、艺文志（包括遗文、板刻二目）、羁縻志（包括夷司差发、贡象道路、分制吐蕃、僰夷风俗、爨蛮风俗、滇国始末、白国始末、南诏始末、历史史传摘要九目）、杂志（包括灾祥、怪异二目）。他的编目，比起《正德志》，迥然不同，不但有条理，而且材料也较以前的丰富得多。此书久已失传，仅天津任凤苞氏藏有一部，方臞仙先生托任氏晒蓝印一部回滇，龙公志舟重印了五百部。

《滇志》三十三卷，明天启间昆明刘文征修。文征，字右吾，官太仆寺卿。此书取包见捷的《志草》为蓝本，首有凡例五则，叙纂述的原故，又列李元阳序列六则，包见捷例言八则，说明他是继续李包二氏而写的。全书分地理、旅途、建设、赋役、兵食、学校、官师、人物、祠祀、方外、艺文、羁縻、杂、搜遗等目。滇中叠遭兵火，此书久不得见诸城。邓村棣华屋尹氏收藏一部抄本，后来辗转归湘乡陈氏毅，又流入北平，为国立北平大学购得，中央研究院历史语言研究所晒蓝一部携来云南，北平、昆华两图书馆假抄副本。此书因为刘氏是继续包见捷再广事搜辑而成，所以资料尤属繁复。只可惜原文是钞本，错字甚多，须待于校雠改正的。

《康熙云南通志》最初为蔡毓荣等发起纂修进呈，未印（据梁书农先生《新通志跋》引）。后来范承勋又委托吴自肃、丁炜重修，凡三十卷。计有图考、星野（气候附）、沿革大事考、建置郡县、疆域（形势、邮旅附）、山川（关哨、津梁附）、风俗、城池（闸坝、堰塘附）、户口（屯丁附）、田赋（屯征附）、盐法（课程附）、物产、兵防（武秩官附）、封建（师命、使命附）、秩官（公署附）、学校（书院、义学附）、选举（贡院附）、祠祀、古迹（坟墓、寺观附）、名宦（忠烈附）、人物乡贤、孝义、列女、流寓、隐逸（方技附）、仙释、土司（种人、贡道附）、灾祥、艺文、杂异等目。刻板原收藏文庙，几百年来还没有损坏，现移存文献委员会。

《雍正云南通志》三十卷，鄂尔泰监修，靖道谟纂辑，尹继善进呈，曾编入《四库全书》史部地理类。计有图说、星野（气候附）、山川、建置、疆域（形势附）、城池（关哨、邮传、津梁附）、学校（书院、义学、书籍附）、风俗、户口、田赋、课程、经费（赏恤附）、水利、积贮、祠祀（寺观附）、兵防（师旅附）、封建、秩官（武秩、使命、公署附）、名宦（忠烈附）、选举（武科、郡荐附）、人物、列女、流寓、土司（种人附）、仙释（方技附）、古迹（冢墓附）、物产、祥异、艺文、杂记等目。此书距范修《康熙志》不久，内容与《康熙志》相较，增不了许多。刻本已毁，我在前年在旧书铺中为图书馆买得一部，只稍残几页。

《滇志略》十六卷，清乾隆间建宁谢圣编辑。全书名为《滇黔志略》，共三十卷。卷一至十六为《滇志略》，分为沿革、山、水、气候、名宦、学校、风俗、人物、列女、物产、古迹、流寓、轶事、土司、种人、杂纪等目。我没有见过此书，只是《道光通志·艺文志》中著录过。

《滇系》四十册，嘉庆间赵州师范纂。这是一部私人修纂通志的大著作。全书不分卷，装订为四十册，计有疆域、职官、事略、赋产、山川、人物、典故、艺文、土司、属夷、旅途、杂载等十二目。师范纂述此书，有人讥评他引书每每有改易或增减处，说他不及王崧的《备征志》精当。不错，《滇系》是有这缺点的，但并不能因此而认为此书就不可以读，因为师氏所引的书是辗转传抄，难免有错误，但师氏并不注意到考古，更看重要紧的近代文物。袁树五师曾说：乐山（王崧字）是长于考据的，荔扉（师范字）是长于经世的。方臞仙先生更认为考古的工作，自己不做，后人还会做的；惟有像师范搜集眼前的资料，才更觉得难能可贵，这是很确当的批评。师氏自己有刻本，咸同之间毁了，光绪间云南通志局重刻，先归官书局，民国初年移归图书馆，已收入“云南丛书”内，刷印行世，流传甚广。

《道光云南通志稿》二百一十六卷，阮元所倡修，开初是王崧主纂，后来改由李诚完稿。全书分为天文志（分野、气候、祥异）、地理志（舆图、疆域、山川、形势、风俗）、建置志（沿革、城池、官署、邮传、关哨、汛塘、津梁、水利）、食货志（户口、田赋、积贮、课程、经费、物产、盐法、矿厂、蠲恤）、学校志（庙学、学额、学院、义学）、祠祀志（典祀、俗祀、寺观）、武备志（兵制、戎事、边防）、秩官志（封爵、官制题名、使命、名宦、忠烈、循使、土司）、选举志（征辟、进士、举人、武科、恩荫、难荫）、人物志（乡贤、卓行、忠义、宦绩、孝友、文学、列女、方技、寓贤、仙释）、南蛮志（群蛮、边裔、种人、贡献、方言）、艺文志（记载滇事之书、滇人著述之书、金石、杂著）、杂志（古迹、冢墓、轶事异闻）。它的分量超过以前任何一部通志，但是内容评价如何呢？赵介庵先生曾于《续备征志序》上说：

“王乐山先生崧，应总督阮文达公聘，总纂省志。（中略）视旧志为宏富。成书强半矣，文达述职入京，巡抚伊里布公，不学人也，分纂黄岩、李诚，驳杂而坚僻，每与乐山龃龉，巡抚复右之。于是乐山托嫁女，辞，归不复来。李诚为总纂，于乐山原纂，多所改窜，草率成书，舛午复沓。乐山闻而发愤，自刻所纂各门为《道光云南志抄》以示别。文达反滇，知而大戚，方拟再延乐山编订，而内如入阁，逐不果。临去，语代者：新志难以进呈，姑名志稿，梓存以是后人重订耳。其时识者莫不慨惜。余闻先赠公所述原委如此。”

我们读到这篇文字，再检《道光志》细阅，如《地理志》山川等目，有来脉无去路，巨细无遗地写下一些山水名目来，其他部分的芜杂，也是如此。但假使看作长编资料，那也煞费苦心了，至如艺文等志也有几部分很精彩的。

《道光云南志钞》，王崧撰。崧既未能贯彻修通志的工作，于是把他自己写就的一部分稿本刻出来，有地理志序、图说、建置、盐法、矿厂、封建、边裔、土司等目。外面题名《乐山集》，内又加题为《道光云南志钞》，不分卷，还没有刻完。这和章学诚修《湖北通志》未就，自刻稿本为《湖北通志检存稿》一样的情形。王氏此书，方臞仙先生陆续搜集已全（只缺盐法、矿厂两种），昆华图书馆有土司和边裔的下册，计三本，《续备征志》收过《封建志》。

《光绪云南通志》二百四十二卷，又《忠义录》三十二卷，《忠义备考》一卷，《列女录》八卷，岑毓英修。全书体例与《道光志》完全一样，没有丝毫改变，只就《道光志》后，每门类增加若干条。其实这一部通志，为的是写岑氏平滇乱的功绩，重要在戎事部分，占了十四卷之多。赵介庵先生也有评语，是这样的：“咸丰、同治滇乱，几二十年而后平。西林岑襄勤公再督滇，晋宁宋比部廷梁与五华育材院长罗吉士瑞图、倪知府藩建议续修省志，襄勤允之。疏陈设局从事，阅八寒暑，糜数万金。局中官绅，先后屡易，多不得人，大率风尘俗吏，兔园学究，袜线猥材。局中以守道为总理，两山长副之；候补知府为提调，而无总纂。总理不任笔削，拥虚名以束下；分纂各持意见，为撰述无所禀承折衷。总理既于分纂之优劣勤惰不甚别白，分纂则益轻总理。于是志在薪水者，相率故怠，缓延岁月。黠者甚至希旨迎合，徇私纳贿，行恩怨于其间。戎事、职官、人物诸门，多是非失实，而采辑讹误，文字之鄙冗，亦不胜指。光绪癸未，余与石屏许教授印芳下礼部第归里。时襄勤督师驻越南，巡抚江夏张公凯嵩领志局，征入局。余知难固辞，许入局。未一月，会提调同知徐登瀛议改阮《志》体例，许争之不得。商余条辨此谬，走伻上之襄勤，斥登瀛出局，事得寝。然总理粮储刘道海鳌，以登瀛其乡人，方右之，心衔许。许逡巡辞出，未几刘道卒，许复入局，仍以同事多龃龉，复辞之，永善校官任。许在局所纂戎事，上承阮《志》，讫道光末年，颇翔实有法，惜中道辍笔。其后粮道南海谭公宗浚为总理，贤而有文，众冀整理当一新顾。谭尝从容语余，颇以簿书鲜暇，又未悉滇中近事，无能订正，及未蒇事而去，庶免列名其间。未久，果引疾去。其去固不仅缘此，然滇志之疵，概可想见。襄勤回滇，催促成书。余举阮《志》前事讽之，故新志仍以志稿名。”我们在这文里，可以见到修志的毛病，但由此也可知它的困难，我们要严格的批评，但也应该仔细检择，因为它在不知不觉之间，已吸收传播了大部分有价值的资料了。

《光绪续云南通志稿》一百九十四卷，王文韶等纂修。其细目为天文志（分野、祥异）、地理志（舆图表、故县、废城、山川、水利、城池、衙署、关哨、汛塘、津梁）、食货志（户口、田赋、经费、夫马、蠲恤、矿务、钱法、盐法、杂税、厘金、积储表、土宜）、学校志（尊崇典礼、学宫、学制、学额、书院、义学）、祠祭志（坛庙、寺观）、武备志（兵制表，康雍以来改设兵制、南诏元明兵制、边防、驿传、戎事、杂记、汉以来戎事录）、洋务志（界务、通商、教堂、游历、电报）、秩官志（官制、文职名氏表、武职名氏表、元职官名氏录、明职官名氏录、名臣、忠烈、循吏、汉以来先正录、土司、文举人表、武举人表、文进士表、武进士表、明举人题名录、明进士题名录、明武举人题名录、明武进士题名录）、人物志（德行、政事、文学、忠义、汉以来耆旧录、制兵名氏表、民兵名氏表、列女姓氏表、汉以来列女录）、南蛮志（君长、种人、边裔、贡献、方言）、艺文志（记载滇事之书、滇人著述之书、金石、杂著）、杂志（封爵、谪戍、流寓、方技、释道、冢墓、古迹、轶事、异闻）。这书的体例，与前志不相同，他着重清代的，每一门类把清代的列在前头，古代的倒叙述在后面，子目也更改甚多。但是否允当呢？很多人批评得体无完肤，甚至有人说是唐炯任矿务大臣，藉修志来做报销，未免冤枉过甚。实则唐《志》比起岑《志》简要得多，有一些新的门类，加入不少新的资料。原书俱在，不可以抹杀的。

清代省志，除雍正鄂《志》已毁外，至康熙范《志》，光绪岑《志》和唐修《续志》，板片均存，大部分在昆华图书馆。

《民国新纂云南通志》这是民国二十年本省龙志舟主席发起纂修，聘剑川周师惺甫主持，先后设筹备处通志馆，聘专家学者四十余人担任编纂分纂。后来初稿完成，惺甫先生赴渝，又设审订委员会，由秦璞安先师主持定稿，历时十三年。在初研讨体例，即已集思广益，修改多次，后来采访资料陆续写定，全书分类，及担任纂述人开列如下：

记——即大事记，分上古代、中古代、近古代（袁树五先师稿，方国瑜先生等校订数则）。

图——云南所见恒星图、风向图、气象要素分布图（陈一得稿）、山川形势图、矿产分布图（张君翔稿）、历代沿革图（方国瑜稿）、清代分府及直隶厅州图（曹存肩稿，沐继文、孙桂绘）、滇缅界图（南段已定界，采自外交部档案，及北段未定界，采自尹明德等所绘图）、现行设治区域图（亦曹存肩稿）。有人以为各县的图没有画等高线，而且不尽精确，不如翻印测量局所绘五万分之一图，比较精确些；但我以为分县的图，照新通志所绘，也有参考的价值。

表——历代建置沿革表（方国瑜编）、面积、方界、经纬度表（于乃义编）、职官表、使命表、贡举征辟表、历代纂修通志题名表（何小泉编）。

考——天文考、气象考（均陈一得编）；地理考：地质（张君翔编）、形势（秦璞安编），山脉、江河、湖泽、泉潭（均张芷江编），疆域（前半，夏嗣尧编，考释部分方国瑜稿），津梁、城池、关塘、官署（方臞仙稿），古迹、冢墓（孙荫光稿）；交通考、物产考（均张君翔稿）；方言考（赵星海稿，收赵氏所著《白文考》占大部分）；艺文考（方臞仙稿，梁书农、于乃义增订数则）；金石考（李印泉师初稿，方国瑜编录考订文字甚丰）；宗教考（初由张西安编，未成，审订时，方国瑜补写）；祠祀考（缪寄庵师稿）；庶政考（金仲陶稿）；军制考（马伯安稿，郭赋、江襄助）；学制考（缪寄庵师稿）；农业考、工业考（均刘楚湘稿）；商业考（周均、于乃义稿）；矿业考（张君翔稿）；盐务考（由夔举、何小泉稿）；财政考、币制考（均解仲延稿）；荒政考（顾仰山稿）；边裔考（开初是熊仲青编初稿，后由于乃义重写）；外交考（徐保权初写，未成，后由张凤岐完成）；族姓考（袁树五师编纂，李如坤写一部分，最后由方国瑜整理完成）；土司考（开初是萧石斋写，后由于乃义、陈延重编，并参稽档案，详加补正）。

传——名宦传（秦璞安师编，并已由五华学院抽印单行本，题名《滇南名宦传》），汉至元耆旧传（方臞仙稿），列传（金松岑初稿，赵星海、缪寄庵增补，最后经秦璞安师详加厘定），名贤传、忠节传、孝友传、义行传、宦迹传（缪寄庵编），武功传（秦璞安、方臞仙编），儒林传，文苑传（缪寄庵、方臞仙编），实业传（秦璞安编），隐逸传、列女传、寓贤传、释道传（方臞仙编）。以上各传经缪寄庵、方臞仙、赵星海、秦璞安全部审阅，最后秦公于每册之首编订目录，删汰重复，补充缺略甚多。即如明代的传，包见捷在初稿就没有提到它，乃至阮、岑、唐《志》都没有，审订时，一一补入了。

轶事，异闻——大部分是沿用阮《志》岑《志》的，也删去了一些捏造的各民族奇怪风俗，加入了各地采访得的掌故。

编纂始末——开审订会时，推缪寄庵师主稿。

校印始末——三十二年七月全书编订完竣，云南省政府龙主席决予付印，后来卢主席主持督印，自三十三年十一月开始，到三十八年十二月印成。中间筹措印费，得人民企业公司拨付巨款，约在半开二十余万元，使工作得以顺利进行。关于校印事宜，成立《新纂云南通志》校印处，由梁书农先生主持。这一篇《校印始末》，就是梁君写的。印刷事宜，由云南印刷厂承印，经理聂雨南君和各部门负责人，出力不少。

又书前的凡例，是方臞仙、何小泉的初稿，复经全部编订人参加意见，最后由缪寄庵写定的。

这一部《新通志》，二百六十六卷，分装为一百四十册，历时十八年之久，始告完成（计印刷八百部）。虽然也有人作不满意的批评，这是无可讳言的。正因为通志资料，是临时征集而来，并非长期作有计划的搜罗，当然缺略在所不免。如宗教考，只有佛教、天主教两目，实则云南土俗的宗教和回教、道教、耶稣教等等应该叙述的方面很多，因为资料不全，只好从缺。尤其是方言、民族、物产等部分，以云南为研究对象，必须专设研究所，培养专门人才，假定有十年以上的研究工作，或许可以得到完备资料，现在所编录的，简略的很。况且《通志》的完成虽有十八年的历史，可是编纂者只不过一年多的功夫，而且经费很少，更谈不到专门研究了，至于内容文件，也很难一致。可是就民国以来，各省所修的通志比较而言，《云南通志》自有它的成就。秦璞安先生曾作过自我批评，认为《通志》的优点是：（一）体例方面分别为纪、图、表、考、传，依性质分类和体裁分类，执简驭繁，若网在纲。（二）大事记是袁树五先生的精心杰撰，从此云南有一部编年史可读。（三）天文气象部门，打破历来修志者只载分野祥异的迷信记录，陈一得先生以毕生精力，钻研典籍，用科学眼光加以解释，给我们很多的启示。物产考虽不尽精确，可是比起《滇海虞衡志》和旧志物产只列举些奇特古怪东西，要有用得多。（五）外交边务，已列举出近古史上的重要文献。我以为还有几门也很精彩的是：地理考的山脉江河等和疆域沿革，是张芷江、方国瑜两先生整理过的东西，不像旧志，只挂出流水账来了事；艺文考是方臞仙先生手笔，较之阮《志》岑《志》，增加和修正的地方很多；金石考是李印泉师、方国瑜先生的巨制；传的部分，去取精审，资料也颇充实。拿“文省事增”四个字做批评，我想是极为恰当的。

《新志》已全书问世了，我希望有人替它做订正补充的工作，更希望做几种引得，如人名地名等等引得，它会给予学人们对于研究云南史地，有更大的益处。

《续云南通志长编》这是业已起草尚未完成的一部书。原来在《新纂通志》的体例中，已决定分为二编：“一自云南文化初开，截至清宣统三年止，参考旧志，补缺订讹，勒为一书。一自民国初元起，网罗事实，别具长编。”在前编编订的时候，就同时着手准备长编的材料。前编完稿后，省府又聘秦璞安师主持成立云南通志续编委员会，续做长编部分。长编时限，自民国元年到现在，虽然短短三十多年，可是资料也与前编一样的多。正因为不能及时写定，所以很多部分须要保存原始资料形态。现在将长编内容和编订情形简略介绍如次：（一）大事用纪事本末体写光复、护国、护法三节，系姜亮夫编。绥靖一节，缪寄庵编。抗战一节，方国瑜编。革命史料（原称党务），梁书农编。（二）气象：分为气温、风向、风力、天气、降雨五门，陈一得编。（三）议会，王惕山编。（四）官制，陈引之编。（五）军制，伍百锐、阎旦夫准备资料，张在川编。（六）民政，初稿金仲陶编，定稿姜亮夫、陈一得补充整理。（七）财政，初稿解仲延编，定稿梁书农补充整理。（八）教育，缪寄庵编。（九）建设，于乃义编。（十）交通，夏嗣尧初稿，陈一得校订。（十一）粮政，姜亮夫、陈一得编。（十二）盐务，何小泉编。（十三）司法，丁又秋、王惕山编。（十四）社会，缪寄庵、陈一得编。（十五）边务，周志平、张凤岐编。（十六）农业，刘楚湘、于乃义编。（十七）工业，陈一得编。（十八）商业，周志平编。（十九）宗教，张希安编。（二十）艺文，方臞仙、梁书农编。（二十一）金石，方国瑜编。（二十二）传记，张芷江、何小泉、缪寄庵、王惕山、梁书农、陈一得、白小松、于乃义等撰稿，由小泉先生主编。在续编委员会刚成立的时候，滇省府改组，对于资料的搜集发生阻碍，尤其是抗战资料，因为昆明行营的结束，便片纸只字都没有得着。其他机关档案，社会调查，或专家研究资料的征集，均感困难。幸好参与编纂同人都认为是自己的研究事业，各自负责征集资料，居然也编成二百卷以上的巨制。惟因时局变化太大，璞安师遽捐馆舍，尚有少数部门未做校订的工作，稿本均存文献委员会，如环境安定，当可以短时间继续整理完成的。

第三节　府州县志

我国从秦代实行郡县制以来，地方制度虽然有州、郡、道、路、行省等大单位的设置，但是最基本的单位还是县。自宋以后，方志之学由“图经”式的书，蔚为大国，仍以县志占大多数。合县而成州、府，也有直隶州、直隶厅等，也都有志。在云南明、清两代与民国间修的府州县志，留存到现在的有一百八十多种，知见的不下几十种。根据宋士嘉的《中国地方志综录》，再参照《故宫方志目续编》《中央研究院历史语言研究所方志目》《美国国会图书馆藏中国方志目录》《北平图书馆方志目》《昆华图书馆方志目》和晋宁方氏、建水梁氏所藏方志目，与道光、光绪、民国《通志》中的方志目录，作简要的介绍如下：

《云南府志》二十六卷，康熙三十五年张毓碧等纂修。版存昆华图书馆。

《昆明县志》十卷，道光二十一年戴絅孙纂修。版亦存昆馆。

《昆明县志稿》未定卷，民国十四年陈荣昌等纂修。已刻版的有方舆志（疆域）、五行志、政典志（建置、户口、祠祀、兵制、仓廒、自治、学校、贡举、关榷、驿递、官师、赋役、慈善、警察、实业、蠲恤）、风俗志、戎事志（乡贤表、卓行表、宦绩表、孝友表、忠义表）、杂志各部门，似尚未刻完，但也不见流行。昆华图书馆有一部（以下简称昆馆有），又闻昆明县志局另行排印，还未见出书。

《昆明市志》一册，民国十三年童振藻编，昆明市政公所印。不全照方志的体例。

《富民县志》一卷，康熙五十一年彭兆逵纂修。昆馆有晒蓝本。

又二卷，雍正九年杨体乾等纂修。故宫博物院有（以下简称故宫有）。

《宜良县志》二卷，明罗任辑，已佚。道光《志》著录。

又清康熙间高士朗辑，已佚。亦道光《志》著录。

又十卷，康熙五十五年黄澍纂修。北平图书馆有摄影本。

又雍正间朱干编，已佚。道光《志》著录。

又六卷，乾隆三十二年王浦芬纂修。故宫有残本二卷。

又四卷，乾隆五十一年李凉纂修。昆馆有。

又十卷，民国十年许实纂修。昆馆有。

《嵩明州志》八卷，康熙五十九年汪熙纂修。北平馆有。

又八卷，光绪十三年王沂渊纂修，昆馆有。

又三十三卷，民国三十四年，杨思诚编。未见。

《晋宁州志》，明弘治间朱克瀛编，又天顺间王昱编，又万历间许伯衡修，均佚。道光《志》著录。

《晋宁州志》五卷，康熙五十五年杜绍先。北平图书馆有（以下简称北平馆有）。

又二十八卷，乾隆毛嶅修。昆馆有。

又十六卷，道光二十年朱庆椿修。昆馆有翻印本。

《晋宁县志》三十卷，民国三十二年方树梅纂。未印。

《呈贡县志》二卷，康熙五十五年夏瓒纂修。北平馆有抄本。

又四卷，雍正三年朱若功等纂修。北平馆有。

又八卷，光绪十一年李明鋆纂修。昆馆有。至民国来，秦璞安师等所修订者，尚未成书。

《安宁州志》，万历间钟万璋编，已佚。道光《志》著录。

又六卷，康熙四十九年段拱新纂修。北平馆有。

又二十卷，雍正九年段昕纂修。北平馆有。

《续修安宁州志》，光绪五年郎棨等纂修。未见。

《罗次县志》四卷，康熙五十六年王秉煌纂修。北平馆有。

又四卷，光绪十三年胡毓麒纂修，昆馆有。

《禄丰县志》四卷，康熙五十一年刘自唐纂修。昆馆有抄本。

《昆阳州志》十三卷，康熙五十五年王克刚纂修。北平馆存卷十一、十二抄本。

《昆阳小志》，乾隆间迟祚永编，已佚。道光《志》著录。

《昆阳州志》十六卷，道光十九年朱庆椿纂修。昆馆有。

《易门县志》十二卷，康熙五十三年董良材纂修。北平馆有抄本。

《曲靖府志》，康熙间程封纂修，已佚。道光《志》著录。

《南宁县志》（即今曲靖县）十卷，咸丰二年喻怀信纂。昆馆有。

《古越州志》（曲靖的一个地区）十卷，同治六年何暄纂修。昆馆有抄本。

《沾益州志》四卷，乾隆三十五年王秉韬纂修。故宫存三卷。

又六卷，光绪十一年陈燕纂修。昆馆有。

《陆凉州志》（即今陆良）六卷，乾隆十七年沈生遴纂修。故宫有抄本。

又道光间缪阒纂修。未见。

《陆良县志稿》八卷，民国四年黄玉方纂修。昆馆有。

《罗平州志》，康熙三十年杨于鼎纂修。北平馆有抄本。

又四卷，康熙五十六年黄德巽修。北平馆有。

《罗平州乡土志》十三卷，光绪三十三年罗凤章纂修。昆馆有。

《马龙州志》，不详编纂人。北平有清初抄本。

又十一卷，雍正元年许日藻纂修。昆馆有一部，不全；北平馆及故宫有全本。

又《续志》十卷，民国六年王懋昭纂修。昆馆有。

《寻甸府志》二卷，嘉靖二十九年王尚用纂修。天一阁有。

《寻甸州志》八卷，康熙五十九年李月枝纂修。故宫有抄本。

又三十卷，道光八年孙世榕纂修，昆馆有。

《平彝县志》十卷，康熙四十四年任中宜纂修。北平馆有。

又十卷，光绪间韩再兰纂修。昆馆有。

《宣威州志》八卷，乾隆间饶梦铭纂修，已佚。道光《志》著录。

《宣威州志》八卷，道光二十四年刘沛霖纂修。昆馆有。

《宣威州乡土志》三卷，宣统三年缪果章纂修。昆馆有。

《宣威县志稿》十二卷，民国二十三年缪果章纂修。昆馆有。

《巧家县志稿》十卷，民国三十一年汤祚纂修。昆馆有。

《永善纪略》三卷，嘉庆八年查枢纂修。昆馆有抄本。

《临安府志》，雍正间夏冕纂修，已佚。道光《志》著录。

又二十卷，嘉庆四年江浚源纂修，昆馆有。

《建水州志》十九卷，康熙五十四年陈肇奎纂修。北平馆有。

又十二卷，雍正九年祝宏纂修。昆馆有。

《建水县志》十八卷，民国九年梁家荣纂修。昆馆有。

《石屏州志》十二卷，康熙十二年程封纂修。昆馆有。

又《续志》五卷，康熙三十八年张毓瑞纂修。北平馆有。

又八卷，乾隆二十四年管学宣纂修。昆馆有。

又《续志》二卷，乾隆四十五年罗元琦纂修。浙江图书馆有。

《石屏县沿革志》，民国二年袁嘉谷编。昆馆有。

《石屏县志》四十卷，民国二十六年袁嘉谷纂修。昆馆有。

《阿迷州志》（今开远县）不分卷，康熙十二年王民皞纂修。北平馆有。

又二十四卷，雍正十三年陈权纂修。昆馆有抄本。

又十三卷，嘉庆元年张大鼎纂修。北平馆有抄本。

《宁州志》（今华宁），康熙三十四年马世俊纂修。北平馆有。

《宁县志》，民国二年自治公所抄本。昆馆有。

《黎县志》（今华宁），民国初年卢厚山纂修。未见。

《通海县志》八卷，康熙三十年魏尽臣纂修。昆馆有。

又四卷，道光六年赵自中纂修。未见。

《河西县志》六卷，康熙五十一年周天任纂。北平馆有。

又四卷，乾隆三十三年董枢纂修，民国十三年铅印本。昆馆有。

《他郎厅志》（今墨江），道光间李怀谦纂修。未见。

《嶍峨县志》（今峨山）四卷，康熙五十六年陆绍闳纂修。昆馆有。

又咸丰十年思槐堂主人补辑。昆馆有。

《蒙自县志》六卷，乾隆五十六年李昆纂修。昆馆有。

《续蒙自县志稿》，民国马絜等编，未成，只印行目录。

《澄江府志》十六卷，康熙五十八年柳正芳纂修。北平馆有。

又十六卷，道光二十七年李熙龄纂修。徐家汇图书馆有。

《河阳县志》（今澄江）二十卷，康熙五十六年李丕垣纂修。北平馆有。

《江川县乡土志》，光绪三十三年张维翰纂修。昆馆有抄本。

《马关县志》十卷，民国十五年张自明纂修。昆馆有。

《新兴州志》（今玉溪）十卷，康熙五十四年任中宜纂修。昆馆有。

又十卷，乾隆十四年徐正恩续修。昆馆有。

《玉溪县志》十二卷，民国八年崔澄纂修。昆馆有。

又十四卷，民国二十年李鸿祥纂修。昆馆有。

《路南州志》四卷，康熙五十一年金廷献纂修。昆馆有翻印本。

又四卷，乾隆二十二年郭廷选纂修，北平馆有抄本。

《路南县志》十卷，民国五年马标纂修。昆馆有。

《广南府志》四卷，道光五年何愚纂修。昆馆有。

又四卷，道光二十八年李熙龄纂修。昆馆有。

《广南县志》二十二卷，纂修者不详。昆馆有抄本。

《邱北县志》十卷，民国九年缪云章纂修。昆馆有。

《开化府志》十卷，乾隆二十三年汤大宾纂修。故宫有。

又十卷，道光九年周炳纂修。北平馆有。

《东川府志》二卷，雍正十三年崔乃镛纂修。北平馆有。

又二十卷，乾隆二十六年方桂纂修。昆馆有。

又《续志》四卷，光绪二十二年余泽春纂修。昆馆有。

《昭通志稿》十二卷，民国十二年符廷铨修。昆馆有。

又二十四卷，民国二十三年卢金锡修。未见。

又十卷，民国二十六年杨履乾等纂修。未见。

《盐津县志》，民国三十八年陈秉仁纂修，尚未印成，先印名胜部分，题名为《盐津乡土吏地教材》。

《镇雄州志》六卷，乾隆四十九年屠述濂纂修。故宫有残本，昆馆有全部。

《镇雄直隶州志》六卷，光绪十三年李玉饶纂修。昆馆有。

《普洱府志》二十卷，道光三十年李熙龄纂修。天津任氏有。

又五十一卷，光绪二十三年陈度纂修。昆馆有。

《普思沿边志略》一卷，民国四年柯树勋编。昆馆有。

《思茅县志》，光绪间吴光汉编。未刊。

《威远县志》（今景谷县）八卷，道光十八年夏鼎纂修。原东方图书馆有，现恐已烧毁了。
《镇越县志稿》，民国二十六年赵恩治纂修。梁书农有藏本。
《大理府志略》，明赵良彦辑，已佚。道光《志》著录。
《大理府志》十卷，嘉靖四十三年李元阳纂修。北平馆有残本。
《太和县志》，明崇祯间张相度编，已佚。道光《志》著录。
《大理府志》三十一卷，康熙三十三年傅天祥纂修。昆馆有。
《大理县志稿》三十二卷，民国五年周宗麟纂修。昆馆有。
《赵州志》（今凤仪）四卷，万历十五年庄成纂修。北平馆有抄本。
又四卷，雍正十三年程近仁纂修。故宫有。
又六卷，道光十九年陈钊镗纂修。昆馆有。
《云南县志》（今祥云），康熙五十五年伍青莲纂修。北平馆有抄本。
又四卷，乾隆三十二年李世保纂修。昆馆有晒蓝本。
又十二卷，光绪十六年项联晋纂修。昆馆有。
《邓川州志》十五卷，明隆武二年艾自修纂修。北平馆有。
又十八卷，咸丰三年侯见钦纂修。昆馆有。另有六卷，系道光间艾濂纂修，已佚。
《浪穹县志》（今洱源）八卷，明万历间何邦渐纂修，已佚。道光《志》所著录。
又八卷，康熙二十九年赵璜纂修。北平馆有。
又十一卷，道光二十二年赵德邻纂修。原东方图书馆有，现恐已烧毁了。
《浪穹县志略》十三卷，光绪二十三年周沆纂修。昆馆有。
《宾川州志》十二卷，雍正五年周钺纂修。北平馆有。
《云龙州志》十三卷，雍正六年陈希芳纂修。昆馆有晒蓝本。
又十三卷，光绪十八年张德霈纂修，东方图书馆有抄本，已毁了。
《楚雄府志》十一卷，康熙五十四年张嘉颖纂修。北平馆有。
《楚雄县志》，嘉庆间苏鸣鹤纂修，已佚。道光《志》著录。
又十二卷，宣统元年崇谦纂修。昆馆有抄本。
《镇南州志》，康熙间陈元钊纂修，已佚。道光《志》著录。
又十一卷，光绪十六年甘孟贤纂修，昆馆有。
《南安州志》（今双柏）六卷，康熙四十八年张伦志纂修。北平馆有。
《定远县志》（今牟定）八卷，康熙四十一年张彦绅纂修。北平馆有。
又八卷，道光十五年李德生纂修。昆馆有抄本。
《广通县志》十卷，康熙二十九年李铨纂修。北平馆有。
《姚州志》（今姚安）五卷，康熙五十二年管抡纂修。昆馆有晒蓝本卷三。
又四卷，道光十三年李品芳纂修。原存东方图书馆，已毁。
又十二卷，光绪十二年甘雨纂修。昆馆有。
《姚安县志》，民国三十六年由云龙纂修。正印刷中。
《大姚县志》，康熙五十三年，陆应儿纂修，北平馆有抄本。
又十六卷，道光二十五年黎恂纂修。昆馆有。

《黑盐井志》（今盐兴）八卷，康熙四十九年沈懋价纂修。北平馆有。

又二十七卷，乾隆间王定柱纂修，已佚。道光《志》著录。

《琅井志》（今盐兴）四卷，康熙间沈鼎编，已佚。道光《志》著录。

《琅盐井志》五卷，乾隆二十一年孙元柏纂修。北平馆有抄本。

《白盐井志》（今盐丰）四卷，乾隆二十三年郭存庄纂修。北平馆有抄本。

《续修白盐井志》十一卷，光绪三十四年罗其泽纂修。昆馆有。

《盐丰县志》十二卷，民国十一年郭燮熙纂修。昆馆有。

《龙陵县志》十六卷，民国六年修明传纂修。昆馆有。

《永昌府志》二十七卷，康熙四十一年罗纶纂修。北平馆有。

又二十六卷，乾隆五十年宣世涛纂修。刘氏嘉业堂有。

又六十七卷，光绪十一年刘毓珂纂修。昆馆有。

《永平县志》一卷，民国元年永平县政府编。昆馆有抄本。

《腾越州志》，明嘉靖间吴宗尧纂修，已佚。道光《志》著录。

又十三卷，乾隆五十五年屠述濂纂修。昆馆有。

《腾越厅志》二十卷，光绪十三年陈宗海纂修。昆馆有。

《腾越乡土志》八卷，宣统间抄本。昆馆有。

《泸水志》二十四卷，民国二十一年段承钧纂修。昆馆有。

《顺宁府志》八卷，康熙三十九年董永芠纂修。北平馆有抄本。

又十一卷，雍正三年田世容纂修。北平馆有。

又十卷，乾隆二十六年刘靖纂修。故宫有。

又三十八卷，光绪三十年周宗洛纂修。昆馆有。

《顺宁县志初稿》十四卷，民国三十六年张问德纂修。昆馆有。

《云州志》六卷，康熙四十年蒋㪨纂修。北平馆有。

《□宁县乡土志》三卷，光绪三十四年编印。未见。

《剑川州志》二十卷，康熙五十二年王世贵纂修。北平馆有。

《丽江府志略》二卷，乾隆五年管学宣纂修。徐家汇图书馆有。

《丽江府志》十卷，乾隆八年管学宣纂修。昆馆有。

《中甸县志》五卷，民国二十八年段绥滋纂修。未印。

《鹤庆府志》二十六卷，康熙五十三年邹启孟纂修。北平馆有。

《鹤庆州志》三十二卷，光绪二十年杨金和纂修。昆馆有。

《广西府志》十三卷，康熙五十三年赵弘任纂修。北平馆有。

又二十六卷，乾隆四年周采纂修。昆馆有。

《师宗州志》二卷，康熙五十六年管抡纂。北平馆有。

又《续志》，雍正间夏治元纂修，已佚。道光《志》著录。

《弥勒州志》十二卷，康熙五十四年吴永绪纂修。北平馆有抄本。

又二十八卷，乾隆四年秦仁纂修。北平馆有。

《武定府志》四卷，康熙二十八年王清贤纂修。北平馆有残本。

《武定直隶州志》六卷，光绪四年郭怀礼纂修。北平馆有。

《元谋县志》六卷，康熙五十一年王弘任纂修。昆馆有。

又十四卷（一名《华竹新编》），乾隆四十六年檀萃纂修。故宫有残本。

《禄劝州志》二卷，康熙五十八年李廷宰纂修。北平馆有。

《禄劝县志》十四卷（又名《农部琐录》），乾隆四十五年檀萃纂修。东方馆有，已毁。

又十五卷，民国十一年许实等纂修。未印。

《武元禄三属通志》四卷，民国元年抄本。昆馆有。

《元江府志》，康熙五十三年章履成纂修。北平馆有。

《元江州志》四卷，道光间广裕纂修，已佚。道光《志》著录。

又一卷，民国间抄本，昆馆有。

《元江志稿》三十二卷，民国十一年刘达武纂修。昆馆有。

《新平县志》四卷，康熙五十一年张云翮纂修。北平馆有。

又八卷，道光六年李诚纂修。昆馆有。

又八卷，民国七年魏镛纂修。昆馆有。

又二十四卷，民国二十二年马太元纂修。昆馆有。

《北胜州志》（今永胜），明万历间罗好仁纂修，已佚。道光《志》著录。

《永北府志》二十八卷，乾隆三十年陈奇典纂修。故宫有残本三卷。

《永北直隶厅志》十一卷，光绪三十年叶如桐纂修。昆馆有。

《蒙化府志》七卷，康熙三十七年蒋旭纂修。昆馆有。

《蒙化直隶厅志》七卷，乾隆五十五年刘垲纂修。昆馆有。

《蒙化乡土志》十五卷，宣统二年编印。昆馆有。

《蒙化县志稿》二十六卷，民国九年梁友檍纂修。昆馆有。

《景东府志》六卷，雍正十年徐树闳纂修。北平馆有。

《景东直隶厅志》四卷，乾隆四年罗含章纂修。北平馆有。

《景东县志稿》二十二卷，民国十一年侯应忠纂修。昆馆有。

以上约计云南的方志二百余种，完全照朱士嘉《中国地方志综录》的次序排列。将朱书所缺的补入，错误的改正（如朱氏将《新平县志》误作黄岩编纂，实则是李诚编的，李诚是黄岩人，朱氏将地名混成人名，其他纂修姓名错误的很多，都一一照原本改过来）。至于近来还有各县地方正进行修订的，就我所知的列举出来希望各县主持人随时与文献委员会联系，笔者俟此书再版时，再为补入。

第四节　山川志和游记杂记

研究云南地理，专以山川为研讨对象的书，除了《云南备征志》及《续备征志》中所收，《山海经》《水经》《云南山川志》《水道提纲》《滇南山川辨误》《西徼水道》《富良江源流考》、正续《温泉志》等而外（详《历史文献》），尚有李荣陛的《云缅山川志》（收“问影楼舆地丛书”）、李诚的《云南水道考》（收“嘉业堂丛书”，昆馆有）、赵元祚的《滇南山水纲目》（收“云南丛书”）、傅绎的《行水金鉴》与黎世序《续行水金鉴》（两书中江水部分，记金沙江多条，昆馆有）。

至于专为一山一水作志的，有徐弘祖、大错和尚、范承勋们先后修的《鸡足山志》（徐《志》附《游记》后，现通行本系范《志》），毕曰澪著《苍洱小记》（未见），黄元治修《荡山志》（荡山在大理，此书何小泉先生得稿本，我已抄一份备刊），张凤孙修《金江志》，葛起峻著《碧峣遗迹》（均未见）。方秉孝修《盘龙山小志》（已收“云南丛书”），赵介庵、李印泉师修《鸡足山志补》，由夔举先生《高峣志》，资料均甚丰富。《云南通志》的山川部分在道光《志》、光绪《志》至为详备，可惜用罗列方式，只像一部山川目录，不易懂得大势，在《新志》中开审订会时，另由张芷江先生改写为山脉、江河、湖泊、泉泽等卷，均各附表以备检索，至为显豁。

以上只就我所读过或知见的书，略举大概，至于没有见到的，尚不知有若干种。至于游记杂记，与不成系统的篇章，收罗最丰富的是《小方壶斋舆地丛钞》。此书是清末王锡祺编印的，可算一部最大的地理丛书，内容芜杂极了，但因为分量多的缘故，有一些找不到的资料，可以由里头查得出来。现在我将云南部分摘要如下：

龚柴：《云南考略》，在第一帙第二册，略述沿革、疆域、山水、人物、物产。

王昶：《游鸡足山记》，在第四帙第八册，日记体，略述鸡足山的景物。

齐召南：《云南诸水编》，合以下四种均在第四帙第十二册，略述云南境内各大水的发源和经流、支流的合汇。

张机：《云南三江水道考》，考出金沙江、澜沧江、潞江三水流经之地。

陶澍：《黑水考》，考出黑水的名称和水道流经之区域，它的上游是金沙江。

魏源：《大金沙江考》，作者谓：“大金沙江即今之雅鲁藏布江，其下流又径入缅甸，始终不入云南，难指为禹迹所导之黑水。滇人谓之大金沙江，对岷江之会小金沙江而言。”

师范：《开金沙江议》，略述开辟金沙江的历史，及金沙江之不可不开的两大利益：一为边防大计，一为转输的便利。

李澄中：《游太华寺记》，在第四帙第十六册，略述昆明西山太华寺修建的历史及其景物。

张九钺：《铜瓦寺记》，亦在第四帙第十六册，记昆明铜瓦寺修建的历史、兴衰、景物（铜瓦寺就是金殿）。

王思训：《滇南通考》，合以下十五种均在第七帙第三册，略述云南的形势等。（笔者按：王氏汇编有《滇乘》，但已遗失很久了）

曹树翘：《滇南杂志》，曹氏是上海人，他这一部书，以札记体写云南之沿革、气候、山川、出产、人情风俗一些琐碎事。后面记土司和方言甚详。（昆华图书馆旧有单行本，被邓衍林君借去未还）

刘彬：《全滇形势论》，略述云南之形势和屏障。

师范：《入滇陆程考》，记历代通滇的道路和境内陆路的联络情形。

师范：《入滇江路考》，记历代通滇的水路及金沙江通行之利。

张泓：《滇南新语》，叙述种族、人情、宗教信仰、风俗传统和山川草木奇闻。张氏先后在玉溪、剑川等地做官，所以叙述两地较详。

吴应枚：《滇南杂记》，写一些民俗的事。

黄向坚：《寻亲纪程》，这就是有名的黄孝子寻亲之经历。

黄向坚：《滇还日记》，叙述他由云南回苏州的情形。

文果：《洱海丛谈》，叙述僰人和滇西洱海大理国的故事。

陈鼎：《滇游记》，游平彝、马龙、昆明、安宁以至滇西的经历。

许缵曾：《滇行纪程》，前半段记黔省路途中事。后半段记滇东平彝、嵩明的古迹、景物、气候。还有续抄一卷，却没有叙到云南。

许缵曾：《东还纪程》，记大理、马龙、安宁等地的事，没有次序。后段叙云南改土归流的历史。

杨名时：《自滇入都程纪》，略记由滇省经过黔湘皖冀甘等省的经历。

王昶：《滇行日录》（合以下六种均在第七帙第四册），叙述由北京到云南途中的事。

林则徐：《滇轺纪程》，叙述他到云南典试途中的经过。

杨怿会：《使滇日程》，是杨氏到云南鞫狱，在途中所记。

张咏：《云南风土记》，只是十多条怪诞不经之谈。

《探路日记》：是一个英国人（已佚名）探滇缅边界的事。

包家吉：《滇游日记》，包氏来云南查案来回沿途的日记。

赵翼：《粤滇杂记》，记滇事只三数条。

余庆远：《维西见闻记》，合以下二种均在第八帙第一册。略述维西（属丽江府治）的沿革、形势、山川、种族、祭祀、衣著、出产、草木鸟兽、民情习俗。（并已收入《备征志》）

刘彬：《永昌土司论》，略述永昌土司的历史沿革，和他们好勇斗狠的习气及讨论所以镇抚之方。

陈鼎：《滇黔土司婚礼记》，略述滇黔土司婚礼的奇见异闻。

魏源：《西南夷改流记》，在第八帙第二册，略述滇、黔、川、粤苗蛮改土归流的历史。

魏源：《征缅甸记》，在第十帙第四册，略述中缅之历史、征缅之经过、缅甸臣服纳贡之史实。

王昶：《征缅纪略》，在第十帙第四册，略述征缅甸之历史。

王昶：《征缅纪闻》，在第十帙第四册，日记体，略述征缅经过及其交锋之史实。

师范：《入缅路程》，在第十帙第四册，略述由滇入缅之路，有为兵家所必知者。

马冠群：《云南地略》，略记一些山川城市的事。（合以下四种均在《补编》）

王锡祺：《猛乌、乌得记》，这是滇越边界的两个土司。

《滇缅边界记略》：著者不详。

薛福成：《滇缅分界疏略》，以下两种，都是有关划界的资料。

《西南边防议》：著者不详。

在王氏这一大部丛书中，我们披沙拣金，也可以得到一些资料。此外近人所著的书，有关云南地理的单行本，就我见到的举出下列各种：

谢彬：《云南游记》，中华版。

钱文选：《游滇记事》，作者自印。

胡嘉：《滇越游记》，商务版。

詹念祖：《云南省》，商务版。

郑子健：《滇游一月记》，中华版。

省教育会：《旅滇指南》，该会印。

云南通讯社：《滇游指南》。

昆明县教育局：《昆明县小学乡土教材》。

高鹤年：《名山游访记》（高氏在云南盘桓时间很多，可于此书中见到），佛学书局版。

第五节　表与图

治沿革地理，用表来说明的书，我见到下列三种：

清康熙间喇沙里等撰：《皇舆表》。其中卷十六是云南的地理沿革表，末附十八土司沿革，昆华图书馆有初刻本。

陈芳绩：《历代地理沿革表》。陈氏是明末清初的人，此书又经道光间张大镛等校订，分为部表、郡表、县表三部分。云南在部表属梁州，在卷三；郡表属蜀郡、黔中郡，在卷十五、十六；县表在卷四十二、四十三。有“史学丛书”本，已收《丛书集成》内。

杨丕复：《舆地沿革表》。杨氏是道光时人，以毕生精力编成此表。卷三十九是云南的表，以清代的分府为经，而纬以历代的疆土分布，四至面积等，也附带叙入。

在《新纂云南通志》中，方国瑜先生做沿革地理部分，除了文字叙述之外，又做了沿革表（在卷十）和沿革图（在卷七）。沿革表有汉晋设郡表，汉晋设县表，隋唐以后设治表，元明清建省表，和历代设治表。沿革图有周秦部族图，两汉、蜀汉、西东晋、后蜀、刘宋、萧齐郡县图、唐初置州图、两爨，六诏蒙氏段氏地名图、大理高氏土司分布图，元初设万户府图，元代设置路府图，明代设府图，明代卫所布置，清代设府厅州图与绿营兵驻防图。表的部分，若网在纲，经过精密的考订，比起《皇舆表》等正确得多；图的部分，比李兆洛、杨守敬的详细。

至于云南的自然地理、人文地理的地图，我愿意介绍下列几种：

一是丁文江氏等的《中国新地图》。他们虽非全国各地都经过实测，但是搜集的资料甚多，尤其是等高线标示得明白。

二是云南测量局所测绘十万分之一和五万分之一、二万五千分之一的《云南全省地图》，是曹仔肩先生二十多年来无声无息的工作所得的结果，还有一部工作人员在测绘途中，被匪戕害的十多人。就是曹先生在逝世前几月，还告诉笔者说：“可惜边区有少数地方没有测完，更遗憾的是空中测绘没有实现。”在目前要找精确的云南地图，只有这一份比较完善。

三是民政厅所绘《云南各县行政区域图》。这和新《云南通志》的设治区域图差不多，在普通参考勉强可用。也是曹先生的朋友和学生所绘的。

四是外国人所绘的舆图。刘增乾、华实富两先生曾写过一篇《云南全省国际舆图资料》（登《地学》第三卷第八期九期）略谓：英法因侵略之野心，对滇省山川形势，以及天然富源与社会情况，于清末即多次派员深入勘测及调查，其印行之图件与论述甚多。在抗战期间，美军基于东南亚战争军事需要，曾在滇缅边区及中印航线所经之范围，实施航空摄影测量，复有最新之图籍问世。但此等国际资料，皆属秘密性质，在国内绝少见及（中略）。综计所获之舆地图资料，共有六种：

一、《台维斯图・云南幅》，一百二十六万七千分之一。

本图为台维斯根据其实测六万二千三百分之一图缩制而成，于一九○六年出版，一九○八年修正。

二、《印度联界图》，一百万分之一。

本图为印度测量局编制，于一九二五年出版，一九三一年再版。

三、《国际图》，一百万分之一。

本图系英国参谋部地理组根据印度测量局资料分幅编制而成者。于一九四二年出版，及一九四三、一九四四两年再版。

四、《美军航空用图》，一百万分之一。

本图系根据《国际图》、印度航空测量局之《亚洲图》、缅甸《航空测量图》等资料分幅编制而成，于一九四四年出版。

五、《美空军飞行用图》，一百万分之一。

本图系根据《国际图》《美军航空用图》及最新航测资料编成，于一九四四年出版。

六、《亚洲运输图》，一百万分之一。

本图为美军军用图社编制，于一九四三年出版，一九四四年重行修正。

据作者的比较批评：《台维斯图》系根据其实测各图加以编制，故比较正确，但城市注记，一部已失去时间性。《印度联界图》系根据《台维斯图》复制，但等高线欠正确，又其河流，凡原图之为约测者均全部删去，故其价值反较低。《国际图》，一为一九四二发行之紫色版及多色版，一为一九四三之多色版及两色版。后者在地形高度及聚落位置，多有改善。《美军航空用图》几与《国际图》相同，因适应航空需要，着重重要城市、水系、山峰、机场之注载，但用于普通参考，其聚落点过少，交通线欠明详。《美军飞行用图》为最新版，作一般用亦颇相宜。《亚洲运输图》对铁路、公路区分及注载颇详，但地形高度均付缺如，加以选点过少，仅适于运输参考。

上列之各图中，仅《印度联界图》及《运输图》可公开买卖（可参考刘华两君原文）。抗战结束时，云南省政府向美军交涉，希望他们留《航空用图》《飞行用图》各一份在云南，就没有办到。

至于旧通志中的地图，是以北京天文台为经纬度基点，现在已不适用。当时绘制每每以意为之，与事实出入很大，只算古董而已（尚有明代的李默《天下舆地图》，桂萼《皇明舆地图》，罗洪先《广舆图》和清代内府地图，均同此）。

此外还有一部奇书，就是李印泉师的《滇西兵要界务图注》。是印师在民国前一年主持讲武堂时，就昆明至迤西各路的险要和着眼于边防所绘的一百二十四幅地图。授给学生以实事求是的知识，到现在还有参考的价值。

又如地质、物产、人文等类地图，虽然一些专家各自埋头工作绘制，但我还没有见到系统的东西。可是以后由博大而专门，此类图表，必将呈现于我们的眼帘，可以预卜的。

第六章　自然科学研究

科学发展的历史到现在不过三百多年。在中国，我们不愿意作一些附会的自欺之谈，说：“中国老早有科学了。”但是科学研究的对象是自然与人文，中国虽然没有精密的科学方法，可是对于自然人文的问题，却不能说没有研讨过。我们就云南看，就有不少的珍贵资料，现在先就自然科学方面看。

（一）数学

远在同治年间，弥渡的李彪（号菊村）研究一种简单的算法，写过一部《筹算法》。光绪间，晋宁宋演（号绍周）写过一部《勾股一贯述》，他们都是根据《周髀算经》和《九章算术》等书编纂而成的。

清末新学传播后，治数学的人不多，比较有成就的是弥勒熊庆来（号迪之）写过一部《高等算学分析》（商务版）和一些专门性的论文，蜚声国际。他在主持清华大学算学系和在东南大学任教的时候，培植出许多数学天才者如华罗庚、严济慈等是青出于蓝了。熊先生曾自己表示，如果这些年不转到教育行政上来工作，在数学上还可以得到有意义的收获。又石屏袁丕济（号向耕）写过一部《在对数中频繁散布和半对数的研究》，是他的博士论文。英年早逝，学界深致悼惜。云南大学设有数学系，只要继续办下去，年代长久，成就未可限量。

（二）天象

这是一个奇迹。云南的天象研究，出自一个人的努力开创，而且把私人所得，化私为公，就是陈一得先生，由钱局街一得测候所演进为太华山测候所一段值得歌颂的史实。我在很小的时候，就见过陈先生所制的步天规。陈先生对于天象，对于气候之学，居然能够无师自通。把衣食节省所得的财产，从远地购办来一些测候仪器。三十多年来，天天做枯燥的记录。气温、风向、气候、云层、雨量，每个月整理一次，自己写，印月报，贴着邮费，分送到各地去。而且有长时间的记录，发现许多共通的道理，绘制了《云南春夏秋冬之最多风向图》等，有很多珍贵的发现。当在太华山上工作的时候，在山顶过着寺院的生活，倒不寂寞，而麻烦的事是每个月为职工们进城领食米，或昆明放更炮的火药。在测候所购到一具自动记录气温计，先生高兴得了不起。曾和科学考察团到西北看日全食，引为一生极有趣的事。当云南教育界听见“陈一得”这三个字，就想见到戴着高度眼镜，观察事物一丝不苟，凛然不可犯的老先生的面孔。同辈的人，飞黄腾达的太多了，这记录气候的冷门，矻矻孜孜，做一辈子，人家都要发笑了，做这些工作有什么用处呢？在抗战紧张的时候，联合国协助作战。美空军来滇后，向政府索取滇省的气候、雨量、风向、水道、海拔、地势等等的记录。除开前面三项有陈先生的记录外，其他各项没有办法交卷，才知道这些表格的可贵。而陈先生还有一部分以科学整理的文献，就是《云南通志》中的《天文考》《气象考》，把历史上或各种方志中，有关云南天象记录的一鳞半爪，搜罗得很丰富，作极有系统的编排，并以科学原理，作极详细的说明。拿来和其他方志种种传说附会，零乱无次的编录相比较，真有天渊之别。夫人陈刘德芳女士，协助先生工作，曾绣制《云南所见恒星图》一幅，陈先生连同一切笔记送存昆华图书馆。

天象的记录，在抗战后，中央研究院天文研究所在昆明凤凰山设有天文台。胜利后，交给云大数学系办理。现在经常的工作，是观察太阳的黑子，作记录和报告，由王士魁、简恩泽先生负责。

（三）地质

在考古文献中，我已简略介绍过云南的地质研究工作了，现在再作一番系统的说明。云南是世界上研究地质最好的地区，因为各种地层都有，采集资料，至为丰富。可是调查工作，简陋得很。直到抗战时期，中央研究院地质调查所、西南联大、资源委员会和本省的经济委员会及建设厅的地质矿产调查所才先后零星的做过一些工作。地质学界的权威学者，像谭锡畴、孙云铸、米士教授们，每每利用假期，亲自负荷仪器包裹，到各县去实际调查。直到胜利时期，全省地质调查，已完成十分之二。复员后，反而停顿了。现在中央研究院的调查所，还留着一个工作站在昆明，有邓玉书、刘锦新、李希勣先生们继续工作。这些学者们，把学术当作生命源泉，值得钦佩。建设厅的调查所，现由邓泰坤、邓经邦先生负责，也粗具规模。至于在云南地下发掘，最有名的几件事，一件是卞美年、杨钟健先生们发现禄丰恐龙。又吴金鼎、曾昭燏先生们的大理地下发掘，把考察的记录，写过一部《苍洱境考古报告》（均详《考古文献》）。虽所发现者多是遗物，但都与地质有关。至于私人研究，以前有张鸿翼、童振藻先生们，或零星的采集标本，或研究地震，作综合的记录。又许德佑、边兆祥、曾鼎乾、李承三先生们，有一部分地质的记录，和中山大学克劳托拿教授，民国十九年来云南作地理考察，写过一部昆明至大理，和大理至腾越乃至泸水及澜沧江以北再转到元谋、剑川等地的地形与地质调查，也有简明的记述。在一九四九年，五华文理学院成立地质学系，由谭锡畴先生担任系主任，主持办理，何衍璿、邓玉书、王立本、周泰昕、郭海峰先生们分别任教，决定了四年的教学进度，最注意实验。将来决计做本省全部地质调查工作，以配合矿产开发等建国的基本工作。又谭教授并与王钟山、王立本先生，合办《地学》双周刊，已出三卷，资料甚丰富。

（四）生物

云南是一个东方的大生物园，寒带、热带、温带，一切生物，莫不具备。以前在方志中，或檀萃的《滇海虞衡志》，记载物产，很多根据传闻，所以错误极大。正因为没有充分的采集标本和科学观察的记录的缘故。新修《云南通志》，张鸿翼先生担任物产部门。张先生留学日本，是学习博物的，因此把学习所得，照着科学分类来安排云南的物产，一一罗列学名，好像一部生物学教科书，应有尽有。牵强附会，在所难免。在《通志》审订时，我曾请经利彬先生代为审查。经先生虽然校订了几处，但他认为还不是编订的时候，至少应该做调查研究的工作十年后，才可以着手，不但要用科学方法做观察记录，并且对于土名也有调查的必要。《通志》急待付印，只好仍用张先生的原稿。原来经先生正进行的工作是药物研究所，正着手做《滇南本草图谱》。这是明初嵩明兰茂（芷庵）所写的一部药书（有“云南丛书”本和务本堂本两种）。《本草》内很多是草药，经先生选出若干种来，就标本仔细记录它的组织等等。已印成第一辑一册，可惜胜利后经先生忙于赴台湾，这项工作无形搁置了。

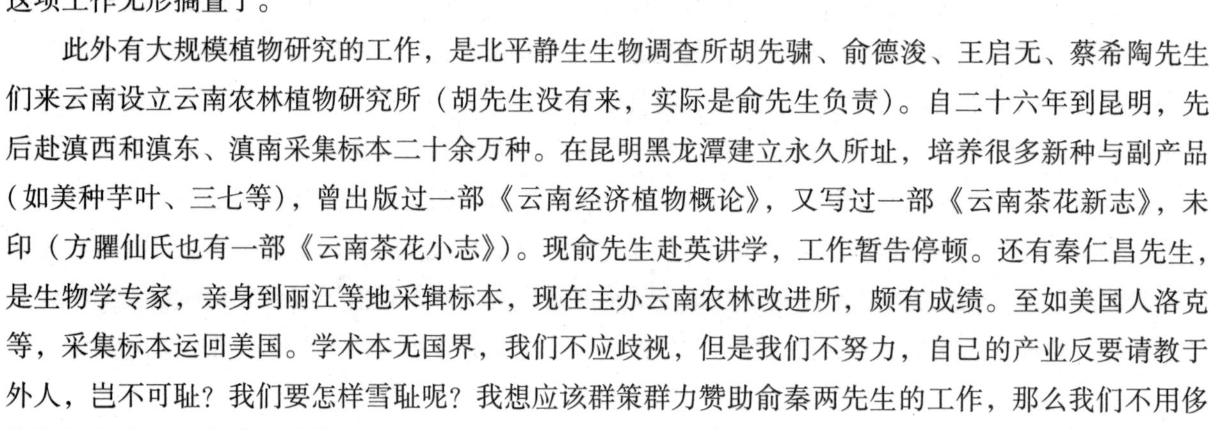

此外有大规模植物研究的工作，是北平静生生物调查所胡先骕、俞德浚、王启无、蔡希陶先生们来云南设立云南农林植物研究所（胡先生没有来，实际是俞先生负责）。自二十六年到昆明，先后赴滇西和滇东、滇南采集标本二十余万种。在昆明黑龙潭建立永久所址，培养很多新种与副产品（如美种芋叶、三七等），曾出版过一部《云南经济植物概论》，又写过一部《云南茶花新志》，未印（方朧仙氏也有一部《云南茶花小志》）。现俞先生赴英讲学，工作暂告停顿。还有秦仁昌先生，是生物学专家，亲身到丽江等地采辑标本，现在主办云南农林改进所，颇有成绩。至如美国人洛克等，采集标本运回美国。学术本无国界，我们不应歧视，但是我们不努力，自己的产业反要请教于外人，岂不可耻？我们要怎样雪耻呢？我想应该群策群力赞助俞秦两先生的工作，那么我们不用侈谈提倡科学，自会收到实效了。

发展科学，不单是科学家的事，那倡导和出钱出力，人人有责。陈一得先生写过一篇《云南科学运动先驱》，描写陈小圃先生作初期的科学倡导工作，很值得效法。我以为目前且不用谈造成如何伟大的发明家，应谈先用科学方法整理自己的东西。以云南说，地质、生物两门太重要了，云南大学的生物学系，五华学院的地质学系将负荷起这科学研究的大任来，做建国时期的基础。岂第文献而止呢？

第七章　人文社会的资料

中国各地方志中的志、考等门类，多数属于人文研究的资料。拿新史学的眼光看，我们解它为文化史或专史。

就云南文化做全面的讨论与叙述的，有袁丕钧（百举）的《滇南文化论》和夏光南（嗣尧）

的《云南文化史》。分区域的有徐嘉瑞（梦麟）的《大理古代文化史》。分时代的有方国瑜所做上古、秦汉、六朝、唐五代、宋等各代的文化史，尚未完成。至于就性质分类的专史，有下列几种：

（一）政治资料

就历代的政书奏议中（如杨一清的《关中奏议》《制府杂录》《西征日录》《密谕录》《阁谕录》；林则徐的《政书》，程含章的《月川稿》，刘山昆的《刘中丞奏议》，岑毓英的《奏议》，陈灿的《宦滇存稿》，杨增新的《补过斋书牍》等书，昆馆均有），我们可以获得一些政治史料。其他讨论政治问题的文字，散见于《滇南文略》，《滇文丛录》里头。在专制时代，没有什么特出的政治思想而言。清末变法，云南有几个思想前进的学者，如王毓嵩（式南）著的《义务政府主义》，周文龙（郁云）的《滇省西南备边议》，钱用中（平阶）的《一些改革论》和民国以后梁英的《人本政治》等书，虽是未成熟的著作，也聊备一格。至于民国的政治资料，有喻守余、缪寄庵、梁书农等应龙主席聘，编印的《云南行政纪实》。这书纪录民国十八年至二十七年云南省政的计划与实施，分为三编。第一编是总述、民政、财政、教育、建设。第二编是经济、金融、团练、公路、禁烟、文献、边务、法规编审、公务员甄审铨叙、查办被控官吏、国民军训、审计、统计、卫生、昆明市政。第三编是盐政、电政、外交、司法行政、总动员。我们由它的标题中，可以见到滇省政务的轮廓。自二十七年以后，原拟续编，随因政变没有做成。

（二）经济资料

民国三十年，中国国民经济研究所来云南作经济调查的工作，主持人是张肖梅，协助工作者有朱尔嘉、朱觉方、丁佶（后在阳宗海游泳溺死）、杨博如、唐品喻、许仁生、高林奎、赵鸣仲等人，将所得资料编为《云南经济》，计二十二章一千七百多页。目录如次：（一）云南经济环境与经济现状总述，（二）气候与雨量，（三）国界外交与界务勘测，（四）国地政治机构及其政绩，（五）复杂民族之分布及其文化程度，（六）云南之土地，（七）国际交通，（八）抗战前后之省际交通，（九）国内交通与运输，（十）经济命脉之矿业，（十一）农业经济与农作产销，（十二）经济作物之四大中心建设，（十三）森林之材积及其栽植，（十四）水利，（十五）工业之勃兴与工业合作，（十六）对外贸易，（十七）滇越边境通商条约，（十八）商业与物价，（十九）云南金融业，（二十）货币与汇市，（二十一）财政与税制，（二十二）经济法规择要。这一部书是以经济为中心题目，而旁及自然、物产、交通等等，材料丰富，对云南经济做了一个轮廓的介绍。在此书之前，有郭垣著《云南经济问题》（正中版），分为人口、农业、工业、矿业、商业、金融、财政、交通、对外贸易等九章，也得到很多统计数字。郭君另有《云南省自然富源》一书（我未见到），他《自序》说两书是姊妹篇。此外在清代，有余庆长的《铜政考》，王昶的《云南铜政全书》，严庆祺的《迤东铜务纪略》，沈崇昌的《云南鹾务略》（均见《通志·引目》）和近人蒋君章的《战时西南经济问题》《西南经济地理纲要》（均正中版），张印堂的《滇西经济地理》（云大版）。专题调查研究的书，有苏汝江的《云南个旧锡业调查》（清华版），万湘澂之《云南对外贸易概观》，褚守庄《云南烟草事业》（“新云南丛书”本），杨长兴《云南盐务辑要》，潘定祥《云南盐政纪要》（均单行本）。至于专题论文，散见于各日报期刊甚多，俟后整理，另编索引。

（三）社会资料

吴文藻、费孝通两先生主持云南大学社会学系时，编有一套《社会学丛刊》，其中大部分是云南社会调查的资料，如《禄村农田》《易村手工业》等书。现在杨象乾先生，主持社会学系，闻将继续以前的工作，完成全面的调查。又云南省统计处也先后做过几种统计图表。商务印书馆出版过《云南省农村调查》，陈古逸师写过一部《近三十年昆明社会变迁史》（未印），都可以供参考。至于古代社会的遗型，尚有土司制度，在王崧的《道光云南志钞·土司志》中，编录甚详，《明史》《清史》也有土司的专传。又《四库珍本》有《土官底簿》，近人李拂一有《车里宣慰世系考订》等书，封建的残骸，可于这些书中见到。

（四）民族语文资料

云南的民族，除开汉、回、蒙、藏等族是由中原迁来外，至于古代的土著民族，历代相传下来，仍保持原来文化形态的，有摆夷、罗罗、么些、山头、古宗、僳僳等少数民族。其中摆夷、罗罗、么些三族都有语言文字。摆夷的僰文，罗罗的爨文，么些的么些文都有很久的历史。研究云南民族最有名的学者为英国台维斯等，有专著流传。近年来的著述，我手边留存的有张潜华的《西南民族问题》（青年书店版），杨成志的《云南民族调查报告》《从西南民族到独立罗罗》《云南罗罗族的巫师及其经典》（均中山大学版），陶云逵的《关于么些之名称分布与迁移》（中研院史语所版），丁文江的《爨文丛刻》（商务版），高华年的《黑夷语法》（南开版），张凤岐的《僰掸族》（未印），傅懋勣的《罗罗文初级读本》（华中大学版），李霖灿的《么些象形文字字典》（中央博物院版）等书。又曾昭抡的《大凉山夷区考察记》（求真版），林耀华的《凉山夷家》（商务版），江应樑的《大小凉山开发方案》（云南民政厅印）、《凉山夷族的奴隶制度》（珠海大学版）是专记滇川康边区凉山区内的夷族。抗战时期，东方语文学校设在呈贡，也有人对僰文、爨文作专科学习的，可惜没有继续下去，未能得到进一步的学习和改造。

（五）边务和外交资料

云南位于中国西南的边区，南接安南，西邻缅甸，北方接壤康藏，也是文化较低的区域。正因为地形是这样，因此发生两个问题，一就是边区的开发，二是国界的勘定。明代的严从简写过一部《殊域周咨录》，他把云南和其他边区与朝贡国家相提并论。至于清季以来，因为帝国主义的侵略，法人经营滇越铁道，英人进窥西界，先后引起片马、江心坡、班洪等地的问题，于是国人对这一方面引起注意。滇缅界的两次会勘，躬与其事的尹明德、周光倬、方国瑜、张凤岐先生们，有很多宝贵的文献。就笔者所见，最早的有薛福成《庸庵文编》中的一部分文字，姚文栋的《云南勘界筹边记》（刊本及小方壶斋本），黄诚沅的《滇南界务陈牍》（抄本，存昆馆）。近人的有尹明德的《云南北界勘查记》与《滇缅北界调查报告》（外交部版），夏瑚的《怒俅边隘详情》（附尹书后），张凤岐的《云南外交问题》（商务版），葛绥成的《中国近代边疆沿革考》，第四章叙述中缅界务，第五章叙述中越界务（中华版）。方秋苇的《明日之康藏滇桂问题》，也是就英法的侵略云南边界历史略加叙述，并不详明（世界版）。陈碧笙的《边政论丛》（战国社版）。

双江简易师范编《云南边地与中华民族国家之关系》收有陈雨泉、彭桂萼等著，关于边地教育经济问题的文字十六篇。方国瑜《滇西边区考查记》（云大版）。又昆华民众教育馆曾出版《云南边地问题研究》，计两巨册。上册收有王图瑞《云南西北边地状况》，范义田《谈江边古宗》，张家宾《滇缅北段未定界境内现状》，李生庄《第一殖边区内人种调查》，王家宾《怒江人民生活状况》，缪悔一《沧怒两江见闻录》，张笏《腾越边地状况》，尹明德《中英滇缅界务交涉史》，李芷谷《腾越的社会病态》，谭其箕《民国十九年蛮爱会审记》；下册有禄国藩《普思殖边之先决问题》，熊光琦《开发澜沧全部与巩固西南国防之两步计划》，缪尔伟《发展普思沿革计划》，李文林《到思普沿边去》，李景森《葫芦王地概况》，普剑魔《红河沿边情况》，甘汝棠《河口边情一览》，赵正岳《金河边区状况》，叶桐《河口、麻栗坡两特别区概况》，李生庄《边地教育之我见》《云南边务说略》。这书是二十二年陈振之君长民教馆时主编的，现在虽已过时，但边疆资料可供参考的还很多。

此外还有尹明德的《天南片羽》，是作者考查滇缅边界的照片集。彭桂萼的《西南边域：缅宁》（双江简师印），叙述缅宁的自然环境、历史源流、社会活动甚详。又《边地之边地》，是作者随同滇缅勘界时期的笔记。［美］特福《中缅之交》（商务版），伍况甫译，是作者到野人山和八莫至腾冲等地的游记。严德一《云南边疆地理》（商务版），李拂一《车里》（商务版），车里又名十二版纳（版是区域的意思，纳是田），在云南的西南角。又《泐史》（云大版），因李君生长边区，故写作极为确切。至于以边疆为对象而编辑的刊物，有南开大学的《边疆人文》，在云南出过三卷（油印本），回天津后，继续出第四卷。与西南边疆月刊社在昆明所刊行的《西南边疆》，收录有关云南边务及民族等问题讨论的文字甚多，不及一一介绍了。

第八章　考据思想文艺的书

“云南丛书”以经史子集做分类纲领，实际集部占大多数，尤其是诗集，又占集部的过半数。为了叙述方便起见，我先介绍诗文集。

诗的总集，我见到最早的是沐昂的《沧海遗珠》（《四库全书》已收），他收录游滇的人所写的诗，还有明初遣戍到云南的几个日本和尚的诗。以后嘉庆、道光间袁文典、文揆弟兄编《滇南诗略》，张登瀛《滇诗选》，又同治以后黄琮编《滇诗嗣音集》，许印芳编《滇诗重光集》，陈小圃师编《滇诗拾遗》，袁树五师、方臞仙先生等编《滇诗丛录》，云南的诗家，到此可算总汇了。方臞仙先生还想把最精粹的做一个选集，题名《金碧英灵集》，使恶繁乐简的人，也有尝一脔的机会。

文的总集只有袁文揆的《滇南文略》，和秦璞安师、方臞仙先生们所编的《滇文丛录》两种，但是合起来，也在一百五十多卷了。至于赵联元的《丽郡诗文征》、方臞仙的《晋宁诗文征》、李毅廷的《玉溪诗文征》等，那是属于一部分地方的。王惕山的《滇六家文选》《滇八家诗选》是限于明清两代的作家。

论到云南的散文作者，我们要推明代的杨文襄公和李中溪，清代的赵玉峰、钱南园、刘寄庵、陈小圃各家。他们对古文的造诣，是炉火纯青而又各具面目的了。至于诗人有明代的杨门七学士（与杨升庵为友的李元阳、杨士云、张含等七人），至于得杜诗真味的，仍要首推杨文襄公（一清）。至于陈佐才的《翼叔诗集》（“云南丛书”本之外，又有他的后裔增加了一些的重印本）和读彻的《南来堂集》（前年上海王培孙印本，比“云南丛书”本增加很多），普荷的《担当集》（徐梦麟得着在大理的原抄本，亦属新近发现），这三家别具风格，那遗民的风味，倔强而敦厚，不失三百篇旨趣的。清代张汉的《留砚堂集》，师范的《荔扉集》，以多取胜，很少精彩的写作。刘寄庵领导的五华五子，是戴絅孙、戴淳、李于阳、杨国翰、池生春，各有成就。尤以戴絅孙的造诣，臻于稳练的境地。石屏朱襄（丹木）的《积风阁近作》《味无味斋诗集》为数不多，但久已脍炙人口。清民之交，如季厚安、赵介庵先生和袁树五、陈古逸两师，以天才的诗人，写等身的著作，我们选出乡先辈的这一些创作来读，已足以激发志气了。又光未然译《阿细的先鸡》，是路南阿细人的民歌（北门书屋版）。

词曲在云南并不普遍。只清代严秋搓的十余家，赵介庵辑刻为《滇词丛录》。

研究诗律文法和文学史的，有许印芳《诗法萃编》《诗谱详说》《律体辑要》，流传甚广。朱庭珍《筱园诗话》，袁树五师的《卧雪诗话》也传诵一时。王惕山译《中国五千年文学史》，徐梦麟著《中古文学概论》《近古文学概论》《云南农村戏曲史》《金元戏曲方言考》《秦妇吟本事》，袁百举的《历代文学变迁论》，都属于这类著作。

滇戏在以前有很多脚本，由演义、小说和《聊斋》改编的。我记得小时在务本堂还见过几十种，现在恐怕难寻了。至于兰芷庵的《性天风月》，还是曲的意味。

艺术上有造诣的，明代担当的山水画，清代钱南园的书法和画马，驰名天下，各有专集（担当画有高荫槐先生印过专集。至于南园书画集，有袁树五师所印和商务、震亚、神州、中华等书店出版的甚多）。陈古逸师的汉隶与指画，已臻神妙境界，孙乐斋兄印过一本《琴禅居士书画集》。在民国十六年云南图书馆举办过一个大规模的书画展览会，当时选择最精的滇人作品，留下照片，编为《滇南书画集》二十册，付上海商务印书馆出版。正在制版，一·二八之役，毁于日本炮火，至为可惜。只第一二册有底本，在云南印刷出来（二十集的详目见李印泉师《雪生年录》）。方臞仙先生负责编《书画集》的作者小传，后来抽出来，印为单行本的《滇南书画录》。

晚近作家，有玉溪聂耳，作过《大路歌》《开路先锋》《义勇军进行曲》等，蜚声于国内外。不幸以游泳死在日本，学人至为惋惜。

小说的创作，虽然有《杜文秀演义》等一类旧式写作，可是没有什么文学上的价值。青年作家天虚写过一部《铁轮》，是用过一番心的。

对造型美术有成就的是晋宁李子静，业已逝世。富民廖新学，正在进步中。我们希望有人影印出来他们的代表作来。

治经学和文字学的人，有两家足以代表。一个是作《诗经原始》的方玉润，一个是作《诗小学》的吴树声。若果绳以汉学家法，吴氏造诣，可比乾嘉诸老。他还写过一部《歌麻古韵考》，“畿辅丛书”中题为苗夔著，实则与吴撰一字不差。吴氏生在苗氏之前，这一种错误，也许和窦垿《岳阳楼长联》，因何绍基所写，后人误为何作而淹没了窦的名一样。据吴氏后人所辑的碑传，知道吴氏不仅著有《诗小学》，还有书、礼等《小学》，可惜佚失了。至于方玉润，虽是胡适们倡导后始引起人的注意，但方氏的造诣，方面很多，向达先生写过一篇《方玉润著述考》（载《文学杂志》），可窥见他的抱负，不甘于做一个经师和幕府之士，而诂经不拘常格，发挥姚际恒的专业，足以称道的。

在音韵学方面，明代兰茂和本悟和尚们分别写过《韵略易通》，有云南、浙江、山东、山西等刻本，是研究今韵的重要书。清末的吴式钊，有《六书导原》等书。近人则有蒙自刘铁庵先生（嘉镕）专治《广韵》，积三十年之力，将有巨著问世。

讲韵律的书，有明代河西葛仲选所著《泰律》，他所绘的符号与义理，已很少人能够懂得。上年赵枫君曾写过一篇《读泰律札记》（载《图书周刊》），又蒙自闵德修认为能了解它，并且作了一部《泰律补》。我是外行人，不能赞一词的。

思想方面的书，讲理学的有窦兰泉（垿）的《铢寸录》，李复斋（文耕）的《孝弟录》，何桂珍（丹畦）的《续理学正宗》等书（均收“云南丛书”）。我觉得头巾气太重，讲理学只在语录上用功，倒不如像陈小圃、秦璞安先师的躬行实践，还给人们以更大的启示。小圃师有《明夷子》，我没有找到稿本，大约是寄托的作品。又民国以来有鹤庆周某（忘其名）写过一部《人极论》，是杂糅儒家与佛教而成的。

佛教方面，在云南的代表人物，是元代的无照（中峰国师大弟子，昆明太华寺开山）得禅宗真传。普瑞撰《华严玄谭会玄记》，收入《大藏》。明代有古庭（有《古庭语录》）、大巍（有《竹室集》），清代有见月（是律宗的中兴祖师，有《毗尼止持》《作持》《传戒正范》等书，收日本《续藏》），圆鼎曾撰《滇释纪》。陈援庵先生写过一部《明季滇黔佛教考》，袁树五先师写过一篇《滇南佛教论》，引证甚详。

又伊斯兰教方面，有蒙自的马坚先生（现在北大任教）正在重译《可兰经》，也是一番伟业。

此外，不专为某学科和讨论某问题而写的笔记，有考据价值的，我介绍下列几种。就是明张志淳的《南园漫录》，张合的《宙载》，清代王崧的《说纬》，近代袁树五师的《移山簃随笔》，李坤的《筱风阁随笔》，都有一读的价值。

第九章　传记

“文献”两个字分开来讲，“献”是专指人物而言，它的形式就是传记。

云南的古代传记，最早要数蜀汉陈术和晋陈寿的《益部耆旧传》，但它的范围甚广，不专限于云南，且早已佚失了。至于清代和近代人所写的总传，卷幅最大的是曲靖喻怀信（芳畬）的《人鉴》四十卷。他是以历史上全国的人，分做若干类别，有好的，有坏的，材料大体取自正史，不过重为编排而已。主观的见解太浓厚，因此，这书虽已列入“云南丛书”的目录，并没有印它，正因为印刷出来，也没有人要看的。至于近人有施少云的《滇云耆旧传》（我未见到），云南通志馆的《云南乡贤事略》，秦璞安师的《明季滇南遗民录》，陈善初的《明清两代滇籍谏官录》等书，方臞仙先生编《滇南碑传集》（开明版），开了云南传记著述的新纪元。他又写过《滇贤象传》《滇贤生卒考》等书，别具风味。至于《云南通志》中的传记部分，已详《地理文献》的“省志节”中，要以民国《新纂通志》，算为集大成工作。

别传部分，就笔者手头所存的材料，介绍如次：

元代有《咸阳王抚滇迹》一册，元赛典赤建设云南，有功德于民，并非阿好之作。（昆馆有。）

明代有《郑和传》，梁启超著（中华版，收《饮冰室合集》）。《郑和航海图考》，范文涛著（商务版）。《郑和下西洋考》，伯希和著，冯承钧释（商务版）。《郑和》，郑鹤声著（胜利出版社版）。《郑和西征考》，山本达郎著（未见）。《关于三宝太监下西洋的几种资料》，向达著（未见）。《郑和》，陈子展著（未见）。《郑和家谱考释》，李士厚著（自印本）。郑和是昆阳人，明成祖时航海南洋，梁任公先生比之为中国的哥伦布，可以当之无愧。这一些传记书，足使我们激发志气了。

又安宁《杨文襄公事略》，谢纯、朱纯增辑，已收“云南丛书”。另有《杨文襄公祠祀录》，是民国十四年陈小圃、秦璞安先师等发起为文襄公在翠湖建祠后每年的题词。现在祠虽毁了，我们在五华学院设了一个纪念堂。文襄公，名一清，安宁人。他是明代安内攘外、学养兼备的伟人，足以代表云南人的风格。

《一梦漫言》，见月自撰（世界书局有弘一法师校订本）。《苍雪大师行年考略》，近人陈乃乾撰（附《南来堂集校》，并有单行本）。《周太仆忠烈集》，刘庆增撰（未见，据《通志提要》说是写蒙化周二南守长沙死难的事）。《何蔚文年谱诗话》，蔚文自撰。何氏是永历在云南开科中式的举人

（亦未见原书）。

清代的有《永思录》，王宏祚及其子所撰。宏祚本是个《贰臣传》中的人物，但他的政绩还好，我们不以人废言，仍然录出来。《楚珍自编年谱》，尹壮图撰（稿本存晋宁方氏）。《李复斋先生年谱》，杨勋编。《示儿录》，窦垿撰，等于窦氏的自传（以上两种均存方先生处）。《赵文恪公自订年谱》，赵光编（附印赵氏诗集后）。《钱南园先生年谱》，方树梅编，钱氏族谱，亦方先生辑校（自印本）。《味雪斋日言》，戴淳撰（稿本存文献委员会）。《方友石先生年谱》，方国瑜编（友石即方玉润），杨鸿烈编（未成稿，尚须再加增补考正）。《岁华纪略》，马恩溥撰（稿本存昆馆）。《补过斋日记》，杨增新撰（北平刻本）。

民国以来的，有李星搓和刘达武分别编的《蔡松坡年谱》和李印泉师自撰的《雪生年录》，都可以当一代的掌故阅读的。

以上只就我所见到的开列出来，至于未见到或过眼而已不复记得的，只好从阙。

第十章　文献之整理传播与今后展望

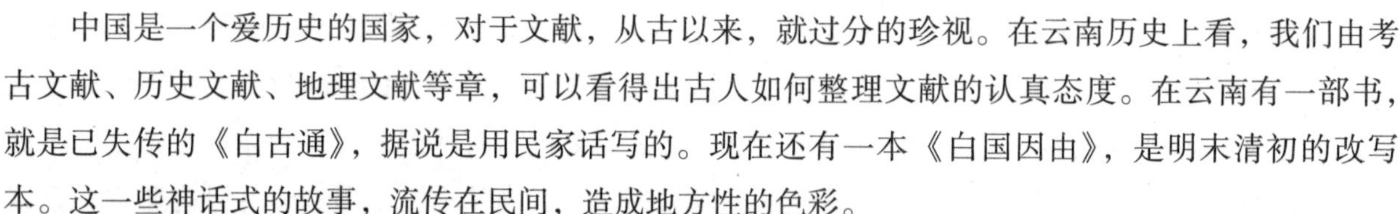

中国是一个爱历史的国家，对于文献，从古以来，就过分的珍视。在云南历史上看，我们由考古文献、历史文献、地理文献等章，可以看得出古人如何整理文献的认真态度。在云南有一部书，就是已失传的《白古通》，据说是用民家话写的。现在还有一本《白国因由》，是明末清初的改写本。这一些神话式的故事，流传在民间，造成地方性的色彩。

整理文献工作最力的是嘉乾诸老（指云南的学者言），师范、王崧、袁文典、袁文揆，我们在前章已介绍过，还有一个幕府作家的倪蜕和街头作家的孙髯的是一对怪物。倪蜕是有名的倪三怪，他写《滇云历年传》《滇小记》却一点也不怪。孙髯就是《大观楼长联》的作者，在街头卖艺，晚间住在圆通寺的咒蛟台。他屋子里面满墙壁贴的是滇人的诗，对选诗总集别开风气。至于晚近，袁树五师自谓有滇癖，特创滇学之名。实则滇学就是滇南文献之学，而有近于浙东学派。治一切学问，以历史为基础。至于晋宁方臞仙先生，可算是把文献当作生命一样，单就他努力的程度，足使顽夫廉，懦夫有立志了。

在云南，虽然有热心文献的人，而以前却没有大规模的出版处所，乃至现在也如此。清代的书院，虽然刻书，只是一些制艺诗文，简陋得很。五华书院曾刻过一些经史，清末学务公所开办官书局把各书院的板片，集合在一块，民国后改组为“云南丛书”处，一面辑刻“云南丛书”，一面整理板片印刷流通。

“云南丛书”是赵介庵、陈小圃、由夔举、袁树五、秦璞安、周惺甫几位先生先后主持编订。已编印初编一百五十二种约为一千一百四十八卷，二编五十三种约有二百五十四卷。选择很精审，三十多年来，流传到各省各国，得到好评。只是分类照经史子集，对于一部分地方丛书，不很适当。前年秦璞安师提议重编，拟以时代为叙，每集数十多册，将有关的书辑录一起，每部作一个提要，并且扩充领域，不但收云南人的著作，再推广到外地人所作有关云南史地著作。现在璞安师虽然过去了，我们仍然要照着这计划继续做去。至于通志的编纂，先后成立通志馆，通志审订委员会和续编委员会。上年连同丛书处合并改成文献委员会，它的中心工作为：（一）完成《续云南通志长编》。（二）改订“云南丛书”。（三）翻译西洋人所著有关云南图书。（四）编订有关云南的引得、表、谱参考书。如时局稍安定，就可以展开工作，与各大学学院、研究机关、图书馆全力办理。

云南省教育会，是倡导科学的老前辈钱平阶、秦璞安先生们创设的。虽然这一个法团，是全国一致的，但是云南的教育会，经各位先生的努力，把以前好多学产拨在里面作基金，因此可以举办一些事业。它设立了一个云南科学社与教育学会，社员、会员等多半是各学校教授教员。他们各别做研究工作，历年出版了《教育与科学季刊》多期。每年十二月二十五日，联同省教育会举行年会，宣读论文。说起设备，当然谈不上什么。在几年前，政府曾经筹办科学馆，可惜因经费的困难，而没有继续发展。就以科学社、教育学会说，也只能做科学界、教育界同人的联络工作而已。但十多年来，个人研究的成绩，论文多数发表，亦不容漠视。

本省的图书馆，以翠湖的省馆历史较长。它和文献工作，有不可分的关系，藏书十万册以上。最近将开放的参考室，尤具特色。大兴街的志舟图书馆，西文书较多。至于省教育会及昆华民众教育馆，也附设有图书馆。各馆将联合编印书目，也都分别有出版物。

本省的大学，计有国立云南大学、国立昆明师范学院和私立五华文理学院。对于文献的工作，云大设有西南文化研究室，先后由徐梦麟、方国瑜先生主持，出版过丛书十种，即张印堂《滇西经济地理》，方国瑜《滇西边区考察记》，徐嘉瑞《云南农村戏曲史》，方树梅《明清滇人著述书目》，李田意《缅甸史纲》，陈修和《越南古史及其民族文化》，张镜秋《僰民唱词集》，李拂一《泐史》及《车里宣慰世系考订》，徐嘉瑞《大理古代文化史》。此外出版过学报与文史丛书等。师范学院也印行过一些辅助教材，经常出版的是《史语周刊》。五华文理学院出版过《五华月刊》《人文周刊》《图书周刊》和《文澜文史》等副刊。在初办的时候，特开办人文科学研究班，计划着研究人文问题。先就思想方法，有系统的认识，再作调查与搜集实际材料，最后作建立性的专题研讨，尤其是对云南边疆、民族、社会、经济等问题，需要正确的解答。他们正在学习过程中。其他私人的研究机构，唐小蓂君也创办过一个西南文化研究室，闻中心题目为《云南护国史》和《唐继尧传》，尚未见成书。

云南民政厅曾设立过一个边疆设计委员会，也曾出版过一些书，如《腾龙边区开发方案》《思普沿边开发方案》《云南全省行政区域图》《大小凉山开发方案》等。现在该会已不存在，教育厅另组织边疆研究委员会，是江应樑君主持，也因军事倥偬，工作尚未展开。在抗战时期清华大学的国情普查所与民政厅合办环湖示范户口统计。又国民经济研究所也做过调查工作，可惜没有继续做，只算一段落的史料。

侯曙苍先生发起编印“新云南丛书”，颇具规模。先后出版过十多种专题研究的书，分为三类，就是地方文史、地方建设和科学技术。我们希望他全部完成。在前还有童振藻（淮安人，已故）做过云南地志，也是繁剧的工作。

我们由古代的文献看到现在，觉得琳琅满目，美不胜收，又仔细检讨今人对文献的搜集研究，也觉得方面够多了。但是人的要求是向上的，是前进的。如果以科学的眼光看过去的文献，会发现到凌乱无序，轻重倒置的毛病；现在的文献工作者，也只是个人兴趣努力所得，没有步骤计划，而且各自为政，互不相牟，这距离我们的理想与要求很远。我于此姑且构成一个今后云南文献工作的图案，是这样的：

第一，为促进学术研究，应该由各大学合设若干研究所（我亟盼先成立民族、语言、地质、生物、社会经济、文史六所），使各专家的精力集中，资料集中，再造就下一代的研究员。

第二，研究所的资料，作有组织的发表。每年编印年鉴一份，专志书为“云南丛书”，论文编印学报，每五年整理一次，合并整理为通志。这一项工作，由文献委员会负责。

第三，各县地方由研究所与文献委员会就中学校长、教员中选聘特约研究员，作有计划的搜罗金石图书与记录天象、整理档案、调查社会情况等项工作，每月寄到省会会齐。

第四，各机关指定专人与研究所、文献委员会联系，将各单位工作与档案按期加以整理编汇。这有似于章实斋志科的意味。

第五，作大规模的地下发掘工作，由历史学家、地质学家合办。并深入各小民族的社会中以共同生活的方式，作社会民族研究。并公开征集私人及团体的著述与文件，再分别编述专史（如经济史、民族史等）、文艺总集（不应仅于文言的讨论，应扩充范围到民歌民谣等）、引得、词典等参考书。

第六，整理各图书馆藏书，编印联合书目。又除普通阅览外，另辟专门性之研究室与专题研究书目，以辅导读者的学习。

第七，各种社会教育要引起受教者自发的兴趣。即如改进滇戏，就应同时奖进研究滇戏史，与剧本的创作等事项，在娱乐当中加进学术意味。上年本省举办工矿展览，颇能引起参观者对事实作进一步的探讨。这是活的文献哩！

第八，各种报刊，希望多辟文献的专栏，并不要把古董翻新花样，重要的是今代文献。即如云南抗战时期的贡献和腾、保等战役，方国瑜先生就惋惜过这样伟大的战史，竟没有人作详尽的记述，现在不做，将来更难了。

第九，希望政府（或私人有力的）成立一个大规模的出版处，使研究所、文献委员会及其他学校团体、私人的出版物尽量的得以流通。

第十，本于分工合作的原则，对整理文献的工作，应该使它的效用由大学、研究所、图书馆、政府机关以及私人研究者贯彻一气，以文献委员会作神经中枢。那么文献委员会就不是少数人办理而将开放为群众工作服，一切仇恨，相杀相斫的戾气，或许减轻一些吧！我在这里怀着这一颗心。

——搁笔于一九四九年十二月十八日深夜

笔者案：《云南文献》的稿子，原文过长，因为缩减篇幅而重写，以致耽搁了很长的时间，使《云南史地辑要》出版延迟，这是笔者的过失。又因随写随印的原故，恐有先后重复或不相贯注之处，来不及修改。王馆长热心地使这一部书印行问世，徐健雄先生为了取稿，在百忙中亲身前来催促到几十次之多，尤为使我抱愧。敬向读者声明并致歉意。

十二月二十二日补识